O 1807.
к.а.g.т.

LIBRAIRIE D'ARTHUS BERTRAND,
ÉDITEUR DES NOUVELLES ANNALES DES VOYAGES,
23, RUE HAUTEFEUILLE.

ARCHIVES DES VOYAGES

OU

COLLECTION D'ANCIENNES RELATIONS

INÉDITES OU TRÈS-RARES

DE LETTRES, MÉMOIRES, ITINÉRAIRES ET AUTRES DOCUMENTS

RELATIFS

A LA GÉOGRAPHIE ET AUX VOYAGES

SUIVIES

D'ANALYSES D'ANCIENS VOYAGES ET D'ANECDOTES RELATIVES AUX VOYAGEURS
TIRÉES DES MÉMOIRES DU TEMPS

ouvrage

DESTINÉ A SERVIR DE COMPLÉMENT A TOUS LES RECUEILS DE VOYAGES
FRANÇAIS ET ÉTRANGERS

PAR H. TERNAUX-COMPANS.

Prospectus (Juin 1840).

En annonçant la quatrième série des *Nouvelles Annales des voyages*, nous avons promis de publier d'anciennes relations inédites et de donner quelques notices sur celles qui gisent oubliées dans la poussière de bibliothèques; mais nous n'avons pas tardé à reconnaître que nous ne pouvions donner à ce travail toute l'étendue désirable sans nous écarter du plan que nous nous étions proposé.

Le but des *Nouvelles Annales* est, en effet, de tenir le lecteur au courant des découvertes et des publications actuelles relatives aux sciences géographiques : elles doivent donc marcher en avant, et ce n'est que rarement que les progrès rapides de la science leur permettent de jeter un coup d'œil en arrière.

Il existe cependant un grand nombre de relations inédites ou non traduites en français; d'autres devenues tellement rares, qu'on peut les regarder comme introuvables, et qui, cependant, sont d'un grand intérêt pour la science. Quelques expéditions qui ont amené des résultats importants ne sont racontées que dans les journaux littéraires du temps, et quelquefois même dans des recueils étrangers à la géographie où personne ne penserait à les chercher.

Beaucoup d'ouvrages, aujourd'hui oubliés, méritent d'être remis en lumière; en rendant compte, dans chaque volume des archives, d'une certaine quantité de voyages rares et anciens, nous ferons connaître aux gens de lettres ceux qu'ils peuvent consulter avec fruit, et nous croirons même devoir indiquer, en quelques lignes, ceux qui ne contiennent que des détails oiseux ou vieillis, afin de leur épargner des recherches inutiles. Nous ajouterons de temps à autre, sous le titre de Mélanges, des anecdotes relatives aux voyages et aux expéditions lointaines, qui se trouvent dispersées dans les mémoires du temps.

Les *Archives des Voyages* formeront donc le complément indispensable non-seulement des *Nouvelles Annales*, mais encore de toutes les collections de voyages; car nous en exclurons soigneusement tout ce qui se trouve dans des recueils, tels que les Voyages au Nord, les Voyages de la Compagnie des Indes hollandaises, les collections de Thévenot, de Prévost, de Forster et autres, qui sont à la portée de quiconque s'occupe spécialement des sciences géographiques.

Nous publierons successivement plusieurs relations inédites des Philippines, par Miguel de Loarça; de la Chine, par J.-B. Roman, Pedro Alfaro et Martin Ignacio de Loyola; des Indes orientales, par Magellan; des Missionnaires français au Tunquin; l'expédition de Dominique de Gourgues à la Floride et de Jacques Cartier au Canada; une relation du voyage de Sébastien Cabot au Rio-de-la-Plata, etc.

Nous traduirons de petites relations espagnoles et portugaises de la plus grande rareté sur Alger, Oran, les Philippines, les Moluques, Mindanao, Bornéo, Siam, Pégu, etc.

Nous réimprimerons les voyages rarissimes de Villegagnon, Ribaut, Poutrincourt, Vitré, etc.

Enfin nous joindrons, autant que possible, une notice sur chaque auteur, et les notes nécessaires à l'intelligence du texte, ainsi que les anciennes cartes inédites qu'on trouve dans les manuscrits.

Conditions de la souscription.

Les *Archives des Voyages* seront publiées par volume d'au moins 30 feuilles d'impression.

Chaque année, il paraîtra un volume divisé en deux parties, qui seront distribuées aux souscripteurs en même temps que les numéros de juin et de décembre des *Nouvelles Annales des Voyages*.

Le prix de chaque volume sera de 10 fr.

Le premier demi-volume est sous presse ; il paraîtra en juillet.

Nous engageons ceux de nos abonnés aux *Nouvelles Annales des Voyages*, qui désireront souscrire à cette publication, à nous envoyer leurs ordres, afin qu'ils n'éprouvent point de retard dans l'envoi du premier demi-volume ; nous saisissons cette occasion pour leur annoncer que l'impression des tables des trois séries avance, et que nous espérons l'avoir terminée très-prochainement : ces tables seront tirées à un très-petit nombre d'exemplaires ; ceux d'entre eux qui ont l'intention de se les procurer feront bien de nous envoyer leurs ordres dès aujourd'hui. Le prix sera de 15 francs, et de 16 fr. 50 c., franc de port par la poste.

On souscrit, à Paris,
CHEZ ARTHUS BERTRAND, LIBRAIRE-ÉDITEUR,
23, RUE HAUTEFEUILLE.

ARCHIVES DES VOYAGES.

IMPRIMERIE DE L. BOUCHARD-HUZARD, RUE DE L'ÉPERON, 7.

ARCHIVES
DES VOYAGES

OU

COLLECTION D'ANCIENNES RELATIONS

INÉDITES OU TRÈS-RARES

DE LETTRES, MÉMOIRES, ITINÉRAIRES ET AUTRES DOCUMENTS

RELATIFS

A LA GÉOGRAPHIE ET AUX VOYAGES

SUIVIES

D'ANALYSES D'ANCIENS VOYAGES ET D'ANECDOTES RELATIVES AUX VOYAGEURS
TIRÉES DES MÉMOIRES DU TEMPS

ouvrage

DESTINÉ A SERVIR DE COMPLÉMENT A TOUS LES RECUEILS DE VOYAGES
FRANÇAIS ET ÉTRANGERS

PAR H. TERNAUX-COMPANS.

TOME I.

Paris,
ARTHUS BERTRAND, LIBRAIRE-ÉDITEUR,

LIBRAIRE DE LA SOCIÉTÉ DE GÉOGRAPHIE,
ÉDITEUR DES NOUVELLES ANNALES DES VOYAGES,

RUE HAUTEFEUILLE, 23.

TABLE DES MATIÈRES

CONTENUES

DANS LA PREMIÈRE LIVRAISON

DES

ARCHIVES DES VOYAGES.

RELATIONS INÉDITES.

Relation des îles Philippines (Zebu, Zubu) par *Miguel de Loarca*. 1583. 1

Relation adressée à Pedrarias Davila, gouverneur général de la Castille d'Or, par son alcade mayor *Gaspar de Espinosa*, de l'expédition qu'il fit par son ordre dans l'intérieur de l'isthme de Panama, pour châtier les caciques qui s'étaient révoltés contre les chrétiens. 1517. 51

Relation de la Chine, par *J.-B. Roman*, facteur des Philippines, à Macao. 1584. 77

TRADUCTIONS.

Lettre d'un capitaine de la garnison d'Oran, écrite à D. Gregorio de la Cueva, traduite de l'espagnol. (Édition du temps, de quatre pages in-fol., sans lieu ni date.). 97

RÉIMPRESSIONS.

Copie de qvelqves lettres svr la navigation du *cheuallier de Villegaignon* es terres de l'Amerique oultre l'æquinoctial, iusques soubz le tropique de Capricorne ; côtenant sommairement les fortunes encourues en ce voyage, auec les mœurs et façons de viure des sauuages du pais : enuoyées par un des gens dudict seigneur. — A Paris, chez Martin le Jeune, à l'enseigne S. Christophle, deuant le collège de Cambray, rue S. Jean de Latran. 1557. — Avec privilège. 102

Avtre copie d'une seconde lettre, du mesme. . . . 113

Discovrs dv Voyage fait par le *capitaine Jaques Cartier* aux terres-neufues de Canadas, Norembergue, Hochelage, Labrador, et pays adiacens, dites nouuelle France, auec particulieres mœurs, langage, et ceremonies des habitants d'icelle. — A Rouen, de l'imprimerie de Raphaël du Petit-Val, libraire et imprimeur du roy, à l'ange Raphaël. M.D.XCVIII. — Avec permission. 117

Relation dv voyage et prinse de quatre galions du roy de Tunis en Barbarie, faite par les galeres de Malte, sous la charge et commandement du sr frere François de Cremeaux, mareschal de l'ordre et general desdites galeres. — Traduite d'italien en françois par le commandeur de Haberat, conseiller, aumosnier de la royne. D'ordre exprés de monseigneur le commandeur de la Porte, ambassadeur de Malte. — A

Paris, chez Iean de Bordeaux, deuant le Palais. 1629. — Auec permission. 154

L'arrivee et l'entree pvbliqve de l'Ambassadevr dv roy dv Iappon dans la ville de Rome, le 2 nouembre 1615. — Envoyé par son Roy povr rendre obeyssance au pape. — Auec levr sorte d'habillements et maniere de viure, ayant demeuré deux ans en son voyage. — A Paris, chez Ioseph Guerreau, deuant la grand porte du palais, au Griffon, pres S Barthelemy. M.DC.XV. — Auec permission. 158

Histoire veritable de qvatre peres capucins, cruellement tyrannisez et mis à mort par le grand Baschal de Damas. — Auec les miracles qui y furent veuz, le 17 iour de ianuier, mil six cens treze. — Traduite d'italien en françois. — A Paris, iouxte la copie imprimee à Venise par Nicolas Ionte. M.DC.XIII. — Auec priuilege du roy. 160

Novvelle de la venve de la royne d'Algier à Rome, et du baptesme d'icelle, et de ses six enfans, et des dames de sa compagnie auec le moyen de son depart. Le tout prins et traduict de la copie italienne, imprimee à Milan par Barthelemy Lauinnon, en ceste année 1587. — A Paris, chez Gabriel Buon, au clos Bruneau, à l'enseigne Saint-Claude. 1587. — Avec permission. 165

Histoire veritable de la prise des vaisseaux, de plvsievrs corsaires et pirattes turcs, et sont prisonniers à Vallongne. — A Paris, chez la veufue du Carroy, rue des Cannes, à l'enseigne de la Trinité. M. DC.XX. — Avec permission. 169

— iv —

La conversion dv plvs grand roy des Indes orientales
à presant regnât à la foy catholique. — Avec six
milles habitants de son royaume par les reuerends
pères de la compagnie de Iesus. Auec la lettre par
lui escripte au roy d'Espagne sur le subiect de sa
conuersion. — Ensemble les ceremonies qui ont esté
faictes à son baptesme et les miracles qui y sont arriuez. — Nouuellement traduict d'espagnol en françois par le sieur de la Richardière. — A Paris, sur
la coppie imprimée à Bourdeaux par Simon Millange,
imprimeur du roy en ladite ville. 1621. — Avec
permission. 173

Lettre de Dom Michel roy des Iolphes aux Indes orientales av roy d'Espagne, sur le subiect de sa conuersion. 178

Les plaintes et ivstifications dv grand Tvrc av Roy sur
tout ce qui s'est passé en Turquie entre les François
et les Anglois le mois de iuillet 1620. Suiuant la
lettre escrite par le Grand Turc à Sa Majesté le
27 aoust dernier. Traduit de langue turque en françois
par Baltazar de Sallaire prouencal truchement de
l'ambassade turque, presentée à Sa Maiesté le 14 septembre. — A Paris, iouxte la copie imprimée à
Poictiers par Pierre Poyrier imprimeur demeurant
deuant les pères Iesuites. 1620. — Avec permission. 180

Relation veritable du combat et prise de deux galions
du roy de Thunis, dr octobre 1628. Par les galeres
de Malte, commandées par monsieur de Cremeavlx,
mareschal de la religion, et general desdittes galeres,

le dernier iour d'octobre, mil six cents vingt-huict.
— A Lyon, par Iaqves Rovssin. M.DC.XXIX. —
Avec permission. 185

Advis moderne de l'Estat et grand royavme de Mogor, situé entre la Tartarie, l'Inde et la Perse : de la personne, qualité et maniere de viure du roy et du prince son filz et de ses peuples, et des bons signes et espoirs qu'ilz donnent, de se conuertir à la foy chrestienne, et autres singularitez des païs. — A Paris, par Philippe Dupré, imprimeur et libraire juré en l'vniuersité de Paris, demeurât à la rüe des Amendiers, à l'enseigne de la Vérité, 1598. . . . 191

Fvrievse et sanglante bataille donnee entre les Portvgvais et les Hollandois. En laqvelle a parv la valleur des quatre seigneurs françois. Auec tout ce qui s'y est veritablement passé de part et d'autre le mois de Iuin. M.DC.XXI. Descripte par le capitaine Marque-d'Or, Prouencal, present à icelle. — A Paris, iouxte la coppie imprimee à Lyon par I. Poyet. — Auec permission, 1621. 206

Extraict des lettres d'vn gentilhomme de la suitte de monsieur de Rambouillet, ambassadeur du roy au royaume de Pologne, à vn seigneur de la court. Touchant la légation dudict seigneur et autres choses mémorables observées en son voyage. De Cracovie le douziesme iour de décembre 1573. — A Paris, par Denis Du Pré imprimeur, demourant en la rue des Amandiers, à l'enseigne de la Verité. 1574. . 211

Coppie d'une lettre escrite de Constantinople à vn gentil-homme françois. Contenant la trahison du bascha Nassouf, sa mort estrange, et des grandes richesses qui luy ont esté trouuées. — A Paris, chez Gvillaume le Noir, rue S. Iacques, à la Rose blanche. 1615. — Avec permission. 216

La prise de plusieurs vaisseaux de guerre et de marchandise sur les Portugais, par la flotte hollandoise, pres de la ville de Baye, au Bresil. — A Paris, chez Iean Mestais, imprimeur, demeurant à la porte St-Victor. M.DC.XXVII. 219

Mémoires portant plvsievrs advertissements presentés av roy par le capitaine Foucques, capitaine ordinaire de Sa Maiesté de la marine du Ponant. Après estre deliuré de la captiuité des Turcs, pour le soulagement des François, et autres nations chrestiennes, marchands et mathelots, qui trafiquent sur mer. Auec vne description des grandes cruautez et prises des chrestiens par les pyrates turcs de la ville de Thunes, par l'intelligence qu'ils ont auec certains François renegats. — A Paris, chez Gvillavme Marette, imprimeur, rue St-Iacques à l'enseigne du Gril. MD.C.XII. — Auec permission. 221

La victoire obtenue par monsieur le general des galeres de France sur les plus redoutables corsaires du Turc. Ensemble tout ce qui s'est passé de memorable en son voyage de Barbarie. — A Paris, chez Pierre Rocolet, au Palais en la galerie des Prisonniers. M.DC.XX. — Avec permission. 232

Coppie d'vne lettre escrite de Belgrade le 26 ianvier dernier par le sieur Gedouyn consul d'Alep, à M. le commandeur des Gouttes à Lyon. Auec vn ample recit des desordres et partialitez qui sont en l'empire des Turcs, la rebellion de Vabas bascha d'Erzeron, et de celuy de Babylone, et la perte de l'armée du Grand Seigneur, deffaitte en Hongrie par huict cens hommes de l'empereur. — A Lyon, chez Clavde Cayne. M.DC.XXIV. — Auec permission. . . . 238

ARCHIVES
DES VOYAGES.

RELATIONS INÉDITES.

RELATION

DES ILES PHILIPPINES (1).

INTRODUCTION.

La ville de Manille est le principal établissement des Espagnols aux Philippines, et l'île de Luçon, dans laquelle elle est située, est la plus grande et la plus riche de toutes celles qui ont été découvertes jusqu'à présent. Je devrais donc commencer par là ma relation; cependant, comme c'est l'île de Zubu (2) que l'on a découverte la première, et comme on est parti de là pour conquérir toutes les

---

(1) Je n'ai pu trouver, malgré mes recherches, aucun renseignement sur Miguel de Loarca, auteur de cette curieuse relation, qu'il paraît avoir écrite sous le gouvernement de Ronquillo, c'est-à-dire avant 1583, puisqu'il ne parle d'aucun gouverneur postérieur.

(2) On dit ordinairement Zebu; mais notre auteur dit toujours Zubu.

autres, je traiterai d'abord de celle-ci et des îles voisines que l'on nomme *de los Pintados*, d'autant plus que ce sont celles qui me sont le mieux connues : je traiterai ensuite de celle de Luçon et de celles qui en sont le plus rapprochées ; les habitants, quoique mahométans, n'en ont ni les mœurs ni les coutumes, et parlent même une autre langue.

Plusieurs auteurs, tant ecclésiastiques que séculiers, se sont déjà occupés de tout ce qui a rapport à ces îles. On m'a dit que Fr. Alonso de Buyza, qui habite Mexico, a écrit un gros volume sur ce sujet ; mais ce fait me paraît douteux, car, l'année dernière, le vaisseau le *Saint-Martin* a apporté des lettres de lui dans lesquelles il demande des renseignements sur des événements qui se sont passés ici il y a seize ans, parce qu'il n'est pas satisfait, dit-il, des relations qu'on lui a envoyées, ce qu'il n'aurait certainement pas fait si son ouvrage eût été terminé.

CHAPITRE PREMIER.

De l'île de Zubu et de ses annexes.

L'île de Zubu, la première qui fut conquise par Miguel Lopez de Legazpi, peut avoir cent lieues de tour et à peu près cinquante de long, car elle est très-étroite. Vers les deux extrémités, elle peut avoir vingt lieues d'étendue dans sa plus grande largeur. On nomme Buru-la-que sa pointe septentrionale ; les naturels donnent à la pointe méridionale le nom de Sanbuan, et les Espagnols celui de *las Cabeças* ; du côté où est l'établissement de Zubu, la rive court presque directement du nord au sud, quoiqu'elle soit coupée de plusieurs baies dans différentes directions ; de l'autre côté, elle se dirige de l'est-nord-est au sud-sud-ouest. Cette île contient 3,500 Indiens dispersés dans divers villages, presque tous peu considérables. Je ne citerai ici que les principaux, les autres ne contiennent guère que 8 ou 10 maisons.

Jaro est habité par	150 Indiens.
Daraguete	200
El Peñol	200
Temanduque	500
Barile.	400
Burngan	70
La province de Candaya. . . .	350

Il n'y a pas, dans cette province, de commanderie considérable ; mais on trouve, dans la colonie de Zubu, quatorze Espagnols à chacun desquels on a donné deux ou trois hameaux qui leur fournissent des poules et des gens de service, parce que les commanderies considérables sont éloignées de trente ou quarante lieues. A deux portées d'arquebuse de la ville, qui se nomme *Villa del santissimo nombre de Jesus* (parce que Magellan y trouva une image de l'enfant Jésus qui était adorée par les naturels), on trouve un village indien dépendant de la couronne, qui contient huit cents habitants. L'adelantade Miguel Lopez de Legazpi (1) les a dispensés de tout tribut parce qu'ils ont toujours

---

(1) Miguel Lopez de Legazpi, natif du Guiposcoa, établi à Mexico, fut envoyé, en 1564, par l'audience de cette ville, pour coloniser les Philippines. Il se fixa d'abord à Zubu, et fonda ensuite la ville de Manille, où il mourut en 1574, après avoir conquis une grande partie de cet archipel. (*Morga, historia de Filippinas*; Mexico, 1609, 4°, ch. 1. *Gaspar de S.-Agostin conquista de Filippinas*; Madrid, 1698, f°, liv. I, ch. xv et suiv. *Gaspar de San-Antonio, chronica de Filippinas*; Manila, 1738, 3 vol. f°, liv. II, ch. ix et suiv.)

été les alliés des Espagnols et les ont aidés à conquérir les autres îles. Il y a ordinairement, dans notre établissement, cinquante ou soixante Espagnols, dont trente ont des commanderies. Le gouvernement est entre les mains d'un alcalde mayor, à 300 pesos de solde, nommé par le gouverneur des îles, d'un alguazil mayor choisi par ce dernier et qui n'a pas de traitement : c'est pourquoi cette place a toujours été remplie par un des principaux habitants, et enfin de six régidors annuels. Il y a, en outre, deux alcaldes et un secrétaire du conseil municipal (*cabildo*); mais, s'ils n'avaient pas de commanderies, ils ne pourraient vivre de leurs places, car cette ville n'a aucun commerce, étant dans un endroit très-reculé : c'est pourtant le meilleur port qu'il y ait dans toutes ces îles. Legazpi l'avait choisi à cause de cela pour y fonder une colonie en 1564 ; peut-être le commerce des Moluques lui donnera-t-il un jour quelque importance, car ce n'est que de ce côté qu'il peut en avoir. Tout le pays est pauvre, il n'y a ni mines ni lavages d'or, excepté dans l'île de Mindanao, encore sont-ils peu considérables.

On ne récolte, dans l'île de Zubu, que très-peu de riz et de coton; mais l'on se passe très-bien de ce dernier, parce que les naturels tirent d'une espèce d'arbre les étoffes dont ils ont besoin pour se vêtir; ils le nomment *madrinaque*. On regarde comme riches, aux Philippines, les districts qui produisent du riz et du coton, parce que ce dernier article se vend fort bien à la Nouvelle-Espagne.

Je parlerai plus tard des mœurs des habitants, car celles de tous les Pintados sont les mêmes. Ils élèvent des poules, des cochons et des chèvres, cultivent des haricots et une racine semblable aux patates de Saint-Domingue, que l'on nomme *camote*; après le riz, leur principale nourriture consiste en poisson, qui y est très-bon et très-abondant. Quoiqu'il y ait des cerfs dans toutes les autres îles, on n'en trouve pas dans celle-ci, et, quand on y en apporte, ils y meurent aussitôt.

Au midi de Zubu, à la distance de deux portées d'arquebuse seulement, est l'île de Matan, où fut tué Magellan ; elle peut avoir quatre lieues de tour et une demi-lieue de large ; elle dépend de la ville de Zubu et contient environ 300 Indiens répartis dans quatre ou cinq villages.

Au sud de Matan, à environ huit lieues de la ville de Zubu, est l'île de Vohol habitée par 3,000 Indiens ; elle est en commanderie. Les Indiens de cette île sont unis par des mariages à ceux de Zubu, et ne forment avec eux qu'une seule nation. Ils habitent presque tous sur les rives, sont grands pêcheurs et bons marins ; avant l'arrivée des Espagnols c'étaient des corsaires très-redoutés, maintenant ils font le commerce. Ces îles étaient autrefois très-peuplées ; mais, peu de temps avant leur découverte, elles furent ravagées par les habitants des Moluques, et la plupart des habitants se réfugièrent dans les îles plus éloignées, où ils se sont établis. Les villages de l'intérieur sont pauvres et petits, mais ils ne sont point soumis. Il y a à Vohol beaucoup de cerfs et de cochons ; cette île a huit ou dix lieues de large et quarante de tour ; elle est environnée de plusieurs îlots déserts où l'on trouve d'abondantes pêcheries.

A l'ouest de Zubu il y a une autre île que les Espagnols ont nommée l'île des Nègres, parce qu'il y en a quelques-uns dans les montagnes. Les Indiens l'appellent Nayon ou Mamailan et donnent encore d'autres noms aux différents villages qu'elle contient : elle peut avoir une population de 6 ou 7,000 Indiens ; on ne sait pas le nombre des Nègres, parce qu'ils ne sont pas soumis ; elle est peu habitée du côté de Zubu ; il n'y a qu'un seul village un peu considérable, que l'on nomme *rio de Tanay*. La moitié des Indiens de ce village sont des émigrés de la partie méridionale de l'île de Vohol, qui est la plus rapprochée de l'île de Panay et de la ville d'Arevalo ; l'île des Nègres est, du reste, bien peuplée : les principaux villages sont Ilo, Navagan, Bago, Carobcop et Tecguaguan. On y trouve en abondance du riz, des poules et des cochons, ainsi que beaucoup de *madrinaque* ; mais elle ne produit pas de coton. Elle est séparée des îles de Zubu et de Panay par deux détroits dont chacun peut avoir deux lieues et demie de large ; il y a trois commanderies du côté de Zubu et huit du côté de Panay. Cette île a quatre-vingt-dix lieues de tour et douze ou treize de large : il ne s'y trouve aucun village qui dépende de la couronne.

A l'entrée du détroit qui sépare l'île des Nègres de celle de Zubu, il y en a une petite que nous avons nommée *de los Fuegos* (des feux) ; elle a dix lieues de tour, 200 habitants et appartient à un commandeur : on y récolte beaucoup de cire.

A l'est de Zubu sont deux petites îles qui peuvent avoir chacune cinq lieues de tour : on les nomme îles des Camotes. Ces deux îles, qui dépendent de la ville de Zubu, peuvent contenir 300 Indiens, qui sont très-pauvres, quoiqu'ils récoltent un peu de cire et prennent beaucoup de poisson. Les villages ne se composent que de sept ou huit maisons : elles sont à trois lieues de l'île de Zubu et à huit de la ville.

A trois lieues, plus à l'est, est la grande île de Baybay ou Leyte, très-abondante en vivres ; mais on n'y fait que des étoffes de *madrinaque*. Elle est très-peuplée et peut contenir 14 ou 15,000 Indiens, dont 10,000 payent un tribut, parce qu'ils ont été très-difficiles à soumettre. Il y a deux commanderies et S. M. n'y possède pas d'Indiens ; les principaux villages de cette île, qui peut avoir quatre-vingts lieues de tour, sont : Baybay, Jodmue, Leyte, Cavigara, Barugo, Maraquincay, Palos, Abuyo, Dulaque, Ilongos, Bito, Cabalian, Calamocan et Sugud. Il n'y a dans cette île ni mines ni lavages d'or.

Entre cette île et celle de Mindanao, qui courent parallèlement du nord au sud, est celle de Panaon, qui a huit lieues de tour et trois de large : elle est habitée par 100 Indiens, très-pauvres, qui appartiennent à un commandeur.

A douze lieues plus loin, très-près de Mindanao, est l'île de Siargao, qui peut avoir quinze lieues de tour et six de large. Les villages, qui contiennent environ 400 âmes, sont construits dans des endroits très-escarpés ; les habitants sont pauvres parce qu'ils sont paresseux, car elle est environnée de beaucoup d'îlots, qui contiennent des mines et des lavages d'or. On a prétendu qu'ils n'y travaillaient pas autrefois parce que les corsaires venaient les y 'enlever ; mais, maintenant qu'ils pourraient le faire en toute sûreté, ils les négligent de même, ce qui prouve bien que c'est par paresse. Cette île appartient à un commandeur.

A l'ouest de Baybay est la petite île de Mazagua, dont le P. André de Urbaneta racontait tant de merveilles. Elle a quatre lieues de tour et une de large ; elle appartient à un commandeur : les 60 Indiens qui l'habitent sont pauvres et misérables, parce qu'ils n'ont que du sel et du poisson.

Au nord-ouest de Baybay est l'île de Maripipe, stérile parce qu'elle est très-haute et très-escarpée ; elle a sept lieues de tour et deux et demie de large ; elle est habitée par 100 Indiens.

Plus près du détroit et du cap d'Espiritu-Santo, à la

distance d'environ trois lieues, il y a une autre île nommée Limancaguayan, aussi grande et avec le même nombre d'habitants que Maripipe ; on y récolte du riz et du madrinaque. Ces deux îles et celle de Fuegos, dont j'ai parlé plus haut, appartiennent au même commandeur.

Au nord-ouest de Leyte est l'île de Marbate, qui a trente lieues de tour et six de large ; elle contient 500 Indiens, qui appartiennent à un commandeur ; elle renferme des mines d'or, que les Camarines travaillaient autrefois et d'où ils en tiraient une grande quantité ; mais ils n'y viennent plus depuis que les Espagnols y sont établis. J'ai pris pour centre de toutes ces îles celles de Leyte, parce qu'elles en sont très-voisines.

Au nord de l'île de Zubu, à la distance d'environ deux lieues, est celle de Bantayan, qui a huit lieues de tour et deux de large. Les 1,000 Indiens qui l'habitent appartiennent au même commandeur que ceux de Vohol : ce sont des gens très-doux ; ils ont d'abondantes pêcheries, parce que l'île est environnée de bas-fonds. On y pêche aussi quelques perles ; le vin n'y vient pas, parce que le sol y est rocailleux. Quelques habitants de cette île cultivent des terres dans l'île de Zubu, qui, comme je l'ai dit, n'en est qu'à deux lieues. On y trouve une grande quantité de palmiers, ainsi que dans toutes les îles habitées par les Pintados.

L'île de Capul forme, avec l'île de Luçon, un détroit où viennent passer les vaisseaux qui arrivent d'Espagne ; elle a douze lieues de tour, quatre de large, et contient environ 500 Indiens. Les habitants qui sont pauvres récoltent du vin et du madrinaque. Elle appartient à un commandeur.

Plus près du cap de l'Espiritu-Santo, dans le détroit même, est l'île de Biri, qui a cinq lieues de tour et deux de large; elle contient 100 Indiens et appartient au même commandeur que celle de Mazagua.

A l'ouest de Baybay est l'île d'Ibabao, que l'on nomme aussi Candaya; elle a cent dix lieues de tour. On ne l'a jamais traversée par terre, de sorte qu'on ne connaît pas sa largeur. Les naturels disent qu'elle est aussi peuplée que celle de Baybay et très-abondante en vivres. La partie que les Espagnols ont visitée peut renfermer 5,000 Indiens, répartis dans les villages suivants :

Le village d'Aquisau,
La rivière (1) d'Ilaga,
La rivière de Hubun,
Les villages de Balingigua,
Les villages de Guigan,
La rivière de Sicabalo,
La rivière de Bolongan,
La rivière de Sibato,
Le village de Tinagun,
La rivière de Caluiga,
Les marais d'Ubaya,
La rivière de Paguntan,
La rivière de Napundan,
La rivière de Deyba,
La rivière de Basey,
La rivière de Bolo,
La rivière de Pono,
La rivière de Gamay,
Les villages de Panpan,
La rivière de Catubi,
La rivière de Volonto,
La rivière d'Ivatan,
La rivière de Pagaquahan,
Le village de Baranas,
Le village d'Arasan.

A l'est, et près de l'île d'Ibabao, dans le golfe de la Nouvelle-Espagne, il y a deux îles nommées Bantac, qui contiennent peu d'habitants, à ce que disent les Indiens; on n'y est jamais entré.

En face du village de Guigan est l'île Verte, qui a huit lieues de tour et quatre de large; elle a environ 150 Indiens.

(1) L'auteur emploie probablement le mot rio (rivière) pour distinguer les villages qui sont sur le bord des rivières de ceux qui sont sur une éminence.

De l'autre côté, à l'ouest, en face de la rivière de Tinagan, est l'île de Cananguan, qui a quatre lieues de tour et une de large; elle renferme 100 Indiens.

L'île de Caguayan est à l'ouest de celle d'Ibibao et la touche presque : elle a trois lieues de tour, une de large et 200 Indiens. L'île de Batac a 100 Indiens.

Les commandeurs de toutes les îles dont je viens de parler habitent Zubu; elles sont toutes sous la juridiction de cette ville, qui, par conséquent, en comptant chaque île à part, et ce qui est découvert de l'île de Mindanao, a six cent cinquante lieues de circonférence.

L'île de Mindanao est la plus grande de toutes celles que l'on a découvertes; mais on n'a pu réduire, jusqu'à présent, que les habitants des bords de la mer. Les Espagnols en ont découvert environ cent cinquante lieues de côtes, depuis la rivière de Catel jusqu'à celle de Mindanao. Pour se rendre de Zubu à Dapitan, qui en est le point le plus rapproché, on se dirige vers le sud-ouest. Dapitan est un port et forme à peu près le point central de la partie de la côte que l'on a découverte; il était habité autrefois, mais maintenant il est presque désert. On y recueille du vin et un peu d'or, car, dans toute l'île, il y a des mines et des lavages; mais ils sont peu abondants.

Depuis Dapitan jusqu'à la pointe de la Cannelle, il y a plus de trente rivières dont les rives sont habitées, mais il n'y a que très-peu d'Indiens. Sur la côte, ce sont des Lutaos, tribu qui ne vit que de pêche et transporte dans des barques ses femmes, ses chiens, ses chats et tout ce qu'elle possède; ils vont vendre le poisson qu'ils prennent dans les montagnes habitées par des Indiens, qui construisent leurs maisons sur des arbres. Ces maisons sont si grandes, que chacune d'elles est habitée par quarante ou cinquante familles; ce sont des espèces de forts où ils sont à l'abri des attaques de leurs ennemis. Dans la partie du pays que l'on connaît, on trouve de la cire en abondance; cette partie est difficile et montueuse. Les habitants s'habillent avec du madrinaque.

Au cap de Cabite, on trouve quantité de cannelle; il est à quarante lieues de Dapitan, en se dirigeant du côté des Moluques.

Près du cap de la Cannelle est l'île de Taguima, qui peut avoir quatorze lieues de tour et quatre de large; elle renferme 500 Indiens, qui appartiennent à deux commandeurs. C'est par là que passent les vaisseaux portugais qui vont de Malacca aux Moluques chercher du girofle; souvent, à leur passage, les habitants de cette île les ont attaqués par trahison et leur ont fait beaucoup de mal.

L'île de Soloc est à vingt lieues de la pointe de la Cannelle; elle appartient aux Maures de Burney, et fut découverte en même temps que la rivière de ce nom; elle a vingt-quatre lieues de tour. On dit qu'elle peut contenir environ 1,000 Indiens, et qu'on y trouve des éléphants et des perles; elle appartient à un habitant de Zubu, et fait partie de la juridiction de cette ville.

Tout le pays, depuis Dapitan jusqu'à la rivière de Butuan, appartient à un commandeur, à l'exception des villages de Gonpot et de Cagayan que l'on a réservés pour Sa Majesté, parce qu'on y trouve de la cannelle; mais leur population ne s'élève pas au delà de 200 Indiens. Dapitan, avec tout le pays jusqu'à la pointe de la Cannelle, appartient au même commandeur; de sorte qu'il a soixante lieues de côtes dans l'île de Mindanao; il possède, en outre, l'île de Soloc et une autre commanderie dans l'île de Zubu, et avec tout cela il est pauvre.

La rivière de Butuan, qui appartient à Guido de las Vezaris (1), peut avoir 600 Indiens. Plus loin, sont les rivières de Surigao et Parasao ; mais tout cela ne vaut pas grand'chose, bien qu'il y ait des lavages d'or dans les rivières de Panigutuan, Idac, Matanda, Itanda, Tago, Ovo et Beslin. Tout ce pays peut renfermer 3,000 Indiens ; mais ils ne sont pas soumis.

On a été deux fois à la découverte de la rivière de Mindanao, qui est la principale de l'île de ce nom. On n'y est point parvenu, mais on a découvert cinq ou six villages, qui se nomment Tampacan, Yboyaen, Ivalet, etc., et dans l'un desquels réside le roi ; ils peuvent compter 3,000 Indiens ; on a obtenu aussi quelques renseignements sur des provinces très-peuplées.

En face de la rivière de Butuan, entre Vohol et Mindanao, en se dirigeant sur Zubu, est l'île de Camaniguin, qui a dix lieues de tour et cent Indiens ; elle est haute et escarpée, et éloignée d'environ deux lieues de Mindanao ; on y récolte de la cire. Son commandeur habite la ville de Zubu.

CHAPITRE II.

De l'île de Panay et de ses annexes.

Le point de l'île de Panay le plus rapproché de Zubu en est à la distance d'environ douze lieues ; elle n'est qu'à deux lieues de celle des Nègres, c'est la plus riche et la plus fertile de toutes celles qui ont été découvertes, à l'exception de celle de Luçon ; on y trouve en abondance du riz, des cochons, des poules, de la cire, du miel, du coton et du madrinaque ; les villages sont très-rapprochés,

(1) Guido de las Vezaris succéda à Legazpi dans le gouvernement des Philippines ; il étendit les conquêtes de son prédécesseur. Ce fut pendant son gouvernement que les jonques *chinoises* commencèrent à venir commercer à Manille.

la population est fort tranquille et disposée à se convertir ; c'est un pays salubre et abondant en vivres, de sorte que les Espagnols qui tombent malades dans les autres îles y vont pour se rétablir ; les naturels sont très-sains et très-propres, tandis que, dans l'île de Zubu, quoique l'air soit très-pur, les Indiens sont presque toujours couverts de gale et de lèpre. Les naturels de Panay disent qu'ils n'avaient jamais su ce que c'était que cette maladie, quand les Indiens de Bohol vinrent chercher dans leur île un refuge contre les incursions des habitants des Moluques et la communiquèrent à quelques-uns des indigènes. Le gouverneur A. Gonzalo de Ronquillo (1) a fondé, dans cette île, la ville d'Arevalo sur la côte méridionale qui est la plus peuplée, et où se trouve le plus grand nombre de villages ; il y a quinze commandeurs ; ils possèdent ensemble environ 20,000 Indiens qui sont soumis et payent un tribut; comme elle est près de l'île des Nègres, le gouverneur Ronquillo a placé sous sa juridiction les villages et rivières d'Ilo, Inabagan, Bago, Icarobcop et Tecguaguan qui, comme je l'ai dit plus haut, sont les meilleurs de l'île des Nègres ; les habitants de ces villages sont donc venus construire les maisons d'Arevalo, qui est l'endroit le plus abondant en vivres de toutes les îles.

On tire maintenant de Panay, pour la ville de Manille et pour d'autres endroits, une grande quantité de riz et de viande; il y a dans la ville d'Arevalo un alcalde mayor, quatre régidors; un alguazil mayor, deux alcaldes ordinaires et un secrétaire du *cabildo* ; comme c'est une colonie nouvelle, et qu'il y a peu de procès, ce dernier n'a pour

(1) D. Gonzalo Ronquillo de Penalosa, quatrième gouverneur des Philippines, fonda la ville d'Arevalo et celle de la nouvelle Ségovie, dans la province de Cagayan. Il mourut en 1513. (Morga, ch. III.)

profits que ce qu'il peut tirer des Indiens. La juridiction de la ville s'étend dans un diamètre de trois lieues.

Les principaux villages de l'île sont,
Le village d'Oton qui touche à la ville,
Le village de Ticbaguan,
La rivière d'Harahut,
La rivière de Panay,
La rivière de Jaro,
La rivière d'Ivahui,
La rivière d'Afui,
La rivière d'Aclan,
Le village d'Antique,
Le village de Bugason,

Cette île peut contenir 200 Indiens; S. M. perçoit le tribut des rivières d'Harahut, Afui et Panay, et le quint de l'or qui n'est presque rien. Arevalo est à environ cinquante lieues de la ville du Saint Nom de Jésus dans l'île de Zubu. Cette île étant très-abondante en vivres et en bois de marine, on y a construit plusieurs fois des navires et des frégates; c'est aussi de là qu'est sorti le vaisseau *le Visayo*.

A deux portées d'arquebuse de Panay est l'île d'Imaraes qui a douze lieues de tour et 500 Indiens; elle dépend d'un commandeur qui réside à Panay. On y trouve en abondance du riz, du coton, du miel, de la cire et du gibier; on en tire aussi du bois pour la construction des vaisseaux et des maisons, elle fait partie de la juridiction d'Arevalo.

En face d'Antique, sur la côte occidentale de l'île de Panay, à la distance de cinq ou six lieues, est l'île de Cuyo, dont un Espagnol de Panay est commandeur; elle contient 800 Indiens qui cultivent en abondance du riz dont le grain est rouge parce que la terre est de cette couleur; on y élève beaucoup de chèvres; les pêcheries y sont abondantes; on y fait aussi de belles étoffes de coton, quoiqu'on n'en récolte pas dans cette île; les vaisseaux de Burney y venaient souvent autrefois pour acheter des *bruscays*, espèce de coquillage marin qui sert de monnaie à Siam, comme le cacao à la Nouvelle-Espagne; elle fait partie de la juridiction d'Arevalo; mais les gens de justice n'y sont jamais entrés. Cette île a douze lieues de tour.

Près de là sont sept petites îles nommées Dutaya, Dehet, Bisucay, Cadnuyan, Tacaguayan, Lubit et Tinotoan; les Indiens, qui sont une centaine, sont esclaves de ceux de l'Ile de Cuyo; ils fabriquent du sel et des nattes et n'ont que cela pour payer leur tribut, car ils sont très-misérables.

Au nord-ouest de Panay, à environ trois lieues de la pointe de cette île, est celle d'Osigan que nous appelons des Planches (*de Tablas*); elle est très-montueuse et peut avoir dix-huit lieues de tour; on y récolte de la cire; il y a deux cent cinquante Indiens dispersés dans plusieurs petits villages. A six lieues plus loin est l'île de Cibuyan, qui peut avoir douze lieues de tour et six de large. Elle appartient, ainsi que la précédente, à des commandeurs qui résident à Panay. Il y a dans cette île des mines d'or très-abondantes, mais on les exploite mal, parce qu'elle est habitée par des Pintados, qui sont très-paresseux.

L'île de Buracay est à deux portées d'arquebuse de la pointe nord de Panay; elle a trois lieues de tour, une demi-lieue de large et cent Indiens qui élèvent des chèvres et ne récoltent pas de riz.

A une demi-lieue plus loin est celle d'Anbil, qui a trois lieues de tour et une de large; il y a cinquante Indiens qui sont presque tous charpentiers de vaisseaux.

A deux lieues d'Osigan ou de Tablas est l'île de Simara, qui a quatre lieues de tour et deux de large; il y a cent cinquante Indiens qui font le commerce et élèvent des chèvres, c'est pourquoi on la nomme aussi l'île des Chèvres ; elle est à douze lieues de Panay.

A quatre lieues de la côte nord de Panay, dans la direction de l'ouest, est l'île de Sivaai, qui a cinq lieues de tour et une lieue et demie de large ; il y a 70 Indiens.

A trois lieues plus loin et tout contre l'île de Mindoro, est celle de Similara, qui contient 90 Indiens ; elle a quatre lieues de tour et une de large ; les Indiens de toutes ces îles récoltent peu de chose, ils font le commerce et fabriquent du sel.

A une lieue et demie de la pointe de Panay, du côté du sud, est l'île de Bacbatan, qui a trois lieues de tour, une de large, et 80 Indiens qui vont cultiver la terre et récolter de la cire à Panay ; toutes ces îles, depuis celle de Buracay, appartiennent au même commandeur, qui réside à Panay.

A une lieue et demie de l'île de Simara ou des Chèvres est celle de Donblon, qui a huit lieues de tour et trois de large ; c'est un pays escarpé et couvert de palmiers ; les 200 Indiens qui l'habitent cultivent des patates et des ignames, ils récoltent aussi de la cire et sont assez commerçants.

L'île de Donblon est entre Cibuyan et l'île de Tablas, elle a sept lieues de tour et trois de large, il y a 250 Indiens ; c'est un pays très-abondant en cire. Cette île et celle de Banton appartiennent à un commandeur de Panay et font partie de la juridiction de la ville d'Arevalo ; cette dernière, qui en est la plus éloignée de toutes, en est à environ cinquante-six lieues.

Au sud-ouest de Panay, à quinze lieues en pleine mer, car il n'y a pas d'autres îles de ce côté, sont deux petites îles basses que l'on nomme de Cagayan ; elles sont tellement environnées de récifs, que les vaisseaux qui veulent s'y rendre courent de grands dangers si le pilote ne connaît pas parfaitement l'entrée, qui est fort étroite ; ces îles sont très-peuplées, elles renferment près de 400 Indiens très-habiles dans l'art de construire des vaisseaux : ils sont tenus, depuis peu d'années, d'après ce qu'ils disent, de s'établir dans les îles, parce que ces récifs les protégent contre les corsaires. Ils voulurent ensuite retourner à l'île de Panay, mais presque toutes leurs femmes y mouraient ; ayant alors consulté les augures, ils retournèrent à Tagayan, d'où ils se répandent tous les ans dans les autres îles pour travailler à la construction des navires ; c'est à eux que l'on doit presque tous les vaisseaux de S. M. qui sont sortis des chantiers des îles Philippines ; ils travaillent aussi à la réparation de ceux qui en ont besoin ; c'est pourquoi l'adelantade Miguel Lopez de Legazpi les avait donnés aux commandeurs de l'île des Nègres ; mais on les a depuis réunis au domaine de la couronne.

CHAPITRE III.

De l'île de Luçon.

L'île de Luçon est la plus peuplée et la plus considérable de toutes celles qui ont été découvertes jusqu'à présent ; elle produit beaucoup de riz, on y trouve une quantité de mines d'où l'on tire de l'or en abondance, particulièrement dans le pays des Ilocos.

Cette île est divisée en trois provinces : dans la principale on a fondé la ville de Manille, capitale de tout cet archipel ; c'est là que résident le gouverneur et la majeure partie des Espagnols. A une lieue et demie de cette ville est le port de Cavite, où abordent les vaisseaux qui viennent de la Nouvelle-Espagne ; ceux qui viennent de Chine, et qui sont ordinairement très-nombreux, entrent dans la rivière de Manille, où il y a un fort commandé par un alcalde nommé par sa majesté; c'est encore dans cette ville que réside l'évêque de toutes les îles; il y a aussi deux couvents d'hommes et une maison de la compagnie de Jésus.

Cette ville est construite au fond d'un grand golfe qui peut avoir vingt lieues de tour. Tout le pays autour du golfe est habité par des Maures venus de Borney, il est très-fertile. A cinq lieues de Manille, en remontant le fleuve, il y a un lac d'eau douce dont la circonférence est de près de vingt lieues. Les environs de la ville produisent du riz et du coton en abondance : les habitants possèdent beaucoup de bijoux d'or, quoiqu'il n'y ait pas de mines de ce métal. Les Maures se sont répandus jusque dans les villages des Batangas : je parlerai plus loin de leur nombre. Ils ont aussi peuplé l'île de Mindoro et celle de Luban, mais on n'en trouve pas dans les autres îles. Les Camarines qui habitent à l'est de cette île, le long du détroit que traversent les vaisseaux qui viennent de la Nouvelle-Espagne, appartiennent plutôt à la nation des Pintados. Les habitants de la côte occidentale, du côté du Japon, ressemblent aussi beaucoup à cette nation, quoiqu'ils n'aient pas comme eux l'habitude de se peindre et qu'ils se percent les oreilles d'un autre manière. Les Pintados se peignent le corps avec beaucoup d'élégance ; les Maures, au contraire, ne se peignent pas et ne se percent pas non plus les oreilles. Le pays habité par ceux-ci est le plus fertile de l'île, mais il ne se compose que du golfe de Manille et de quinze lieues de côte.

Les commanderies des environs de ville sont :

Vatan, qui contient . . . 800 Indiens.
Vitis 7000
Macabebe 2600

Calompite	3000
Candava (1)	2000
Apale	300
Binto	400
Malolos	800
Guiguinto	400
Cantagalan	800
Caluya	600

Dans tout le district, qui est du même côté du fleuve que la ville, on parle la même langue; à partir de Tondo, qui est sur l'autre rive, on parle une langue différente. Il y a, dans cette ville, 1,350 Indiens. Entre Tondo et le lac on trouve les villages suivants : Quiapo, Pandacan, qui a 200 Indiens, Santa-Maria, Capaques avec 200 Indiens, Pasio avec 200 Indiens, Faguiques avec 650 Indiens.

Autour du lac sont les commanderies de

Marybago	300 Indiens.
Tabuc	(*en blanc dans l'original*)
Vahi	2500
Pila	1600
Mayay	400
Lumban	1500
Maracta (à la couronne)	600
Balian	600
Sinoloan	600
Moron	1100

Les deux dernières avaient autrefois un beaucoup plus grand nombre d'habitants, mais ceux-ci se sont réfugiés dans les montagnes et ne sont pas soumis.

En partant de Tondo, on trouve, le long du golfe, les

---

(1) Auprès de cette commanderie est un petit village qui s'est nommé Castilla, de toute antiquité. (*Note de l'auteur.*)

villages de Lagyo, Malahat, Longalo, Palañac, Bacol, Minacaya et Cabite.

Hors du golfe, le long de la côte orientale, sont les villages que l'on appelle des bas-fonds de Tuley, la commanderie de Balayan, qui peut avoir 600 Indiens; la lagune de Bonbon, où il y en a 3,400, et les villages de las Batangas, où il y en a un millier. Depuis Tuley jusqu'à las Batangas, tout le pays est habité par des Maures qui cultivent beaucoup de coton, et possèdent une quantité d'or dont ils ont hérité de leurs ancêtres.

A trois lieues de las Batangas, en se dirigeant du côté des Camarines, est la rivière du Loup (*rio del Lobo*) où il y a environ 100 Indiens. A deux lieues plus loin, Maribajo avec le même nombre d'habitants. On y trouve des mines d'or; puis les villages de Biga et Galvan, chacun avec 150 Indiens; la rivière de Dayun, avec 600 Indiens, et celle de Tubi avec 500; enfin, celle de Carilaya, qui, avec quelques hameaux voisins, peut en contenir 500, et celle de Cayaguan, qui en a 200. C'est là que commence le pays des Camarines.

CHAPITRE IV.

De la province des Camarines.

Au delà de la rivière de Pasacao commencent les provinces de Vicor et des Camarines, qui, comme je l'ai déjà dit, sont situées sur la côte orientale. Il y a soixante-dix lieues pour aller par mer de Manille à l'embouchure de cette rivière; en faisant trois lieues par terre, on arrive à la rivière de Vicor, sur l'autre versant de l'île : celle-ci a son embouchure sur la côte septentrionale; on y a fondé la ville de Caceres; il y a environ 5,000 Indiens qui habitent le long de cette rivière ; en suivant son cours on arrive au lac de Libon, près duquel est un village en commanderie qui, avec ses environs, peut contenir 1,500 Indiens. De ce lac on peut se rendre par des lagunes à Iguas, Albay, Camarines, Vicagua, et dans d'autres endroits. Les commandeurs de la ville de Caceres sont au nombre de vingt-quatre. Les Indiens de la rivière de Vicor payent leur tribut en riz et en or, qui se trouve en abondance dans les mines de Pacarale, a 16 lieues de la ville, ainsi que dans celles de Catanduanes, qui sont à trente lieues. Il y a aux alentours les commanderies d'Albaï et Baguian avec 800 Indiens ; Libon, avec 1,500 ; Paracale et la côte jusqu'à Mahuban, 200 ; la baie d'Ivalon, 1,500 ; l'île de Catanduanes, 4,000. Tout le pays est sain et fertile ; on y cultive beaucoup de riz. Il y a aussi une quantité de palmiers qui fournissent du vin et de l'eau-de-vie.

Les habitants de ce pays ressemblent aux Pintados ; mais ils sont beaucoup plus paresseux et passent leurs journées à boire : ce sont les femmes qui cultivent la terre. Ils adorent une idole de bois grossièrement sculptée, parlent avec le démon et sont de grands sorciers ; mais, comme je n'ai pas habité cette partie de l'île, je ne connais pas les cérémonies de leurs sacrifices, et je n'ai personne pour me les décrire.

Il y a, comme je l'ai dit, des mines à Paracale, dans la baie de Caporagua et dans l'île de Catanduanes, qui n'est pas loin de Caceres.

De Pasacao, la côte de l'île de Luçon s'étend à vingt lieues à l'est jusqu'à Busargau, où elle tourne vers le nord-ouest, et de là il y a encore soixante lieues jusqu'à la rivière de Vicor ; mais, comme je l'ai dit, on peut éviter tout ce détour en faisant trois lieues par terre, depuis la rivière de Vicor jusqu'au cap des Babuyanes, qui est à l'autre extrémité de l'île. Du côté du Japon, il y a encore cent vingt lieues dans la direction du nord-est au sud-est ; il n'y a sur toute cette côte que trois endroits habités : Valete où il y a 800 Indiens; à 10 lieues plus loin, Casigura, où il y en a 100 qui sont semblables aux Ilocos de la côte opposée, quoiqu'ils n'aient pas de communications avec eux, parce qu'ils en sont séparés par des montagnes très-escarpées. Il y a aussi quelques Indiens sur les bords de la rivière d'A-lanao, qui recueillent du coton et de l'or. Quand on est arrivé à la pointe des Babuyanes, la côte s'étend vers l'est jusqu'à l'embouchure de la rivière de Cagayan, qui est considérable. Elle en est éloignée de douze lieues.

La rivière de Cagayan est très-considérable, quoique sa barre soit fort mauvaise, car elle n'a que deux brasses à la haute mer et une à la basse. Il y a, sur ses rives, des villages très-peuplés, qui, dit-on, renferment plus de 30,000 Indiens ; ils ont en abondance du vin et des cochons, mais peu d'or, parce qu'il n'y a pas de mines. Ils font le commerce avec les Ilocos. C'est un pays malsain, particulièrement quand le vent souffle du nord.

Non loin de cette côte, il y a deux petites îles nommées Mandato et Buyon. Elles sont habitées par des Maures.

A quatre lieues de Banton et à cinq de Luçon, dans le détroit qui sépare ces deux îles, est celle de Marinduque, qui a vingt-six lieues de tour et huit de large. Elle est habitée par 1,000 Indiens de la nation des Pintados.

CHAPITRE V.

De la province des Ilocos.

Quand on se dirige vers le nord, en sortant de la baie de Manille, on arrive d'abord dans la province des Zambales.

qui renferme environ 1,000 Indiens; ils ressemblent aux Chichimèques de la Nouvelle-Espagne. Ils ont les mêmes mœurs que les Maures, mais un costume tout à fait différent; car ils n'ont qu'un pagne et une tunique à manches courtes échancrée au cou. Ils se peignent, sur le dos et sur l'estomac, des espèces de croix de différentes couleurs; ils se rasent les cheveux sur la partie antérieure de la tête. Leurs villages se nomment Mayayomo, Pinahuin, Mahaban, Buanguin, Hugui, Yolo, Bongalon, Dalayap, Cabatogan et Bacol; quand ils tuent quelqu'un, ils lui font un trou au crâne et lui sucent par là la cervelle.

Plus loin est la province de Bulinao, habitée également par les Zambales; elle fait partie du domaine de la couronne. Elle renferme environ 400 Indiens soumis; il y en avait bien davantage, mais ils se sont réfugiés dans les montagnes; ils sont très-belliqueux et toujours en guerre entre eux; leur plus grand désir est de couper les têtes de leurs ennemis et de les suspendre dans leurs maisons: plus un Indien en a et plus il est redouté. Ils cultivent peu la terre et vivent comme les Chichimèques de la Nouvelle-Espagne; on n'a pu soumettre que ceux du village de Bulinao. Ils savent qu'il y a un Dieu dans le ciel, mais ils n'invoquent que les âmes de leurs ancêtres comme le font les Bisayas.

A cinq lieues plus loin est la province de Pangasinan; elle est coupée par une baie qui peut avoir six lieues de tour; trois rivières assez considérables, qui descendent des montagnes des mines, se jettent dans cette baie: il peut y avoir 6,000 Indiens, dont 1,000 appartiennent à la couronne; le reste est réparti entre quatre commandeurs. Leur costume et leur langue sont les mêmes que ceux des Zambales, mais ils sont plus civilisés, parce qu'ils font le commerce avec les Chinois, les Japonais et les naturels de

Borney et des autres îles. Cette province est très-abondante en vin, en chèvres et en cochons ; quoique le commerce soit la principale occupation des habitants, ils sont aussi grands agriculteurs et fournissent des vivres et des vêtements à ceux qui travaillent aux mines ; ceux-ci leur donnent de l'or, qu'ils vont vendre aux Espagnols. Ils sont très-jaloux de leurs femmes, et, s'ils découvrent qu'elles les aient trompés, ils les tuent sans que les parents le trouvent mauvais ; s'ils ont trop d'enfants, ils en tuent quelques uns pour éviter la misère. On peut aller de cette province à Manille par un chemin très-plat et très-bon : il peut y avoir quatorze ou quinze lieues.

A quatre lieues plus loin, il y a un endroit nommé le Port du Japon ; les Indiens qui l'habitent sont de la même race que ceux de Pangasinan, ainsi que ceux d'Alinguey et de Baratao, qui sont à six lieues plus loin ; Purao, Bitis et Lubao, qui appartiennent au même commandeur, sont à quatre lieues plus loin ; quoique les Indiens qui les habitent aient les mêmes coutumes que ceux dont je viens de parler, ils ne parlent pas la même langue ; ils n'ont pas non plus l'usage de tuer leurs enfants.

1,500 Indiens habitent la vallée de Lumaquaque, qui est à trois lieues plus loin ; ils sont semblables à ceux de Purao : il y en a 18,000 dans les villages de Candon, qui sont à deux lieues au delà et autant dans la province de Nalvacan, qui en est encore à trois lieues. A la distance de deux lieues de Nalvacan est la vallée de Landan, dont les 2,000 Indiens appartiennent à l'hôpital de Manille.

En face de cette vallée est le village de Vigan, qui peut contenir 800 Indiens. En 1575, Guido de Lavezaris a fondé près de là la ville de la Fernandina ; mais elle fut abandonnée lors de l'expédition de Limahon (1); il ne s'y trouve plus qu'un alcalde et une vingtaine d'Espagnols ; c'est une espèce de lieu d'exil. A une lieue de cette ville est la vallée de Bantay, qui peut avoir 1,600 Indiens; à deux lieues plus loin, celle de Varo, qui en a la moitié : on trouve au delà les provinces de Cacuguayan, qui a 4,000 Indiens, et Ilagua, qui en a cinq mille, lesquels ne sont pas encore tous soumis. Dans l'intérieur des terres est la vallée de Dinglas, où il peut y avoir 2,000 Indiens.

Sur la côte au delà d'Ilagua est la vallée de Vicagua, où il peut y avoir 2,000 Indiens; il y a vingt lieues de là à la rivière de Cagayan; il y a, sur la route, plusieurs rivières et plusieurs villages, mais comme le pays n'est pas encore soumis on ne sait pas exactement ce qui en est.

Les Ilocos ont à peu près les mêmes mœurs que les Pintados : cependant ils mangent de la viande crue ; ils sont tranquilles et pacifiques.

On voit que de ce côté il y a cent dix lieues de la ville de Manille à la rivière de Cagayan. Voilà tout ce que j'ai pu réunir sur l'île de Luçon.

(1) Limahon, célèbre corsaire, infesta longtemps les mers de Chine qu'il ravageait à la tête de plus de quarante vaisseaux. Il défit Ventognian, autre corsaire célèbre; et se trouvant, par cette victoire, à la tête de quatre-vingt-cinq jonques, il commit tant de crimes, que l'empereur envoya une flotte contre lui. Il prit alors le parti de se diriger du côté des Philippines, et d'en entreprendre la conquête. Il envoya un de ses lieutenants mettre le siége devant Manille; mais celui-ci ayant été repoussé, Limahon vint l'attaquer en personne sans être plus heureux. Il se dirigea alors vers la province de Pangasinan, et construisit un fort à l'embouchure de la rivière du même nom. D. Juan de Salsedo vint l'y assiéger, et tenta de le forcer par la famine ; mais Limahon parvint à s'échapper, presque seul, et se réfugia dans une île déserte, où il mourut, au bout de quelques jours, de misère et de chagrin. (Mendoça, *Hist. de la China*, part. II, liv. I; Morga., ch. 1.)

En face de Bombon et de Batangas est l'île de Mindoro, dont presque tous les habitants sont des Maures. Le village de Mindoro, dont le port est très-bon, est à trois lieues de l'île de Luçon; il a environ 250 habitants. L'île est très-peu peuplée, car, quoiqu'elle ait quatre-vingts lieues de tour, elle ne contient pas plus de 500 âmes; il y a, dans les montagnes, quelques nègres qui récoltent beaucoup de cire. Les vivres y sont rares.

La pointe occidentale de cette île est juste en face de l'entrée de la baie de Manille; à quatre lieues de là est l'île Luban, qui peut avoir dix lieues de tour; il y a six villages et 500 Indiens; tout auprès il y en a une petite qui porte le même nom et où il y en a une centaine.

A 2 lieues, au sud de l'île de Mindoro, est celle d'Elin, habitée par 200 Indiens Bisayas. Ces deux îles, et celle de Luban, appartiennent au même commandeur, et sont gouvernées par un alcalde mayor, qui a aussi sous sa juridiction toute la partie de l'île de Luçon entre les Batangas et les Camarines.

En face de la rivière de Cagayan il y a sept îles que l'on appelle les Babayanes : elles sont assez avant dans la mer, du côté de la Chine; on leur donne ce nom parce qu'on en exporte une quantité de porcs que les naturels nomment Babayans : elles sont très-peu connues.

A douze lieues d'Élin, du côté de Burney, il y a deux îles que l'on appelle les Calamianes : elles sont peu connues parce qu'elles sont situées dans des parages peu visités; l'on a aperçu quelques villages sur la plage, mais on ignore le nombre de leurs habitants. Les habitants de la côte se peignent le corps, et il y a des nègres dans les montagnes. Ils récoltent une grande quantité de cire qu'ils vendent aux habitants des autres îles, mais ils manquent de vivres et d'étoffes. La principale de ces îles, qui se nomme Paraguan, a cent cinquante lieues de tour ; les autres sont peu considérables. Voici le nom de celles qui sont habitées : Tanranao, Biñorboran, Cabanga-Bangaan, Caramian, Linapacan, Dipayan et Coron. Il n'y a que 300 Indiens qui payent le tribut. Ces îles appartiennent à la couronne et font partie de la juridiction de l'alcalde mayor du Mindoro.

CHAPITRE VI.

Mœurs et coutumes des Indiens Pintados.

Les Pintados ne sont pas d'une couleur très-foncée ; ils sont bien faits, et, parmi les femmes, il y en a qui sont blanches. Les deux sexes portent les cheveux longs et noués au sommet de la tête, ce qui fait un assez bon effet. Les hommes se peignent tout le corps avec des dessins fort élégants : ils les font au moyen de petits fers qui pénètrent dans les chairs ; quand cette couleur est une fois mêlée au sang, elle reste pour toujours. Le pays est si sain, qu'il est rare d'y voir un homme contrefait ou bossu de naissance ; il n'y a non plus ni muets, ni sourds, ni fous ; ils atteignent un âge très-avancé. Ces Indiens sont très-belliqueux et toujours en guerre sur terre et sur mer ; ils portent des bijoux d'or aux oreilles qu'ils ont percées en deux endroits, au cou et aux bras. Leur costume est fort élégant, il est fait de coton ou de madriñaque ; quelques-uns en ont en soie apportée de la Chine et d'autres endroits. Ils sont fort adonnés aux liqueurs spiritueuses, qu'ils tirent du riz et des palmiers : leur ivresse est rarement furieuse, ils font quelques bouffonneries et s'endorment. Ils aiment beaucoup leurs femmes, et quand ils se marient, c'est l'époux qui paye une dot ; si elles commettent une infidélité, ils ne s'en prennent pas à elles, mais à leur complice. Ils ont un usage très extraordinaire, c'est de percer leurs parties naturelles et d'y placer un tuyau d'étain au bout duquel est une roue comme celle d'un éperon, qui a quelquefois une palme de diamètre : il y en a qui pèsent jusqu'à une demi-livre ; il y en a de vingt modèles différents ; mais les habitants des montagnes ne connaissent pas cette coutume : ils ont celle de se circoncire, mais ils ne le font que par propreté et pour cause de santé. Quand ils se marient, il leur est indifférent que leur femme soit vierge ou non.

Les femmes sont belles, mais impudiques ; elles sont facilement infidèles, car on ne les punit jamais pour cela ; elles sont bien et honnêtement vêtues ; elles sont très-propres et aiment beaucoup les parfums. Les Pintados n'aiment pas à avoir beaucoup d'enfants, parce qu'ils disent que, quand on est plusieurs à partager un héritage, tout le monde est pauvre, mais que celui qui est seul est riche. Ils ont grand soin de ne prendre que des femmes de leur rang. Ils en épousaient autrefois autant qu'ils en pouvaient nourrir. Ils aiment tellement leurs femmes que, quand il y a entre eux quelque guerre civile, ils prennent le parti de la famille de leur femme contre leur propre famille.

CHAPITRE VII.

Opinion des Pintados et des Tinguianes sur le commencement du monde.

Quoique les Indiens des plaines et ceux des montagnes soient de la même race et à peu près semblables en tout, ils sont presque continuellement en guerre ; s'il y a quelque trêve entre eux, c'est que la nécessité les y force, car les montagnards ne peuvent se passer de poisson, de sel, de plats et de vaisselle, et les Indiens des côtes ont besoin de coton et de riz. Ils racontent le commencement du monde de deux manières différentes, et comme ils ignorent l'usage des lettres, ils en ont conservé le souvenir dans leurs chants, qu'ils répètent ordinairement en ramant; ils ont des chanteurs de profession qui viennent dans les festins chanter les exploits du temps passé, et c'est ainsi qu'ils conservent le souvenir de leur histoire.

Les habitants des côtes que l'on nomme Iligueynes croient que le ciel et la terre ont existé de toute éternité; qu'il y a deux dieux dont l'un se nomme Capitan et l'autre Maguayen. Le vent de terre et le vent de mer se marièrent; le vent de terre produisit un bambou. Le dieu Capitan le planta; quand il fut grand il se fendit et il en sortit un homme et une femme : l'homme se nommait Sicalac, c'est pourquoi on nomme tous les hommes Lalac; la femme, Sicavay (1), d'où l'on nomme toutes les femmes Babayes. L'homme proposa à la femme de l'épouser, puisqu'il n'y avait pas d'autres habitants dans le monde, mais elle s'y refusa, parce qu'ils étaient frère et sœur, nés du même bambou et séparés seulement par un nœud. Ils choisirent successivement, pour juger cette querelle, les coquillages de la mer, les colombes de l'air, et s'adressèrent enfin au tremblement de terre, qui déclara qu'il fallait qu'ils se mariassent, parce qu'il n'y avait pas d'autre moyen de peupler la terre. Ils eurent un fils appelé Sibo et une fille appelée Samar; ceux-ci eurent une fille nommée Lupluban, qui épousa son oncle Pandaguan, en eut un fils nommé Anor. Ce fut Pandaguan qui inventa l'usage des filets à pêcher : ayant pris de cette manière un requin, il le tira à terre, pensant qu'il ne mourrait pas; quand il le vit mort, il lui fit des obsèques et se mit

(1) Ce passage n'est pas clair, mais il est fidèlement traduit.

à pleurer et à invoquer les dieux ; car jusqu'alors aucun être vivant n'était mort. Le dieu Capitan, entendant ses pleurs, envoya les mouches pour savoir qui était mort ; mais celles-ci n'ayant osé approcher, il envoya le charançon qui vint lui dire que c'était le requin. Capitan et Maguayen s'irritèrent de ce qu'on eût célébré ses obsèques et foudroyèrent Pandaguan : celui-ci fut trente jours mort et en enfer ; mais au bout de ce temps ils eurent pitié de lui et le ressuscitèrent. Pendant qu'il était mort, sa femme Lupluban prit pour amant un certain Maracoyun : quand Pandaguan rentra chez lui il ne trouva pas sa femme, parce que son amant l'avait invitée à venir manger avec lui un cochon qu'il avait volé : ce fut le premier vol qui fut commis dans le monde ; il la fit appeler, mais elle s'y refusa en disant que les morts ne revenaient pas. Pandaguan, irrité, retourna en enfer. Les Indiens croient que, si la femme était venue quand il la fit appeler, les femmes seraient toujours ressuscitées.

Les Tinguianes qui habitent les montagnes pensent, au contraire, qu'au commencement il n'y avait que la mer et le ciel. Le milan, ne sachant où se reposer, persuada à la mer de faire la guerre au ciel et de s'élever pour l'envahir : le ciel, pour se défendre, lui lança une quantité de rochers qui ont formé toutes les îles : c'est ce qui donna naissance à la coutume du *mavaris*, qui oblige à tirer vengeance de toutes les injures que l'on a reçues. Ils racontent ensuite le conte du bambou, mais ils disent que ce fut le milan qui en fit sortir l'homme et la femme en y donnant un coup de bec ; ils ajoutent que la première femme mit au monde une foule d'enfants à la fois, ce qui mit l'homme dans une telle colère que les enfants s'enfuirent de tous les côtés ; ils pensent que les nobles descendent de ceux qui se réfugièrent dans les appartements intérieurs, les Timaguas (1) de ceux qui sortirent de la maison, les esclaves de ceux qui se cachèrent derrière les murs, les nègres de ceux qui entrèrent dans le four, et que les Espagnols tirent leur origine de ceux qui s'étaient enfuis par mer et dont on n'avait jamais entendu parler depuis, jusqu'à ce que leurs descendants revinssent par le même chemin.

CHAPITRE VIII.

Des diverses croyances de cette nation.

Les Pintados disent que ceux qui meurent de la mort la plus honorable, c'est-à-dire qui sont tués d'un coup de poignard, d'un coup de flèche ou qui sont dévorés par un caïman, montent aux cieux par l'arc-en-ciel et deviennent des dieux; que les âmes de ceux qui se noient restent toujours au fond de la mer : pour les honorer, ils placent sur un bambou un de leurs vêtements, et l'y laissent jusqu'à ce qu'il pourrisse. Quand quelqu'un tombe malade, ses parents se réunissent dans un barangay avec une baylana ou prêtresse; ils lui apportent une caisse pleine d'étoffes et la jettent dans la mer, à l'endroit qu'elle leur désigne, en priant leurs ancêtres de venir au secours du malade.

Quand quelqu'un meurt dans sa jeunesse, ils disent que ce sont les mangalos, ou spectres, qui lui ont dévoré le foie, parce qu'ils ne comprennent pas la cause des maladies; ils disent que c'est le vent qui enlève l'âme des vieillards. La tribu des Harayas pense que les âmes de ceux qui meurent ainsi vont sur de hautes montagnes, que l'on appelle les Mayas dans l'île de Panay. Les Iligueynes, qui

(1) Voyez plus bas l'explication de ce mot.

habitent Zubu, Bohol et les Batayanes, croient que les âmes vont auprès du dieu Sisiburanen, dans l'île de Burney.

Ils disent aussi que, dans le ciel, il y a un autre dieu qui s'appelle Sidapa, qui a un grand arbre dans les montagnes de Mayas; il marque sur cet arbre la durée de la vie de tous ceux qui naissent, et ils meurent aussitôt qu'ils ont atteint la marque.

Il croient que les âmes vont d'abord tout droit en enfer; mais que les magaritos ou sacrifices qu'ils font au dieu Pandaquevista, dans les montagnes de Mayas, les rachètent des mains de Simuran et Siguinarugan, dieux de l'enfer.

Les Iligueynes disent que le dieu Maguayen conduit en enfer les âmes des morts; mais, quand ils sont arrivés à son barangay, le dieu Sumpoy les lui enlève et les conduit devant Sisiburanen; bons et méchants, tous vont en enfer par le même chemin; mais les pauvres y restent éternellement, parce que personne n'offre de sacrifices pour eux : le dieu de l'enfer les dévore ou les garde toujours dans ses prisons. On voit par là qu'ils n'avaient aucun intérêt à être bons ou méchants, et qu'ils devaient abhorrer la pauvreté.

Les habitants des Philippines n'ont pas d'endroit ni de temps fixe pour prier et offrir des sacrifices; ils le font quand quelqu'un tombe malade, soit à l'époque des semailles ou quand ils vont partir pour la guerre; ces sacrifices s'appellent *Baylanes*; c'est pourquoi ils donnent le nom de Baylana aux prêtresses ou aux hommes qui remplissent ces fonctions. La prêtresse met ses plus beaux vêtements, beaucoup de bijoux d'or, et sur la tête une guirlande de fleurs; on apporte des *pitarillas* ou jarres remplies de vin et de riz, un cochon vivant et des mets tout préparés :

elle invoque le démon par un chant; celui-ci lui apparaît tout couvert d'or, entre dans son corps et la renverse par terre; sa bouche écume, et, dans cet état, elle dit si le malade doit guérir oui ou non, et prédit l'avenir. Pendant tout ce temps, ils font un grand bruit avec des cloches et des tambours. Quand elle se relève, elle prend sa lance et en donne au cochon un coup dans le cœur pour le tuer. Lorsqu'il est cuit, on le place sur un autel disposé à cet effet, avec du riz, des bananes et du vin, et tous les vivres que l'on a apportés. Ceci est la cérémonie qu'ils observent quand ils offrent des sacrifices pour les malades et pour les morts. Quand ils vont faire la guerre ou piller, ils invoquent Varangao ou l'arc-en-ciel, et les dieux Inanguinio et Amancanduc; ils invoquent aussi leurs ancêtres, et prétendent qu'ils leur apparaissent et leur répondent.

Les Indiens disent que Macaptan habite au delà des cieux, qu'il est méchant et que c'est lui qui leur envoie les maladies et la mort; ils ajoutent qu'il n'aime pas les hommes, parce qu'il n'a jamais mangé de leurs aliments ni goûté de leur vin; ils prétendent aussi que le dieu Lalahon habite un volcan situé dans l'île des Nègres; ce volcan, qui jette des flammes, est en face de la ville d'Arevalo, à la distance d'à peu près cinq lieues : c'est lui qu'ils invoquent à l'époque des semailles; ils sont persuadés que, quand il est mécontent, il envoie des sauterelles qui dévorent leurs récoltes.

Ils placent leurs morts dans des coffres de bois, et les conservent dans leurs maisons; ils mettent auprès d'eux de l'or, des étoffes et des bijoux, pensant qu'ils seront mieux reçus dans l'autre monde s'ils y arrivent avec des richesses.

Quand il meurt un chef descendant de Dumaguet, ils font mourir un esclave de la même mort, afin qu'il aille le servir dans l'autre monde ; ils préfèrent toujours pour cela un étranger à un de leurs compatriotes, car, au fond, ils ne sont pas cruels ; ils expliquent cet usage en disant qu'il y a plus de dix mille ans, un chef, nommé Marapan, demanda à un esclave un peu de *zacate* pour se nettoyer ; celui-ci lui jeta une grande tige de jonc : comme ce chef était déjà vieux, il mourut des suites de ce coup. En mourant, il ordonna que l'on tuât cet esclave et tous ses enfants, et ce fut alors que s'introduisit l'usage de tuer des esclaves à la mort des chefs.

Quand les Pintados perdent leur père, leur mère ou quelque proche parent, ils font vœu de ne pas manger de riz jusqu'à ce qu'ils aient fait un prisonnier à la guerre ; ils se mettent alors une espèce de mitaine en liane qui leur couvre tout le bras ; c'est là leur grand deuil : ils en mettent aussi au cou. Pendant tout ce temps, ils ne boivent pas de liqueurs fermentées et ne vivent que de bananes et de camotes ; ils ne quittent ce deuil que quand ils ont fait un prisonnier à la guerre, de sorte qu'ils restent souvent un an sans manger de riz. Quelquefois, à la mort d'un parent, ils déclarent qu'ils ne veulent plus manger ; alors leurs *Timaguas* et leurs esclaves en répandent le bruit dans le village, et tout le monde se réunit pour les forcer à prendre de la nourriture ; ils appellent ce deuil *Maglahe*.

Le deuil des femmes, que l'on nommait *Moratal*, est du même genre que celui des hommes ; mais, au lieu de le conserver comme eux jusqu'à ce qu'elles aient fait un prisonnier, elles s'embarquent dans un barangay avec six Indiens les plus vaillants qu'elles peuvent trouver dans le village ; ceux-ci les accompagnent ainsi à un village ami, en chantant les victoires qu'ils ont remportées, les ennemis qu'ils ont fait prisonniers ou tués à la guerre. Quand ils arrivent au village, ils invitent les habitants à venir boire avec eux le vin qu'ils ont apporté, et ils s'enivrent tous ensemble : quand cette orgie est terminée, la femme ôte ses vêtements blancs, son collier et ses bracelets de jonc, et peut, dès ce moment, recommencer à manger du riz et à porter des bijoux d'or.

Une des lois qu'ils exécutent le plus rigoureusement, c'est celle qu'ils nomment *Larao*, et qui oblige tout le monde à prendre le deuil à la mort d'un chef; pendant ce temps, il est absolument défendu de se quereller avec personne, particulièrement pendant les cérémonies funèbres ; ils portent leurs lances la pointe en bas et mettent aussi leur poignard à l'envers. Les Indiens qui conduisent un barangay ne rentrent pas au port en chantant, et observent, au contraire, le plus profond silence; ils font autour de la maison du mort une espèce d'enceinte, qu'il est sévèrement défendu de traverser. Afin que personne ne puisse prétexter l'ignorance, un des principaux *Timaguas* parcourt le village en proclamant le deuil : tous ceux qui le rompent sont soumis à une forte amende, et si c'est un esclave, son maître doit payer pour lui ; ils disent que ces lois ont été établies par Lubluban et Panas.

Quelques-uns, particulièrement les religieux, ont trouvé cette loi très-rigoureuse; mais elle est générale, particulièrement pour les chefs, les *Timaguas* et les esclaves.

Les Indiens disent que le premier qui ait fait la guerre se nommait Panas, fils d'Anor et arrière-petit-fils des premiers hommes; il eut une querelle avec Mangaran à l'occasion d'un héritage, et se battit avec lui; et, comme tous les hommes descendent de l'un des deux, les deux partis ont subsisté jusqu'à présent.

Ils regardent comme justes trois causes de guerre : quand un Indien va dans un autre village et qu'on le tue sans raison, quand on enlève une femme et quand quelque tribu avec laquelle ils font le commerce de bonne foi maltraite leurs marchands ou leur fait quelque trahison.

Ils disent que toutes les lois par lesquelles ils se gouvernent leur ont été données par Lubluban, la déesse dont nous avons parlé plus haut. Ce sont les chefs qui sont chargés de les faire exécuter, car ils n'ont pas de juges régulièrement institués.

CHAPITRE IX.

De l'esclavage dans les îles Philippines.

Un Indien ne peut être fait esclave ni condamné à mort pour quelque crime que ce soit ; il en est quitte pour une amende en or ou en marchandises ; mais, s'il n'a pas d'autres ressources, il est quelquefois réduit à se vendre pour pouvoir la payer ; c'est ainsi qu'ils sont parfois réduits en esclavage pour leurs crimes.

Il y a, aux Philippines, trois sortes d'esclaves : ceux qui servent dans la maison et éprouvent la servitude la plus dure se nomment *Ayueis*; ils travaillent alternativement trois jours pour le maître et un jour pour eux ; ceux que l'on appelle *Tumarampoques* ont une maison à eux, viennent servir leur maître un jour sur quatre et cultivent la terre pour leur compte ; ils donnent, en outre, annuellement à leur maître, dix *Chicubites* de riz, dont chacune équivaut à une de nos fauègues.

Les *Tomatabanes*, qui occupent le premier rang parmi les esclaves, ne viennent servir leur maître que quand il donne, dans sa maison, quelque banquet ou quelque orgie : ils apportent alors un petit présent et se mettent à boire avec les autres; mais, quand ils meurent, les maîtres partagent l'héritage avec les enfants. Les *Tomatabanes* travaillent cinq jours par mois pour leur maître et lui donnent en outre cinq *Chicubites* de riz.

Les *Ayueis* et les *Tumarampoques* valent environ deux taels d'or, ce qui équivaut à douze pesos; les *Tomatabanes*, la moitié : les femmes des premiers servent dans la maison des maîtres comme leurs maris ; celles des seconds, quand elles ont des enfants, tissent et filent du coton la moitié du temps pour leur maître et l'autre pour leur propre compte. Les femmes des *Tomatabanes* ne sont tenues qu'à travailler, chaque mois, une certaine quantité de coton que le maître leur remet. Les maîtres fournissent des vivres et des vêtements aux *Ayueis*; mais ils ne donnent rien aux autres. Quand un esclave vient à mourir, son maître ne prend rien dans sa succession, excepté quand c'est un *Tomatabane*. Ceux que l'on a vendus aux Espagnols sont presque tous des *Ayueis*.

Les crimes qui sont punis d'une amende assez forte pour réduire à l'esclavage celui qui doit la payer sont le meurtre, l'adultère et le vol. Ils punissent de la même manière celui qui insulte de paroles une femme d'un rang élevé ou lui ôte son manteau en public, ce qu'ils regardent comme un grand affront, ou bien si elle tombe en fuyant ou en se défendant.

Pour un meurtre, un adultère ou un vol considérable, on fait payer l'amende non-seulement au coupable, mais à tous ses parents; s'ils n'ont pas de quoi payer, on les vend comme esclaves; cette loi est obligatoire, même à l'égard des chefs, et si l'un d'entre eux commet quelque crime à l'égard d'un *Timagua* ou même d'un esclave, il est condamné à l'amende : comme ils ont de quoi payer, ils ne sont pas vendus comme esclaves, mais sans cela ils le seraient aussi ; si toutefois le vol est peu considérable, on ne punit que le coupable sans atteindre ses parents.

Il y a un autre genre de servitude qui fut établi, dit-on, il y a plus de deux mille ans, par un nommé *Sidumaguer*. Les habitants de Languiguey, dans l'île de Bantagan, ayant détruit son barangay, il les condamna à payer, à lui et à ses descendants, un droit de deux esclaves sur dix qui se trouveraient dans les successions, et dans la même proportion sur les objets mobiliers; mais il n'y a que les habitants des côtes qui y soient soumis, les Tinguianes ne le payent pas.

Voici comment vivent les *Timaguas* (c'est ainsi que l'on nomme, aux Philippines, les hommes libres qui ne sont ni nobles ni esclaves). Quand un Timagua veut aller s'établir dans un village, il s'adresse à l'un des chefs, car il y a ordinairement, dans chaque village, plusieurs chefs qui ont leur quartier à part, leurs esclaves et leurs *Timaguas*; il lui demande à être son *Timagua* et contracte par là les obligations suivantes : il doit assister aux festins qui sont donnés par son chef, parce que c'est la coutume qu'un *Timagua* goûte le vin avant que les chefs le boivent; quand le chef fait un voyage, il doit l'accompagner en armes; s'il s'embarque, il doit le suivre pour l'aider à manœuvrer la barque ou combattre pour sa défense. S'il manque à ses devoirs, on lui fait des reproches, mais on ne peut pas le punir pour cela. Le chef, de son côté, est obligé de le défendre, avec tous ses parents, si quelqu'un veut lui faire le moindre tort, de sorte qu'il n'est pas rare de voir la guerre éclater, au sujet des *Timaguas*, entre le père et le fils, quelquefois même entre des frères. Si le Timagua va dans un autre village et qu'il y soit maltraité, le chef fait tout ce qu'il peut pour lui faire rendre justice; de sorte que, de cette manière, ils vivent dans une sécurité complète. Quand cela convient au Timagua, il peut quitter son chef pour se mettre sous la protection d'un autre, sans que personne l'en empêche.

Les Indiens ont une manière de consulter le sort avec des dents de caïman ou de sanglier; ils invoquent en même temps les dieux et leurs ancêtres, et les prient de leur faire savoir si la guerre ou le voyage qu'ils veulent faire aura une heureuse issue. Chaque année, les Indiens des côtes profitent de l'époque des calmes pour entreprendre quelque expédition de piraterie. Les Tinguianes vont aussi piller après avoir fait leurs récoltes; et, comme ils regardent comme ennemis les ennemis de leurs amis, ils trouvent toujours à qui s'adresser.

Dans leurs expéditions de piraterie, ils aiment mieux faire leurs ennemis prisonniers que de les tuer. Si quelqu'un tue le prisonnier d'un autre, il est obligé de le payer de sa bourse, ou devient esclave à sa place. Tout le butin appartient aux chefs, qui ne donnent que très-peu de chose aux *Timaguas* qui les ont accompagnés dans leurs expéditions. Si plusieurs chefs vont ensemble, celui qui a fait le *Magaanito* ou sacrifice, dont nous avons parlé plus haut, prend la moitié du butin : les autres se partagent le reste. Si un chef est fait prisonnier, il est très-bien traité; si un de ses amis le rachète, parce qu'il est trop éloigné de sa patrie, il lui renvoie, quand il est de retour chez lui, le double de ce qu'il a donné : il lui prouve, par là, combien il lui est reconnaissant de l'avoir tiré de l'esclavage perpétuel où il aurait gémi sans lui. Quand un Indien devient esclave, soit par la chance de la guerre, soit en punition de ses crimes, tous les siens contribuent à sa rançon; mais, s'ils n'y peuvent suffire, il reste esclave.

Autrefois, quand quelqu'un empruntait du riz, il était obligé de le rendre au double s'il laissait passer le temps des semailles sans s'acquitter, et ainsi de suite, toujours en doublant; c'était la seule espèce d'usure qu'ils connussent. Maintenant il y a quelques paresseux qui, n'ayant pas les moyens de payer les tributs à l'époque fixée, empruntent ce qu'il leur faut et payent quelque chose de plus.

Quand un Indien vient à mourir, ses enfants légitimes partagent la succession par portions égales; s'il laisse des bâtards, les autres enfants leur donnent quelque chose, mais seulement ce qu'ils veulent, car ils ne leur doivent rien. Le père a cependant le droit d'avantager un de ses enfants. Si le défunt n'en a pas, ses frères ou, à leur défaut, ses neveux ou ses cousins, se partagent la succession.

CHAPITRE X.

Mariage des habitants des Philippines.

Après que les habitants des Philippines eurent embrassé la religion chrétienne, on commit de grandes erreurs en réglant leurs mariages, parce qu'on ne connaissait pas bien leurs lois : c'est pourquoi j'ai fait tous mes efforts pour bien m'instruire sur cette matière. Comme les nobles, les *Timaguas* et les esclaves, qui forment les trois castes de ces îles, ont chacun une manière particulière de se marier, je traiterai d'abord des premiers.

Quand un chef veut se marier, il charge quelque respectable *Timagua* de négocier son mariage. Celui-ci prend la lance du père du jeune homme, et va la planter sur l'escalier du père de la jeune fille; il invoque alors les dieux et ses ancêtres, et les prie de faire réussir sa négociation : dans ce cas, la lance devient sa propriété, ou on est obligé de la lui racheter.

On discute ensuite la somme que le futur époux doit payer au père de la jeune fille. Parmi les chefs, c'est ordi-

nairement 100 taels d'or, ce qui fait 5 ou 600 pesos. Le fiancé va ensuite la chercher chez ses parents. Un Indien la porte sur ses épaules; mais, quand elle est arrivée chez son époux, elle fait la difficile et refuse de monter l'escalier. Le beau-père se présente et promet de lui donner un esclave. Elle monte alors; mais; quand elle est arrivée à l'entrée de l'appartement, elle recommence encore une fois les mêmes difficultés, et son beau-père lui promet encore un esclave. Ce n'est qu'au même prix qu'elle consent à s'asseoir, à boire et à manger. Quand les deux fiancés ont bu ensemble, tout le monde fait silence, et un vieillard dit à haute voix : « Une telle se marie avec un tel, mais
« c'est à la condition que, s'il l'abandonne ou cesse de
« fournir à sa subsistance, elle pourra le quitter, sans lui
« rien rendre de la dot qu'il a payée; mais, si elle se con-
« duit mal, il pourra reprendre la dot et la quitter pour en
« épouser une autre : soyez tous témoins de cette conven-
« tion. » Quand il a dit cela, il prend un plat de riz cru ; une vieille femme prend les mains des deux conjoints et les réunit au-dessus du plat de riz; le vieillard prend ensuite le riz et le répand sur tous les assistants. Quand il a terminé cette opération, la vieille jette un cri, qui est répété par tous les assistants, et la cérémonie est terminée. Jusqu'à ce moment, les parents ne laissent pas les mariés manger ou coucher ensemble. On remet ensuite la jeune femme à son époux. Si quelqu'un, après avoir chargé un tiers de négocier son mariage, vient à s'en repentir, même avant qu'il soit consommé, il perd les arrhes qu'il a déjà données sur la dot : car c'est toujours par là que commence la négociation.

Si quelqu'un dit, étant ivre : Je veux épouser une telle, fille d'un tel, et qu'après cela il ne veuille pas tenir sa parole, on lui fait payer une amende qui lui coûte la majeure partie de son bien. Le mari et sa femme n'ont aucun droit sur la dot qui a été payée, jusqu'à ce qu'ils aient des enfants. Si le fiancé ou la fiancée sont trop jeunes pour se marier, le jeune homme va servir chez son beau-père, jusqu'à ce qu'ils aient atteint l'âge convenable.

Les *Timaguas*, qui ne sont pas si riches, ne font pas tant de cérémonies. C'est d'ailleurs un privilége des nobles de se joindre les mains au-dessus d'un plat de riz. Les autres se marient en buvant tous deux du vin de palmier dans un même verre; ils jettent ensuite un grand cri; tous les conviés s'en vont, et ils achèvent le mariage : car ce n'est qu'à une heure assez avancée dans la nuit qu'on se réunit pour boire.

Les esclaves un peu aisés observent la même cérémonie; ceux qui sont tout à fait pauvres se disent tout simplement : Marions-nous. Quand un noble veut marier un des *Ayueis* de sa maison avec une esclave d'un autre noble, il charge une Indienne d'en faire la proposition au maître. Si celui-ci y consent, le premier leur donne un vase et quelques écuelles de terre, sans autre cérémonie. Les enfants qui naissent de ce mariage sont partagés entre les deux maîtres, et, quand ils sont en âge de les servir, ils deviennent *Tumarampoques*; car, quand deux esclaves qui appartiennent à différents maîtres se marient, on leur donne une maison, et ils continuent à servir chacun le leur.

Si un homme libre épouse une esclave, ou *vice versâ*, l'enfant qui naît est à demi esclave; s'ils en ont deux, l'un est esclave et l'autre libre : ce sont les parents qui choisissent.

Ils ont une coutume qui paraît fort singulière. Quand un Indien d'un autre village leur doit quelque chose et ne les paye pas, ils arrêtent un autre Indien du même village et lui font payer la dette, quand même il ne serait ni le parent ni l'allié du premier ; mais celui-ci a le droit de se faire rembourser au double, par son compatriote, en indemnité de la violence qu'il a soufferte à cause de lui. Ils font cela, disent-ils, pour éviter des réclamations qui pourraient exciter des guerres de village à village.

Quand deux particuliers, ou deux villages, veulent faire la paix après une querelle, ils se tirent du sang du bras, et chacun goûte celui de son adversaire qu'ils mêlent avec du vin. L'alliance ainsi contractée est inviolable.

Il y a aux Philippines des sorciers ainsi que des médecins qui connaissent fort bien les simples, et surtout parfaitement les contre-poison ; ils croient beaucoup aux présages, et aucun Indien ne voudrait naviguer dans une barque où il y aurait une chèvre ou un singe, parce qu'ils pensent qu'elle se perdrait nécessairement. Ils ont mille superstitions de ce genre.

Depuis l'arrivée des Espagnols, les naturels d'Iraton ont inventé un nouveau sortilége qui consiste à invoquer certains démons nommés Naguined, Arapayan et Macbarubac, en leur consacrant de l'huile de coco, des dents de caïman, que les Indiens achètent fort cher. Ils invoquent ensuite le démon en le priant de faire passer en eux la vertu que ces objets contiennent ; ils croient qu'après cette cérémonie ils font mourir qui ils veulent dans un temps donné, si l'on n'a recours à une autre huile qui détruit l'effet de la première. Cette superstition a fait beaucoup de mal parmi les Pintados : les religieux ont confisqué cette huile et les ont punis.

Quand un Indien qui sort de sa maison pour aller à la guerre, ou pour quelque affaire d'importance, vient à éternuer, il rentre sur-le-champ parce qu'il regarde cela comme un mauvais augure. Ils n'ont aucune fête qu'ils célèbrent régulièrement à certaines époques de l'année ; mais pendant qu'un mari est à la guerre sa femme ne travaille pas ; sept jours avant de commencer leurs semailles ils s'abstiennent de moudre du riz, et ne laissent entrer aucun étranger dans leurs villages, parce que, pendant ce temps, ils prient les dieux de leur accorder une bonne moisson.

Ils divisent l'année en douze mois lunaires, mais il n'y en a que huit qui aient des noms. Le premier, qui est celui où l'on commence à apercevoir les pléiades, se nomme Ulalen; le second, qui est celui dans lequel on abat les arbres pour défricher, s'appelle Dagan Cahuy; Daganen Aubulan, le troisième, est celui où l'on met le bois en tas dans les champs; on le brûle dans le quatrième, Elquilinques; le cinquième, Inabuyan, est le temps des calmes; le sixième, Cabay, est celui où l'on arrache les mauvaises herbes dans les champs; dans le septième, Irarapun, on commence la récolte du riz, et on la termine dans le huitième, Manululsut. Les quatre derniers n'ont pas de nom parce qu'à cette époque il n'y a rien à faire dans les champs.

Ils croient que le vent sort de la mer et disent que c'est pour cela qu'elle s'enfle avant que le vent commence à souffler.

Il y a dans ce pays des tortues d'une grandeur énorme; le mâle reste vingt-cinq jours attaché à la femelle, et, pendant ce temps, ils sont tellement abasourdis, que les Indiens vont, à la nage, les lier par les pattes et les tirer à terre : moi-même j'ai fait souvent cette pêche. On y trouve aussi des serpents aussi grands et aussi longs que des palmiers, mais leurs mouvements sont très-lents. Il y a encore sur la côte et dans la rivière une quantité de caïmans qui sont très-dangereux.

On y voit aussi un oiseau nommé javon, de la taille d'une poule d'Espagne : il dépose ses œufs dans le sable à la profondeur d'une brasse; quand les petits sont éclos, ils se frayent un passage en grattant avec leurs pattes, et s'envolent dès qu'ils ont gagné la surface.

Il y a dans ces îles une infinité de cocotiers : on trouve dans quelques-unes de leurs noix des pierres de la grosseur d'une noisette; mais, jusqu'à présent, on n'en connaît pas les propriétés. On fait aussi une quantité de vin de palmier; un Indien peut en faire deux arrobes dans la matinée; il est très-doux et très-bon, on en tire beaucoup d'eau-de-vie et de vinaigre. Dans les moments de disette les noix servent de nourriture. On fait avec leur bourre des mèches de mousquet, et des paniers avec les feuilles, de sorte que c'est un arbre très-utile.

Il y a aussi, aux Philippines, en grande abondance, des porcs, des chèvres, ainsi que des buffles sauvages, que l'on peut apprivoiser quand on les prend jeunes. On a apporté de Chine des dindons et des oies; il y a encore des poules semblables à celles d'Espagne, une variété desquelles n'a pas de queue. Les naturels n'en mangent pas, par superstition, quoiqu'elles soient meilleures que les autres.

Quand les Espagnols sont venus s'y établir, ils n'y ont trouvé aucun des fruits d'Europe. Il y croît des bananes, des *Nancas*, fruit parfumé qui est plus gros qu'un melon d'Espagne, des *Mancupas*, qui ressemblent aux pommes, des oranges et des citrons. Il y a dans la province un arbre dont la fleur a le goût du poisson ; les Indiens la font cuire et la mangent, et, ce qui est étonnant, c'est que le lendemain du jour où l'on a dépouillé un arbre de toutes ses fleurs il en est aussi couvert qu'auparavant.

Dans les montagnes les plus arides on trouve une plante grosse comme le pouce, qui a 6 ou 8 brasses de hauteur; quand on la coupe, il en sort une quantité d'eau potable.

CHAPITRE XI.

Mœurs et coutumes des Maures qui habitent les environs de la ville de Manille.

Ces Maures adoraient autrefois un dieu nommé Batala; ils le regardaient comme seigneur et créateur de toutes choses. Ils disaient qu'il avait un grand nombre de ministres nommés *Anitos*, qu'il envoyait dans le monde exécuter ses volontés : l'un s'occupait des moissons, l'autre des navigateurs, des guerriers ou des malades; enfin chacun avait son emploi particulier. On les désignait par leurs fonctions en disant l'*Anito* des moissons, l'*Anito* de la pluie; l'on offrait des sacrifices à l'*Anito* qui présidait à la chose que l'on voulait obtenir. Leurs prêtres, qu'ils nommaient *Catalonans*, ressemblaient aux *Bailans* des Pintados; ils faisaient de même des sacrifices au démon en lui offrant du riz, du poisson et de la viande, et en l'invoquant jusqu'à ce qu'il leur entrât dans le corps. Quand un *Catalonan* était tombé en convulsions, les Indiens se mettaient à boire et à chanter jusqu'à ce qu'il fût revenu à lui et leur communiquât la réponse de l'Anito. S'il s'agissait d'un malade, on offrait des chaînes et des bijoux d'or pour racheter sa vie : on continuait ces cérémonies pendant tout le temps de la maladie.

Quand on demandait à ces prêtres pourquoi ils s'adressaient à l'Anito et non au Batala, ils répondaient que celui-ci était un être si puissant, que personne n'osait lui parler, tandis que l'Anito, qui était un être inférieur, condescendait à leur parler et à prier le Batala pour eux. Dans quelques endroits, particulièrement dans les montagnes, quand un Indien a perdu son père, sa mère ou quelque proche parent, il fait une idole en bois, qu'il conserve avec soin, de sorte qu'il y a telle maison où l'on trouve cent cinquante ou deux cents de ces idoles qu'ils nomment aussi *anitos*, parce qu'ils croient que les morts vont servir le Batala ; ils leur font des sacrifices, leur offrent des aliments, du vin ou de l'or, et les prient d'intercéder pour eux auprès du Batala qu'ils regardent comme le dieu suprême.

Les Maures se gouvernaient comme les Pintados : il y avait dans les villages des chefs auxquels ils obéissaient et qui punissaient les crimes ; quand il y avait plusieurs chefs dans un village, ils obéissaient tous au plus riche. Ils estiment beaucoup l'ancienneté de la race et elle facilitait l'élévation au rang de chef. Quand le principal chef voulait établir une nouvelle loi, il réunissait tous les autres dans sa maison, et la leur proposait en leur en exposant les motifs, ce qui n'avait pas lieu chez les Pintados qui ne voulaient pas reconnaître de souverain. Quand les chefs avaient donné leur consentement, la proposition avait force de loi, car les Maures connaissaient l'usage de l'écriture qui était inconnu à toutes les autres nations. Une espèce de crieur, nommé *Umalahazan*, prenait une cloche, parcourait le village et publiait la nouvelle loi dans tous les quartiers ; le peuple répondait qu'il était tout prêt à y obéir : le crieur allait ainsi de village en village dans tout le district qui était soumis à ce chef. Si quelqu'un violait la loi, on le conduisait devant le chef, qui lui infligeait une punition ; s'il le condamnait à mort, le coupable avait le droit de déclarer qu'il préférait l'esclavage ; mais les chefs secondaires étaient aussi juges chacun dans leur quartier.

Quand il se présentait quelque affaire d'importance, le principal chef réunissait tous les autres et les consultait avant de prononcer la résolution ; il ne décidait rien qu'après avoir recueilli les votes ; il n'y avait pas de peine fixe pour chaque délit, elle était laissée à l'arbitraire du juge.

Les Maures, comme les Pintados, achetaient leur femme aux parents, et, s'ils l'abandonnaient, le prix qu'ils avaient payé était perdu pour eux, excepté dans le cas d'adultère; alors on le remboursait au double. Si une femme quittait son mari pour en épouser un autre, celui-ci était forcé de le rembourser au double, ou de payer le prix qui avait été fixé par le juge. Si un noble surprenait sa femme en flagrant délit, il avait le droit de tuer les deux coupables; si l'un des deux parvenait à s'échapper, cela amenait la guerre entre les familles, jusqu'à ce qu'il fût parvenu à tuer l'autre; s'ils échappaient tous deux, ils pouvaient se racheter à prix d'or. Chacun des deux coupables devait payer cinquante taels d'or, et à ce prix on leur pardonnait. Chez les *Timaguas*, l'amende était moins forte : leurs lois sur la guerre et sur l'esclavage étaient les mêmes que celles des Pintados.

Quand un Indien commettait un petit vol, c'est-à-dire au-dessous de quatre taels ou vingt pesos, il était obligé de restituer l'objet volé et le juge lui infligeait une amende arbitraire; si le vol était plus considérable, le coupable était fait esclave; mais, s'il s'agissait d'une somme très-forte, on pouvait le condamner à mort, et tous les membres de sa famille étaient vendus comme esclaves. Ceci n'avait lieu que pour un premier vol; au second, le coupable était vendu comme esclave; et, au troisième, on le mettait à mort et l'on vendait toute sa famille, à l'exception, toutefois, des enfants qui étaient en état de prouver qu'ils n'habitaient plus la maison paternelle et qu'ils avaient un ménage à part; de sorte qu'on ne punissait que ceux qui habitaient la même maison que le voleur, parce qu'on les regardait comme ses complices.

Celui qui par des paroles insultait un chef était puni de mort, à moins qu'il ne pût se racheter moyennant quinze taels d'or. Si celui-ci lui pardonnait, il était vendu comme esclave, à moins que ses parents ne le rachetassent. La même peine était infligée par le conseil des chefs au noble qui en offensait un autre. Si le coupable ne voulait pas se soumettre à la sentence, la guerre éclatait entre les deux villages. Les prisonniers que l'on faisait alors devenaient esclaves.

Le *Timagua* qui en insultait un autre était aussi condamné à une amende proportionnée; si elle passait cinq taels, le coupable qui n'avait pas les moyens de la payer devenait l'esclave de l'offensé; il pouvait, s'il voulait, emprunter cette somme à un chef et devenait, en ce cas, son esclave.

Quand un Indien empruntait à un autre une somme d'argent pour faire le commerce, il devait non-seulement la lui rendre au temps fixé, mais partager son bénéfice avec lui; s'il ne pouvait payer, par suite de mauvaises affaires, il devenait esclave, ainsi que tous les enfants qu'il avait eus après sa banqueroute, mais ceux qu'il avait eus auparavant restaient libres.

Quand deux Indiens s'associaient pour faire le commerce et que celui qui était chargé de diriger l'expédition était pris en mer par des corsaires, l'autre était obligé de payer la moitié de sa rançon, et son associé ne lui devait rien, ni pour ce qu'il avait payé ni pour les marchandises perdues; mais si, au contraire, il perdait ou dissipait ce qui lui avait été confié, il était vendu comme esclave, ainsi que la moitié de ses enfants; mais ceux-ci pouvaient toujours se racheter par la suite, en payant les dettes de leur père.

L'Indien qui en tuait un autre était condamné à mort

ou devenait l'esclave des parents de sa victime. Si le mort était un esclave, il devait, de plus, payer sa valeur à son propriétaire, mais il n'était pas puni de mort comme s'il était *Timagua*. Si un chef avait été tué, on mettait à mort tous ceux qui avaient trempé dans ce meurtre, et tous les habitants du village étaient vendus comme esclaves. On punissait aussi de mort quiconque entrait de nuit dans la maison d'un chef sans sa permission; on lui donnait d'abord la question pour savoir s'il n'avait pas été envoyé par un autre chef; dans ce cas, il était vendu comme esclave, et celui qui l'avait envoyé était puni de mort; mais il pouvait se racheter moyennant une forte somme.

RELATION

ADRESSÉE A PEDRARIAS DAVILA,

GOUVERNEUR GÉNÉRAL DE LA CASTILLE D'OR,

PAR

SON ALCADE MAYOR GASPAR DE ESPINOSA,

DE L'EXPÉDITION QU'IL FIT PAR SON ORDRE DANS L'INTÉRIEUR

DE L'ISTHME DE PANAMA,

pour châtier les caciques qui s'étaient révoltés contre les chrétiens (1).

1517.

Très-puissants princes, roi et reine, mes seigneurs (2), Comme l'a dit Quintilien, il est naturel à tous les hommes d'avoir le désir de s'instruire, et de toutes les connaissances les plus précieuses sont celles que l'on acquiert, non par

(1) La mauvaise administration de Pedrarias Davila, qui avait succédé à Balboa dans le gouvernement de la Castille d'Or, et l'indiscipline de ses soldats, soulevèrent contre lui les caciques dont ce dernier avait su gagner l'amitié. Ils détruisirent la colonie de Santa-Cruz, défirent Gonzalo de Badajoz qui avait été envoyé contre eux, et lui enlevèrent tout l'or dont il s'était emparé. Espinosa fut envoyé pour punir, par le fer et le feu, ce que les Espagnols appelaient une révolte. Sa relation est surtout curieuse parce qu'elle contient l'énumération de tous les caciques qui gouvernaient l'Isthme lors de sa découverte. On y trouve aussi des détails curieux sur la manière dont les Espagnols procédaient dans leurs expéditions. Ce fut ce même Espinosa qui, à son retour, instruisit le procès de Balboa, et lui fit trancher la tête.

(2) Cette relation était, sans doute, destinée à être envoyée en Espagne; c'est pour cela que l'auteur s'adresse directement à Charles-Quint et à Jeanne la Folle, sa mère.

les récits des autres, mais par sa propre expérience : rien n'est plus propre à augmenter la gloire d'un souverain que la découverte et la conquête de nouveaux royaumes; c'est pourquoi, sous le règne du feu roi Don Ferdinand de glorieuse mémoire, l'Espagne a brillé par-dessus tous les autres royaumes du monde, et, avec l'aide de Dieu, elle continuera sous le règne de ses dignes successeurs dans cette voie de prospérité; car on a découvert, sous son règne et sous le vôtre, une foule de merveilles et de richesses qui étaient inconnues aux hommes depuis le commencement du monde; c'est pour que Vos Majestés soient informées de tout ce qui a été découvert dernièrement, que je leur envoie cette brève relation de l'expédition que j'ai faite par ordre et pendant la maladie de Pedrarias Davila, notre général, dans les provinces de Comogre, Pocorosa, Nata, Paris et autres voisines, situées sur les côtes nouvellement découvertes de la mer du Sud. Elle est exactement semblable à celle que j'ai remise au général et qui a été signée et certifiée véritable par l'inspecteur (*veedor*) et tous les officiers qui m'ont accompagné.

Le général m'ordonna de me rendre dans les provinces de Comogre et de Pocorosa, qui sont situées sur les côtes de la mer du Sud, et d'instruire le procès de certains caciques qui avaient massacré plusieurs chrétiens et commis d'autres excès; mais comme, faute d'encre et de papier, ce procès n'a pas pu être mis par écrit, je supplie Vos Majestés de se contenter de la présente relation. Après avoir recueilli les dépositions contre les chefs de Comogre, j'entrai de nuit sur le territoire de cette province, et je surpris le premier chef qui se nommait Otibagra; nous entrâmes ensuite dans le district d'Urcucaba. Nous passâmes la nuit dans quelques cabanes isolées qui se trouvent sur notre route; les Indiens qui les habitaient furent réduits en esclavage. Comme nous manquions de vivres dans cet endroit, nous nous remîmes en route le lendemain, sans faire d'autre mal aux habitants, et nous arrivâmes, le soir même, à un village nommé Chiama. Les habitants prirent la fuite dès qu'ils nous aperçurent; quelques cavaliers se mirent à leur poursuite, mais ils ne purent en saisir aucun. Nous établîmes notre camp dans cet endroit et le lendemain on m'amena trois ou quatre prisonniers. J'en envoyai un au cacique pour le sommer de se présenter devant moi, et un autre le lendemain qui paraissait d'un rang plus élevé; j'en envoyai encore d'autres les jours suivants, et enfin ce chef qui se nommait Chiama consentit à venir. Il m'annonça qu'il était actuellement chef de toute la province de Comogre, et que son prédécesseur venait de mourir. Nous le reçûmes de notre mieux; on célébra un jeu de cannes pour l'amuser; on lui donna des vivres et du vin d'Espagne, et je le fis asseoir à ma table. Il s'accoutuma si bien à nous, qu'il allait et venait dans le camp sans aucune crainte; je lui demandai de faire venir les autres chefs, ses vassaux; mais il me répondit qu'ils ne le voulaient pas, qu'ils avaient peur et parlaient de se réfugier dans la province de Baru : il m'engagea à les y aller chercher, surtout un des principaux, qui se nommait Poquina.

Les vivres commencèrent à nous manquer, c'est pourquoi nous nous dirigeâmes vers le village de ce dernier, qui était à une lieue et demie de là : nous n'avions pas l'intention de lui faire le moindre mal s'il ne prenait pas la fuite. Nous y arrivâmes de jour. Aussitôt que les Indiens nous eurent aperçus, ils mirent le feu à leur village et s'enfuirent à Baru. J'envoyai alors quelques soldats avec l'ordre de ravager le pays et de traiter en ennemis tous ceux qu'ils rencontreraient, et l'on réduisit tous les prisonniers en esclavage, mais on ne fit aucun mal au cacique de Comogre, ni aux autres chefs; nous lui donnâmes même quelques esclaves et il trouva le moyen de nous en donner d'autres.

Nous partîmes de là pour la province de Pocorosa. J'envoyai en avant les capitaines Diego Alvitez et Pedro de Gamez à la tête d'environ quatre-vingts hommes, avec l'ordre de surprendre le village pendant la nuit, et de s'emparer du cacique et du plus grand nombre possible d'Indiens. Ils en prirent en effet plusieurs, mais le cacique leur échappa. Ils lui envoyèrent des messagers avec l'ordre de se présenter, mais il s'y refusa constamment. Martin Estete avait avec lui une esclave indienne qui était fille de Pocorosa; je l'envoyai rejoindre ces deux capitaines, dans l'espérance qu'elle engagerait son père à se soumettre; mais ce moyen ne réussit pas mieux. Comme Pocorosa avait eu la plus grande part à la destruction de la colonie de Santa-Cruz et au massacre des habitants, je fis ravager son pays et je réduisis en esclavage tous les Indiens dont on put s'emparer. Je passai de là à la province de Chima, car les vivres nous manquèrent bientôt dans celle de Pocorosa. J'envoyai Pedro de Gamez au port de Santa-Cruz pour voir si les brigantins qui devaient nous en apporter étaient arrivés, il avait aussi l'ordre de prendre Pocorosa si cela lui était possible; mais tout le pays était en armes, de sorte qu'il ne put s'emparer que de trois ou quatre Indiens. Quand nous quittâmes la province de Chima pour entrer dans celle de Tamame, je fis parcourir les rives du fleuve par plusieurs capitaines, dans l'espérance qu'ils découvriraient Pocorosa; ils n'y réussirent pas, mais ils m'amenèrent un grand nombre de prisonniers. Je fis brûler vifs quelques-uns des principaux qui avaient pris part à la destruction de Santa-Cruz et au massacre des chrétiens.

La province de Chima est à trois lieues de Pocorosa, en tournant sur la gauche, vers la mer du Sud. J'envoyai le capitaine Pedro Mexia avec soixante hommes pour surprendre le cacique pendant la nuit; je voulais en faire justice, car il avait aussi pris part au massacre de Santa-Cruz, mais il réussit à s'échapper. Je vengeai toutefois la mort des chrétiens en ravageant tout le pays et en faisant pendre et brûler tous les Indiens qui me tombèrent sous la main; j'en fis tuer aussi un grand nombre à coups d'arquebuse pour effrayer les autres. Cela répandit, en effet, l'alarme dans tout le pays, et un puissant chef du voisinage, qui se nommait Chiribuque, vint nous faire sa soumission. Je le reçus très-bien, et, après lui avoir rendu les prisonniers de sa nation, je lui donnai diverses bagatelles d'Espagne qui lui firent le plus grand plaisir. Les Indiens de son territoire venaient tous les jours nous apporter des vivres et du poisson; je l'engageai à faire venir les autres chefs, mais il me répondit qu'ils ne le voulaient pas; sur mes instances, il me promit de me conduire chez le plus puissant chef de toute la contrée qui se nommait Queracocabe. J'y envoyai Pedro de Gamez, qui devait l'assurer de mes bonnes intentions et rapporter du maïs dont nous commencions à manquer.

Queracocabe vint, en effet, le lendemain à mon camp, accompagné d'un autre chef qui se nommait Copache : on leur rendit tous les prisonniers qu'on leur avait enlevés et on leur fit des présents. Ils nous fournirent, en revanche, du maïs et des porteurs. Confiant dans leur bonne foi, je leur laissai deux Espagnols qui étaient malades, et ils me promirent d'en avoir le plus grand soin jusqu'à mon retour; mais, aussitôt que je me fus éloigné, ils célébrèrent une grande fête, dans laquelle ils coupèrent ces malheureux par morceaux, en commençant par les extrémités, et dévorèrent leur chair devant leurs propres yeux, jusqu'à ce qu'ils eussent expiré dans ces tourments.

Comme ces deux chefs m'avaient assuré que celui de Chima s'était réfugié dans la province de Mae, je me dirigeai du côté de cette province qui est située sur la gauche, à 3 lieues de la mer du Sud. Je réussis à prendre le cacique. Je le traitai très-bien et le fis même asseoir à ma table, car on m'avait dit qu'il avait beaucoup d'or; et je voulais le lui faire remettre. Il y consentit en effet, se reconnut vassal de Votre Majesté, et promit de faire cultiver la terre pour les chrétiens. Il envoya des Indiens chercher son or, mais ils ne rapportèrent que 20 ou 30 castillans. Je le fis enchaîner pour l'effrayer, mais il me supplia de le remettre en liberté, me promettant de me donner tout ce qu'il possédait; j'y consentis en effet, et il revint le lendemain avec une vingtaine d'Indiens et m'apporta 40 castillans d'or et quelques perles. Les officiers qui m'accompagnaient voulaient aller piller son village, où l'on savait qu'il avait beaucoup d'or, mais je m'y opposai, parce que ce chef s'était reconnu vassal de Votre Majesté; je le laissai donc aller où il voulut, ne lui demandant que quelques porteurs pour m'accompagner à Chima, d'où je les lui renvoyai. Il vint, peu de temps après, m'y visiter, amenant avec lui un de ses fils que je fis instruire dans la religion chrétienne.

Je pris ensuite la route de Chepavare et de Pacora avec l'intention de châtier les caciques qui se trouvent sur cette route, savoir Tamame, Paruraca et Tubanama, qui avaient aussi pris part à la destruction de Santa-Cruz, et de réprimer ensuite l'orgueil des caciques de Nata et de Paris, qui avaient défait le capitaine Gonzalo de Badajoz et tué un grand nombre de ses compagnons.

Nous nous mîmes en marche le 9 ou 10 de mars de l'an 1515; une partie de ma troupe suivit la rive droite du fleuve qui sépare la province de Chima de celle de Pocorosa; l'autre suivit la rive gauche : nous visitâmes soigneusement les deux rives du fleuve, parce qu'on nous avait dit qu'il y avait beaucoup d'Indiens cachés.

Nous arrivâmes ainsi à Tamame, où je fis exécuter tous les prisonniers qui me parurent coupables; le reste fut réduit en esclavage. J'avais envoyé Diego de Albitez pour faire au cacique de Tamame, qui se nommait Pacora, les sommations ordonnées par Sa Majesté. Albitez lui envoya un chef qu'il avait fait prisonnier et qui se nommait Abrari; mais, malgré tous ses efforts, il ne put le décider à se présenter.

Comme nous manquions de vivres à Tamame, nous partîmes pour la province de Paruraca avec l'intention de lui faire une guerre cruelle; car le cacique de cette province passait pour la cause première du massacre de Santa-Cruz. Les Indiens se tenaient sur leurs gardes; je parvins cependant à les surprendre pendant la nuit, et nous en tuâmes un grand nombre. Après cette exécution, nous partîmes pour Tubanama, qui n'est qu'à 2 lieues de Paruraca; mais les Indiens avaient tous pris la fuite et nous ne pûmes en prendre un seul. Nous souffrions beaucoup de la faim, car nous n'avions trouvé dans cet endroit que deux fanègues de maïs.

J'envoyai Diego Albitez chez le cacique Chepo, qu'il connaissait depuis longtemps. Celui-ci le reçut en ami et se reconnut volontairement vassal de Votre Majesté. Je ne lui demandai que des vivres et je lui ordonnai de faire cultiver des terres pour nous, afin qu'une autre fois nous ne lui fussions pas à charge. Après être resté trois jours dans cet endroit, je me dirigeai vers les provinces de Chepavare et de Pacora. J'envoyai Diego Albitez pour persuader à ses deux chefs de faire alliance avec nous, mais ils étaient si effrayés qu'ils n'osèrent jamais se présenter. Voyant que nous ne trouvions pas un seul épi de maïs dans le pays, et qu'il était aussi désert que si les Indiens l'eussent abandonné depuis plus d'un an, je résolus de prendre une autre direction, car on m'assurait que dans la province de Nata je trouverais des vivres en abondance. Il était impossible de revenir à Nombre de Dios, car nous serions morts de faim sur la route; nous nous dirigeâmes donc vers Panama. Il y a 5 lieues de Chepo à Chepavare, 2 de là à Pacora, et 3 autres jusqu'à Panama; je me fis précéder par le capitaine Hurtado, auquel je donnai l'ordre de ne pas faire le moindre mal aux Indiens, mais de rassembler le plus de vivres possible.

Je partis ensuite pour Perequete; j'appris que Gonzalo de Badajoz avait fait alliance avec les habitants de cette province et de toutes celles que l'on trouve jusqu'à Paris, mais qu'ils l'avaient ensuite attaqué, à son retour, après qu'il eut été défait dans cette dernière province. Je résolus donc de m'emparer des caciques de Perequete, Tabore et Chame pour les punir de cette trahison. Je ne pus saisir ce dernier, qui prit la fuite, mais nous ravageâmes son territoire. Perequete est à 8 lieues de Panama; il y en a 3 de là à Tabore. Chame est à 3 lieues plus loin, au couchant, sur les bords de la mer du Sud. Dans cette dernière province, tous les Indiens s'étaient enfuis dans les bois. Je fis dire au cacique qu'il eût à me préparer des vivres pour mon retour, sinon que je mettrais son pays à feu et à sang; je continuai ensuite ma route en suivant les côtes de la mer du Sud et j'entrai dans la province de Cheru, qui est située à 8 lieues plus loin. Nous traversâmes le village de ce nom qui est très-considérable, mais dont le cacique avait pris la fuite ; nous entrâmes ensuite dans la province de Nata ; après y avoir séjourné environ deux mois, j'envoyai une nouvelle expédition, commandée par Hurtado, contre le cacique de Cheru ; il le fit prisonnier avec ses femmes et ses enfants, et prit plus de 1000 castillans d'or. Le cacique avait été dangereusement blessé ; on me l'amena à Nata, où il me livra encore 4 ou 500 castillans d'or. Je le fis d'abord enchaîner pour en obtenir davantage; mais, comme il me parut un homme sensé et dont on pourrait gagner l'amitié, je le remis en liberté; puis, après avoir fait soigner sa blessure, je le renvoyai chez lui en lui rendant ses femmes, ses enfants et tous les prisonniers de sa nation qui se trouvaient au camp. Dès qu'il fut de retour chez lui, il m'envoya des vivres en abondance. Cheru recevait, dans notre camp, toutes sortes de bons traitements, mais je voulais le conduire avec moi à Paris et le garder avec nous pendant tout le voyage; car je craignais, si je le remettais en liberté, qu'il ne tramât de nouveaux complots, car il était un de ceux qui s'étaient confédérés contre Gonzalo de Badajoz.

Je devais retrouver le capitaine Alonso de Valenzuela dans la province d'Usagana, qui est à 2 lieues de Paris. Il avait laissé au pouvoir de Cheru huit Espagnols qui étaient trop fatigués pour le suivre. Je me décidai donc à mettre Cheru en liberté, à la condition de faire parvenir mes lettres à Nombre de Dios, et de me renvoyer ces Espagnols avec une certaine quantité de vivres et de sel. Il s'y engagea, et l'accomplit fidèlement. Mais, après deux jours de marche, ces Espagnols, craignant de tomber entre les mains du cacique Paris, furent obligés de retourner sur leurs pas. Ne voyant pas arriver les Espagnols, je craignis que le cacique ne se fût révolté et ne les eût massacrés. J'y envoyai donc le capitaine Pedro Mexia à la tête de 60 hommes, qui me fit un rapport sur l'état du pays, et m'assura que les chrétiens étaient sains et saufs, ce qui me fit le plus grand plaisir.

Nous nous rendîmes ensuite à la province de Nata, qui est située à 4 lieues plus loin. Je m'avançai à la nuit tombante avec quelques cavaliers, et je cernai le village où le cacique était demeuré tranquille avec tous ses vassaux, car il n'avait aucune nouvelle de notre arrivée; mais il réussit cependant à s'échapper par une porte de derrière que nous n'avions pas aperçue. Nous prîmes pourtant, ce jour-là, environ 100 esclaves et 1500 castillans d'or. Nous y trouvâmes une quantité de maïs et de cerfs; il y en avait au moins 300 : il y avait aussi du poisson séché en abondance. Je fis porter tout cela au camp, et, après que l'armée eut vécu sur les vivres pendant 4 mois, il resta encore 500 fanègues de maïs. Je fis dire au cacique que j'étais prêt à lui pardonner s'il voulait se présenter devant moi et se reconnaître vassal de Sa Majesté; mais, comme il s'y refusa, je permis à mes soldats de piller et de ravager son pays. On fit une quantité d'esclaves, et, un jour, on le surprit lui-même. On lui prit ses femmes, ses enfants, son or, et il n'échappa qu'à grand'peine. Je le fis encore citer de nouveau le lendemain, sans penser le moins du monde qu'après tant de refus il se rendrait à ma demande; et je fus très-étonné en le voyant entrer le lendemain matin dans la cabane où je dormais, et s'asseoir à côté de mon hamac sans proférer une seule parole. Il avait l'air d'un homme désespéré, qui, fatigué de lutter contre la mauvaise fortune, vient dire : Me voici, tuez-moi.

Je le reçus fort bien, et je lui fis rendre ses femmes et ses enfants. Quand il eut passé deux jours avec moi, je l'invitai à convoquer ses principaux chefs, et à me rendre l'or qu'il avait enlevé aux chrétiens. Il me répondit qu'il ferait venir ses chefs, mais que, quant à l'or, c'était Cutara, cacique de Paris, qui avait tout gardé. Étant bien informé qu'il avait eu, pour sa part du butin, deux corbeilles pleines d'or, je le fis sommer, par notre interprète, de nous les restituer. Comme il continuait de nier, et que les chefs qu'il avait promis de convoquer n'arrivaient pas, je vis que je n'en tirerais rien par de bons traitements. Je pensai que le seul moyen de nous garantir de ses tentatives était de m'emparer de sa personne, et de le faire étroitement garder. Les habitants du pays venaient à notre camp avec tant de sécurité, qu'il y avait un marché régulier. La saison des semailles étant arrivée, je leur recommandai de semer du maïs en abondance, afin de pouvoir me fournir des vivres à mon retour. Nous sortions souvent du camp pour les voir labourer, ce qu'ils faisaient avec beaucoup d'adresse. Pendant cette espèce de trêve, ils surprirent 14 de nos Indiens et les massacrèrent. Je donnai aussitôt l'ordre de recommencer les hostilités, afin qu'ils fussent bien convaincus que tout le mal qu'ils nous feraient serait puni sur-le-champ. Nous les affamâmes si bien, en détruisant partout leurs magasins, qu'ils venaient par bandes se rendre à nous pour obtenir de quoi manger ; mais nous ne pûmes jamais réussir à nous emparer des chefs.

Je demandai à Nata de me fournir quelques Indiens pour les envoyer au cacique Paris. Ils devaient lui faire les sommations prescrites par Sa Majesté, et lui ordonner de me rendre l'or et les esclaves qu'il avait envoyés à Gonzalo de Badajoz, en se reconnaissant vassal de Sa Majesté. Je lui promis qu'à cette condition je lui pardonnerais tous les torts qu'il avait eus envers les chrétiens. Mes messagers revinrent bientôt, et m'annoncèrent qu'ils s'étaient acquittés de ma commission ; ils me dirent que les chefs de Paris avaient pris un d'entre eux, l'avaient tué, et les avaient chargés de me dire qu'ils en feraient autant à tous les chrétiens s'ils tentaient de pénétrer dans leur pays.

Je consultai mes officiers, et nous résolûmes de pénétrer sur le territoire de Paris et d'Escoria, et de leur faire une rude guerre jusqu'à ce qu'ils se fussent soumis à Sa Majesté, et qu'ils nous eussent rendu tout ce qu'ils avaient enlevé aux chrétiens. Avant de partir pour cette expédition, tous mes soldats, sans exception, se confessèrent à un révérend père franciscain qui nous avait accompagnés. Nous partîmes de Nata le 29 juin 1516, après y avoir passé 4 mois. Pendant ce temps, nous avions construit une église et baptisé un assez grand nombre de femmes et d'enfants, mais aucun Indien adulte ne voulut embrasser notre religion.

Nous mîmes deux jours pour nous rendre de Nata à Escoria, qui en est située à environ 6 lieues. Nous surprîmes le cacique pendant la nuit, et nous le fîmes prisonnier avec tout son monde, ce qui fut un grand bonheur, car, nous sachant, depuis 4 mois, à 6 lieues de chez lui, il se tenait sur ses gardes.

Après être resté deux jours dans cet endroit, je me mis en route pour Paris, emmenant prisonniers avec moi les trois caciques, Cheru, Nata et Escoria. La distance est d'environ 6 lieues. Je me fis précéder par un capitaine et 80 hommes: mais, quand ils arrivèrent au village, ils le trouvèrent aussi désert et aussi dépourvu de vivres que s'il eût été abandonné depuis dix ans. Nous commençâmes donc à souffrir de la faim. Mais, heureusement, quelques soldats, qui parcouraient le pays pour chercher des provisions, prirent trois ou quatre Indiens qui nous indiquèrent où était Paris. Ils m'assurèrent que les messagers que j'avais envoyés de Nata s'étaient réellement présentés, et que Paris leur avait fait la réponse qu'ils m'avaient rapportée. Ils ajoutèrent qu'il avait réuni un grand conseil pour décider s'il ne valait pas mieux nous rendre l'or et faire la paix avec nous; que la plupart des chefs, connaissant combien les Espagnols étaient braves, et combien les *vihis* (c'est ainsi qu'ils nomment les chevaux) étaient redoutables, s'y étaient d'abord montrés enclins; mais qu'un frère de Nata leur avait représenté que, quand même ils rendraient l'or, les Espagnols ne tiendraient pas leur parole et les massacreraient de même; qu'il valait bien mieux l'employer à acheter l'amitié des caciques voisins, et former une confédération générale pour détruire tous les chrétiens. Cet avis avait été adopté par l'assemblée, malgré les larmes des femmes du cacique, qui l'avaient conjuré de rendre l'or aux chrétiens et de faire la paix avec eux. Tous les chefs s'étaient, en conséquence, retirés, et rassemblaient leurs vassaux pour nous attaquer. Voyant le danger qui nous menaçait, je résolus de faire d'abord traverser la grande rivière à toute l'armée, car c'était la difficulté du passage qui avait empêché Gonzalo de Badajoz d'arriver à temps au secours des siens. J'envoyai ensuite le capitaine D. de Alvitez à la tête de 80 hommes pour reconnaître le pays, et je marchai sur ses traces en traversant un petit ruisseau. Il aperçut quelques Indiens cachés dans une savane. Il crut d'abord que c'étaient des messagers qui venaient de la part du cacique Paris. Mais à peine se fut-il avancé vers eux, qu'il se vit environné d'une multitude d'Indiens qui sortirent de tous les côtés de la forêt, et lui lancèrent une grêle de flèches; mais les Espagnols, après les avoir laissés approcher à la portée du mousquet, firent sur eux une décharge si meurtrière, qu'elle les mit en pleine déroute. Nous avions avec nous environ 100 Indiens de la province de Comogre, qui se montrèrent nos véritables alliés dans cette occasion, et firent beaucoup de mal aux fuyards, car la haine et l'inimitié de ces diverses tribus entre elles est encore plus forte que celle qu'ils ont contre les chrétiens.

Après s'être avancés un peu plus loin, les Espagnols rencontrèrent une nouvelle troupe d'Indiens, à laquelle les fuyards s'étaient ralliés : le chef qui les commandait était revêtu d'une armure de coton couverte de plaques d'or. Ils attaquèrent les Espagnols avec valeur et en blessèrent quatre dangereusement ; ils perdaient beaucoup de monde sans lâcher pied : à peine en tombait-il un, qu'il était remplacé par un autre, et leur chef ramenait au combat, à grands coups de bâton, ceux qui voulaient s'en éloigner. Les chrétiens, pensant que ce chef était Paris lui-même, faisaient tous leurs efforts pour s'emparer de sa personne ; mais ils ne purent jamais y parvenir. Craignant que les Indiens ne prissent la fuite avant que la cavalerie ne fût arrivée, les Espagnols se retirèrent du combat, laissèrent les alliés pour soutenir le choc, et me firent prévenir d'arriver en toute hâte ; je m'empressai, en effet, d'aller à leur secours avec 15 cavaliers ; mais je ne pus le faire assez secrètement pour ne pas être aperçu par les sentinelles indiennes, et, dès que ce chef indien eut été averti de notre approche, il prit la fuite et se retira dans les montagnes. Quand les Indiens nous eurent aperçus avec nos chevaux, ils restèrent comme frappés de stupeur, sans pouvoir même se mettre à courir, et laissèrent tomber leurs armes ; nous les chargeâmes de tous les côtés, et, en un instant, la campagne fut couverte de morts, parmi lesquels il y avait plus de vingt chefs, comme nous l'apprîmes dans la suite ; mais la montagne où le cacique s'était retiré était si escarpée, qu'elle était inaccessible pour les chevaux. La frayeur des Indiens était si grande à la vue de ces animaux, qu'un grand nombre se réfugia sur des arbres, où nos alliés les tuaient facilement à coups de flèches : l'on fit aussi beaucoup de prisonniers, qui furent réduits en esclavage. Un grand nombre de nos hommes furent blessés, quelques-uns même dangereusement; mais, grâce à Dieu, ils recouvrèrent tous la santé. Ce combat fut livré le jour de la transfiguration de N.-S.; il avait duré plus de six heures. Le lendemain matin, j'envoyai le capitaine Mexia, avec 60 hommes, à la recherche du cacique; au bout d'une lieue, il arriva à son village, qui venait d'être incendié. Nous y restâmes deux jours; mais, comme nous manquions complétement de vivres, j'envoyai le capitaine Albitez en chercher dans une province qui était à 2 lieues de là, et que les Indiens nomment Uragara; j'avais l'intention de ramasser le plus de provisions possible et de me retrancher dans cet endroit pour faire plus facilement la guerre aux Indiens; je fis donc environner le camp d'une palissade, et j'envoyai plusieurs officiers pour faire des excursions de divers côtés.

Alvitez, ayant entendu quelques coups de feu, se dirigea de ce côté et rencontra le capitaine Valenzuela, que votre seigneurie envoyait à mon secours à la tête de 130 hommes; nous passâmes toute cette nuit dans la plus vive inquiétude, car, ayant entendu le bruit éloigné de la mousqueterie, nous crûmes qu'Alvitez était attaqué par les Indiens, et nous ne savions de quel côté aller à son aide : notre joie en fut d'autant plus grande quand nous apprîmes la vérité le lendemain matin, et que nous vîmes arriver ces renforts, qui nous étaient si nécessaires.

Aussitôt que Valenzuela fut un peu reposé de ses fatigues, je l'envoyai avec 80 hommes dans la province de Guarari, à deux journées de notre camp, sur les bords de la mer du Sud, où l'on m'avait dit que le cacique Paris s'était réfugié; je le chargeai aussi de chercher des arbres propres à construire des canots; j'envoyai dans le même but le capitaine Pedro de Gamez dans la province de Quema, et je leur donnai à tous deux des instructions conformes aux ordres de Sa Majesté. Ce dernier revint au bout de quelques jours avec le cacique de Quema, qui s'était rendu volontairement et avait consenti à venir me voir; mais il ne me trouva plus, j'étais déjà parti pour Guarari, parce que Valenzuela m'avait fait savoir qu'il avait trouvé des arbres très-convenables pour la construction des canots. Hurtado et Alvitez, auxquels j'avais laissé en mon absence le commandement de l'armée, m'ayant averti du retour de Gamez, j'envoyai à Alvitez l'ordre de rentrer dans la province de Quema; mais ils me répondirent que leurs soldats étaient épuisés de fatigue et de faim, qu'ils n'avaient plus de chaussures, qu'ils ne trouvaient personne qui voulût faire partie de l'expédition de Quema. Ils me demandaient la permission de venir me rejoindre; mais, comme cette entreprise me paraissait très-importante, je ne voulus pas y consentir, et j'écrivis à Alvitez et à ses compagnons une lettre si touchante, qu'elle les décida à se mettre tous en marche pour la province de Quema. Le cacique se soumit comme la première fois et indiqua aux chrétiens une cabane où ils trouvèrent dix paniers remplis d'or; il y en avait pour 30,000 pesos. Ils vinrent me rejoindre avec ce butin dans la province de Guarari, où j'avais déjà construit deux beaux canots qui pouvaient contenir soixante-dix personnes : le capitaine Mexia en avait amené trois autres de la province de Cheru. Après y avoir mis les voiles et les agrès nécessaires, nous nous préparâmes à continuer nos découvertes par terre et par mer.

Je donnai à Hurtado le commandement des canots, et je m'avançai par terre avec le reste de l'armée; nous nous dirigeâmes vers une province nommée Vera, qui, d'après les Indiens, était à quatre journées de là. Nous trouvâmes tout le pays soulevé, de sorte qu'il nous fut très-difficile de nous procurer des vivres. Il est couvert de montagnes et de précipices, et les Indiens nous dirent qu'il était absolument impossible d'avancer plus loin par terre, qu'il n'y avait pas de chemin, et qu'il fallait absolument s'embarquer. Voulant accomplir ponctuellement les ordres de votre seigneurie, qui étaient de pousser mes découvertes aussi loin que possible, je convoquai en conseil les officiers et les pilotes, et, après une longue discussion, il fut résolu que l'on embarquerait dans les canots les 100 meilleurs soldats de l'armée et les pilotes, sous le commandement du capitaine Hurtado. Quand tout fut préparé, cette flottille quitta ce port, qui se nomme de las Senias, dans la province de Vera.

Je me mis en route avec le reste de l'armée pour me rendre chez un cacique nommé Chicapora, qui demeurait à deux journées de marche dans l'intérieur des terres, et dont le territoire s'étend entre la province du Quema et celle d'Uragara. Comme nous manquions de vivres au point d'être obligés de manger des racines de roseau, j'envoyai Alvitez en avant avec 70 hommes, et je lui ordonnai de tâcher de surprendre le cacique pendant la nuit, afin de s'emparer de lui et de tout son monde, car il passait pour être un des alliés de Paris et pour avoir pris part à la défaite de Gonzalo de Badajoz; il avait reçu pour sa part du butin deux paniers remplis d'or et une pièce de canon. Cette tribu avait la réputation d'être très-vaillante, et les autres Indiens disaient qu'elle était protégée par les *tuiraes*; c'est ainsi qu'ils nomment les démons.

Alvitez réussit à s'emparer du cacique, de ses femmes et de ses enfants, et lui prit environ 500 pesos d'or. Ayant épuisé tous les moyens de douceur pour apprendre de lui où il avait caché l'or enlevé aux chrétiens et ce qu'était devenu le cacique Paris, il le fit mettre à la torture; il promit alors de les livrer, et fournit des guides au capitaine Gamez pour le conduire à l'endroit où il prétendait que ce trésor était caché; mais une Indienne que j'avais à mon service m'avertit de me défier de lui, disant qu'il avait donné l'ordre à ces guides de conduire les chrétiens à la maison des *tuiraes* ou démons, et qu'elle était persuadée que, quand ils y arriveraient, la terre s'ouvrirait pour les engloutir; je répondis que les chrétiens ne craignaient pas les démons et qu'ils iraient quoi qu'il dût arriver. Mais il est certain que, la nuit qui suivit leur départ, la terre trembla si fort, que nous crûmes qu'elle allait nous engloutir tous. Notre effroi fut très grand et j'avoue que je ne fus tranquille que quand je vis revenir Gamez avec les soldats qui l'avaient suivi; mais ils ne rapportaient rien, car tout ce que le cacique avait dit n'était que mensonges. Nous restâmes un mois et demi dans cet endroit, où nous avions trouvé du maïs en abondance; mais il n'y avait absolument que cela. J'envoyai le capitaine Navarro de Virues, à la tête de 60 hommes, dans une province nommée Guanacate, que les Indiens m'avaient assuré n'être pas très-loin de là, sur le bord de la mer; j'espérais savoir, dans cet endroit, des nouvelles de l'expédition que j'avais envoyée dans les canots, et je remplissais en même temps mes instructions, qui m'ordonnaient de relever, autant que possible, les côtes de la mer du Sud.

J'appris dans cette province que les Espagnols qui montaient les canots y avaient paru, et j'y trouvai des traces de leur passage. Ils avaient continué leur route pour visiter quelques caciques et d'autres îles plus éloignées ; de là j'envoyai de nouveau Diego d'Alvitez à la province de Quema pour s'assurer s'il était vrai que le cacique Paris s'y fût réfugié et pour voir s'il n'y aurait pas moyen de recouvrer les 20,000 castillans d'or enlevés aux chrétiens, qui se trouvaient encore en son pouvoir, après quoi je me mis en route, le jour de Noël 1516, pour retourner sur mes pas, parce que le terme que votre seigneurie avait fixé à mon expédition était sur le point d'expirer. C'était dans cet endroit que j'avais ordonné à ceux qui montaient les canots de venir me rejoindre : j'y arrivai ainsi qu'Albitez le 1er janvier 1517. Nous n'attendîmes Hurtado et son monde que pendant deux jours, parce que nous manquions absolument de vivres dans cet endroit. Je ne pouvais emmener avec moi le cacique de Chicacotra parce qu'il était encore malade des suites de la torture ; comme il avait voulu détruire les chrétiens en les envoyant au temple des tuiraes, et que d'ailleurs il se couchait sur terre et se faisait traîner, quand on voulait le conduire d'un endroit à un autre, je le fis jeter aux chiens, qui le déchirèrent.

Nous entrâmes ensuite sur le territoire du cacique Escoria, où nous ne restâmes que huit ou neuf jours parce que nous ne pouvions y subsister plus longtemps : les Indiens du pays étaient soulevés, ils nous privaient de vivres et tuaient tous les Indiens alliés qu'ils pouvaient surprendre. Nous leur livrâmes plusieurs combats dans l'un desquels on prit deux frères du cacique Escoria, qui étaient grands comme des géants, et l'un d'eux avait une barbe aussi touffue que les chrétiens. Comme ils avaient été les chefs de la révolte, je les fis juger et exécuter, ainsi que le cacique, qui était depuis longtemps mon prisonnier. Les vassaux de ce cacique passent pour très-vaillants et ont, dans tout ce pays, pour la fabrication des armes, la même réputation que les habitants de la ville de Milan en Europe.

Quoique le cacique de Nata eût pris part à la première révolte contre les chrétiens, comme il s'était rendu volontairement, et que depuis le temps que je le conduisais avec moi il s'était montré notre ami et m'avait promis de l'être toujours, je me décidai à le renvoyer dans son pays : il se reconnut vassal de Sa Majesté et me promit de servir les chrétiens dans tout ce qui lui serait ordonné. Je lui donnai solennellement l'investiture, en présence de toute l'armée, en lui remettant une bannière, et je lui ordonnai de me faire préparer des vivres pour huit ou neuf jours que nous devions passer dans son pays.

D'Escoria, j'envoyai Diego d'Alvitez à la découverte d'une province nommée Cabraba, située dans l'intérieur, au pied des montagnes qui s'étendent vers l'ouest du côté de la mer du Sud. Il devait surtout chercher à se procurer des nouvelles des chrétiens embarqués dans les canots et dont j'étais fort inquiet : il parvint heureusement à s'emparer du cacique de cette province et lui enleva 4,000 castillans d'or ; il le remit ensuite en liberté avec ses femmes et ses enfants. Ce cacique, ainsi que ceux que nous visitâmes dans la suite, avait une forteresse entourée de trois ou quatre rangs de gros madriers entre lesquels se trouvaient des fossés profonds; de sorte que, même en Italie, ces fortifications auraient été regardées comme très-bonnes : ce pays fut le premier où nous retrouvâmes l'espèce de jeu de paume qui était en usage chez les habitants d'Haïti.

Après le départ d'Alvitez, le manque de vivres me força à me mettre en route pour Nata, où j'espérais que, selon sa promesse, le cacique m'en aurait préparé. Je comptais y attendre le retour d'Alvitez et celui des canots, mais je trouvai tout le pays soulevé. Les Indiens avaient brûlé les palissades que j'y avais fait construire à mon premier passage, et détruit toutes les plantations de maïs. Le cacique ne voulut pas se présenter; il s'était si bien caché, ainsi que tous les Indiens, que nous ne pûmes en prendre un seul. Nous trouvâmes du maïs et du poisson séché dans une maison abandonnée, mais il y en avait si peu que cela ne put fournir un seul repas à l'armée. Non-seulement Nata avait pris les armes, mais il avait fait dire aux caciques de Cheru et de Chame que nous arrivions avec l'intention de réduire leurs femmes et leurs enfants en esclavage et de les emmener avec nous au Darien; il les invitait, en conséquence, à se joindre à lui pour nous tuer jusqu'au dernier, disant que le meilleur moyen était de détruire tous les vivres et de nous laisser mourir de faim. Ce fut une grande faute de ma part d'avoir remis Nata en liberté, car ce fut lui qui causa le soulèvement des deux autres chefs qui étaient sincèrement nos alliés; je n'eus donc d'autre ressource que de faire ravager tout le pays et de réduire en esclavage tous les Indiens dont on put s'emparer.

Tout ce pays, jusqu'à Comogre, est une savane très-plate; il en est de même de celui qui s'étend jusqu'à Carari; on n'y trouve d'arbres que sur le bord des rivières. Le climat est très-sain, les bords de la mer sont fort agréables et les pêcheries abondantes; on y trouve en quantité des cerfs et des dindons sauvages. Quand nous entrâmes pour la première fois dans Nata, nous y trouvâmes plus de trois cents cerfs que les naturels avaient tués et dont la chair fut trouvée excellente. Il y a tant de pigeons qu'un chasseur passait pour maladroit s'il n'en rapportait pas au moins une cinquantaine. Il est très-facile de faire passer les chevaux par cette province tant en été qu'en hiver.

Alvitez vint me rejoindre dans cette province de Cheru et m'apporta l'heureuse nouvelle qu'Hurtado était sain et sauf avec tout son monde, dans une île nommée Coribaco; celui-ci arriva, en effet, au bout de cinq ou six jours, n'ayant perdu qu'un seul homme qui était déjà bien malade au moment de son départ. Il avait seize canots, les meilleurs que l'on eût jamais vus en terre ferme, et apportait 6,000 castillans d'or : il avait d'abord visité la province de Guanate, où il avait été retenu par les pluies pendant six ou sept jours. Cette province est éloignée d'environ trois journées de celle de Vera ; elle est extrêmement montagneuse.

Il se rendit de là à une île que les Indiens nomment Ceubaco, où il s'empara de douze canots. Les habitants prirent les armes à son approche et voulurent lui résister ; mais les discours qu'Alvitez leur tint, par le moyen des interprètes, parvinrent à les tranquilliser ; ils lui dirent que leur cacique était absent parce qu'il avait été faire la guerre aux habitants d'une autre île, mais qu'il serait de retour dans trois jours. Il revint, en effet, au terme fixé, avec dix-huit canots remplis de guerriers. Ayant appris de ses vassaux l'arrivée des chrétiens, et que ceux-ci les avaient bien traités, il vint voir le capitaine espagnol et lui fit présent d'une armure d'or qu'il portait dans les combats, et qui pouvait peser 1,000 castillans. Sur la demande d'Hurtado, il consentit à se reconnaître vassal de Sa Majesté et à être l'ami des chrétiens. Il apporta le lendemain un autre présent de 1,000 castillans, ajoutant qu'il n'en donnait pas davantage parce que ses ennemis l'avaient dépouillé. Les Espagnols le traitèrent fort bien, ainsi que ses vassaux, et, pendant tout le temps qu'ils passèrent dans cette île, la plus grande familiarité régna entre eux et les naturels.

On surnomma ce cacique *Amigo*, à cause de l'affection qu'il avait montrée aux Espagnols. Quand ceux-ci quittèrent son territoire, il leur donna un nombre suffisant de rameurs pour les conduire dans une autre île qui fut nommée *de los Varones* (des Hommes); neuf canots remplis d'Indiens armés et commandés par Pequeari, frère du cacique, les accompagnèrent. Les Indiens de cette dernière île avaient une bonne forteresse en palissades entourée d'un fossé profond. Malgré les invitations du capitaine espagnol, les naturels refusèrent de faire la paix, se retranchèrent dans cette forteresse, s'y défendirent vigoureusement à coups de lances et de pierres et tuèrent un grand nombre de chrétiens, car il était impossible de franchir les palissades. Après un combat long et acharné on y fit une brèche à coups de canon : les Espagnols pénétrèrent dans la forteresse, et presque tous ceux qu'elle contenait furent massacrés ou faits esclaves ; mais le cacique parvint à s'échapper. On donna à Pequeari tous les canots et une grande partie des étoffes et des esclaves qui furent pris dans cette occasion.

Les Espagnols, accompagnés de Pequeari, allèrent de là à une autre île que l'on nomme Cebo ; ils traversèrent, pour y arriver, un golfe qui peut avoir 7 ou 8 lieues de large : ils s'emparèrent des femmes et des enfants du cacique et d'environ 4,000 castillans d'or; mais le cacique se trouvait alors sur un autre point de l'île. Quand il eut appris ce qui s'était passé, il arriva avec huit canots remplis d'Indiens armés : ils étaient revêtus d'une espèce de cuirasse en coton qui les garantissait depuis les épaules et qui descendait jusqu'aux genoux. Elle était presque aussi épaisse qu'un oreiller, et si forte qu'une balle ne pouvait la traverser. Ces Indiens portaient de longues lances semblables à celles de l'infanterie allemande, et dont le bout était garni, dans la longueur d'une aune et demie, de dents de requin; leurs boucliers en roseaux tressés ressemblaient assez aux nôtres; ils avaient aussi des tambours et des trompettes. Hurtado fit dire au cacique, par une de ses femmes qu'il avait fait prisonnière, qu'il ne lui ferait aucun mal et le traiterait en ami s'il voulait se reconnaître vassal de Sa Majesté; mais ce chef refusa de traiter avec les chrétiens, et ayant fait débarquer ses soldats, il les rangea en bataille sur la plage et attaqua les Espagnols qui ne parvinrent à le repousser qu'après un combat acharné et en faisant usage de l'artillerie; mais le cacique ne se laissa pas décourager et ne voulut jamais se rendre.

Cette île de Cebo est très-plate et ressemble beaucoup à la terre ferme. Il n'y a pas de forêts, et elle est très-peuplée. Les chrétiens se rembarquèrent et passèrent très près de l'île de Coyba; mais ils n'y abordèrent pas. Ils se dirigèrent vers la terre ferme; et, comme cette côte est gouvernée par des caciques puissants, ils n'osèrent les attaquer. Ils apprirent d'un cacique nommé Totra, qui demeure à trois journées de Cabraha, que la mer du nord n'était qu'à trois journées de distance. Il lui dit aussi que sur la rive opposée de la mer du sud il y avait des pays extrèmement riches, dont les habitants avaient deux figures; d'autres avaient les pieds ronds et armés de griffes. Ils ajoutaient que ce pays était si près, que les habitants venaient souvent à la terre ferme dans des canots.

Tous les caciques de cette partie de la côte possèdent beaucoup d'or. Comme le terme que j'avais fixé à Hurtado pour son voyage était près d'expirer, il se disposa à venir me rejoindre et se mit en route pour l'île du cacique Amigo, qui était rempli d'admiration pour la valeur des chrétiens, à cause de la victoire qu'ils avaient remportée sur le cacique de Cebo, qui était le chef le plus redouté de toute la contrée. Quand il s'y fut reposé pendant quelques jours, Hurtado se remit en marche après avoir pris possession de toutes ces îles au nom de Sa Majesté, et vint me rejoindre dans la province de Cheru.

Je quittai cette dernière province, dont le chef ne voulut jamais consentir à venir se présenter devant moi, et je me rendis dans celle de Chame, où le capitaine Valenzuela m'attendait. Nous y trouvâmes quelques vivres, et le cacique m'apporta un présent de plus de 1,100 castillans d'or ; je lui donnai tous nos canots, ce qui parut lui faire le plus grand plaisir. Nous entrâmes ensuite dans la province de Tahore, que ses habitants avaient abandonnée, mais où le poisson est si abondant qu'on en pêche en deux jours plus de 2,000 arrobes. Nous traversâmes successivement les provinces de Perequete, Pacora, Chepevare et Chepo, que nous trouvâmes désertes et dévastées. Toute cette contrée, depuis Paris, est le meilleur pays du monde, très-sain et très-fertile ; on y trouve du sel excellent en très grande abondance.

En partant de Chepo, j'envoyai le capitaine Mexia avec l'ordre de se saisir d'un cacique nommé Chancna, dont les domaines touchent à ceux de Tubanama. C'était le même qui avait reçu avec des menaces Vasco Nuñez de Balboa, quand il allait à la découverte de la mer du Sud. On lui enleva ses femmes et ses enfants, et environ 1,500 castillans d'or. Mais il vint le lendemain attaquer les chrétiens ; il y en eut quelques-uns de blessés, mais ils finirent par le repousser. Après avoir ravagé son territoire, pour le punir de sa rébellion, nous prîmes la route de Parurata. Je voulus m'emparer de ce cacique et de celui de Pocorosa, pour venger la mort des chrétiens de Santa-Cruz ; mais ils se tenaient sur leurs gardes, et je ne pus y réussir. J'entrai ensuite dans les provinces de Pucheribuca et de Comogre, où je trouvai le capitaine Christoval Serrano, que votre seigneurie y avait envoyé à la tête de quatre-vingts hommes, pour châtier la rébellion de cette province et de celle de Carreta. Et nous arrivâmes enfin à Acla, où nous trouvâmes l'adelantade Vasco Nuñez de Balboa, qui nous reçut très-bien et nous fournit des vivres en abondance.

Votre seigneurie verra par toute cette relation que Dieu nous a pour ainsi dire conduits par la main; et, puisqu'il nous a si favorablement traités dans cette vie, il faut espérer qu'il le fera aussi dans l'autre. Nous le prions qu'il lui plaise de protéger en toutes choses la personne de votre seigneurie.

Le licencié Espinosa.

Geronimo de Valenzuela, Pablo Mexia, Pedro de Gamez, Bartolome Hurtado, Gabriel de Rojas.

Martin Estete, notaire royal.

RELATION
DE LA CHINE,

PAR J.-B. ROMAN (1),

FACTEUR DES PHILIPPINES, A MACAO.

1584.

28 septembre 1584.

Voici la copie d'une lettre que m'a écrite le P. Mathieu Resi, Italien, qui réside avec le P. Miguel Ruggiero, dans la ville de Juaquin, capitale de la province de Canton et résidence du vice-roi.

« J'ai attendu pour vous écrire le départ du P. Ruggiero, dans la crainte que ma lettre ne tombât entre les mains des mandarins, ce qui nous ferait bien du tort. Le P. Ruggiero y ajoutera verbalement tous les renseignements que vous pourrez désirer. Je vous dirai donc seulement ce que j'ai pu apprendre sur la Chine, soit dans les

---

(1) Je ne sais rien de ce Jérome Roman, facteur des Philippines. Quant aux P. P. Ricci et Ruggiero, ils sont bien connus comme missionnaires en Chine. Ricci devint si habile dans la langue du pays, que ses écrits furent, dit-on, admirés des Chinois eux-mêmes; il sut gagner la faveur de l'empereur, et mourut à Pékin en 1610, laissant pour successeur le P. Adam Schall. On peut voir, dans la *Biographie universelle*, la liste de quinze ouvrages qu'il avait composés en chinois : c'est, dit-on, d'après ses mémoires que le P. Trigaut a composé son ouvrage *De christiana expeditione apud Chinos*, Augsbourg, 4°, 1615. Sa vie a été composée par le P. d'Orléans, et publiée à Paris en 1593, 12°. Les observations du facteur Roman sont surtout curieuses par les propositions qu'elles contiennent relativement à la conquête de la Chine.

livres du pays, soit par le rapport de personnes dignes de foi.

« Le royaume de la Chine est très-ancien, comme on le voit par ses annales, mais nos ancêtres ne le connurent que de nom ; celui que nous lui donnons n'est pas employé par les habitants, qui appellent leur patrie Tamin ; mais c'est la coutume, à la Chine, de changer le nom du pays à chaque changement de dynastie. Il y a donc deux cents ans qu'on la nomme Tamin, et cela durera tant que la dynastie actuelle occupera le trône.

« C'était du temps de Ptolémée qu'on appelait ce pays Chin. Le roi Chin était certainement très-habile et très-puissant, car ce fut lui qui construisit la grande muraille septentrionale qui a plusieurs centaines de lieues de long et sépare la Chine de la Tartarie. La réputation de cette muraille arriva jusqu'en Europe et avec elle le nom de Chine, qui n'est plus usité dans le pays.

« La Chine forme un grand carré, dont la partie occidentale touche à la Cochinchine et qui finit à la pointe de Chincheo; la côte tourne ensuite vers le Japon, elle s'étend donc du 120e au 136e ou 137e degré de longitude des îles Fortunées, comme je l'ai vérifié par deux éclipses de lune que j'ai soigneusement observées, l'une à Macao et l'autre à Juaquin, dont le méridien est presque le même, et nous avons trouvé environ 124 degrés; la côte méridionale s'élève de 20 à 28 degrés de latitude boréale, et la ligne qui la sépare de la Tartarie est à 44 ou 45 degrés ; je n'ai pu le découvrir au juste, car les Chinois ne savent pas prendre la hauteur, et je ne l'ai calculée que d'après le nombre de jours que l'on met à faire la route.

« La Chine formait autrefois dix-huit royaumes, gouvernés par autant de rois; mais, depuis qu'elle a été réunie sous un même souverain, on la divise en neuf *Chouis* ou îles, car ces *Chouis* sont séparés les uns des autres par des rivières; elle compte aujourd'hui quinze provinces, Paquin, Nanquin, Santon, Sansi, Suenci, Honari, Chiquian, Quiansi, Friquan, Sichivon, Friquen, Canton, Quansi, Tunan et Queichuio. Chaque province a pour capitale une grande ville qui porte le même nom; les Chinois nomment cette capitale *Devan* et le vice-roi de la province *Tutan*. Au-dessous de la capitale sont les *Fous*, les *Hous*, les *Chous* et les *Os*, qui sont des villes moins considérables, et une infinité de villages, de hameaux et de châteaux. Je ne puis vous envoyer encore les cartes de la Chine auxquelles je travaille depuis longtemps, parce qu'elles ne sont pas encore terminées, mais j'espère pouvoir le faire bientôt; vous y verrez dans quel ordre admirable tout cela est arrangé.

« Même, sans avoir pénétré dans l'intérieur de la Chine, il est facile de juger quelle doit être la fertilité d'un pays qui renferme une aussi grande étendue de côtes, qui est arrosé par tant de fleuves et qui se trouve dans les trois zones, quoiqu'en majeure partie dans la tempérée; c'est pourquoi l'on y cultive les fruits de tous les climats; le blé et le riz y viennent en abondance, surtout ce dernier, qui forme la principale nourriture des habitants. On y trouve de nombreux troupeaux.

« On récolte en Chine une grande quantité de coton dont on fait des toiles que l'on exporte aux Indes et même en Portugal. On y trouve surtout une quantité incroyable de soie dont on charge de gros vaisseaux pour l'Inde et pour le Japon; elle est à si bon marché, que les pauvres eux-mêmes peuvent l'employer dans leurs vêtements.

« La Chine est si bien cultivée, qu'elle paraît un vaste jardin, on peut même dire une grande Venise; car elle est entrecoupée de tant de rivières, que d'ici à Paquin, qui est à trois mois de route, on peut aller entièrement par eau. Les nobles et les mandarins ont des barques si magnifiques et si bien dorées, qu'elles pourraient servir, non-seulement de moyens de transport, mais même de palais aux plus puissants princes. On a augmenté le grand nombre de rivières, qui était déjà très-considérable, en creusant plusieurs canaux d'une grande longueur.

« Que dirai-je des villes qui ne le cèdent en rien aux plus belles de l'Europe? et cependant nous ne voyons ici que ce qu'il y a de pis, car cette province de Canton est considérée comme tellement inférieure aux autres qu'on y envoie les coupables en exil.

« Les grandes et les petites villes sont situées à des distances si égales les unes des autres, que l'on dirait que tout, dans l'empire, a été placé au compas par un fameux mathématicien. Quant aux villages et aux hameaux, ils sont si nombreux et si rapprochés, qu'on pourrait presque dire que la Chine entière ne forme qu'une seule ville.

« On prétend que, dans l'intérieur, il y a des villes beaucoup plus belles que celle-ci, surtout Paquin, qui est la capitale, et Nanquin, qui l'était autrefois. Le petit nombre de villes que j'ai visitées m'ont beaucoup plu. Les rues sont droites, larges et ornées d'arcs de triomphe élevés en l'honneur des magistrats qui les ont bien gouvernées, et dont les belles actions sont gravées sur des tables de marbre. Les palais des gouverneurs et des particuliers sont très-nombreux, et, quoique moins solidement bâtis que ceux d'Europe, ils ne laissent pas d'avoir une belle apparence : il en est de même des temples. Tous ces édifices sont peints d'une quantité de couleurs différentes, de sorte qu'ils semblent porter des livrées. Les Chinois élèvent aussi de hautes tours très-belles et très-bien construites.

« Il y a dans le pays plusieurs lacs et plusieurs montagnes célèbres, dont il est inutile de faire ici l'énumération. Tous les habitants portent le même costume ; il n'y a de différence que dans la matière et dans la couleur : leur vêtement est large et grave, avec de longues manches comme celles des Vénitiens. Il n'y a pas de laboureur si pauvre qu'il n'ait un costume convenable pour se présenter devant le mandarin ou pour visiter ses amis. Si on le surprend dans son habit de travail, il va se cacher aussitôt. C'est par le bonnet que l'on connaît la condition des gens ; celui du docteur est différent de celui du licencié. Ils tressent leurs cheveux avec beaucoup d'art ; car, à l'exception des religieux, ils les laissent pousser dans toute leur longueur, comme les femmes le font en Espagne.

« Les femmes d'un rang élevé ne sortent de leurs maisons que dans une petite litière portée par quatre hommes : il leur est défendu de se montrer.

« Le pays est si sain, qu'on y voit un grand nombre de vieillards avec des cheveux entièrement blancs. De mémoire d'homme, il n'y a pas eu de maladies contagieuses. Les gens aisés passent leur temps à se faire des visites, à boire, à chanter et à jouer des instruments ; ils ont des maisons de plaisance avec des étangs remplis de poissons, et une foule d'autres manières de se divertir.

« L'empereur de la Chine est certainement le plus riche souverain du monde ; car, dans tous ses États, quelque vastes qu'ils soient, il n'y a pas un seul seigneur qui possède une ville ou un fief. Sans compter les autres tributs, on lui paye annuellement la neuvième ou la dixième partie du revenu, je ne sais pas au juste lequel des deux. Les colaos, ou membres du conseil qui siége à Paquin, et qui sont comme des rois, sont tous excessivement riches ; ils ont plus d'influence que l'empereur lui-même dans les affaires du gouvernement. Sans compter d'immenses trésors en lingots d'argent, que l'on tient en réserve dans chaque province pour les besoins de l'État, l'empereur a, chaque année, plus de 150,000,000 de rente.

« Dans ce pays, l'or et l'argent ne sont que des marchandises; ils ne sont pas monnayés. La seule monnaie qui ait cours est de cuivre et de très-peu de valeur, de sorte que tous ceux qui vendent et qui achètent sont toujours munis de balances; mais il n'y a pas de maison, quelque pauvre qu'elle soit, où l'on ne trouve des lingots d'argent; car les Chinois ne pensent qu'à s'en procurer. Comme ils ne sont pas très-habiles dans l'art d'exploiter les mines, et qu'ils ne peuvent se figurer que nous soyons arrivés dans ce pays sans autre but que le salut de leur âme, ils viennent sans cesse nous montrer en secret des échantillons de minerai, en promettant de nous donner une part, qui fera notre fortune, si nous voulons leur apprendre à l'exploiter. L'amour de l'or leur a fait trouver mille moyens de trafic, de sorte que le pays est devenu très-riche.

« Vous savez quelle quantité d'argent apportent les vaisseaux qui viennent de l'Inde, du Portugal, du Japon, de Sumatra, de la Sonde et de Java; tout cela entre dans la province de Canton, et il n'en sort jamais un maravédis, mais seulement des marchandises. Quoiqu'il soit défendu aux Chinois de voyager, ils sortent secrètement du royaume pour aller commercer en pays étranger. La Chine est, du reste, si grande, que le commerce intérieur suffit pour enrichir ceux qui s'y livrent. Je n'ose parler de la quantité de gros navires qui vont et viennent continuellement sur les rivières, parce que cela paraîtrait véritablement incroyable. Toute la rivière paraît un port, et Canton une foire. Il n'y a ni à Venise ni à Lisbonne une aussi grande quantité d'embarcations : elles sont chargées de toutes les marchandises imaginables. Le commerce profite encore du voisinage de pays aussi riches que le sont le Japon, la Cochinchine, Siam, Malacca, Java, les Moluques et plusieurs autres.

« On reconnaît surtout l'habileté des Chinois dans l'écriture qu'ils ont inventée, car chaque chose que l'on peut imaginer dans ce monde est exprimée par un caractère particulier, et leurs savants sont en état de les lire et de les écrire tous, cultivant, par ce moyen, toutes les sciences, dans lesquelles ils sont fort habiles, telles que la médecine, la philosophie morale, les mathématiques et l'astrologie, car ils savent calculer les éclipses avec beaucoup d'exactitude. Ils sont aussi très-habiles dans les arts libéraux et mécaniques; c'est une chose remarquable que les Chinois, par leurs seuls efforts, soient arrivés en toute chose presque aussi loin que les Européens, qui ont eu commerce avec tout le reste du monde; on peut même dire que, par leur gouvernement, ils ont surpassé toutes les autres nations du monde, car ils ont mis en pratique ce que les autres n'ont posé qu'en théorie.

« La couronne de Chine est héréditaire de mâle en mâle. Le roi actuel se nomme Van-li; il est âgé de vingt-quatre ans, et règne depuis douze : les années se comptent à dater de son avénement au trône; il a déjà des héritiers; il reste toujours dans son palais, si l'on peut appeler palais une enceinte qui est grande comme une ville; il n'en sort que deux fois par année : au printemps pour offrir un sacrifice au ciel, et en hiver pour en offrir un à la terre. Afin d'éviter les tentatives que l'on pourrait faire contre sa personne, il ne sort jamais qu'avec dix voitures exactement pareilles, et l'on ignore dans laquelle il se trouve. Il a trente-six femmes qui sont filles de ses vassaux et quelques-unes même de basse naissance.

« Aussitôt qu'un fils du roi est né, on l'envoie dans une

province éloignée, où il est élevé avec l'éclat qui convient à sa naissance, mais sans aucun pouvoir et sans posséder de vassaux. Si un prince du sang commet quelque crime digne de mort, personne n'ose porter la main sur lui ; mais on l'enferme dans une tour, où on le laisse mourir de faim. La crainte de ce châtiment oblige ces princes à tenir une conduite mesurée. A côté du palais du roi il y a un parc qui contient toute espèce d'animaux ; deux éléphants sont de garde à la porte.

« Le roi gouverne les diverses provinces par des magistrats que l'on nomme mandarins. Il y en a de deux espèces : les mandarins militaires, qui arrivent à ce grade par leur valeur personnelle ou parce qu'ils descendent des premiers conquérants du royaume. Ils commandent les esclaves du roi, dont le nombre est infini à la Chine, et qui ont été réduits en cet état pour leurs crimes ou ceux de leurs pères et de leurs proches parents. Ils sont esclaves à perpétuité, ainsi que leurs descendants ; mais leur servitude est très-douce : ce sont eux qui forment l'armée.

« Les mandarins lettrés, qui sont considérés comme bien supérieurs aux mandarins militaires, sont divisés en neuf classes, et chaque classe est subdivisée en tant de sections, qu'il faut beaucoup de temps à un Européen pour apprendre à les connaître. Tous les trois ans, ceux qui se sont distingués dans l'administration ou dans la justice sont élevés d'un degré. Ils arrivent ainsi jusqu'au premier, qui a le privilége de faire partie du conseil du roi, conseil que l'on appelle, dans le pays, les vieux du royaume. La subordination entre les mandarins est telle, que celui qui est d'un degré un peu inférieur parle à genoux à son supérieur. Chacun sait exactement ce qu'il a à faire, sans jamais empiéter sur les fonctions des autres ; on distingue le rang d'un mandarin à son vêtement, à son parasol et au cortége qui l'accompagne. Il va dans les rues à cheval ou en litière, selon son rang; le nombre des serviteurs dont il lui est permis de se faire accompagner est aussi fixé par les règlements.

« Tous ces mandarins observent la plus grande gravité; on ne leur parle qu'à genoux. Tous ceux qui les accompagnent sont vêtus de noir; c'est un crime de rire en leur présence; quand ceux du premier rang vont dans les rues, ils sont accompagnés d'un cortège plus magnifique que celui de l'empereur ou du pape. Le mandarin est porté dans une litière par huit de ses valets; les officiers de justice marchent devant lui, à une grande distance, tenant des épées et les instruments qui servent à punir les criminels, c'est-à-dire des chaînes et des bambous pour les fustiger; entre eux et la litière du mandarin, il y a des hommes qui hurlent comme des tigres, afin d'avertir le peuple de se ranger pour lui faire place. A ce bruit chacun s'empresse de se réfugier dans les maisons voisines; on se cacherait même dans des trous pour ne pas être aperçu; on ferme les boutiques, les portes et les fenêtres; tout le monde observe le plus profond silence, et personne n'oserait regarder le mandarin en face. On peut juger par là avec quel respect on se présente à son audience; les portes de la salle où il reçoit s'ouvrent et se ferment avec un bruit si terrible, que l'on dirait que ce sont celles de l'enfer. Le magistrat se tient dans une autre salle qui est séparée de la première par trois ou quatre pièces, de sorte que c'est à peine si on peut l'apercevoir; il a devant lui une table en forme d'autel; on lui parle très-haut et prosterné contre terre; dès qu'il donne un ordre, un de ceux qui l'environnent sort en courant pour l'exécuter. Aussitôt que l'audience est finie, on ferme la porte et on y met les scellés, de sorte que personne ne peut parler *en particulier* au mandarin, ni aux gens de sa suite, pendant tout le temps que dure sa magistrature. Toutes les affaires sont expédiées sans qu'il en coûte rien ; il est défendu aux mandarins de recevoir aucun présent ou d'entrer dans la maison d'un particulier ; mais ils peuvent se visiter entre eux, pourvu que ce soit publiquement. Il leur est aussi permis d'entrer dans les temples.

« C'est une chose admirable que l'ambition et le désir de monter d'un degré soient si puissants sur l'esprit d'un magistrat idolâtre, qu'il gouverne une ville ou une province avec tant de justice et d'impartialité qu'un chrétien ne le saurait mieux faire. Outre ces magistrats résidants, qui sont très-nombreux, le roi envoie chaque année de Paquin, dans chaque province, un commissaire ou visiteur qui a des pouvoirs très-étendus et peut même priver de son office celui qui en a abusé : ce visiteur se nomme *Chaen*. Le *Tutan* ou vice-roi est le seul qui ne soit pas soumis à sa juridiction. Il a une main brodée sur l'épaule, parce que le roi y a placé la sienne en lui donnant sa commission. Quelquefois ce visiteur arrive sous un déguisement quelconque, et, lorsqu'il s'est bien informé de tout, il se montre, présente ses pouvoirs et châtie les malfaiteurs ; quand il a visité toutes les provinces, il retourne au bout de l'année à Paquin, et rend compte de tout au roi et à son conseil.

« La puissance de la Chine repose plutôt sur le grand nombre de villes et sur la multitude des habitants que sur leur valeur personnelle. J'ai déjà dit que les provinces sont au nombre de quinze ; Paquin est la plus belle et Nanquin la plus grande. Il y a 160 *Fous*, 234 *Cous* et 1,116 Hous, Chous et Os, indépendamment des forteresses et des villages, qui sont innombrables. Il y a plus de soixante millions de tributaires inscrits sur les registres royaux, sans compter les fonctionnaires publics et les gens qui sont trop pauvres pour payer l'impôt. Tous les royaumes voisins payent un tribut au roi de la Chine, excepté le Japon, qui s'y est soustrait dans les derniers temps : c'est pourquoi les Chinois se sont accoutumés à considérer leur pays comme le centre du monde, et méprisent toutes les autres nations. Ils sont très-redoutés par tous les rois voisins, parce qu'ils peuvent réunir en un instant une flotte si considérable, qu'elle les effraye par le nombre des vaisseaux; du reste, les Chinois sont peu guerriers, et l'état militaire est un des quatre qui chez eux sont considérés comme vils. Presque tous les soldats sont des malfaiteurs qui ont été condamnés à être à perpétuité esclaves du roi : ils sont bons seulement pour faire la guerre aux voleurs. Aussi, dès que deux ou trois vaisseaux japonais viennent faire un débarquement sur la côte, les équipages pénètrent dans l'intérieur, s'emparent même des grandes villes, pillent et mettent tout à feu et à sang, sans que personne ose leur résister. Mais, mal conduits eux-mêmes, ils finissent toujours par tomber dans quelque embuscade, et il y en a bien peu qui retournent au Japon. Il arrive aussi quelquefois que des brigands se retranchent sur une montagne, dans l'intérieur du pays, et toutes les forces de l'empire ne sont pas suffisantes pour les en expulser. On dit encore que les Tartares ravagent les frontières de l'empire; enfin rien ne me serait plus difficile que de regarder les Chinois comme des guerriers. Ils n'ont pas plus de cœur que des femmes, et sont prêts à baiser les pieds de quiconque leur montre les dents. Tous les matins, ils emploient deux heures à peigner leurs cheveux et à les tresser. Ce n'est pas pour eux un déshonneur de prendre la fuite; ils ne savent ce que c'est qu'un affront; s'ils ont quelques querelles, ils s'injurient comme des femmes, se prennent aux cheveux, et quand ils sont las de se secouer, ils redeviennent amis comme auparavant, sans qu'il y ait jamais ni blessures de faites ni sang de versé.

D'ailleurs il n'y a que les soldats qui aient des armes; il n'est pas permis aux autres d'avoir seulement un couteau dans leur maison : enfin ils ne sont redoutables que par leur nombre. Les murailles des villes sont tout au plus bonnes à les garantir des voleurs; elles sont construites sans aucune connaissance géométrique, et n'ont ni revers ni fossés.

« Il me resterait encore à parler de la religion et des sectes de la Chine; mais je n'ai que peu de choses à dire sur ce sujet, car en Chine il n'y a pas de religion, et le peu de culte qui existe est tellement embrouillé, que les prêtres eux-mêmes ne savent pas l'expliquer. On y compte trois sectes principales, indépendamment du mahométisme, qui a commencé à se répandre dans le pays : on les nomme *sequia*, *gilitan*, et la secte des lettrés; celle-ci est la plus célèbre. Ses partisans ne croient point à l'immortalité de l'âme; ils se moquent de ce que les autres disent des démons; ils remercient le ciel et la terre des faveurs qu'ils leur accordent, mais ils ne leur demandent pas le paradis. Nos pères désiraient depuis longtemps pénétrer dans ce pays pour y répandre la lumière de la vraie foi; mais il est si strictement fermé aux étrangers, que cela leur a été pendant longtemps impossible. Enfin on envoya, il y a cinq ou six ans, le père Ruggiero à Macao, pour y apprendre la langue et l'écriture chinoises; il frappa si longtemps à la porte, que Dieu daigna la lui ouvrir; il fit tant par sa prudence et par sa patience, qu'il gagna quelque crédit auprès des mandarins, et que ses supérieurs lui envoyèrent un compagnon. Le tutau lui donna un emplacement dans cette ville, et, comme il n'était pas convenable, son successeur nous en a assigné un autre, où nous avons commencé une maison et une chapelle qui seront bientôt achevées. Pendant tout ce temps, nous avons eu assez à faire à étudier la langue et l'écriture chinoises; mais maintenant nous serions en état de prêcher, si on nous le permettait. Nous gagnons, chaque jour, des âmes, au spirituel comme au temporel; nous avons imprimé en chinois l'*Ave Maria*, le *Pater noster* et les *Commandements*, qui ont été approuvés par tout le monde; nous ne savons pas encore si le Seigneur daignera bénir notre travail : que sa volonté soit faite!

« Voilà tout ce que j'ai à vous dire pour le moment; le P. Ruggiero, qui vous remettra cette lettre, répondra à toutes les questions que vous pourrez lui adresser.

« *De Juaquin, le* 13 *septembre* 1584.

« Matheo Resi. »

C'est là la lettre du P. Resi, que m'a remise le P. Ruggiero; je crois devoir y ajouter les observations suivantes :

Le roi de la Chine entretient sur cette côte une flotte nombreuse, quoiqu'il ne soit en guerre avec personne. Dans une île que l'on nomme Lintao, qui est située près de cette ville, il y a un arsenal dont le directeur ou haytao est sans cesse occupé à faire construire des vaisseaux et à les équiper. Cette île fournit les bois de construction; mais il faut y importer du continent toutes les autres choses nécessaires. Ces vaisseaux sont très-grands et très-beaux; ils contiennent un grand nombre de salles dorées, ornées de peintures et de moulures; toutes les parties intérieures et extérieures, qui ne sont pas dorées, sont recouvertes d'un vernis transparent comme une glace, particulièrement ceux qui sont montés par des amiraux ou par de grands personnages. Il y a toujours plus de 250 vaisseaux armés dans cette province de Canton jusqu'à Chincheo, où commence une autre juridiction, et dont les côtes sont gardées par une autre flotte. L'amiral a le titre de *Chunpin* : c'est un grade très-élevé, quoiqu'il soit inférieur au tutan; il a une garde très-nombreuse et beaucoup de tambours et de trompettes, qui font une musique très-agréable aux oreilles des Chinois, mais insupportable aux nôtres.

Du reste, tous ces vaisseaux font plus de bruit que de besogne; ils sont très-bien décorés, mais très-peu solides; ils n'oseraient pas aller à trois lieues en mer. Ils se promènent un peu quand il fait beau temps, mais ils se hâtent de rentrer au moindre vent. Ils ont quelques petits canons de fer, mais aucun de bronze : leur poudre est mauvaise; ils ne s'en servent guère que pour faire des saluts; leurs arquebuses sont si mal fabriquées, que la balle ne percerait pas une cuirasse ordinaire, d'autant plus qu'ils ne savent pas viser. Leurs armes sont des piques de bambous, les unes armées de fer, les autres durcies au feu, des cimeterres courts et lourds et des cuirasses de fer ou d'étain. Quelquefois on voit cent vaisseaux entourer un seul corsaire; ceux qui sont au vent jettent de la chaux pulvérisée pour aveugler l'ennemi, et, comme ils sont très-nombreux, cela finit par faire quelque effet. C'est là une de leurs principales ruses de guerre. Ces corsaires sont ordinairement des Japonais ou des Chinois révoltés.

Quand cette flotte rencontre un vaisseau à quelque distance de terre, qu'il soit chinois ou portugais, ils le pillent, le brûlent et massacrent son équipage, qu'ils jettent à la mer, même quand on a des passe-ports du tutan. Il est cependant juste de dire que cela se fait sans que lui ni l'amiral en sachent rien et qu'ils le punissent sévèrement quand ils l'apprennent. Quand j'arrivai à la Chine, c'était sur une frégate bien armée. Beaucoup de vaisseaux vinrent nous reconnaître et cherchèrent à gagner le vent sur nous, mais ils ne s'approchèrent pas. Ce ne fut qu'en arrivant à Canton qu'un officier me présenta sa patente, qui était écrite sur un tableau de la grandeur d'une enseigne; mais il se contenta, lui et ses soldats, de quelques veaux que je leur donnai.

C'est quelque chose de honteux que les soldats de ce pays-ci. L'autre jour, ils eurent une querelle avec d'autres Chinois qui apportaient des vivres au marché et les battirent; ceux-ci allèrent se plaindre au gouverneur de Macao, qui fit arrêter quarante soldats et leur fit donner des coups de bambou. Ils sortirent de là en pleurant comme des enfants. Ils sont vils et sans cœur, mal armés et fripons. Des milliers de pareils soldats ne sont pas redoutables. Du reste, que peuvent être les soldats d'un pays où ce métier est regardé comme déshonorant et est exercé par des esclaves. Nos Indiens des Philippines sont dix fois plus braves.

Toutes les villes ont une enceinte de pierres en terrasse; non-seulement il y a sur les murs et sur les portes des sentinelles qui veillent contre les brigands, mais il y en a dans toutes les rues. On les ferme tous les soirs et les habitants sont obligés de monter la garde à tour de rôle. Ces murailles sont mal tracées et sans aucune proportion géométrique; il n'y a ni casemates, ni fossés, ni artillerie.

A l'exception des soldats, il n'est permis à aucun Chinois d'avoir des armes dans sa maison; elles sont renfermées dans des magasins publics qui sont pleins d'épées, de lances, de hallebardes et de cuirasses. Les chevaux sont nombreux, mais petits; il n'y a que les gens du commun qui s'en servent pour voyager, car les mandarins se font ordinairement porter dans des litières. Ces litières sont, en général, peintes et dorées; on les couvre pour se mettre à l'abri du soleil et de la pluie.

Les Chinois montent très-mal à cheval, ne connaissent pas l'usage du mors et n'ont pas de cavalerie. On dit cependant qu'il y a de grands chevaux dans la province de

Paquin. Autrefois les rois habitaient Nankin; mais, depuis la guerre avec les Tartares, ils ont transporté leur cour à Paquin, qui est plus rapproché de la frontière.

Les habitants de la province de Chincheo sont les plus belliqueux de la Chine. Il y a quelques années, ils se révoltèrent et proclamèrent un roi; mais le *tutan* de cette province parvint, avec beaucoup d'adresse, à apaiser cette révolte et en fit ensuite exécuter un grand nombre. Quoiqu'il soit défendu à tous les Chinois de sortir du royaume, on ne fait pas exécuter la loi dans cette province pour éviter une rébellion, et les habitants ont la permission de naviguer librement et de faire le commerce avec toutes les nations, excepté avec les Japonais, qui sont ennemis de l'État. Ils vont aux Philippines, à Java, à Siam, à Patan, à Camboge, à Sumatra et dans d'autres endroits porter des soies, des étoffes de coton, de la porcelaine et d'autres produits de la Chine, et rapportent en échange de l'argent, du girofle, du poivre et du bois de teinture. Leurs femmes sont très-belles, blanches comme des Espagnoles avec des cheveux noirs; elles regardent comme une grande beauté et presque comme une obligation d'avoir les pieds petits, et aussi, dès qu'une fille vient au monde dans une famille noble, on lui coupe un nerf à la plante du pied que l'on replie afin qu'il ne puisse pas croître, aussi ont-elles beaucoup de peine à marcher.

Le roi, comme je l'ai dit, a trente-six épouses : quand il a communication avec l'une d'elles, on a soin de prendre par écrit l'année, le jour et l'heure, afin que l'on soit sûr que l'enfant est véritablement du sang royal. Quoique tout le service du palais soit fait par des eunuques, la seule récompense que l'on accorde à ces femmes, quand le roi meurt, est de les mener au marché pour les vendre, non pas, à la vérité, comme esclaves, mais pour devenir les épouses de ceux qui les achètent. Elles sont couvertes d'un voile, de sorte que les acheteurs ne savent pas si elles sont jeunes ou vieilles, belles ou laides. On les prend au hasard, par vanité, et parce que souvent elles possèdent beaucoup de bijoux que le roi leur a donnés, et parce qu'elles apportent à leurs maris beaucoup plus qu'elles ne leur ont coûté.

Les Chinois aiment beaucoup la musique, et ont écrit des livres sur cet art. Celle qu'ils font est très-différente de la nôtre; mais elle n'est pas désagréable.

Ils fabriquent du papier de coton très-mince et très-lisse. L'usage du coton est très-ancien chez eux, et c'est peut-être de ce pays qu'il s'est introduit en Europe.

Il y a beaucoup de mines d"argent; on en connaît dans les montagnes de Macao et dans les îles de Canton, mais le roi ne permet pas qu'on les exploite, pour que ses sujets n'abandonnent pas l'agriculture et le commerce. On a environné d'un mur, gardé par un officier de confiance et par des soldats, quelques mines que les Chinois avaient commencé à exploiter; mais, comme je l'ai dit, on en importe beaucoup de l'étranger. Dans chaque capitale de province il y a une caisse royale et un trésorier; car on dépense ordinairement dans chacune de ces provinces ce qu'elle rapporte.

J'ai déjà dit que le roi a 150 millions de rente; mais, comme on pourrait s'en étonner, je vais décrire la grandeur du pays. Il y a 400 lieues de côtes, qui forment pour ainsi dire un des côtés du carré; le second côté est formé par la grande muraille qui sépare la Chine de la Tartarie et doit avoir la même longueur; les deux autres côtés ne sont pas bien connus, mais ils ont apparemment la même étendue. Tout ce pays est si fertile, qu'il n'y a pas une palme de terrain perdu. Le roi est propriétaire de toutes les terres, et tous ceux qui les cultivent sont obligés de lui payer un fermage. Il n'y a point de seigneurs qui possèdent des vassaux ; il n'y a pas de biens d'Église, d'hôpitaux, de couvents ni d'abbayes. Chacun paye au roi le neuvième de son revenu et une capitation dont personne n'est exempt : toutes les terres et toutes les maisons lui payent un loyer ; il perçoit des droits de douane et de port, et a le monopole du sel : il n'est donc pas étonnant qu'il soit si riche, surtout si l'on considère qu'il n'y a pas eu depuis longtemps de peste, de guerre ou de famine, que l'argent ne sort jamais du pays et qu'il en entre tous les jours. On dit que le roi dépense 100 millions par an pour les traitements des magistrats, pour la dépense de la flotte, l'entretien de la grande muraille, celui de sa maison, et pour la guerre contre les Tartares : ce sont les colaos, les princes du sang et ses femmes qui en reçoivent la plus grande partie ; les cinquante autres millions sont accumulés tous les ans dans ses coffres.

Je dois dire aussi que tout le musc qu'il y a dans le monde vient de la Chine, et qu'on n'en trouve nulle part ailleurs. Il y est si commun, que quelques marchands en ont jusqu'à six et huit quintaux à la fois dans leurs magasins. Les Chinois disent qu'il est produit par de petits animaux que l'on prend au lacet et que l'on tue ensuite à coups de bâton ; quand leur sang est figé, on les ouvre et on les suspend au soleil : c'est ainsi que l'on prépare ce parfum.

Les Portugais qui résident à Macao sont considérés comme vassaux du roi de la Chine, et sont obligés de lui prêter foi et hommage à Canton ; ils payent, chaque année, 500 tacls d'argent de tribut, ce qui équivaut à autant de ducats de Castille. Les vaisseaux ne payent pas le droit d'après les marchandises qu'ils chargent, mais d'après leur tonnage, ce qui monte quelquefois jusqu'à 6 ou 7,000 ducats. On paye, en outre, un droit de 2 pour 100 sur tout ce qu'on exporte de Canton. La plupart des Portugais ont épousé des femmes chinoises, non pas de bonne famille, mais des esclaves; on traite ces étrangers fort mal, en les forçant de s'agenouiller dans les audiences, et quelquefois on les fait attendre ainsi six heures tête nue au soleil. C'est le *capitan mayor* et l'*oydor* qui jugent les causes civiles et criminelles entre Portugais; mais le mandarin intervient dans les procès qu'ils ont avec les Chinois; il livre souvent les Portugais au juge de Canton, qui les fait fustiger. En ce moment, le capitaine Antonio de Carvalho est en prison pour quelque argent qu'il doit à des marchands chinois; il est renfermé dans un cachot obscur et rempli d'ordures, car tous les châtiments dans ce pays sont très-cruels.

Avec 5,000 Espagnols tout au plus, on pourrait faire la conquête de ce pays, ou du moins celle des provinces maritimes qui, dans toutes les contrées du monde, sont les plus importantes. Avec une demi-douzaine de galions et autant de galères on serait maître de toutes les provinces maritimes de la Chine, ainsi que de toute cette mer et de l'archipel qui s'étend depuis la Chine jusqu'aux Moluques.

Avec l'appui des pères de la compagnie de Jésus, on pourrait tirer du Japon 6 ou 7,000 Japonais chrétiens et très-belliqueux, et que les Chinois craignent comme la mort. On pourrait tirer des Philippines 4 ou 5,000 Indiens, de ceux que l'on appelle pintados ou bisayas; ils se battent bien quand ils sont appuyés par des Européens, et sont bien meilleurs soldats que les Chinois. D'ailleurs ce n'est pas le nombre qui donne la victoire, mais la faveur du ciel.

De Macao, le 28 septembre 1584.

TRADUCTIONS.

LETTRE

d'un capitaine de la garnison d'Oran, écrite à D. Gregorio de la Cueva, traduite de l'espagnol. (Édition du temps, de quatre pages in-fol., sans lieu ni date.)

Je m'empresse de vous faire part des heureux succès que la garnison d'Oran a obtenus contre les Maures depuis le 4 avril de cette année, où D. Juan Manrique de Cardenas en a pris le commandement.

Les Maures d'Abra ayant tué quelques-uns de nos soldats et trois renégats qui se rendaient à Oran dans le dessein de rentrer dans le giron de notre sainte église catholique, ayant, en outre, augmenté le nombre de leurs tentes et fait alliance avec les Maures nos ennemis, D. Juan Manrique, notre capitaine général, marcha contre eux, leur prit 319 têtes de bétail, et força leurs anciens à venir le trouver pour avouer qu'ils étaient justement punis de leurs fautes. De retour à Oran, tout le butin fut vendu aux enchères, et D. Juan Manrique fit distribuer aux soldats les plus pauvres la part qui lui en revenait : ce fut une œuvre bien méritoire, car ils n'avaient rien reçu depuis longtemps. Le général partagea ses propres vêtements entre les personnes de la première qualité. Le 17 juillet 1622, on sonna l'alarme au château de Saint-Philippe, et les sentinelles annoncèrent au général que 400 Maures à cheval ravageaient la campagne. D. Juan Manrique sortit de la place à la tête de 150 cavaliers, et se mit en embuscade, dans l'espérance qu'ils reviendraient le lendemain, ce qui arriva en effet; mais, ayant découvert l'embuscade, ils battirent en retraite : D. Juan Manrique les poursuivit, à bride abattue, pendant plus de 6 lieues, en tua un grand nombre et fit prisonniers six Maures d'un rang élevé. Après cette victoire, la plus importante que l'on eût remportée depuis longtemps, le général rentra dans la place sans avoir perdu un seul homme.

Au commencement d'août, D. Juan Manrique fut averti, par les espions qu'il entretenait à Alger, qu'un grand marabou, nommé Sidi Audalli, très-vénéré par les Maures, les exhortait, de la part de Mahomet, à gagner des indulgences en chassant les chrétiens de la ville d'Oran; il leur promettait que non-seulement les boulets et les balles ne leur feraient pas de mal, mais qu'elles se changeraient en beurre et en sucre, de sorte qu'il n'y eut pas un Maure dans le royaume qui ne voulût faire partie de cette expédition, même ceux qui s'étaient soumis à S. M., et sur lesquels on comptait. Le capitaine général apprit aussi que, dans le même but, on armait une flotte dans le port d'Alger.

Les Turcs d'Alger font payer aux Maures un tribut qu'on appelle la *Garrama*. Le duc de Magneda était parvenu à en faire exempter les Maures qui s'étaient soumis à S. M.; mais, dans le courant d'août, ces Turcs s'avancèrent accompagnés de tous ceux qu'il y a depuis Alger jusqu'à Melilla, qui en est éloignée de 130 lieues, déclarant qu'ils ne venaient pas pour percevoir le tribut, mais pour combattre les chrétiens et les expulser. Leur alcayde Mahala jouait un double jeu : s'il parvenait à s'emparer d'Oran, il gagnait autant d'honneur que de profit; s'il était repoussé, il avait entre ses mains les chefs de toutes les tribus arabes, et les forçait de payer les impôts arriérés : cet alcayde est un renégat italien, dont le véritable nom est Esfraçaya. On reconnaît facilement son origine; car il est plus fort en paroles qu'en actions : il soumit facilement les Arabes par l'influence des marabouts et par des présents, car leur avarice est grande; il arriva jusqu'à dix lieues d'Oran et excita les Arabes qui avaient fait leur soumission au gouverneur à se déclarer en sa faveur; il y parvint et commença à faire quelques incursions sur notre territoire. D. Juan Manrique sortit à sa rencontre et le mit en fuite, quoiqu'il n'eût avec lui que 100 cavaliers, car S. M. n'en a guère davantage dans la place. Le gouverneur était à leur tête comme toujours. A la seconde incursion ou *gacia*, comme on les nomme dans ce pays, D. Juan, soupçonnant quelque trahison, se fit accompagner de toute son infanterie, qui se montait à environ 800 hommes; mais il apprit bientôt que l'armée des Maures se montait à plus de 20,000 hommes; malgré cela, ayant fait venir deux pièces de campagne, il marcha contre eux à la tête de sa petite troupe, les atteignit à 2 lieues de là, et voyant qu'ils se retiraient, il les chargea bravement à la tête de 7 arquebusiers à cheval. On ignore pourquoi le reste de sa cavalerie ne le suivit pas. Le marquis de Salines, capitaine d'infanterie et son ami, le voyant dans cet embarras, se hâta d'arriver à son secours; car, avec ses 7 hommes, il avait à soutenir l'effort de plus de 1,000 Maures. Le marquis arriva avec tant de hâte qu'il n'y eut que 5 ou 6 soldats de sa compagnie qui purent le suivre. D. Christoval de Cardenas arriva aussi à la tête de quelques soldats pour dégager D. Juan, qui soutenait presque seul l'effort de l'ennemi, car lui seul avait une lance; les autres cavaliers n'avaient que des arquebuses, et étaient désarmés après en avoir fait usage. Cependant nous ne perdîmes pas un seul homme. Comme l'ennemi se retirait toujours, on le salua de quelques décharges d'artillerie, qui lui firent beaucoup de mal, comme on s'en aperçut par les traces de sang qu'ils laissèrent.

Deux jours après, Mahala renouvela son incursion et vint camper à deux lieues de la ville. D. Juan marcha contre lui; mais il n'osa l'attaquer, car il s'était aperçu que les Maures étaient très-nombreux : ils avaient, en effet, plus de 6,000 cavaliers, dont un grand nombre portait des arquebuses, et plus de 8,000 fantassins armés de fusils et de lances. Il craignit de trop affaiblir son armée; car, dans le cas d'une défaite, les ennemis auraient pu entrer dans Oran sans coup férir. En soldat brave et expérimenté, il se retira vers la ville et fit halte à une demi-lieue de la tour la plus avancée, pour attendre l'armée ennemie. Il divisa sa cavalerie en deux troupes, qu'il fit appuyer chacune par une compagnie d'infanterie; il en laissa deux autres pour garder ses derrières, et attaqua l'ennemi avec tant de succès, qu'il tua un grand nombre de Maures sans perdre un seul homme : il se livra surtout un combat acharné sur le corps d'un Maure de haute distinction, chef d'une tribu nommée *Zuetis*, qui ne payait aucun tribut aux Turcs : ses soldats voulaient enlever son corps, mais ils ne purent y réussir; car les Espagnols emportèrent sa tête, qu'ils placèrent sur une des tours de la ville, où l'on met ordinairement celles des traîtres. En moins de cinq mois, D. Juan en avait ainsi placé huit, tandis qu'auparavant il n'y en avait que trois, ce qui prouva sa valeur aux Maures et aux chrétiens : il était en même temps général et soldat. D. Juan rentra dans la ville ce soir-là, et en ressortit le lendemain pour attaquer de nouveau l'ennemi; mais les Maures évitèrent le combat, parce qu'ils attendaient des renforts; en effet, le jour suivant, ils voulurent couper une source qui fournit l'eau qu'on boit dans la ville et qui sert à arroser les jardins. D. Juan vint au secours de ceux qui la défendaient, et livra un combat acharné aux Maures, qui, trois fois, revinrent à la charge, et trois fois furent mis en fuite. Le combat se renouvela le lendemain; mais D. Juan manœuvra si bien, que, sans perdre un seul soldat, il força à la retraite les 80,000 hommes qui assiégeaient la place. Les Turcs avaient plus de 4,000 arquebusiers, des échelles et tout ce qui est nécessaire pour la sape et la mine, plus de 14,000 cavaliers armés de lances, et une infanterie innombrable; car, d'après le rapport des Maures, il n'y avait pas jusqu'aux vieillards et aux infirmes qui ne se fussent mis en campagne dans l'espérance d'avoir leur part de butin. Cette infanterie se montait, selon eux, à plus de 40,000 hommes, et je le crois sans peine; car, pendant le combat, la campagne était tellement couverte de Maures, qu'on ne voyait plus l'herbe : ce fut ainsi que ce vaillant général remplit son devoir et se montra le digne descendant des ducs de Magneda et de Nagera.

Le quatrième jour, Mahala fut obligé de lever le siége. A peine était-il parti, qu'il arriva, au port de Mostaganem, trente-quatre vaisseaux remplis de Maures et commandés par un fameux corsaire nommé Tabaco, qui venait pour assister au siége d'Oran, et qui comptait aller ravager la côte d'Espagne après avoir chassé les chrétiens. Mais, grâce à la protection de Dieu, ni eux ni Mahala n'ont pu rien faire contre notre invincible général D. Manrique de Cardenas, que Dieu conserve encore bien des années.

D'Oran, le 12 septembre 1622.

RÉIMPRESSIONS.

COPIE

de qvelqves letres svr la navigation du cheuallier de Villegaignon *es terres de l'Amerique oultre l'œquinoctial, iusques soubz le tropique de Capricorne; cõtenant sommairement les fortunes encourues en ce voyage, auec les mœurs et façons de viure des sauuages du païs : enuoyées par un des gens dudict seigneur.—A Paris, chez Martin le Jeune, à l'enseigne S. Christophle, deuant le collège de Cambray, rue S. Jean de Latran,* 1557.—*Avec privilège* (1).

Mes freres suiuãt les promesses que vous feis à mon depart au val d'Argenteul, iusques auquel lieu vous m'accõpagnastes de voz graces, pour prendre l'adieu et congé (qui fut auec grãds regrets cõme ie croy) les vns des autres, vous, vous retirans à voz heureuses muses, moy poursuiuant la mieñe entreprinse (outre voz vouloirs) de ceste lointaine peregrination. Je n'ay voulu estre accusé du vice de mecongnoissance des plaisirs que i'ay receus de vous autres, et des promesses par lesquelles me suis obligé d'es-

(1) Nicolas Durand de Villegaignon, chevalier de Malte, fut un des hommes les plus entreprenants et les plus inconstants de son temps. En 1541, il accompagna Charles V dans son expédition contre Alger, dont il a écrit l'histoire. En 1548, il passa en Écosse avec les secours qu'envoya la France contre les Anglais. Il rentra en France avec la jeune reine Marie Stuart, quand elle vint épouser le Dauphin, depuis François II. De là il se rendit à Malte qui était alors assiégée par les Turcs, et revint en France après la délivrance de cette île. Ayant été nommé, vers cette époque, vice-amiral de Bretagne, il ne tarda pas à se brouiller avec le capitaine du château de Brest. La cour ayant donné raison à ce dernier, Villegaignon chercha à se faire un appui de l'amiral de Coligny; il se montra disposé à embrasser la réforme, et lui montra un projet de colonisation au Brésil où les Français faisaient déjà le commerce depuis longtemps. Si ce projet

crire (cōbiē que pour ceste heure il ne me reste beaucoup de tēps pour y vaquer) mais de ce peu que i'ay peu desrober, succinctement pour le present vous l'escriray.

L'an du Seigneur mil cinq cens cinquāte cinq le douzième iour de juillet, monsieur de Villegaignō ayant mis ordre et appareillé tout ce qu'il lui sembloit estre conuenable à son entreprinse : accōpagné de plusieurs gentilshommes, manouuriers et mariniers, desquels équippa en guerre et marchandise deux beaux vaisseaux, lesquels le roy Henri second de ce nom lui avoit faict deliurer, du port chacun de deux cents tonneaux, muniz et garniz d'artillerie, tant pour la deffense desdicts vaisseaux que pour en delaisser en terre : auec vn hourquin de cent tonneaux, lequel portoit les viures, et autres choses nécessaires en telle faction. Ces choses ainsi bien ordonnées, commanda qu'on fist voile, ledict iour sur les trois heures après midi, de la ville du Haure de Grace : auquel lieu s'estoit faict son embarquement. Pour lors la mer estoit belle, afflorée du vent northest, qui est Grec leuant, lequel (s'il eust duré) estoit propre pour nostre nauigation,

---

eût été bien conduit, il aurait sans doute eu le plus heureux résultat ; car les persécutions religieuses sont presque le seul motif qui puisse décider les gens d'une condition un peu relevée à s'expatrier.

Les deux lettres de Nicolas Barré, qui l'avait accompagné, racontent le commencement de cette expédition. On verra, dans un autre ouvrage du même auteur que nous donnerons dans la suite de cette collection, les causes qui la firent échouer. Villegaignon revint en France, et fut nommé, en 1568, ambassadeur de Malte auprès de cette cour. Il mourut le 9 janvier 1571, dans sa commanderie de Beauvais, près de Nemours. (*Voyez* le voyage de Jean de Lery, l'escarbot hist de la nouvelle France, qui y a inséré une partie de ces lettres, Thevet, les trois mondes du sieur de la Popelinière, et plusieurs pamphlets contre Villegaignon, dont on trouve la liste dans le manuel de M. Brunet.)

et d'icelluy eussions gaigné la terre occidentale. Mais le lendemain et iours suiuants il se chãgea au sud ouest, auquel auiõs droictement affaire : et tellement nous tourmenta, que fusmes contraincts relascher à la coste d'Angleterre nommé le Blanquet, auquel lieu moullames les ancres, ayãts esperãce que la fureur de cestuy vẽt cesseroit; mais ce fut pour rien, car il nous conuint icelles leuer en la plus grande diligence qu'on sçauroit dire, pour relascher et retourner en France, au lieu de Dieppe. Auec laquele tourmente il suruint au vaisseau auquel s'estoit embarqué ledict seigneur de Villegaignõ, vn lachemẽt d'eaue, qu'en moins de demie heure lon tiroit par des sentines le nombre de huict à neuf cents bastonnées d'eau, qui reuiennent à quatre cẽts seaux. Qui estoit chose estrãge et encor non ouye à nauire qui sort d'vn port. Pour toutes ces choses nous entrasmes dans le haure de Dieppe, à grande difficulté, parce que ledict haure n'a que trois brassées d'eau, et noz vaisseaux tiroient deux brassées et demie. Auec cela il y avoit grande lenée pour le vent qui ventoit, mais les Dieppois (selõ leur coustume louable et honneste) se trouuèrent en si grand nombre pour haller les emmares et cables, que nous entrasmes par leur moyen le dix-septième iour dudict moys. De celle venue plusieurs de noz gentilshommes se contentèrent d'auoir veu la mer, accomplissants le prouerbe, *Mare vidit et fugit*. Aussi plusieurs soldats, manouuriers, et artisans furent desgoutez et se retirerent. Nous demourasmes là lespace de trois semaines, tãt pour attẽdre le vent bon, et second, que pour le radoubemẽt desdictes nauires. Puis apres le vent retourna au northest, duquel nous nous mismes encor en mer, esperants tousiours sortir hors les costes et prendre la haulte mer. Ce que ne peusmes, ains nous conuint relascher au Haure d'ou nous estions partis, par la violence du vent, qui nous fut autant contraire qu'auparauant. Et là demourasmes iusque à la vigile de la Nostre dame de la my aoust. Entre lequel chacun s'efforça de prẽdre nouueaux rafrechissements pour r'entrer de nouueau, et pour la troisieme fois en mer. Auquel iour nous apparut la clemẽce et benignité de nostre bõ Dieu : car il appaisa le courroux de la mer, et le ciel furieux contre nous, et les changea selon que nous lui auions demandé par nos prieres. Quoy voyants, que le vent pourroit durer de la bande d'ou il estoit, de-rechef auec plus grand espoir que n'auions encore heu, pour la troisieme fois nous nous embarquames, et feismes voile ledict iour quatorzieme d'aoust. Celuy vent nous fauorisa tant, qu'il feist passer la Menche, qui est vn destroict entre l'Angleterre et Bretaigne, le gouffre de Guyenne et de Biscaye, Espaigne, Portugal, le cap de S. Vincẽt, le destroict de Gybalthar, appelé les colomnes de Hercules, les isles de Madere, et les sept isles Fortunées, dictes les Canaries. L'vne desquelles recongneusmes, appelée pic Tanarifle, des anciens, le mont d'Atlas : et de cestuy selon les cosmographes est dicte la mer Atlantique. Cestuy mont est merveilleusement hault : il se peult veoir de vingt cinq lieues. Nous en approchames à la portée du canon le dimenche vingtieme iour de nostre troisieme embarquement. Du Haure de Grace iusques audict lieu il y a quinze cẽts lieues. Cestuy est par les vingt et huict degrez au north de la ligne torride. Il y croist, à ce que je puis entendre, des sucres grande quantité, et de bons vins. Ceste isle est habitée des Espagnolz, cõme nous sceumes : car cõme nous pẽsions mouller l'ancre, pour demander de l'eaue douce et des rafrechissements, d'vne belle forteresse située au pied d'vne montaigne, ils desployerent une enseigne rouge, nous tirans deux ou trois coups de coulouurine, l'vn desquels perça le vice admiral de nostre cōpagnée : cestoit sur l'heure de vnze ou douze heures de iour, qu'il faisoit vne chaleur merueilleuse, sans aucun vēt. Ainsi il nous cōuint soustenir leurs coups. Mais aussi de nostre part nous les canōnasmes tant qu'il y eut plusieurs maisons rompues et brisées : et les femmes et enfans fuioyēt par les chāps. Si noz barques et basteaux eussēt esté hors les nauires, ie croy que nous eussions faict le Bresil en celle belle isle. Il n'y eust qu'vn de noz cannoniers qui se blessa en tirant d'vn cardinac, dont il mourut dix iours apres. A la fin l'ō veit que nous ne pouuions rien practiquer là que des coups : et pour ce nous nous retirasmes en mer, approchāts de la coste de Barbarie, qui est vne partie d'Affrique. Nostre vent second nous continua et passames la riuiere de Loyre en Barbarie, le promontoire Blanc, qui est soubs le tropique de Cancer : et vinsmes le huictieme iour dudict moys en la haulteur du promontoire d'Æthiopie, ou nous commençasmes à sentir la chaleur. De l'isle qu'auions recongneue, iusques audict promōtoire, il y a trois cēts lieues. Ceste chaleur extreme causa vne fiebure pestilētieuse, dās le vaisseau ou estoit ledict seigneur, pour raison que les eaues estoient puantes et tant infectes que c'estoit pitié, et les gens dudict nauire ne se pouuoient garder d'en boire. Celle fiebure fut tant cōtagieuse et pernicieuse, que de cent personnes elle n'en espargna que dix, qui ne fussent malades : et des nonante qui estoient malades, cinq moururent, qui estoit chose pitoyable et pleine de pleurs. Ledict seigneur de Villegaignon fut contrainct soy retirer dedans le vice-admiral, ou il m'auoit faict embarquer, ou nous estions tous dispos et fraiz, bien faschez touteffois de l'accident qui estoit dans nostre compagnon. Ce promontoire est quatorze degrez pres de la zone torride : et est la terre habitée des Mores. Là nous faillit nostre bon vět, et fusmes persecutez six iours entiers de bonnasses et calmes, et les soirs sur le soleil couchant, des turbilliõs de věts les plus impetueux et furieux, ioincts auec pluye tant puante, que ceulx lesquels estoiět mouillez de ladicte pluye, soubdain ils estoient couuerts de grosses pustules, de ces vents tant furieux. Nous n'osions partir, que bien peu, de la grand voile du Papefust : touteffois le Seigneur nous secourut : car il nous enuoya le vent suroest, contraire neantmoins, mais nous estiõs trop occidentaux. Ce vent fut tousiours fraiz, qui nous recrea merueilleusemět l'esprit et le corps, et d'iceluy nous cotoyames la Guiniere, approchant peu à peu de la zone torride : laquelle trouuasmes telement temperée (contre l'opinion des anciens) que celuy qui estoit vestu, ne lui conuenoit se despouiller pour la chaleur, ne celuy qui estoit deuestu, lui failloit se vestir pour la froideur. Nous passames ledit centre du monde le dixieme d'octobre pres les isles de Sainct Thomas, qui sont droict soubz l'æquinoctial, prochaine de la terre de Manicongre. Combien que ce chemin ne nous estoit propre, si est ce qu'il cõuenoit faire ceste route là, obeissant au vent qui nous estoit contraire : et tellement obeismes audict vent, que pour trois cents lieuës qu'auions seulemět à faire de droict chemin, nous en feismes mille ou quatorze cents. Voire que si nous eussions voulu aller au promontoire de Bonne Esperance, qui est trête sept degrez deça la ligne, en l'Inde orientale, nous y eussions plus tost esté qu'au Bresil, cinq degrez north dudict œquateur, et cinq degrez suroest dudict œquateur. Nous trouuasmes si grand nombre de poisson et de diuerses especes, que quelquefois nous pensiõs estre assecquez sur lesdicts poissons. Les especes sont marsouyns, daulphins, baleines, stadins, dorades, albacorins, pelamides, et le poisson vollãt, que nous voyõs voller en trouppe côme les estourneaux en nostre pays. Là nous faillirent noz eaues, sauf celle des ruisseaux, tant puante et infecte, que nulle infection est à y comparer. Quand nous beuuions d'icelles il nous failloit boucher les yeulx et estoupper le nez. Estants en ces grandes perplexitez et pres que hors d'espoir de venir au Bresil, pour le lõg chemin q̃ nous restoit, qui estoit de neuf cents à mille lieues, le Seigneur Dieu nous enuoya le vẽt au suroest, dont nous conuint mettre la prore à l'oest, qui estoit le lieu ou nous auions affaire. Et tant fusmes portez de ce bon vent, qu'vn dimenche matin vingtieme d'octobre eusmes congnoissance d'vne belle isle, appelée dans la carte marine, l'Ascension. Nous fusmes tous resiouys de la veoir, car icelle nous monstroit ou nous estions, et quelle distance y pouuoit auoir iusque à la terre de l'Amerique. Celle est esleuée de huict degrez et demy. Nous n'en peusmes approcher plus pres que d'vne grande lieue. C'est une chose merueilleuse que de voir ceste isle loing de la terre ferme de cinq cẽs lieues. Nous poursuyuimes nostre chemin auec ce vent second, et feismes tãt par iour et par nuict que le troisieme iour de nouembre vng dimenche matin nous eusmes congnoissance de l'Inde occidẽtale, quarte partie du mõde, dicte Amerique, du nom de celuy qui la decouurit l'ã mil quatre cens nonante trois. Il ne fault demander si nous eusmes grande ioye, et si chascun rendoit graces au Seigneur, veu la poureté et le long tẽps qu'il y auoit que nous estiõs partis. Ce lieu que nous descouurimes est par vingt degrez, appellé des sauuages Pararbe. Il est habité des Portugois, et d'vne nation qui ont guerre mortelle auec ceulx ausquels nous auons alliãce. De ce lieu nous auõs encor trois degrez iusques au tropique de Capricorne, qui vallent octante lieues. Nous arriuasmes le dixieme de nouembre en la riuiere de Ganabara, pour la similitude qu'elle a au lac. Icelle est droictemẽt soubs le tropique de Capricorne. Là nous mismes pied en terre, chantãs louenges et actions de graces au Seigneur. Auquel lieu trouuasmes de cinq à six cens sauluages, tous nudz, auec leurs ars et fleches, nous signifiant en leur langage que nous estions les bien venus, nous offrants de leurs biens, et faisants les feuz de ioye, dont nous estions venuz pour les deffendre cõtre les Portugoys et autres leurs ennemys mortelz et capitaulx. Le lieu est naturellemẽt beau et facile à garder, à raison que l'entrée en est estroicte, close des deux costez de deux haults monts. Au milieu de ladicte entrée (qui est possible demye lieue de large) il y a vne roche longue de cent piedz, et large de soixante, sur laquelle monsieur de Villegaignon a faict vng fort de bois, y mettant vne partie de son artillerie, pour empescher que les ennemys ne viẽnent les dõmager. Celle riuiere est tant spacieuse que toutes les nauires du mõde y seroyent à l'ancre seuremẽt. Icelle est semée de preaux et isles tant belles, garnies de bois tousiours verd : à l'vn desquels (estant à la portée du canon de celuy qu'il a fortifié) a mis le reste de son artillerie et touts ses gens, craignant que s'il se fust mis en terre ferme, les sauluages ne noˢ cussẽt saccagez, pour auoir sa marchandise. La terre ne produict que du mil, que l'on appelle en nostre pais bled sarrazin, duquel ils font du vin auec vne racine qu'ils appellent maniel, qui a la fueille de Pæonia mas, et pẽsois veritablemẽt que s'en fust. Elle viẽt en arbre de la haulteur du sãbucus. D'icelle ils font de la farine molle, qui est autant bõne que du pain. J'ay veu vne herbe qu'ils appellent petun, de la grandeur de cõsolida maior, dont ils succẽt le ius et tirẽt la fumée, et auec celle herbe peuuent soustenir la faim huict ou neuf iours. Oultre il y a deux sortes de fruicts merueilleusement bons : l'un qu'ils appellent Nana, et vient dans vne plante semblable à l'aloës : elle est toutefois spumeuse : le fruict est de la grosseur d'vn artichaut, remply de ius sacré, néantmois il est de mauuaise concoction. L'autre, est vne espèce de figues, qu'ils appellent Pacona : la plante d'iceluy a les fueilles de Lapathum aquaticum. Il est de bonne concoction. La terre produict aussi de grosses et menues febues, lesquelles sont de bon nourrissement : de la cãne de sucre, mais non pas en grande quãtité. Semblablemẽt des orenges, citrons, et limõs : mais tant peu que ce n'est rien, car les habitants sont negligẽts de la cultiuer. Quant aux autres simples, ie n'en recongnu que du pourpié, du myrthe et du basilic. Tout le reste est tant sauuage et eslongné, que si maistre Jean demonstrateur des herbes y estoit, il y seroit bien empesché. Je pense que nous y trouuerons quelques metaulx. Car les Portugoys ont trouué, or, argent, et cuyure, cinquante lieues plus aual, et cinquãte lieues plus amõt. La terre est arrousée de fort belles riuieres d'eaues doulces, des plus saines que ie beu iamais. L'air est temperé tendant touteffois plus à chaleur qu'à froideur. Leur esté est au moys de decembre, quand le soleil vient en son tropique, et qu'il leur est pour Zenith. Tout le tẽps que le soleil s'approche d'eux les soirs ils ont de la pluye et tonnerre durant trois heures : le reste du temps que le soleil se retire en son æquinoxe et en son tropique de Cancer, il y faict (comme ils disent) le plus beau temps du monde. Voyla quant à la fertilité de la terre, salubrité et dispositiõ de l'aer. Il reste à parler des habitants, de leurs cõditions, statuts, et meurs. Ceste nation est la plus barbare, et estrange de toute honnesteté qui soit soubs le ciel, comme ie croy. Car ils viuẽt sans congnoissance d'aucun dieu, sans soucy, sans loy, ou aucune religion, non plus que les bestes brutes, qui sont conduictes par leur seul sentiment. Ils vont nuds, n'ayans aucune hôte ou vergongue de leurs parties honteuses, et ce, tãt les hômes que les femmes. Leur langage est fort copieux en dictions, mais sans nombre, tellement que quand ils veulẽt signifier cinq, ils monstrent les cinq doigts de la main. Ils font la guerre à cinq ou six nations, desquelles quand ils prennent des prisonniers, ils leur donnẽt en mariage les plus belles filles qu'ils ayent, leur mettãts au col autant de licolz qu'ils le veulent garder de lunes. Puis quand le temps est expiré ils font du vin de mil et racines, duquel ils s'enyurent, appelãts tous leurs amys. Puis celuy qui l'a prins prisonnier l'assõme auec vne massue de bois, et le diuise par pieces, et en font des carbonnades, qu'ils mengent auec si grand plaisir, qu'ils disent que c'est ambrosie et nectar. Leur manger sont, serpents, crocodiles, crappaux, et gros lysars, lesquels estiment autant que nous faisons les chappons, les leuraux, et les connilz. Leur alliance a en estendue cent lieues. Ils font guerre aux Ouitachas, Ouyamas, Margaias, Taliarbas et Portugoys. Les conditions d'iceulx sont teles que ceulx auec lequels nous habitons. Ils prennent autant de femmes qu'ils veulent, et ont liberté les femmes de delaisser leurs maris, pour petite occasion. Ils estiment noz habillements, noz armes, et tout ce qui vient de nostre païs, mesprisants l'or, l'argent, et toutes pierreries, que nous estimõs beaucoup. Leurs armes sont des arcs et fleches armées de petits os. Ils nauigent dans des auges ou almadas, qui ont trẽte ou quarante pieds de long. Ils nagent naturellemẽt biẽ, qui est cause qu'ils ne se soucient s'ils enfondrent en l'eau ou non. Leurs richesses sont colliers blancs, qu'ils font de petits limassons de mer : et aussi plumasseries, dont ils se reuestẽt quãd ils arriuent. Plus le bois de Bresil, duquel ils chargent les nauires. Le bois croist merueilleusement hault, et a la fueille de Buxus. J'ay veu des arbres haults de cẽt pieds, et six de diamètre. Je croy (si Dieu n'a pitié d'eux) qu'ils seront fort fascheux à réduire au Christianisme : et à grãde difficulté on leur pourra oster ceste miserable coustume de se manger les vns les autres. Ils viuent en cõgrégation, s'assemblants cinq ou six cents, et édifient de longues loges que les anciẽs appelloyẽt mapalia. Tous ceulx d'vne lignée se tiennent voluntiers ensemble. Ils ont force cotton, dont ils font des licts qui pendent, et y faict autant bon dormir qu'en licts de plume : nous ne dormons point en d'autres licts. En chacun village, celui qui aura esté le plus vaillant, c'est à sçauoir qui aura le plus prins de prisonniers et tué, ils le créent pour leur Roy. Tout est cõmun entre eux, mais quand ils nous apportent quelque chose, il leur fault donner le pource, ou autrement ils se malcontenteront.

Voylà mes frères que i'ay peu recueillir, et mettre par escript de tout le discours de nostre voyage, pour l'heure presente : vous priant affectueusement le receuoir de bon cueur. Nous esperons, avec l'aide de Dieu, aller plus aual, iusques par dela les trente sept ou trente huict degrez. Ce que ne faudray de vous escrire en attendant que ie retourne au pais. Ce temps pendant ie prieray le Createur vous donner en heureuse et longue vie, accomplissement de vos bons desirs, me recommandant affectueusement à voz bonnes graces. De la riuière de Ganabara au pais du Bresil, en la Frãce antarctique, soubs le tropique de Capricorne, ce premier iour de feburier mil cinq cents cinquante cinq.

Vostre tres parfaict amy,
N. B.

Et ont esté ces presentes receuës le jeudy 23 de juillet 1556.

Avtre copie d'une seconde lettre, du mesme.

Mes frères et meilleurs amys, l'occasion s'offrant, ie n'ay voulu la laisser passer sans vous escrire succinctement les dangers et perils merueilleux, desquels le seigneur Dieu par sa bõté nous a deliurez. Affin que (cõme nous) apprenez à vous asseurer en sa bõté, estant exercites par tels, ou autres perils.

Deux iours apres le partement des nauires, qui fut le quatrieme iour de feburier mil cinq cents cinquante six, nous decouurismes vne coniuration faicte par tous les artisans et manouuriers qu'auions amenez, qui estoient au nõbre d'vne trentaine : contre monsieur de Villegaignõ, et tous nous autres qui estiõs auec luy, qui n'estions que huict de deffense. Nous auons sceu que ce auoit esté conduict par un truchement, lequel auait esté donné audict seigneur par vn gentilhomme normand, qui auoit accompagné ledict seigneur iusques en ce lieu. Ce truchemẽt estoit marié auec vne femme sauuage, laquelle il ne voulait ny laisser ne la tenir pour femme. Or ledict seigneur de Villegaignon, en son commencement regla sa maison en hõme de bien, et craignant Dieu : deffendãt que nul hõme n'eust affaire à ces chienes sauuages, si l'on ne les prenoit pour femmes, et sur peine de la mort. Ce truchement auoit vescu (comme tous les autres viuent) en la plus grande abomination et vie Epicurienne, qu'il est impossible la raconter. Sans Dieu, sans foy, ne loy, l'espace de sept ans. Pourtant luy faisait mal de delaisser sa putain, et vie supérieure, pour viure en homme de bien, et en cõpaguée de chrestiens. Premierement proposa d'empoisonner monsieur de Villegaignon, et nous aussi : mais vn de ses compagnons l'en destourna. Puis s'adressa à ceux des artisans et manouuriers, lesquels il congnoissoit viure en regret, en grand travail, et à peu de nourriture. Car par ce que l'on auoit apporté viures de France, pour viure en terre, il conuint du premier iour laisser le cydre, et au lieu boire de l'eaue crue. Et pour le biscuyt s'accommoder à vne certaine farine du pays, faicte de racines d'arbres, qui ont la feuille comme le Pæonia mas, et croist plus hault en haulteur qu'vn homme. Laquelle soudaine et repentine mutation fut trouuée estrange, mesmement des artisans, qui n'estoient venus que pour la lucratiue et proffit particuliers. Joinct les eaues difficiles, les lieux aspres et déserts, et labeur incroyable, qu'on leur dônoit, pour la necessité de se loger ou nous estions : parquoy aisément les séduit : leur proposant la grande liberté qu'ils auraient, et les richesses aussi par apres, desquelles donneraient aux Sauuages en habandon, pour viuure à leur désir. Lesquels voluntairement s'accorderent, et à la chaude voulurent mettre le feu aux poudres, qui auoient esté mises dans vn cellier faict légèrement, sur lequel nous couchions tous : mais aucuns ne le trouuerent pas bon, parce que toute la marchandise, meubles, et ioyaux que nous auions, eussent esté perduz, et n'y eussent rien gaigné. Ils conclurent donc entre eux de nous venir saccager, et couper la gorge, durant que nous serions en nostre premier somme. Touteffois ils trouuerent vne difficulté, pour trois Escossois qu'auoit ledict seigneur pour sa garde : lesquels s'efforcerent pareillement seduire. Mais eux, après auoir congneu leur mauuais vouloir, et la chose estre certaine, m'en vindrent auertir, et decelerent tout le faict. Ce que soudainement ie declaray audict seigneur, et à mes compagnons pour y remedier. Nous y remediames soudainemèt, en prenant quatre des principaux, qui furent mis à la chaisne et aux fers deuant tous : l'autheur n'y estoit pas. Le lēdemain, l'vn de ceux qui estoient aux fers, se sentant conuaincu, se traisna pres de l'eaue, et se noya miserablement : vn autre fut estranglé. Les autres seruent ores comme esclaues : le reste vit sans murmure, trauaillant beaucoup plus diligemmēt qu'au parauant. L'autheur truchemēt (parce qu'il n'y estoit pas) fut auerty que son affaire auoit esté descouuerte. Il n'est retourné du depuis à nous : il se tient maintenāt auec les sauuages : lequel a desbauché tous les autres truchements de ladicte terre, qui sont au nombre de vingt ou vingt et cinq : lesquels font et disent tout du pis qu'ils peuuent, pour nous estonner, et nous faire retirer en France. Et par ce qu'il est aduenu que les Sauuages ont esté persecutez d'vne fieure pestilentieuse depuis que nous sommes en terre, d'ont il en est mort plus de huict cents : leur ont persuadé que c'estoit monsieur de Villegaignon qui les faisoit mourir : parquoy conçoiuent vne opinion contre nous, qu'ils nous voudroient faire la guerre, si nous estions en terre continente : mais le lieu ou nous sommes, les retient. Ce lieu est vne islette de six cents pas de long, et de cent de large, enuironnée de tous costez de la mer, large et long d'un costé et d'autre, de la portée d'une coulouurine, qui est cause qu'eux n'y peuuent approcher, quād leur frenaisie les prent. Le lieu est fort naturellement, et par art nous l'avons flancqué et remparé telemēt que quand ils nous viennēt veoir dans leurs auges et almadas (1), ils tremblēt de crainte. Il est vray qu'il y a vne incommodité d'eaue doulce, mais nous y faisons vne cisterne, qui pourra garder et contenir de l'eaue, au nombre que nous sommes, pour six mois. Nous auons

(1) Nom qu'on donne, aux Indes orientales, à de petites embarcations; les Portugais avaient sans doute porté ce nom au Brésil.

du depuis perdu vn grãd basteau, et vne barque, contre les roches : quy nous ont faict grande faute, pour ce que ne sçaurions recouurer ny eaue, ny bois, ny viures, que par basteaux. Auec ce, vn maistre charpentier et deux autres manouuriers se sont allez rendre aux Sauuages, pour viure plus à leur liberté. Nonobstant Dieu nous a faict la grace de resister constamment à toutes ces entreprinses, ne nous deffiãt de sa misericorde. Lesquelles choses nous a voulu enuoyer, pour monstrer que la parolle de Dieu prent difficilemẽt racine en vn lieu, afin que la gloire luy en soit raportée : mais aussi quand elle est enracinée elle dure à iamais. Ces troubles mont empesché, que n'ay peu recongnoistre le pais, s'il y auoit mineraulx ou autres choses singulieres : qui sera pour vne autre fois. Lon nous menasse fort que les Portugoys nous viẽdront assieger, mais la bõté divine nous en gardera.

Je vous supplie tous deux de m'escrire amplement de voz nouvelles, et m'aduertir de vos desings, et ou vous esperez de vous retirer pour iouyr de l'vsufruict de voz estudes, afin que quand il plaira au Seigneur me r'appeler de ce pays, ie me puisse resiouyr auec vous : lequel ie prie vous donner en longue et heureuse vie l'accomplissemẽt de voz bons desirs, me recommãdant affectueusemẽt à voz bonnes graces. De la riuiere de Ganabara au pais du Bresil en la France antarctique, soubs le tropique de Capricorne, ce vingt cinquieme iour de may, mil cinq cents cinquante six.

Vostre bon amy,
N. B.

DISCOVRS

dv Voyage fait par le capitaine Jaques Cartier *aux terres-neufues de Canadas, Norembergue, Hochelage, Labrador, et pays adiacens, dites nouuelle France, auec particulieres mœurs, langage, et ceremonies des habitants d'icelle.—A Rouen, de l'imprimerie de Raphaël du Petit-Val, libraire et imprimeur du roy, à l'ange Raphaël.* M.D.XCVIII. *— Avec permission* (1).

L'IMPRIMEUR AUX LECTEURS.

Salvt.

MESSIEURS, ayant ces iours passez imprimé l'edict du roy, contenant le pouuoir et commission donnee par Sa Maiesté au sieur Marquis de la Roche pour la conqueste des terres neufues, de Norembergue, Hauchelage, Canadas, Labrador, la grand'Baye, et terres adiacentes. Il m'est du depuis tombé entre les mains vn discours du voyage fait ausdites terres, par le capitaine Iaques Cartier ; escrit en langue estrangere que i'ay fait traduire en la nostre, par un de mes amis. J'ay pensé qu'il ne serait hors de propos de le mettre en lumière, tant pour aider et seruir comme de guide à ceux qui auroyent desir

---

(1) La première édition de cette relation est de la plus grande rareté ; je n'ai jamais pu en découvrir d'exemplaire. L'auteur de cette édition annonce que déjà, à cette époque, elle était introuvable, et qu'il a été obligé de la faire traduire d'une langue étrangère, probablement de Ramusio. La relation du second voyage de Cartier n'a jamais été imprimée, quoique Lescarbot en ait donné un extrait, nous la publierons sur le manuscrit de la bibliothèque royale. Quant à celle du troisième, elle parait perdue, et nous ne la connaissons que par le précis que nous en a donné Hackluyt.

d'entreprendre le dit voyage, que pour le contentement d'autres qui se plaisent en curieuses recherches et contemplations. Je vous prie le receuoir de telle affection que ie le vous présente.

Sur le voyage de Canadas. Par C. B.

Qvoy? serons nous tousiours esclaves des fureurs?
Gemirons-nous sans fin nos éternels malheurs?
Le soleil a roulé quarante entiers voyages.
Faisant sourdre pour nous moins de iours que d'orages :
D'un désastre mourant un autre pire est né :
Et n'apperceuons pas le destin obstiné
(Chetifs) qui nos conseils rauage, comme l'onde
Qui és humides mois culbutant vagabonde
Du neigeux Pirenée, ou des Alpes fourchus,
Entraine les rochers et les chesnes branchus :
Ou comme puissamment une tempeste brise
Sa fragile chalope en l'Ocean surprise.
Cedons, sages, cedons au ciel qui dépité
Contre nostre terroir, profane, ensanglanté
De meurtres fraternels, et tout puant de crimes,
Crimes qui font horreur aux infernaux abismes,
Nous chasse à coups de foüet a des bords plus heureux :
   Afin de r'animer aux actes valeureux,
Des renommez François la race abastardie :
Côme en voit la vigueur d'une plante engourdie,
Au changement de place, alaigre s'éueiller,
Et de plus riches fleurs le parterre émailler.
Ainsi France alemande en Gaule replantée :
Ainsi l'antique Saxe en l'Angleterre entée.
Bref, les peuples ainsi nouueaux sieges traçans,
Ont redoublé gaillars leurs sceptres florissans :

Faisans voir que la mer qui les astres menace,
Et les plus aspres mons à la vertu font place.
Sus sus donc compagnous qui bouillez d'un beau sang,
Et ausquels la vertu esperonne le flanc,
Allons où le bon-heur et le ciel nous appelle ;
Et prouignons aux loing une France plus belle.
Quitons aux fainéans, à ces masses sans cœur,
A la peste, à la faim, aux ébats du vainqueur,
Au vice, au désespoir, ceste campagne usée,
Haine des gens de bien, du monde la risée.
C'est pour vous que reluit ceste riche toison
Deüe aux braues exploits de ce françois Iason,
Auquel le Dieu marin fauorable fait feste,
D'un rude Cameçon arrestant la tempeste.
Les filles de Nerée attendent vos vaisseaux ;
Ia caressent leur proüe, et balient les eaux
De leurs paumes d'yuoire, en double rang fendües,
Comme percent les airs les voyageres Grues,
Quand la saison seuere et la gaye à son tour,
Les conuie a changer en troupes de seiour.
C'est pour vous que de laict gazouillent les riuières :
Que maçonnêt és troncs les mousches mesnageres :
Que le champ volontaire en drus espics iaunit :
Que le fidèle sep sans peine se fournit,
D'un fruit qui sous le miel ne couue la tristesse,
Ains enclôt innocent la vermeille liesse.
La marâtre n'y sçait l'aconite tremper :
Ny la fieure alterée és entrailles camper :
Le fauorable trait de Proserpine enuoye
Aux champs Elysiens l'ame soule de ioye :
Et mille autres souhaits que vous irez cueillans,
Que reserue le Ciel aux estomachs vaillans.
Mais tous au demarer fermons ceste promesse :

Disons : plustost la terre usurpe la vistesse
Des flãbeaux immortels : les immortels flãbeaux
Eschangent leur lumiere aux ombres des tõbeaux :
Les prez hument plustost les montagnes fondues :
Sans montagnes les vaux foulent les basses nues :
L'aigle soit veu nageant dans la glace de l'air :
Dans les flots allumez la Baleine voler :
Plustost qu'en nostre esprit le retour se figure :
Et si nous parviurons, la mer nous soit pariure.
O quels rampars ie voy ! quelles tours se leuer !
Quels fleuues à fons d'or de nouveaux murs lauer !
Quels royaumes s'enfler d'honorables conquestes !
Quels lauriers ombrager de généreuses testes !
Quelle ardeur me souleue ! Ouvrez-vous, larges airs,
Faites voye à mon aile : és bords de l'uniuers,
De mon cor haut-sonnant les victoires i'entonne
D'un essaim belliqueux, dont la terre frissonne.

Ensuit le Langage des pays et Royaumes de Hochelage et Canadas, autrement appelés par nous la nouuelle France.

Et premièrement leur manière de compter.

Segada	1.
Tigneny	2.
Asche	3.
Honnacon	4.
Ouiscon	5.
Indahir	6.
Ayaga	7.
Addegue	8.
Madellon	9.
Assem	10.

Ensuit les Noms des parties du corps de l'homme.

La teste	Aggouzzy.
Le front	Hetguenyascon.
Les yeux	Hegata.
Les oreilles	Ahontascon.
La bouche	Escahe.
Les dents	Esgougay.
La langue	Osuache.
La gorge	Agouhon.
Le menton	Hebchin.
Le visage	Hogouascon.
Les cheveux	Aganiscon.
Les bras	Aiayascon.
Les esselles	Hetnanda.
Les costez	Aissonne.
L'estomach	Aggruascon.
Le ventre	Escbchenda.
Les cuisses	Hetnegradascon.
Le genouïl	Agochinegodasion.
Les iambes	Agouguenchonde.
Les pieds	Onchidascon.
Les mains	Aignoascon.
Les doigts	Agenoga.
Les ongles	Agedascon.
Mentula	Aynoascon.
Cunnus	Chastaigne.
Un homme	Aquchan.
Une femme	Agrueste.
Un garson	Addegesta.
Une fille	Agnyaquesta.
Un petit enfant	Exiasta.

Une robe	Cabata.
Un pourpoint	Coioza.
Des chausses	Henondoua
Des souliers	Atha.
Des chemises	Anigoua.
Un bonnet	Castrua.
Ils appellent leur bled	Osizy.
Pain	Carraconny.
Eauë	Ame.
Chair	Quahouascon.
Poisson	Queion.
Prunes	Honnesta.
Figues	Absconda.
Raisins	Ozaba.
Noix	Quaheya.
Une poulle	Sahomgahoa.
Une lamproye	Zysto.
Un saumon	Ondaccon.
Une balaine	Ainnehonne.
Une anguille	Esgneny.
Un escureul	Caiognem.
Une couleuure	Un Deguezy.
Des tortues	Heleuxime.
Ils appellent le bois	Hoga.
Ils appellent leur Dieu	Cudragny.
Donnez moy à boire	Quazahoa quea.
Dõnez moy à desiuner	Quazahoa quascahoa.
Donnez moy à souper	Quazahoa quatfream.
Allons nous coucher	Casigno agnydalioa.
Bonjour	Aignaz.
Allons ioüer	Casigno caudy.
Venez parler à moy	Asigni quaddadia.
Regardez moy	Quatgathoma.

Taisez vous	Aista.
Allons au basteau	Quasigno Casnouy.
Dõnez moy un cousteau	Quazahoa agoheda.
Un hachot	Addogne.
Un arc	Ahena.
Une fleche	Quahetam.
Allons à la chasse	Quasigno donassent.
Un cerf	Aionnesta.
De dains, ils disent que ce sont moutons, et les appellent	Asquenondo.
Un lieure	Sourhamda.
Un chien	Agayo.
Des oyes	Sadeguenda.
Le chemin	Adde.
Graine de concombre ou melons	Casconda.
Demain	Achide.
Le Ciel	Quenhia.
La terre	Damga.
Le soleil	Ysnay.
La lune	Assomaha.
Les estoilles	Siguehoham.
Le vent	Cahoha.
La mer	Agogasy.
Les vagues de la mer	Coda.
Une isle	Cohena.
Une montagne	Agacha.
La glace	Honuesca.
La neige	Canisa.
Froid	Athau.
Chaut	Odazan.
Feu	Azista.

Fumée	Quea.
Une maison	Canocha.
Ils appellent leurs feues	Sahe.
Ils appellent un ville	Canada (1).
Mon pere	Addathy.
Ma mere	Adanahoe.
Mon frère	Addaguin.
Ma sœur	Adhoasseue.

Ceux de Canadas disent qu'il faut une lune à nauiguer depuis Hochelaga iusques à une terre où se prend la canelle et la girofle.

Ils appellent la canelle	Adbothathmy.
Le girofle	Canonotha.

Discours du voyage fait par le *capitaine Iacqves Cartier* en la terreneufue de Canadas dite nouuelle France, en l'an mil cinq cens trente quatre.

Comme messire Charles de Mouy *cheualier, partit auec deux nauires de S. Malo, et comme il arriua en la terreneufue appellee la Françoise, et entra au port de Bonne-Veüe.*

Après que messire Charles de Mouy, sieur de la Meilleraye et visadmiral de France, eut fait jurer les Capitaines, Maistres et côpagnons des nauires, de bien et fidellement se comporter au seruice du Roy tres-chrestien, sous la

---

(1) Ce mot ne nous donnerait-il pas l'étymologie du nom de Canada que l'on a récemment cherché à expliquer dans un dictionnaire iroquois, manuscrit qui se trouve à la bibliothèque royale? Le mot *village* est traduit par *gannata*.

charge du Capitaine Iacques Cartier, nous partismes le xx. d'auril en l'an M.D,XXXIIII. du port de S. Malo auec deux nauires de charge chacun d'enuiron soixante tonneaux, et armé de soixante et un hôme : et nauigasmes auec tel.heur que le x. de may nous arriuasmes à la Terre-Neufue, en laquelle nous entrasmes par le cap de Bône-Veüe, lequel est au xxviii degré et demy de latitude et de longitude *. Mais pour la grande quātité de glace qui estoit le long de ceste terre, il nous fust besoin d'entrer en vn port que nous nōmasmes de S. Catherine distant cinq lieuës du port susdit vers le su-suest, là nous y arrestasmes dix iours attendans la commodité du temps, et cependant nous equipasmes et appareillasmes nos barques.

Comme nous arriuasmes en l'isle des Oiseaux, et de la grande quantité d'oiseaux qui s'y trouuent.

Le xxi. de may fismes velle ayās vent d'ouest, et tirasmes vers le nord depuis le cap de Bonne-Veüe iusques à l'isle des Oiseaux, laquelle estoit entierement enuironnee de glace, qui toutes fois estoit rompue et diuisee en pieces, mais nonobstant ceste glace nos barques ne laisserent d'y aller pour auoir des oyseaux, desquels il y a si grand nōbre que c'est chose incroyable à qui ne le void, par ce combien que ceste isle, laquelle peut auoir vne lieüe de circuit, en soit si plaine, qu'il semble qu'ils y soyēt expressémēt apportez et presque comme semez : neantmoins il y en a cent fois plus à l'entour d'icelle, et en l'air que dedans, desquels les vns sont grands comme pies, noirs et blancs, ayans le bec de corbeau, ils sont tousiours en mer, et ne peuuent voler haut, d'autant que leurs aisles sont petites, point plus grandes que la moitié de la main, auec lesquelles toutefois ils volent auec telle vistesse à fleur d'eau que les autres oiseaux en l'air, ils sont excessiuement gras, et estoient appellez par ceux du pays Apponath, desquels nos deux barques se chargerent en moins de demi-heure, comme l'on auroit peu faire de cailloux, de sorte qu'en chasque nauire nous en fismes saler quatre ou cinq tonneaux, sans ceux que nous mangeasmes frais.

De deux especes d'oiseaux l'une appellee Godets, l'autre Margaux, et comme nous arriuasmes à Carpunt.

En outre il y a une autre espece d'oiseaux qui volent haut en l'air, et à fleur de l'eau, lesquels sont plus petits que les autres, et sont appellez Godets, ils s'assemblent ordinairement en ceste isle, et se cachent sous les aisles des grands. Il y en a aussi d'une autre sorte, mais plus grands et blancs, separez des autres en vn canton de l'isle, et sont tres-difficiles à prendre, parce qu'ils mordent côme chiens, et les appelloyent Margaux ; et bien que ceste isle soit distante quatorze lieuës de la grande terre, neantmoins les ours y viennent à la nage, pour y manger de ces oiseaux, et les nostres y en trouuerent un grand comme une vache, blanc comme un cygne, lequel sauta en mer deuant eux, et le lendemain de Pasques qui estoit en may, voyageans vers la terre, nous le trouuasmes à moitié chemin nageãt vers icelle, aussi viste que nous qui allions à la velle, mais l'ayans apperçeu, lui donnasmes la chasse par le moyen de nos barques, et le prismes par force : sa chair estoit aussi bonne et délicate à manger que celle d'un bouueau. Le mercredy ensuivant qui estoit xxvii. du dit mois de may, nous arriuasmes à la bouche du golfe des Chasteaux, mais pour la côtrarieté du temps, et à cause de la grande quantité de glace il nous fallut entrer en un port qui estoit aux enuirôs de ceste embouchcure, nommé Carpunt, auquel nous demeurasmes sans pouuoir sortir, iusques au ix. de iuin, que nous partismes de là pour passer outre, ce lieu de Carpunt, lequel est au li. degré de latitude.

Description de la Terre-Neufue depuis le cap Rasé iusques à celuy de Degrad.

La terre depuis le cap Rasé iusques à celuy de Degrad fait la pointe de l'entree du golfe qui regarde de cap à cap vers l'est, nord et su ; toute ceste partie de terre est faite d'isles situees l'une auprès de l'autre, si qu'entre icelles n'y a que côme petits fleuues, par lesquels lon peut aller et passer auec petits bateaux, et là y a beaucoup de bons ports, entre lesquels sont ceux de Carpunt et Degrad. En l'une de ces isles la plus haute de toutes, l'on peut estant debout clairement voir les deux isles basses près le cap Rasé, duquel lieu l'on conte vingt-cinq lieuës iusques au port de Carpunt, et là y a deux entrees l'une du costé d'est, l'autre du su, mais il faut prendre garde du costé d'est, parce qu'on n'y void que bancs et eaux basses, et faut aller à l'entour de l'isle vers ouest la longueur d'un demy cable ou peu moins qui veut, puis tirer vers le su, pour aller au susdit Carpunt, et aussi l'on se doit garder de trois bancs qui sont sous l'eau, et dans le canal, et vers l'isle du costé d'est, y a fond au canal de trois ou quatre brasses, l'autre entree regarde l'est, et vers l'ouest l'on peut mettre pied à terre.

De l'isle nommee à present de S. Catherine.

Quittant la pointe de Degrad, à l'entree du golfe susdit,

à la volte d'ouest, l'on doute de deux isles qui restent au costé droit, desquelles l'une est distante trois lieuës de la pointe susdite, et l'autre sept ou plus ou moins de la premiere, laquelle est une terre plate et basse, et semble qu'elle soit de la grande terre. l'appellay ceste isle du nom de S. Catherine en laquelle vers est, y a un pays sec et mauuais terroir enuiron un cart de lieuë, pour ce est-il besoin faire un peu de circuit, en ceste isle est le port des Chasteaux qui regardent vers le nord-nordest et le su-sur-ouest, et y a distance de l'un à l'autre viron quinze lieuës. Du susdit port des Chasteaux, iusques au port des Gouttes qui est la terre du nord du golfe susdit qui regarde l'est; nordest, et l'ouest; surouest, y a distance de douze lieuës et demie, et est à deux lieuës du port des Balances, et se trouue qu'en la tierce partie du trauers de ce golfe y a trente brasses de fond à plomb. Et de ce port des Balances iusques au Blanc-Sablon y a vingt-cinq lieuës vers l'ouest, sur ouest. Il faut remarquer que du costé du surouest de Blanc-Sablon l'on void par trois lieuës, un banc qui paroist dessus l'eau ressemblant à un bateau.

Du lieu nommé Blanc-Sablon, de l'isle de Brest, et de l'isle des Oiseaux, la sorte et quantité de ceux qui s'y trouvent, et du port nommé les Islettes.

Blanc-Sablon est un lieu où n'y a aucun abry, du su ny du su-est, mais vers le su-surouest de ce lieu, y a deux isles, l'une desquelles est appellee l'isle de Brest, et l'autre l'isle des Oiseaux, en laquelle y a grande quantité de godets et corbeaux qui ont le bec et les pieds rouges, et font leurs nids en des trous sous terre comme connils. Passé un cap de terre distant vne lieuë de Blanc-Sablon, l'on trouue vn port et passage appellé les Islettes, qui est le meilleur lieu de Blanc Sablon, et où la pescherie est fort grande. De ce lieu des Islettes iusques au port de Brest y a dix lieuës de circuit : et ce port est au cinquãte et vnième degré cinquante-cinq minutes de latitude et de longitude.

Depuis les Islettes iusques à ce lieu y a plusieurs isles, et le port de Brest est mesmes entre les isles, lesquelles l'enuironnêt de plus de trois lieuës, et les isles sont basses, tellement que l'on peut voir par dessus icelles les terres susdites.

Comme nous entrasmes au port de Brest, et comme tirans outre vers ouest, passasmes au milieu des isles, lesquelles sont en si grand nombre qu'il n'est possible de les conter.

Le x. du susdit mois de iuin, entrasmes dans le port de Brest pour auoir de l'eau, et du bois, et pour nous appres- ter de passer outre ce golfe : le iour de S. Barnabé apres avoir ouy la messe, nous tirasmes outre ce port vers ouest, pour descouurir les ports qui y pouuoyêt estre. Nous pas- sasmes par le milieu des isles, lesquelles sont en si grand nõbre qu'il n'est possible de les conter, parce qu'ils conti- nuent dix lieuës outre ce port : nous demeurasmes en l'une d'icelles pour y passer la nuict, et y trouvasmes grande quantité d'œufs de canes, et d'autres oyseaux qui y font leurs nids, et les appellasmes toutes en general, les Isles.

Des ports de S. Anthoine de S. Seruain, de Iacques Car- tier, du fleuve appellé de S. Iacques, des coustumes et vestemens des habitans, et de l'isle de Blanc-Sablon.

Le lendemain nous passasmes outre ces isles, et au bout d'icelles trouuasmes vn bon port, que nous appellasmes de S. Anthoine : et une ou deux lieuës plus outre descouvris- mes vn petit fleuue fort profond vers le sur-ouest, lequel est entre deux autres terres, et y a là vn bon port. Nous y plantasmes vne croix, et l'appellasmes le port S. Seruain : et du costé du sur-ouest de ce port et fleuve se trouue à viron vne lieuë vne petite isle ronde comme vn fourneau, enuironnee de beaucoup d'autres petites, lesquelles dônent la cognoissance de ces ports. Plus outre à deux lieues y a vn autre bon fleuue plus grand, auquel nos peschames beaucoup de saumons, et l'appellasmes le fleuue de S. Iacques : estans en ce fleuue nous aduisasmes vne grande nauc qui estoit de la Rochelle, laquelle auoit la nuict precedente passé outre le port de Brest, où ils pensoyent aller pour pescher, mais les mariniers ne sçauoient où estoit le lieu. Nous nous accostames d'eux, et nous mismes ensemble en vn autre port, qui est plus vers ouest, viron vne lieuë plus outre que le susdit fleuue de S. Iacques, lequel i'estime estre vn des meilleurs ports du monde, et fut appellé le port de Iacques Cartier. Si la terre correspondoit à la bonté des ports, ce seroit vn grand bien, mais on ne la doit point appeller terre, ains plustost cailloux et rochers sauuages, et lieux propres aux bestes farouches : d'autant qu'en toute la terre deuers le nord, ie n'y vis pas tant de terre, qu'il en pourroit en vn benneau : et là toutes fois ie descēdy en plusieurs lieux : et en l'isle de Blanc-Sablon n'y a autre chose que mousse, et petites espines et buissôs çà et là sechez et demy morts. Et en somme ie pense que ceste terre est celle que Dieu donna à Caïn : là on y void des hommes de belle taille et grandeur, mais indomptez et sauuages : ils portent les cheueux liez au sommet de la teste, et estreins comme une poignee de foin, y mettans au trauers vn petit bois ou autre chose au lieu de clou : et y tient ensemble quelques plumes d'oiseaux. Ils vōt vestus de peaux d'animaux, aussi bien les hommes que les femmes, lesquelles sont toutefois plus recluses et renfermees en leurs habits, et ceintes par le milieu du corps, ce que ne sont pas les hommes : ils se peignent auec certaines couleurs rouges. Ils ont leurs barques faites d'escorce d'arbre de boul, qui est vn arbre ainsi appellé au pays, semblable à nos chesnes, auec lesquelles ils peschent grande quantité de loups marins : et depuis mon retour, i'ay entendu, qu'ils ne faisoyent pas là leur demeure, mais qu'ils y viennẽt de pays plus chauds par terre, pour prendre de ces loups, et autres choses pour vivre.

De quelques promontoires à sçauoir du Cap-Double, Cap-Pointu, Cap-Royal, Cap-de-Laict, des montagnes des Cabannes, des isles Colombaires, et d'une grande pescherie de morües.

Le treziéme iour dudit mois, nous retournasmes à nos nauires, pour faire velle, pour ce que le temps estoit beau, et le dimenche fismes dire la messe : le lundy suyuant qui estoit le xv. partismes outre le port de Brest, et prismes nostre chemin vers le su, pour auoir cognoissance des terres que nous avions apperceuës, qui sembloyent faire deux isles. Mais quand nous fusmes enuiron le milieu du golfe, cognusmes que c'estoit terre ferme, où estoit vn gros cap double l'vn dessus l'autre, et à ceste occasion l'appellasmes Cap-Double. Au cõmencement du golfe nous sondasmes le fond, et le trouuasmes de cent brasses de tous costez. De Brest au Cap-Double y a distance d'enuiron vingt lieuës, et à cinq ou six lieuës de là nous sondasmes aussi le fond, et le trouuasmes de quarante brasses. Ceste terre regarde le nord est, sur ouest. Le iour ensuyuant qui estoit le saiziéme de ce mois, nous navigasmes le long de la coste par sur ouest et quart de su, enuiron trente cinq lieuës loin du Cap-Double, et trouuasmes des montagnes tres hautes et sauuages, entre lesquelles l'on voyoit ie ne sçay quelles petites cabannes, et pour ce les appellasmes montagnes des Cabannes : les autres terres, et montagnes sont taillees, rompues, et entrecoupees, et entre icelles et la mer, y en a d'autres basses. Le iour precedent pour le grand brouillas et obscurité du temps, nous ne peusmes auoir cognoissance d'aucune terre, mais le soir nous apparut vne ouverture de terre ressãblãte à vne embouchure de riuiere, qui estoit entre ces monts des Cabannes, et y auoit là un cap vers sur ouest esloigné de nous viron trois lieuës, et ce cap en son sommet est sans pointe tout à l'entour, et en bas vers la mer il finist en pointe, et pour ce il fust appellé le Cap-Pointu. Du costé du nord de ce cap, y a vne isle plate. Et d'autant que nous desiriõs auoir cognoissance de ceste embouchure pour voir s'il y avoit quelque bon port, nous mismes la velle bas pour y passer la nuict. Le iour suivant qui estoit le xxvij. dudit mois, nous courusmes fortune à cause du vent de nordest, et fusmes contrains mettre la cauque souris et la cappe, et cheminasmes vers surouest iusques au ieudy matin, et fismes enuiron xxxvij. lieuës : et nous nous trouuasmes au trauers d'un golfe plain d'isles rondes cõme colombiers, et pour ce leur donnasmes le nom de Colombaires. Le golfe S. Iulian est distant sept lieuës d'un cap nommé Royal, qui reste vers su et un quart de surouest de ce cap, y en a un autre, lequel au dessous est tout entrerompu, et est rond au dessus. Du costé du nord y a vne isle basse à viron demi-lieuë : et ce cap fut appellé le Cap-de-Laict. Entre ces deux caps y a de certaines terres basses, sur lesquelles y en a encore d'autres, qui demonstre bien qu'il y doit auoir des fleuues. A deux lieuës du Cap-Royal, l'on y trouue fond de vingt brasses, et y a là plus grande pescherie de grosses morues qu'il est possible de voir, desquelles nous en prismes plus de cent en moins d'vne heure, en attendans la compagnie.

De quelques isles entre le Cap-Royal et le Cap-de-Laict.

Le lendemain qui estoit le xviij. du mois le vent deuint contraire et fort impetueux, en sorte qu'il nous fallut retourner vers le Cap-Royal, pensans y trouuer port ; et auec nos barques allasmes descouvrir ce qui estoit entre le Cap-Royal et le Cap-de-Laict; et trouuasmes que sur les terres basses y a un grand golfe tres-profond, dans lequel y a quelques isles, et ce golfe est clos et fermé du costé du su. Ces terres basses fõt vn des costez de l'entree, et le Cap-Royal est de l'autre costé, et s'auancent lesdites terres basses plus de demi lieuë dans la mer. Le pays est plat, et consiste en mauuaise terre. Et par le milieu de l'entree y a une isle. Ce golfe est au quarante huictiéme degré et demy de latitude, et de longitude   *   et en ce iour nous ne trouuasmes point de port : et pour ce la nuict nous retirasmes en mer, après auoir tourné le cap à l'ouest.

De l'isle Sainct Jean.

Depuis ledit iour iusques au xxiiij. du mois qui estoit la feste de S. Iean fusmes batus de la tempeste et du vent contraire : et suruint telle obscurité que nous ne peusmes auoir cognoissance d'aucune terre iusques audit iour S. Iean que nous descouurismes vn cap qui restoit vers surouest, distãt du Cap-Royal viron trente cinq lieuës : mais en ce iour le brouillas fut si espais et tẽps si mauuais que nous ne peusmes approcher de terre, et d'autant qu'en ce iour l'on celebroit la feste de S. Iean Baptiste, nous le nommasmes cap de S. Iean.

Des isles de Margaux, et des espèces d'oiseaux et animaux qui s'y trouuẽt, de l'isle de Brion, et du cap du Dauphin.

Le lendemain qui estoit le xxv. le tẽps fut encores fascheux, obscur, et ventueux, et nauigasmes vne partie du iour vers ouest, et norouest, et le soir nous prismes le trauers iusques au second quart que nous partismes de là, et pour lors nous cogneusmes par le moyen de nostre quadran que nous estions vers norouest, et vn quart d'ouest, esloignez de sept lieuës et demie du cap S. Iean, et comme nous voulusmes faire velle, le vent commença à souffler de norouest, et pour ce tirasmes vers su est quinze lieuës, et approchasmes de trois isles, desquelles y en auoit deux petites droites comme vn mur, en sorte qu'il estoit impossible d'y monter dessus, et entre icelles y a un petit escueil. Ces isles estoyent plus remplies d'oiseaux que ne seroit vn pré d'herbe, lesquels faisoyẽt là leurs nids, et en la plus grãde de ces isles y en auoit vn monde de ceux que nous appellions Margaux, qui sont blancs et plus grands qu'oysons, et estoyẽt separez en vn canton, et en l'autre part y auoit des godets, mais sur le riuage y auoit de ces godets et grands apponats semblables à ceux de ceste isle dont nous auons fait mention. Nous descendismes au plus bas de la plus petite et tuasmes plus de mille godets et apponats, et en mismes tant que voullusmes en nos barques et en eussions peu en moins d'vne heure remplir trente semblables barques : ces isles furent appellees du nom de Margaux. A cinq lieuës de ces isles y auoit une autre isle du costé d'ouest qui viron deux lieuës de lõgueur et autant de largeur : là nous passasmes la nuict pour auoir de l'eau et du bois. Ceste isle est enuironnee de sablon, et autour d'icelle y a vne bonne source de six ou sept brasses de fond. Ces isles sont de meilleure terre que nous eussions oncques veuë, en sorte qu'vn champ d'icelle vaut plus que toute la Terre-Neufue : nous la trouuasmes plaine de grands arbres, de prairies, de campagnes-plaines de fromēt sauvage et de poix qui estoyent fleuris aussi espais et beaux comme l'on eust peu voir en Bretagne, qui sembloyent auoir esté semez par des laboureurs ; l'on y voyait aussi grāde quantité de raisin, ayāt la fleur blanche dessus, des fraises, roses incarnates, persil, et d'autres herbes de bonne et forte odeur. A l'entour de ceste isle y a plusieurs grandes bestes comme grāds bœufs, qui ont deux dents en la bouche comme d'vn elephant, et viuent mesme en la mer, nous en vismes vne qui dormoit sur le riuage, et allasmes vers elle avec nos barques pensans la prendre, mais aussi tost qu'elle nous ouyst elle se ietta en mer : nous y vismes sēblablemēt des ours et des loups. Ceste isle fut appellee l'isle de Brion. En son contour y a de grands marais vers su est et nor ouest. Je croy par ce que i'ay peu comprendre, qu'il y ait quelque passage entre la Terre-Neufue et la terre de Brion ; s'il estoit ainsi ce seroit pour raccourcir et le temps et le chemin pourueu que l'on peust trouuer quelque perfection en ce voyage. A quatre lieuës de ceste isle est la terre ferme vers ouest-sur-ouest, laquelle semble estre comme vne isle enuirōnee d'islettes de sable noir : là y a vn beau cap que nous appellasmes le cap Dauphin, pour ce que là est le cōmencement de bonnes terres. Le xxvii. iuin nous circuismes ces terres qui regardēt vers ouest-sur-ouest, et paroissent de loin comme collines ou montagnes de sablon ; bien que ce soyent terres basses et de peu de fond, nous n'y peusmes aller et moins y descendre d'autant que le vent nous estoit contraire, et ce iour nous fismes quinze lieuës.

De l'isle d'Alezay et du cap S. Pierre.

Le lendemain allasmes le long des dites terres viron dix lieuës iusques à un cap de terre rouge qui est roide et coupé côme vn roc, dans lequel on void vn entre-deux qui est vers le nord, et est vn pays fort bas, et y a aussi comme vne petite plaine entre la mer et vn estang, et de ce cap de terre et estang iusques à vn autre cap qui paroissoit, y a viron quatorze lieuës, et la terre se fait en façon d'vn demy cercle tout enuirõné de sablon comme vne fosse sur laquelle l'on void des marais et estangs aussi loin que se peut estendre l'œuil. Et auant qu'arriuer au premier cap l'on trouue deux petites isles assez pres de terre; à cinq lieuës du second cap y a vne isle vers sur ouest, qui est tres haute et pointue laquelle fut nõmee Alezay : le premier cap fut appellé de S. Pierre, parce que nous y arriuasmes au iour et feste dudit sainct.

Du cap d'Orléans, du fleuve des Barques, du cap des Sauuages, et de la qualité et température de ces pays.

Depuis l'isle de Brion iusques en ce lieu y a bon fond de sablon, et ayans sondé esgalement vers surouest iusques à approcher de cinq lieuës de terre, nous trouuasmes vingt cinq brasses, et près du bord six plus que moins et bon fond. Mais parce que nous vouliõs auoir plus grande cognoissance de ces fonds pierreux plains de roches, mismes les velles bas et de trauers. Et le lendemain penultiéme du mois le vent vint de su et quart de surouest, allasmes vers ouest iusques au mardy matin dernier iour du mois, sans cognoistre et moins descouurir aucune terre, excepté que vers le soir nous apperceusmes vne terre qui sembloit faire deux isles qui demeuroit derrière nous vers ouest et sur ouest à viron neuf ou dix lieuës. Et ce iour allasmes vers ouest iusques au lendemain lever du soleil quelque quarante lieuës : et faisant ce chemin cogneusmes que ceste terre qui nous estoit apparue comme deux isles estoit la terre ferme située au su-surouest et nort-norouest iusques à un tres beau cap de terre nommé le cap d'Orléans : toute ceste terre est basse et plate, et la plus belle qu'il est possible de voir, plaine de beaux arbres et prairies ; il est vray que nous n'y peusmes trouuer de port, parce qu'elle est entièrement plaine de bancs et sables. Nous descendismes en plusieurs lieux auec nos barques, et entre autres nous entrasmes dans vn beau fleuue de peu de fond, et pour ce fut appellé le fleuue des barques : d'autant que nous y vismes quelques barques d'hommes sauuages qui trauersoyent le fleuue, et n'eusmes autre cognoissance de ces sauuages, parce que le vent venoit de mer et chargeoit la coste ; si bien qu'il nous fallust retirer vers nos nauires. Nous allasmes vers nord est iusques au lever du soleil du lendemain premier de iuillet, auquel temps s'esleua un brouillas et tempeste à cause de quoy nous abbaissasmes les velles, iusques à viron deux heures avant midy, que le têps se fist clair, et que nous apperceusmes le cap d'Orléans, avec vn autre qui en estoit esloigné de sept lieuës vers le nord vn quart de nord est qui fust appellé cap des Sauuages : du costé du nord est de ce cap à viron demi-lieuë y a vn banc de pierre tres-perilleux. Pendãt que nous estions pres de ce cap, nous apperceusmes vn homme qui couroit derriere nos barques qui alloyent le long de la coste, et nous faisoit plusieurs signes que deuiõs retourner vers ce cap. Nous voyans tels signes cõmençasmes a tirer vers luy, mais nous voyant venir, se mist à fuir ; estans descendus en terre mismes deuant luy un cousteau et vne ceinture de laine sur un baston, ce fait nous retournasmes à nos nauires. Ce iour nous allasmes tournoyãs ceste terre neuf ou dix lieuës cuidãs trouuer quelque bon port, ce qui ne fut possible, d'autãt que comme i'ay desia dit toute ceste terre est basse, et est vn pays enuironné de bancs et sablon. Neantmoins nous descẽdismes ce iour en quatre lieux pour voir les arbres qui y estoient tres beaux, et de grande odeur, et trouuasmes que c'estoyẽt cedres, yfs, pins, ormeaux, blancs, fresnes, saulx, et plusieurs autres à nous incogneus, tous neantmoins sans fruit. Les terres où il n'y a point de bois sont tres belles et toutes plaines de poids, de raisin blanc et rouge ayant la fleur blanche dessus, des fraizes, meures, froment sauuage comme seigle qui semble y auoir esté semé et labouré, et ceste terre est de meilleure température qu'aucune qui se puisse voir et de grande chaleur; l'on y voit une infinité de griues, ramiers et autres oiseaux; en somme il n'y a faute d'autre chose que de bons ports.

Du golfe nommé de S. Lunaire et autres golfes notables et caps de terre et de la qualité et bonté de ces pays.

Le lendemain second de iuillet nous descouurismes et apperceusmes la terre du costé du nord à nostre opposite, laquelle se ioignoit auec celle cy devant dite; apres que nous l'eusmes circuite tout autour, trouuasmes qu'elle contenoit en rondeur *   de profond et autant de diametre. Nous l'appellasmes le golfe S. Lunaire et allasmes au cap auec nos barques vers le nord, et trouuasmes le pays si bas que par l'espace d'une lieuë il n'y auoit qu'vne brasse d'eau. Du costé vers nord est du cap susdit viron sept ou huit lieuës y auoit vn autre cap de terre, au milieu desquels est vn golfe en forme de triangle qui a tres grand fond de tant que nous pouuions estendre la veuë d'iceluy, il restoit vers nordest. Ce golfe est enuironné de sablons et lieux bas par dix lieuës, et n'y a plus de deux brasses de fond. Depuis ce cap iusques à la rive de l'autre cap de terre y a quinze lieuës. Estans au trauers de ces caps, descouurismes vne autre terre et cap qui restoit au nord vn quart de nord-est par tãt que nous pouuiõs voir. Toute la nuict le temps fust fort mauvais et venteux, si bien qu'il nous fut besoin mettre la cappe de la velle iusques au lendemain matin iij. de iuillet que le vent vint d'ouest, et fusmes portez vers le nord pour cognoistre ceste terre qui nous restoit du costé du nord et nord est sur les terres basses, entre lesquelles basses et hautes terres, estoit vn grand golfe et ouuerture de cinquante cinq brasses de fond en quelques lieux, et large viron quinze lieuës. Pour la grande profondité et largeur et changement des terres eusmes esperance de pouuoir trouuer passage comme le passage des Chasteaux : ce golfe regarde vers l'est-nordest, ouest-sur-ouest. Le terroir qui est du costé du su de ce golfe est aussi bon et beau à cultiuer et plain de belles campagnes et prairies que nous ayons veu, tout plat comme seroit vn lac, et celuy qui est vers le nord est un pays haut auec montagnes hautes plaines de forests, et de bois tres hauts et gros de diuerses sortes. Entre autres y a de tres beaux cedres et sapins autant qu'il est possible de voir, et bons à faire mats de nauires de plus de trois cens tonneaux et ne vismes aucun lieu qui ne fust plain de ces bois, excepté en deux places que le pays estoit bas plain de prairies auec deux tres beaux lacs : le mitan de ce golfe est au xlvij. degré et demy de latitude.

Du cap d'Esperance et du lieu S. Martin, et comme ces barques d'hommes sauuages approchez de nostre barque et ne se voulans retirer, furent espouuantez de quelques coups de passe-volans et de nos dards, et comme ils s'en fuirent à grand haste.

Le cap de ceste terre du su fut appellee cap d'Esperance, pour l'esperance que nous auions d'y trouuer passage. Le quatrième iour de iuillet allasmes le long de ceste terre du costé du nord pour trouuer port, et entrasmes en vn petit port et lieu tout ouuert vers le su où n'y a aucun abry pour ce vent, et trouuasmes bon de l'appeler le lieu S. Martin, et demeurasmes là depuis le iiij de iuillet iusques au xij. Et pendant le temps que nous estions en ce lieu allasmes le lundy sixiéme de ce mois après auoir oy la messe auec vne de nos barques pour descouurir vn cap et pointe de terre, qui en estoit esloigné sept ou huit lieuës du costé d'ouest, pour voir de quel costé se tournoit ceste terre, et estãs à demi-licuë de la pointe apperceusmes deux bandes de barques d'hommes sauuages qui passoyent d'vne terre à l'autre, et estoyent plus de quarante ou cinquante barques desquelles une partie approcha de ceste pointe, et sauta en terre vn grand nombre de ces gens faisans grãd bruit et nous faisoyent signe qu'allassions à terre moustrans des peaux sur quelques bois, mais d'autant que nous n'auions qu'une seule barque nous n'y voulusmes aller et nauigasmes vers l'autre bande qui estoit en mer. Eux nous voyans fuir ordonnerent deux de leurs barques les plus grandes pour nous suyure, avec lesquelles se ioignirent ensemble cinq autres de celles qui venoyent du costé de mer, et tous s'approcherent de nostre barque sautans et faisans signe d'allegresse et de vouloir nostre amitié, disans en leur langue, *napeu ton damen assur tah*, et autres paroles que nous n'entendions. Mais parce que, comme nous auons dit, nous n'auions qu'vne seule barque, nous ne voulusmes nous fier en leurs signes, et leur donnasmes à entendre qu'ils se retirassent, ce qu'ils ne voulurent faire, ains venayẽt auec si grande furie vers nous qu'aussi tost ils cuuirõnerent nostre barque auec les sept qu'ils auoyent. Et parce que pour signes que nous fissions ils ne se vouloyent retirer, laschasmes deux passe-volans sur eux, dõt espouuantez retournerent vers la susdite pointe faisans tres grand bruit, et demeurez là quelque peu, commencerent de rechef à venir vers nous comme deuant, en sorte qu'estans approchez de la barque, descochasmes deux de nos dards au milieu d'eux, ce qui les espouuenta tellemẽt qu'ils commencerent à fuir en grande haste, et n'y voulurent oncques plus revenir.

Comme ces sauuages venans vers nos nauires et les nostres venans vers les leurs, descendirent les vns et les autres en terre, et comme ces sauuages se mirent à traffiquer en grande allegresse auec les nostres.

Le lendemain matin partie de ces sauuages vindrent auec neuf de leurs barques à la pointe et entree du lieu d'où nos nauires estoyent partis. Et estans aduertis de leur venue, allasmes auec nos barques à la pointe où ils estoyent, mais si tost qu'ils nous visrent ils se misrent en fuite, faisans signe qu'ils estoyent venus pour traffiquer auec nous, monstrans des peaux de peu de valeur, dõt ils se vestent. Semblablement nous leur faisions signe que ne leur voulions point de mal, et en signe de ce deux des nostres descendirent en terre pour aller vers eux, et leur porter cousteaux et autres ferremens auec vn chappeau rouge pour donner à leur cappitaine. Quoy voyans descendirent aussi à terre portans de ces peaux, et commencerent à traffiquer auec nous, monstrans vne grande et merueilleuse allegresse d'auoir de ces ferremës et autres choses, dansans tousiours et faisans plusieurs ceremonies, et entre autres ils se iettoyent de l'eau de mer sur leur teste auec les mains. Si bien qu'ils nous donnerent tout ce qu'ils auoyent, ne retenans rien, de sorte qu'il leur fallut s'en retourner tous nuds, et nous firent signe qu'ils retourneroyent le lendemain et qu'ils apporteroyent d'autres peaux.

Comme apres que les nostres eurent enuoyé deux hommes en terre auec des marchandises vindrent trois cens sauuages en grande ioye, de la qualité de ce pays, de ce qu'il produit, et du golfe de sa chaleur.

Le ieudy viij. du mois par ce que le vent n'estoit bon pour sortir hors auec nos navires, appareillasmes nos barques pour aller descouurir ce golfe, et courusmes en ce iour vingt-cinq lieuës dans iceluy. Le lendemain ayans bon temps nauigasmes iusques à midy, auquel tëps nous eusmes cognoissance d'vne grande partie de ce golfe, et comme sur les terres basses il y avoit d'autres terres auec hautes mõtagnes. Mais voyans qu'il n'y auoit point de passage commençasmes a retourner faisans nostre chemin le long de ceste coste, et nauigans vismes des sauuages qui estoyent sur le bord d'vn lac qui est sur les terres basses, lesquels sauuages faisoyent plusieurs feux. Nous allasmes là et trouuasmes qu'il y auoit vn canal de mer qui entroit en ce lac, et mismes nos barques en l'un des bords de ce canal; les sauuages s'approcherent de nous auec vne de leurs barques et nous apporterent des pièces de loups-marins cuites, lesquelles ils misrent sur des boises, et puis se retirerent nous donnans à entendre qu'ils nous les donnoyent. Nous enuoyasmes des hommes en terre auec des mitaines, couteaux, chapelets et autre marchandise, desquelles choses ils se resiouyrent infiniment, et aussi tost vindrent tout à coup au riuage où nous estions auec leurs barques apportans peaux et autres choses qu'ils auoyent pour auoir de nos marchandises, et estoyẽt plus de trois cens tant hommes que femmes et enfans. Et voyions vne partie des femmes qui ne passerẽt, lesquelles estoyent iusques aux genoux dans la mer, sautans et chantans. Les autres qui auoyẽt passé là où nous estions venoyent priuément à nous frotans leurs bras auec leurs mains, et apres les haussoyent vers le ciel sautans et rendans plusieurs signes de resiouyssance, et tellement s'asseurerẽt auec nous qu'enfin ils traffiquoyent de main à main de tout ce qu'ils auoyent, en sorte qu'il ne leur resta autre chose que le corps tout nud, par ce qu'ils donnerent tout ce qu'ils auoyent, qui estoit chose de peu de valeur. Nous cogneusmes que ceste gent se pourroit aisément conuertir à nostre foy; ils vont de lieu en autre, viuans de la pesche; leur pays est plus chaud que n'est l'Espagne, et le plus qu'il est possible de voir, tout esgal et uny, et n'y a lieu si petit où il n'y ait des arbres combien que ce soyent sablons, et où il n'y ait du froment sauuage qui a l'espy comme le seigle et le grain come de l'auoine, et des poids aussi espais comme s'ils y auoient esté semez et cultiuez, du raisin blanc et rouge auec la fleur blanche dessus, des fraises, meures, roses rouges et blanches, et autres fleurs de plaisãte, douce et agréable odeur. Aussi il y a là beaucoup de belles prairies, et bõnes herbes et lacs, où il y a grande abondance de saumons. Ils appellent vne mittaine en leur langue *cochi*, et vn couteau *bacon*. Nous appellasmes ce golfe, golfe de la chaleur.

D'une autre nation de sauuages, de leurs coustumes et de la maniere tant de leur viure que du vestement.

Estans certains qu'il n'y auoit aucun passage par ce golfe fismes velle, et partismes de ce lieu de S. Martin le dimenche xij. de iuillet pour descouurir outre ce golfe, et allasmes vers est le long de ceste coste viron xviij. lieuës iusques au cap du Pré, où nous trouuasmes le flot très-grand et fort peu de fond, la mer courroucee et tempestueuse, et pource il nous fallust retirer à terre entre le cap susdit et vne isle vers est à viron vne lieuë de ce cap, et là nous mouillasmes l'ancre pour icelle nuict. Le lendemain matin fismes velle en intention de circuit ceste coste, laquelle est situee vers le nord et nord est, mais vn vent suruint si contraire et impetueux qu'il nous fut necessaire retourner au lieu d'où nous estions partis, et là y demeurasmes tout ce iour iusques au lendemain que nous fismes velle, et vinsmes au milieu d'vn fleuue esloigné cinq ou six lieuës du cap du Pré, et estans au trauers du fleuue eusmes de rechef le vent contraire auec vn grand brouillas et obscurité, tellement qu'il nous fallut entrer en ce fleuue le mardy xiiij. du mois, et nous y arrestames à l'entrée iusques au saizieme attendans le bon têps pour pouuoir sortir. Mais en ce xvi iour qui estoit le ieudy, le vêt creut en telle sorte qu'vne de nos nauires perdit vne ancre, et pource nous fut besoin passer plus outre en ce fleuue quelque sept ou huit lieuës pour gaigner vn bon port où il y eust bon fond, lequel nous auions esté descouurir auec nos barques, et pour le mauuais temps, tempeste et obscurité qu'il fit demeurasmes en ce port iusques au xxv. sans pouuoir sortir.

Cependant nous vismes vne grãde multitude d'hommes sauuages qui peschoyēt des tombes, desquels y a grande quantité, ils estoyent enuiron quelque quarante barques, et tant en hommes, femmes qu'enfans, plus de deux cens, lesquels apres qu'ils eurēt quelque peu conuersé en terre auec nous, venoyent priuement au bord de nos nauires auec leurs barques. Nous leur donnions des couteaux, chappelets de verre, peignes, et autres choses de peu de valeur dont ils se resiouyssoyent infiuimēt leuant les mains au ciel, chantãs et dansans dans leurs barques. Ceux-ci peuuent estre vrayement appellez sauuages d'autãt qu'il ne se peut trouuer gent plus pauure au monde, et croy que tous ensemble n'eussent peu auoir la valeur de cinq sols excepté leurs barques et rhets. Ils n'ont qu'vne petite peau pour tout vestement, auec laquelle ils couurent les parties hõteuses du corps auec quelques autres vieilles peaux dont ils se vestent à la mode des Ægyptiens. Ils n'ont ny la nature ny le langage des premiers que nous auions trouuez. Ils portent la teste entièrement rase horsmis un floquet de cheueux au plus haut de la teste, lequel ils laissent croistre long comme vne queuë de cheual qu'ils lient sur la teste auec des esguillettes de cuir. Ils n'ont autre demeure que dessous ces barques lesquelles ils renuersent et s'estendēt sous icelles sur la terre sans aucune couuerture. Ils mangent la chair presque cruë et la chauffent seullement le moins du monde sur les charbons; le mesme est du poisson. Nous allasmes le iour de la Magdaleine auec nos barques au lieu où ils estoyent sur le bord du fleuue, et descendismes librement au milieu d'eux, dont ils se resiouyrēt beaucoup, et tous les hommes se misrent a chanter et danser en deux ou trois bandes, faisans grands signes de ioye pour nostre venuë. Ils auoyet fait fuir les ieunes femmes dans le bois hors mis deux ou trois qui estoyent restees auec eux, à chacune desquelles donnasmes vn peigne, et vne clochette d'estain, dont ils se resiouyrent beaucoup, remercians le Capitaine et luy frottans les bras et la poitrine auec leurs propres mains. Les hommes voyans que nous auiõs fait quelques presens à celles qui estoyent restees, firent venir celles qui s'estoyent refugiees au bois, afin qu'ils eussent quelque chose come les autres, elles estoyent enuiron vingt femmes lesquelles toutes en un monceau se misrent sur ce capitaine, le touchans et frottans auec les mains selon leur coustume de caresser, et donna à chacune d'icelles vne clochette d'estain de peu de valeur, et incontinent commencerent a danser ensemble disans plusieurs chãsons. Nous trouuasmes là grande quãtité de tombes qu'ils auoyent prises sur le riuage auec certaines rhets faites exprez pour pescher, d'vn fil de chanure qui croit en ce pays où ils font leur demeure ordinaire, pource qu'ils ne se mettent en mer qu'au temps qui est bon pour pescher, comme i'ay entendu. Semblablement croit aussi en ce pays du mil gros comme poids, pareil à celuy qui croit au Brésil dõt ils mangent au lieu de pain, et en auoyent abondance, et l'appellet en leur langue *kapaige*. Ils ont aussi des prunes qu'ils sechent cõme nous faisons pour l'hyuer et les appellent *honesta*, mesme ont des figues, noix, pommes et autres fruits, et des febues qu'ils nomment *sahu*, les noix *cahehya*, les figues *, les pommes *. Si on leur monstrait quelque chose qu'ils n'ont point et qu'ils ne pouuoyent sçauoir que c'estoit branlan la teste, ils disoyent *nohda*, qui est à dire qu'ils n'en ont point, et ne sçauent que c'est. Ils nous monstroient par signes le moyen d'accoustrer les choses qu'ils ont et comme ils ont coustume de croistre. Ils ne mangent aucune chose qui soit salee, et sont grands larrons; et derobent tout ce qu'ils peuuent.

Comme les nostres planterent une grande croix sur la pointe de l'entree du pont, et comme le capitaine de ces sauuages estant enfin appaisé par un long pour parler auec nostre capitaine, accorda que deux de ses enfans allassent auec luy.

Le xxiiij. du mois fismes faire vne croix haute de trente pieds, et fut faite en la présence de plusieurs d'iceux sur la pointe de l'entree de ce port, au milieu de laquelle mismes vn escusson releué avec trois fleurs-de-lys, et dessus estoit escrit en grosses lettres entaillees en du bois, VIVE LE ROY DE FRANCE. En apres la plantasmes en leur presence sus la dite pointe, et la regardoyent fort, tant lors qu'on la faisoit que quand on la plantoit. Et l'ayans leuee en haut, nous nous agenoüillions tous ayans les mains iointes, l'adorant à leur veuë, et leur faisions signe regardant et monstrans le ciel, que d'icelle deppendoit nostre redemption de laquelle chose ils s'esmerueillerent beaucoup, se tournans entr'eux, puis regardãs ceste croix. Mais estans retournez en nos nauires, leur capitaine vint auec vne barque à nous vestu d'vne vieille peau d'ours noir auec ses trois fils et vn sien frère, lesquels ne s'approcherent si près du bord comme ils auoyent accoustumé, et y fit vne longue harengue monstrant ceste croix, et faisans le signe d'icelle avec deux doigts. Puis il môstroit toute la terre des enuirõs, comme s'il eust voulu dire qu'elle estoit toute à luy, et que nous n'y devions planter ceste croix sans son congé. Sa harangue finie nous luy monstrasmes vne mittaine feignãs de lui vouloir donner en eschange de sa peau, à quoy il prit garde et ainsi peu à peu s'accosta du bord de nos nauires : mais vn de nos compagnons, qui estoit dans le bateau, mit la main sur la barque, et à l'instant sauta dedans auec deux ou trois, et le contraignirent aussi tost d'entrer en nos nauires, dont ils furent tous estonnez. Mais le capitaine les asseura qu'ils n'auroÿēt aucun mal, leur monstrant grand signe d'amitié, les faisant boire et manger auec bon accueil. En après leur donna-t-on à entendre par signes, que ceste croix estoit là plantee, pour donner quelque marque et cognoissauce pour pouuoir entrer en ce port, et que nous y voulions retourner en bref et qu'apporterions des ferremens et autres choses, et que desirions mener auec nous deux de ses fils, et qu'en apres nous retournerions en ce port. Et ainsi nous fismes vestir à ses fils à chacun vne chemise, vn sayon de couleur, et vne toque rouge, leur mettans aussi à chacun vne chaisne de laton au col dont ils se contenterent fort, et donnerent leurs vieux habits à ceux qui s'en retournoyent. Puis fismes present d'vne mittaine à chacun des trois que nous rēuoyames et de quelques couteaux, ce qui leur apporta grande ioye. Iceux estans retournez à terre, et ayans raconté les nouuelles aux autres enuiron sur le midy vindrent à nos navires six de leurs barques ayans chacune cinq ou six hōmes qui venoyent dire adieu à ceux que nous auions retenus, et leur apporterent du poisson et leur tenoyēt plusieurs parolles que nous n'entēdions point, faisans signe qu'ils n'osteroyent point ceste croix.

Comme estans hors du port susdit cheminans derriere ceste coste allasmes pour chercher la terre qui est situee vers suest et norouest.

Le lendemain xxv. du mois se leua un bon vent, et

nous mismes hors du port. Estans hors du fleuue susdit tirasmes vers est-nordest, d'autant que pres de l'embouchcure de ce fleuve, la terre fait vn circuit, et fait vn golfe en forme d'vn demy cercle, en sorte que de nos nauires nous voyons toute la coste, derrière laquelle nous cheminasmes, et nous mismes a chercher la terre situee vers ouest et norouest, et y auoit vn autre pareil golfe distant vingt lieuës du dit fleuue.

Des caps de S. Louys et de Mommorency, et de quelques autres terres, et comme une de nos barques ayant heurté a un escueil, ne laissa de passer outre.

Le lundy xxvij. au soleil couchant allasmes le long de ceste terre qui est côme nous auôs dit situee au suest et norouest iusques au mercredy, auquel iour vismes vn autre cap où la terre commence a se tourner vers l'est, et allasmes le long d'icelle quelque xvi. lieuës, et de là ceste terre commence a tourner vers le nord, et a trois lieuës de ce cap y a fond de xxiiij. brasses à plomb. Ces terres sont plates, et les plus descouuertes de bois que nous ayôs encores peu voir; il y a de belles prairies et campagnes très-vertes. Ce cap fut nommé de S. Louys, pource qu'en ce iour l'on celebroit sa feste, et est au xlix. degré et demy de latitude et de longitude *.

Le mercredy matin, nous estiõs vers l'est de ce cap, et allasmes vers norouest pour approcher de ceste terre, estant presque nuict, et trouuasmes qu'elle regardoit le nord et le su. Depuis ce cap de S. Louys iusques à vn autre nõmé le cap de Mommorency y a quelque xv lieuës, la terre cõmence a tourner vers norouest. Nous voulusmes sonder le fond a trois lieuës près de ce cap : mais nous ne le peusmes trouuer auec cent cinquante brasses, et pour ce allasmes le long de ceste terre enuiron dix lieuës iusques à la latitude de cinquante degrez. Le samedy ensuyuant, premier iour d'aoust, au leuer du soleil cognusmes et vismes d'autres terres qui nous restoyent du costé du nord et nordest, lesquelles estoyẽt tres-hautes et coupees, et sembloyent estre mõtagnes, entre lesquelles y auoit d'autres terres basses ayant bois et riuières. Nous passasmes autour de ces terres tãt d'vn costé que d'autre tirans vers norouest, pour voir s'il y auoit quelque golfe ou bien quelque passage iusques au v. du mois. D'vne terre à l'autre il y a virõ xv. lieuës, et le mitan est au cinquãte et vn tiers degré de latitude, et nous fut très-difficile de pouuoir faire plus de cinq lieuës à cause de la maree qui nous estoit contraire et des grands vents qui y sont ordinairemẽt. Nous ne passasmes outre les cinq lieuës d'où l'on voyoit aisément la terre de part en part laquelle commence là à s'eslargir. Mais d'autant que nous ne faisions autre chose qu'aller et venir selon le vent, nous tirasmes pour ceste raison vers la terre pour tascher de gaigner vn cap qui est vers su, qui estoit le plus loin et le plus auancé en mer que nous peussions descouurir et estoit distãt de nous enuiron quinze lieuës : mais estãs proches de là trouuasme que c'estoyent rochers, pierres et escueils, ce que nous n'auions encore point trouué aux lieux où nous auions esté au parauãt vers le su depuis le cap de S. Iean, et pour lors estoit la maree qui nous portoit contre le vent vers l'ouest : de maniere que nauigans le long de ceste coste vne de nos barques heurta côtre vn escueil et ne laissa de passer outre, mais il nous fallut tous sortir hors pour la mettre à la marée.

Comme ayans consulté ce qui estoit le plus expédient de faire, nous deliberasmes nostre retour, du detroit de S. Pierre et du cap de Tiennot.

Ayans nauigé le long de ceste cõste enuirõ deux heures, la maree suruint auec telle impetuosité qu'il ne nous fut iamais possible de passer auec treze auirõs outre la longueur d'un iet de pierre. Si bien qu'il nous fallut quiter les barques et y laisser partie de nos gens pour la garde, et marcher par terre quelque dix ou douze hommes iusques à ce cap, où nous trouuasmes que ceste terre commence là a s'abaisser vers surouest. Ce qu'ayans veu et estãs retournez à nos barques reuinsmes à nos nauires qui estoyent ja à la velle qui pensoyẽt tousiours pouuoir passer outre : mais ils estoyent auallez à cause du vent de plus de quatre lieuës du lieu où nous les auions laissez, où estans arriuez fismes assembler tous les capitaines mariniers, maistres et compagnõs pour aduoir l'aduis et conseil de ce qui estoit le plus expediẽt a faire. Mais apres qu'un chacun eut parlé, l'on considera que les grands vens d'est commençoyent a regner et deuenir violens, et que le flot estoit si grand que nous ne faisions plus que raualler et qu'il n'estoit possible pour lors de gaigner aucune chose : mesme que les tempestes cõmençoyent à s'esleuer en ceste saison en la Terre-Neufue, que nous estions de lointain pays, et ne sçauions les hasards et dangers du retour, et pour ce qu'il estoit temps de se retirer, ou bien s'arrester là pour tout le reste de l'année. Outre cela nous discourions en ceste sorte, que si vn changement de vens de nord nous surprenoit qu'il ne seroit possible de partir. Lesquels aduis ouys et bien considerez nous firent entrer en deliberatiõ certaine de nous en retourner. Et pour ce que le iour de la feste de S. Pierre, nous êtrasmes en ce destroit, nous l'appellasmes à ceste occasion destroit de S. Pierre, ou ayans ietté la sonde en plusieurs lieux, trouuasmes en aucuns cent cinquante brasses, aux autres cent, et pres de terre soixante avec bon fond. Depuis ce iour iusques au mercredy nous eusmes vent à souhait et circuismes ladite terre du costé du nord, est-suest, ouest et nor·ouest : car telle est son assiette, horsmis la longueur d'vn cap de terres basses qui est plus tourné vers suest esloigné à viron xxv. lieuës du dit destroit. En ce lieu nous vismes de la fumee qui estoit faite par les gens de ce pays au dessus de ce cap, mais pour ce que le vent ne cingloit vers la coste nous ne les accostasmes point, et eux voyans que nous n'approchiõs d'eux douze de leurs hommes vindrent à nous auec deux barques, lesquels s'accosterent aussi librement de nous cõme si ce fussent esté François, et nous donnerent à entendre qu'ils venoyẽt du grand golfe, et que leur capitaine estoit un nommé Tiennot, lequel estoit sur ce cap, faisant signe qu'ils se retiroyent en leur pays d'où nous estiõs partis, et estoyent chargés de poisson, nous appellasmes ce cap cap de Tiẽnot. Passé ce cap toute la terre est posee vers l'est-suest, ouest, et norouest, et toutes ces terres sont basses, belles et enuirõnees de sablons, pres de mer, et y a plusieurs marais et bancs par l'espace de xx. lieuës, et en apres la terre commence a se tourner d'ouest à l'est, et nordest, et est entièrement enuirõnée d'isles esloignees de terre deux ou trois lieuës. Et ainsi cõme il nous semble y a plusieurs bancs perilleux plus de quatre ou cinq lieuës loin de la terre.

Comme le ix. *iour d'aoust nous entrasmes dans Blanc-Sablon, et le cinquième de septembre arrivasmes au port de S.-Malo.*

Depuis le mercredy susdit iusques au samedy nous eusmes vn grand vent de surouest qui nous fit tirer vers l'est-nordest, et arriuasmes ce iour-là à la terre d'est de la Terre-Neufue entre les Cabannes et le Cap-Double. Ici cõmença le vent d'est avec tempeste et grande impetuosité, et pour ce nous tournasmes le cap au nor-ouest et au nord pour aller voir le costé du nord qui est comme nous auons dit entierement enuironné d'isles, et estans pres d'icelles, le vent se changea et vint du su, lequel nous conduit dans le golfe, si bien que par la grâce de Dieu nous entrasmes le lendemain qui estoit le ix d'aoust dans Blanc-Sablon, et voilà tout ce que nous auons descouvert.

En après le xv. aoust iour de l'Assumption de Nostre Dame
nous partismes de Blanc-Sablon après auoir ouy la messe,
et vinsmes heureusement iusques au mitan de la mer
qui est entre la Terre-Neufue et la Bretagne, auquel lieu nous courusmes grande fortune pour
les vens d'est, laquelle nous supportasmes par
l'aide de Dieu, et du depuis eusmes fort bon
temps, ensorte que le cinquième iour de
septembre de l'année sus-dite nous
arriuasmes au port de S.-Malo
d'où nous estions partis.

* *
*

RELATION

du voyage et prinse de quatre galions du roy de Tunis en Barbarie, faite par les galeres de Malte, sous la charge et commandement du s^r frere François de Cremeaux, mareschal de l'ordre et general desdites galeres. — Traduite d'italien en françois par le commandeur de Haberat, conseiller, aumosnier de la royne. D'ordre expres de monseigneur le commandeur de la Porte, ambassadeur de Malte. — A Paris, chez Iean de Bordeaux, deuant le Palais, 1629. — Auec permission.

Le vingt-troisiesme septembre de l'année mil six cens vingt-huict, les six galeres de la religion partirent de Malte pour rencontrer celles de Biserte, estant general d'icelles le s^r mareschal, frere François de Cremeaux, et apres auoir circuit l'isle de Sicile, où la plus grande part partirent de Trapany vers l'isle de Sardaigne pour le mesme effect, et le troisiesme d'octobre aborderent l'isle de Sainct-Pierre, où s'estans entretenus quelques jours. Le huictiesme jour prindrent vne tartane de corsaires qu'ils auoient armée à Tunis, et trente Turcs qu'ils firent esclaves, et là, ayant sceu des le lendemain que les galeres du grand duc auoient le bon-heur de rencontrer, et prindre en l'isle Tauolare, entre la Corseyne et la Sardaigne, deux galeres de Biserte, et que les autres s'estoient sauuées en fuyant. Ledit general recognoissant qu'il n'y auoit plus d'esperance de les rencontrer, s'en retourna à Trapany et la nuict du vingt-sept à Malte. Le vingt neuf, estãs arriué à St-Allicate, eut nouuelle qu'on auoit veu dans ceste mer deux gros vaisseaux de corsaires, ce qui le fit partir incontinent sans perdre temps ; le mardy matin dernier d'octobre, loing de trente mille du goulfe de Malte, faisant la penne, descouurirent lesdits vaisseaux à vingt-cinq mille loing, qui estoient sous les voltes, où mondit sieur le general s'achemina pour les recognoistre, et les ayant joincts apres leur auoir donné la chasse plusieurs heures, leur fit tirer vne canonade sans balle, et eux luy firent responce de mesme. Mais soubs vent, leur faisant la capitane vne fumée en les accostant; et quoy que l'estoient indices de vaisseaux amis, il leur enuoya neantmoins la feluque des galeres pour les mieux recognoistre, c'est pourquoy eux voyans ne se pouuoir garantir d'estre decouuerts pour ennemis, quand elle aborda luy tirerent vn coup auec la balle, et la chargerent d'vne salve de mousquetades: arborant en mesme temps auec grande resolution les estendarts et les bãnieres, le capitaine de cet armement estoit si bigearre, qu'il auoit faict escrire dãs l'estendart royal en langue turquesque : Icy se trouue le capitaine de la mer, qui le veut esprouuer le vienne aborder. Ce qu'ayant recognu ledit sieur general (qui se trouuoit beaucoup plus aduancé auec sa capitane que les autres galeres) l'alla courageusement rencontrer, et commença de canoner celuy quy luy estoit le plus proche. Cependant y abordant les galeres de Sainct-Charles et de Saincte-Marie, commandées par Mrs de Ligny, François et par le commandeur frere Bernard Rosandao, Portugais, les attaquerent viuement. Mais d'autant que l'ennemy se deffendoit valeureusement, sans faire paroistre aucune crainte, et que le soleil baissoit vers l'occident, et le vent s'augmentoit, elles se resolurent de l'aborder, et apres auoir long temps mené les mains, il pleut à Dieu leur donner la victoire. Les nostres (le soleil se couchant) monterent hardimẽt dans cedit vaisseau pendant que les autres trois galères commandées, la patronne par le commandevr de Roussillõ, François; Saincte-Rosalie par frère Jean-Baptiste Macédonien, Napolitain; et Sainct-Anthoine par le s^r frère François Mignanelly, Romain, couroient apres l'autre vaisseau, qui s'eslognoit à force de voiles, et du vent frais qui s'estoit leué, et se trouuoient des-ja bien loing, les attaques se faisant auec de grand courage d'vn costé et d'autre; enfin apres un long et obstiné combat, au commencement de loing auec canonades, et puis de pres avec arquebusades et autres armes, il fut pris à vne heure de nuict : les nostres estans entrez dedans auec autant de péril que de courage, aussi-tost ils en donnerent aduis par par vn fanal alumé à la capitane, dont M^r le général se trouua en doute de leuenement, tant à cause qu'il estoit nuict, que pour la grande quantité de canonnades qu'on entendoit tirer, ayant aprins auparavant que l'on auoit 22 pieces de cuilliere, et l'autre 26, de sorte qu'auec le grand auantage que ceux cy auoient sur les galeres, tãt par le nombre de leur artillerie, comme pour l'abattre d'en haut, puisque c'estoient vaisseaux grãds et puissants, qui portoient 2500 salmes chacun : les Turcs mesmes prisonniers rapporterent depuis que descouurant les galeres ils jugerent qu'elles cõbattroient toutes ensemble l'vn des deux vaisseaux, pendant que l'autre auroit le temps de se sauuer, aussi que la nuict s'approchãt il ne leur sembloit pas vray semblable qu'elles se deussent separer, ny que les nostres auec trois seulement deussent auoir la hardiesse de les combattre separément puisque chacun desdits vaisseaux s'estimoit suffisant de se deffendre desdites six galeres.

Et d'autant (comme il a esté dit cy dessus) que ce combat fut fait à 30 mil loing de Malte, la matinée suiuante qui fut le iour de Toussaincts, les galeres entrerent dans le port, remorquant les gallions prins auec joye uniuerselle de toute la cité pour une si belle et honorable victoire, ayant esté prins 220 Turcs et plusieurs blessés, entre lesquels le general a esté blessé d'vne mousquetade à la gorge, appellé Vssain le Boiteux, lequel en l'an 1621 fut prins vne autre fois par les mesmes galeres, dont estoit general M. le comte de Brie, fils du duc Loraine, et ce outre les morts, dont il s'en trouua sur lesdits vaisseaux enuiron 70 sans cõprendre ceux qui en plus grand nombre auoient esté jettez en mer, afin que les viuants ne perdissent courage en les voyant : les esclaues sont tous jeunes et belles gents, la plus part desquels estoient soldats et mariniers des trois galeres de Biserte, qui se sauuerent de la chasse qui leur fut donnée par celles de Toscane. On y trouua encore enuiron 40, lesquels quoy que chrestiens, n'auoient point eu de honte de tirer solde, et de seruir les ennemis pour bombardiers, calefates et M^{es} d'ache.

Des nostres y en est demeuré cinq cheualiers, sçauoir le sus-nõmé frere François Mignanelly Romain, capitaine de la galaire Sainct-Anthoine, frere Fabien Valmacca de Casal de Montferrat, frere Iacques Guisan de Milã, frere Anthoine de Very, de Majorque, et frere Pons de Podonas, François, et de blessez, frere Louis Casaty Milanois, frere Camille Capecé, et Don François Castillian, Napolitain, frere Camille Pepoli de Bologne, et Mr de Lissy François, et tant soldats que mariniers y en est mort trente, et quatre-vingts de blessez.

Les susdits vaisseaux auoient esté armés par Issuff Daï, capitaine general du royaume de Tunis, partis de Suse le 18 d'octobre auec instruction de corseyer durant cet hyuert dans le canal de Malte, esperant y faire de grosses prinses de vaisseaux, chargez de froment, prins en l'Allicate, Giorgent, Sciacco, et autres chargeurs qui sont de la coste du midy, au royaume de Sicile.

Telle victoire contre les ennemis de la foy, vient veritablement de la prouidence de Dieu, qui despartit à cet ordre (quand il luy plaist) les effects de sa bonté comme il fit encore le 30 iuin dernier, soubs la conduite, valleur, et generosité du mesme sieur mareschal de Cremeaux François, par la prise de deux autres vaisseaux turcs, armez à Tripoli de Barbarie, qu'il defit auec tres-grand et tres-sanglant combat de part et d'autre, auquel temps estant party de Malte auec cinq galeres, dix jours apres abborda à l'isle Sainct-George, à cinq mil de Castel-Roux, vers le cap Bonandré, où ayant pris chasse de neuf galeres turquesques des le soleil leuant jusqu'au couchant le lendemain vers l'isle de Candie descouurit les susdits deux vaisseaux, les poursuiuit, combattit et prit sur iceux 114 esclaues turcs, et mores, jeunes, et propres au seruice desdites galeres, et 18 pieces de canons. Auquel combat le patron de nostre capitane nommé le Puy le garde chevalier françois, eut le bras droit emporté, le commandeur de Chissay blessé d'vne mousquetade à la cuisse, six soldats tuez, et 50 blessez, et ayant ledit general remorqué dans le port lesdits deux vaisseaux, s'en retourna continuer son voyage dans Larchipelago, en intention de poursuiure ses victoires.

L'ARRIVEE

et l'entree publique de l'Ambassadeur du roy du Iappon dans la ville de Rome, le 2 nouembre 1615. — Envoyé par son Roy pour rendre obeyssance au pape. — Auec leur sorte d'habillements et maniere de viure, ayant demeuré deux ans en son voyage. — A Paris, chez Ioseph Guerreau, deuant la grand porte du palais, au Griffon, pres S. Barthelemy. — MDCXV. — Auec permission.

Le dimanche 2 nouembre derni entra dans Rome auec tout son train, l'ambassadeur iapp ois enuoyé par son Roy pour rendre obeïssance à sa Saincteté. Le ieune cardinal Borghese enuoya force carrosses au devant de luy, et aussi l'ambassadeur d'Espagne, et beaucoup d'autres seigneurs auec force noblesse, et incontinêt qu'il fut arriué il alla aus pieds du pape et apres fut voir le sieur cardinal Borghese, et le prince de Sulmone tous deux nepueux de sadite Saincteté; ce fait il se retira au couuant de Ara Celi, ou sa Saincteté luy a faict accommoder et tapisser vn logis, et luy a ordonné trente escus par iour pour sa despence, et baillé de ses officiers pour le seruir.

Ieudy au soir fit son entree publique par la porte Angelique auec vn tres-grand nombre de gentilshommes et seigneurs romains à cheual, marchant ledit ambassadeur à main droite du seigneur Iean-Baptiste Vittory nepueu du pape, mais parce que le Roy du Iappon ne s'est encor declaré chrestien, quoy qu'il soit conuerty et que pour cest effect il a enuoyé ledit ambassadeur, le train et famille de sa Saincteté n'interuinrent point et n'assisterent point à ladite entree, comme aussi ne firent aucuns prélats.

Ledit ambassadeur, comme aussi tous les siens sont fort petits de corps, ils ont les iambes fort courtes, et sont de couleur qui tire sur le noir, et fort maigres au visage. Ils portent tous la barbe rase et aussi la moitié de la teste du costé du deuant, mais du costé de derriere portent les cheueux fort longs, desquels ils en font vn gros nœu; leurs habits sont tout de soye rayee et bigarree, et portent sur la teste, en lieu de chappeau, vne bourse de taffetas, et les chausses sont si longues qui leur vont iusques aux tallons. Ils ne parlent autre langue que la leur naturelle, qu'elle est differente de toutes les langues de l'Europe, mais ils ont auec eux vn homme venitien qui a esté en ce païs là, lequel leur sert truchement.

Ledit ambassadeur quand il mange ou donne audience, fait tenir tousiours vn homme aupres de soy auec vne espee à la main dans le fourreau et tous les siens portent tousiours certaines armes faites en forme de poignards. Il fait trois tables, en l'vne desquelles il mange luy auec aucuns peres cordeliers, et particulierement celuy qui les a conuertis, en vn autre aucuns fils de princes et à la troisiesme le reste de ses gens. Ils tiennent en mangeant deux petits bastons à la main auec lesquels prennent leurs viandes, s'en seruant fort habilement. Pour mouchoirs, ils se seruent de certains papiers faits descorce d'arbre, et ils en portent ordinairement auec eux plusieurs mains dans le sein, et toutes les fois qu'ils s'en sont seruys d'vne feuille, ils la iettent, leur plaist grandemēt de boire frais et auec la neige. Ils ont porté beaucoup de pierreries et armes pour faire des présents, entre lesquelles il y a vn cimeterre estimé dix-sept mil escus, que l'on dit qu'il coupperoit toutes sortes d'armes. Ils ne sont en tout que vingt-cinq personnes estant le reste de son train iusques au nombre de cent morts par le chemin, en son voyage auque il y a mis deux ans, estant au reste gens fort affables et qui ont de l'esprit.

HISTOIRE

veritable de qvatre peres capucins, cruellement tyrannisez et mis à mort par le grand Baschal de Damas. — Auec les miracles qui y furent veuz, le 17 iour de ianuier, mil six cens treze. — Traduite d'italien en francois. — A Paris. Iouxte la copie imprimee à Venise par Nicolas Ionte. M. DC. XIII. — Auec priuilege du roy.

L'Éternel par sa toute puissance, regist et gouuerne sagemēt cet vniuers, donne la lumiere au soleil, la reuerberatiō duquel donne vie à toutes les créatures. Mais biē que la moindre chose de ce que iournellement il fait, soit capable de nous faire entrer admiration, et contempler par ses œuvres sa toute puissance, et quant et quant son infinie bonté et misericorde : neantmoins les mortels fermãs les yeux à leur deuoir, et bouchãs les aureilles à la raison, desdaignent et foulent aux pieds tellement ses commandemens, que, comme Iuifs, et encor pire, ils mettent à mort ses plus fideles seruiteurs, et ceux qui taschans rompre le bandeau de leur ignorance, veulent par la voye épineuse de la penitence les conduire là haut au ciel, le lieu de leur origine.

Mais, o Turcqs, faut-il que ie sois contraint de crier au iourd'huy : Malheur sur vous qui souillez vos mains carnacieres dans le sang inocent des predicateurs. O chrestiens remarquez par ceste histoire tres-asseurée, la haine qu'ils portent à la croix de Iesus-Christ : la memoire en est encore toute fresche.

Le dix-septiesme iour de ianvier mil six cens treize, en la ville de Damas quatre bons peres capucin, estant arriuez audict lieu, commencerent d'annoncer la parole de Dieu, à ses infideles, leur preschans les articles de nostre foy, les preceptes de l'Eglise catholique apostolique et romaine : bref le sommaire de toute nostre religion catholique.

Mais ces infideles ennemis de Iesus-Christ commencerent à oppresser ces bons peres, et à les tourmenter; specialement les renegats chrestiens, qui s'estans rendus Turcs, sont pires mil fois que les Turcs mesmes : bien que quelques particuliers eussent grande compassion des tourmẽs qu'on leur faisoit souffrir, et se fussent rendus chrestiens, sinon que l'apprehension des peines les en empeschoit.

Le grand bascha estant aduerty de tout cela, commanda quant et quant à des ministres executeurs de ses damnables tyrannies de les luy amener. La parole ne fut à peine

proferee, que d'vn pas leger d'vn esprit resiouy et comme
s'ils alloient gaigner beaucoup, ils allerent chercher ces
bons peres, et les ayant trouuez, partie du monde les ho-
norant et partie les baffouant. Aussitost ils les empoigne-
rent, et comme malfaicteurs les lierent si fort, que les cor-
des estoient imprimees sur leur chair. Mais ces religieux se
represantans deuant les yeux les innumerables tourmẽts
que Iesus-Christ souffrit pour nous, tous ces trauaux leur
sembloient si legers, qu'ils les supportoient sans dire
iamais aucune parole, que des louanges, des hymnes et
cantiques à Iesus-Christ, et à la vierge Marie sa bien heureuse mere, publians tousiours vigoureusement l'Euangile
et les preceptes et sainctes traditions de l'Eglise et des
saincts peres et docteurs venerables au grand estonne-
ment de tous les spectateurs. Mais Dieu, curieux des siens,
et jaloux de la gloire de son pere éternel, ne souffrit vne
ignominie si grande (faicte à ces bons peres qui vouloient
faire profiter ce talent qui leur auoit mis entre les mains)
sans faire paroistre quelques effets de sa toute puissãce :
car lors qu'ils furent en la presence du bascha, aussitost
qu'il voulut ouurir la bouche (non pour les consoler, mais
pour les affliger) son palais trembla l'espace d'vne heure,
sans qu'aucun de ses mescreans eust la puissãce de les
offenser, ny de leur dire vne semblable parole, seulement,
comme rauis en admiratiõ, ils escoutoiẽt l'angelique voix
de ces seraphiques peres. Vne heure passée ce grand basca,
lieutenant du capital ennemy de la chrestienté, sans autre
forme de procès, les condemna d'estre tous quatres atta-
chez à vn posteau, et deuant toute l'assistence furent
fouettez desgourgées auec des espingles à chasque bout et
des neuds qui en estoient tous parsemez. Tout incontinent, l'on vit descẽdre d'en haut quatre colombes blanches, chacune portant en son bec vn chapeau fait de

palme, et se vindrèt reposer sur la teste de ces saincts martyrs, et lors en depit des ennemis de la croix, ils imposerent sur leurs testes ces quatre chappeaux de palme et tout soudain reprindrent la volée vers le ciel, sans que iamais les peres capucins les perdissent de veue, bien que les Turcs ne les peussent plus voir.

Enfin les felons courages de ces bourreaux, estant moins las que leurs robustes corps, ils cõtinuent de les fouetter, mais n'en pouuant plus, ils les deslient, et les presentent au grand bascha, qui leur cõmença d'vn emmielé langage, les exhorter de quitter la loy de Dieu, et d'embrasser l'Alcoran : mais n'ayans rien plus cher que de publier la loy de Dieu, planter la foy catholique, et recevoir la couronne de martyr, au lieu de croire aux paroles turquesques, ils publioiẽt de rechef, et d'une voix pl^s haute qu'auparauant Iesus-Christ crucifié, chose odieuse aux Turcqs.

Le bascha voyant qu'il ne gaignoit rien sur ces bons pères, cõmenda qu'on les fist mourir par le feu, afin qu'õ n'en eust iamais memoire; la parole proferée, le feu fut allumé en quatre endroits, et au milieu de chasque feu, il y auoit vne barre de fer plantée pour lier et attacher ces pauures religieux.

Estant ainsi exposez aux flammes, l'on vit descendre du ciel vn homme tout armé, ayant le visage de feu, auec vn glaiue en sa main, qui sembloit aussi estre de feu qui tout aussitost mist à mort le bascha et vn sien frère, capital et mortel ennemis des catholiques, et tout aussitost disparut; tandis vne pluye menue, ou plustost, vne douce rosee descendit du ciel ; auec vn nuage et brouillard espais dans lequel on apperceut quatre ieune hommes habillez de blanc, qui descendirent dans le feu, et quãt et quant s'en renolerent au ciel, ce qui ne fut veu que par quelques uns qui des ja catechisez, auoient resolu de se rendre catholiques.

Les bourreaux commençoient à perdre courage pour la mort si soudaine de leur seigneur : mais la tourbe felonne et enragée de Damas, conjurée ennemie de l'estendar chrestiẽ, sçavoir la croix de Iesus-Christ atizant elle mesme le feu, fist acheuer de consumer ces corps des ja glorifiez et bien heureux.

Et deuant que le bascha estoit mort et que la ville estoit en desolation, plus d'vn cent de personnes qui clandestinement s'estoient rendus catholiques, furtiuement et aysément se sauuerent hors la ville, et firent tant par leurs lõgues iournées qu'ils vindrent au prochain port de mer, ou s'estaãt embarquez, sous ombre de trafit, arriuerent à Venise, où ils se firent baptiser en presence de tous les seigneurs de Venise.

Lecteur chrestien, voyla vne histoire miraculeuse, digne de compation, et d'vn million de cãtiques au tout puissãt, pour l'honneur duquel ces bons pères ont enduré la mort pour receuoir la couronne de gloire la haut au ciel, où nous veuille colloquer le Pere, le Fils et le S. Esprit. Ainsi soit-il.

NOVVELLE

de la venve de la royne d'Algier à Rome, et du baptesme d'icelle, et de ses six enfans, et des dames de sa compagnie auec le moyen de son depart. Le tout prins, et traduict de la copie italienne, imprimee à Milan par Barthelemy Lauinnon, en ceste année 1587. A Paris, chez Gabriel Buon, au clos Bruneau, à l'enseigne Saint-Claude 1587. — Avec permission.

Monseigneur, dimāche dernier, qui fust le quatriesme d'octobre, iour dedié à la feste du glorieux cōfesseur S. François, print port au lieu du Tybre appellé Ripa, vn brigantin tout neuf : dans lequel estoit une tres belle et tres vertueuse dame, que l'on dict estre la royne d'Algier, accompagnee de vingt deux personnes, c'est à sçavoir de huict esclaves chrestiens, et six enfants auec leurs nourrices, et autres dames ses gouuernantes, et vn frere de son mary. Ceste dame poussee de l'esprit de Dieu, ne se souciant des grandeurs et dignitez mondaines pourueu qu'elle peust acquerir le royaume eternel de paradis, se resolust depuis naguieres de quitter son mary, duquel elle estoit autant aimee, qu'autre dame qu'il eust en mariage (si l'on peut dire mariage, qui se faict ainsi parmi les payens) en estant deuenu amoureux pendant qu'elle estoit esclaue en Grece, où il l'achepta pour l'espouser. Ayant donques cōmuniqué ce sien desir à huict chrestiens esclaues, qui luy estoient donnez du roy son mary pour son seruice, et eux ayant remercié grandement Dieu, pour avoir donné à leur maistresse vne si bonne et saincte resolution, promirēt de lui garder fidelité et tenir secrette sa deliberatiō. Elle depuis requerit son mary, qu'il luy pleust de

cõmander, qu'on lui fist tout expres un brigantin, propre
pour s'aller pourmener iusques à une prochaine seigneurie des leurs, et aussi pour s'aller esgaier sur mer, cõme
est la coustume des grands seigneurs et dames : chose qui
luy fust tout aussitost accordee de son mary : cõme celuy
qui eust pẽsé toute autre chose de sa femme, que ceste cy.
Et par ainsi fust dõné charge ausdicts esclaves de faire
dresser ledict brigãtin, avec toute diligẽce et en la plus
belle forme que se peut imaginer : ce qui fust executé auec
extreme vitesse. Or cõme Dieu preste la main par aide spe-
ciale à telles entreprinses, il disposa si heureusement les
affaires que le roy son mary fust mandé de venir en la cour
du grand seigneur, par lequel mandement il fust contrainct de se partir incõtinent. Parquoy ayant dict à Dieu,
à sa femme bien aimee, et à ses enfans, auec promesse de
retourner en brief, cõme aussi elle requerit en pleurant,
il se partit. A ceste occasiõ la royne ayãt cõmandé que l'on
fist essay du brigantin desia fait, il feut trouvé fort bon,
et bien equippé. Quelques iours apres elle feignit de se
vouloir aller esbatre iusques a ladite seigneurie, pour passer l'ennuy et fascherie, que luy causoit l'absence de son
mary : ce quelle ne pult faire sans que le frere de son
dit mary, à qui elle auoit esté recommandee par le roy en
son depart, ne s'entremist à toute force à luy tenir cõpagnie.
De quoy ayant conferé auec les esclaves, ils l'encourage-
rent grandement, et l'asseurerẽt, pourueu qu'elle eust
ferme esperance au Dieu souuerain, toutes choses succe-
deroient tres-heureusement et qu'ils pourvoyroient à tous
inconueniens. Et ainsi se vestant tres richement, et se
chargeant des plus beaux et plus riches ioyaux, et entre
autres d'vne chaisne de perles grosses, rõdes, et blãches
qui apres plusieurs tours luy arriuoit iusques à la ceinture, laquelle selõ l'estime des ioyaliers de ces quartiers est

prisee plus de cent mille escus, sans le reste qu'elle porta à cachettes, afin de n'estre pas descouuerte par ses damoyselles, qui ne sçauoiët pas cette sienne intentiõ, outre vne grosse sõme d'argẽt, qu'elle auoit dõné aux esclaues pour porter en la barque. Equipee de ceste façon monta sur son brigãtin bien garny de toutes choses necessaires, soit pour le viure, soit pour la conduite du nauigage, et peu à peu vindrent à s'esloigner du riuage, faisant voile en baulte mer, de quoi s'apperceuant son dit beau frere commença de doubter du fait : de sorte que se leuant de cholere et s'escriant cõtre les esclaues, les menassa de les faire mourir, s'ils ne rebroussoient la route vers Algier. Mais tout cela ne seruit de rien, d'autant qu'ils estoient plus forts, et l'eussent ietté dans la mer, ne feust que la royne les en garda. Si luy racompta fort amiablement les raisons de son despart, et comme pour l'amour qu'elle luy portoit, ne vouloit pas permettre que lui fust faict aucun desplaisir, mais qu'elle le vouloit bien prier qu'il se contẽtast de venir auec soy, et quelle luy feroit cognoistre, combien elle l'aymoit, luy faisant conquester un royaume plus grand que celuy de son frere, entendant le paradis. Mais luy ne prenant pas en payement ces bonnes remontrances deuint comme enragé si qu'elle feust contrainte de commander de le lier et le mettre de son beau lõg au brigantin. Apres se tournant vers ses damoyselles, les conforta, remonstrant comme elles deuoient se contenter de ceste adventure, leur promettant de les cõduire en vn pays où elles demeureroient de plus en plus contentes. Ainsi doncques gaignees tant par sa doulceur et bonne grace, que par les menaces des esclaues, estant la mer calme et propice, se laisserent conduire, et bien tost apres arriuerent à Maiorque : où elles furent reçeues de l'evesque, en grand ioye et feste, comme on peut penser qu'en tel euenement on a coustume de faire, qui les baptiza toutes excepté le beau frere qui demeura obstiné, et fort mal contant de tout ce qui s'estoit passé. S'estant là reposees par quelques iours en la cité de l'île de Maiorque, et par le dict euesque estât leurs viures abondamment renforcez, singlerent vers Rome, pour recevoir aux pieds de sa saincteté sa benediction. En cest equippage ceste noble et magnanime royne auec toute sa cõpagnie aborda icy dimanche passé louee grãdement et prisee autant, comme elle a esté admiree d'vne si saincte resolution, et d'vn si grãd courage qu'elle a eu en s'exposant à tant de dãgers. Mesme que soudain que l'on s'apperceust de l'eschauguette d'Algier, que la royne passoit oustre, on la poursuiuist auec plusieurs fustes, de quoy elle estant advertie se mist à genoux, priant nostre Seigneur qu'il ne l'abãdonnasse point, comme il n'a faict, ny elle ny ceux qui ont bonne esperance en luy : et dict on que ce brigãtin ne sembloit pas couler, mais voler, et que les mariniers à peine touchoient les rames du nauire, et voguoient neantmoins d'vne extrême roideur. Ainsi dõques sans courir aultre empechement la royne et ses compagnes sont arriuees à Rome. Tout incontinent qu'elle eust prins port elle donna son brigantin à ses pauures, mais fidèles, esclaues, et la liberté quãt et quant si long temps desiree, auec une bonne somme d'argent, dont il sont demeurez riches et tres contents : et dit-on que pour recõgnoissance de leur fidelité et peine ils seront recompensez de Sa Saincteté.

La royne auec tout son train fust prinse en son brigantin par la venerable archi confraternité du Cõfalon, et ainsi conduicte iusques à Rome, et amenée à son logis, où par le commandement de Sa Saincteté auoit esté faicte toute la provision, qui estoit necessaire pour receuoir vne telle dame. Voila ce qui c'est presenté ces iours passez pour le vous faire entendre. Si autre chose survient digne de remarquer, ie n'espargneray ny peine ny papier, afin de vous seruir, selon qu'on sçay que vous desirez : et a tant feray fin à la presente, vous baisant humblement les mains, et priant le Créateur vous donner,

Monseigneur, en santé longue et heureuse vie. De Rome ce septième octobre 1587.

Vostre tres-humble et tres-affectionné seruiteur,

P. N.

HISTOIRE

veritable de la prise des vaisseaux, de plvsievrs corsaires et pirattes turcs, et sont prisonniers à Vallongne. A Paris, chez la veufue du Carroy, ruë des Cannes, à l'enseigne de la Trinité, M. DC. XX. — Avec permission.

Les iugemens de Dieu sont incomprehensibles aux hommes, et ses desseins cachez à leur entendement, ainsi que ses voyes incogn uës et releuees par dessus leurs cognoissances. Il seroit hors de propos de vouloir en ce brief narré, chercher des preuues de ceste verité plus claire que le iour mesme, trop recherchee de beaucoup de curieux esprits, mais egallement ignoree et admiree d'vn chacun. L'histoire cy apres fidellement rapportée suffira comme vn exemple rare, mais veritable de ce qui s'est passé à l'endroict de vingt et trois Turcs. I'eusse desiré que quelqu'vn eust entrepris de rapporter ceste histoire et de la mettre au iour en meilleur ordre, mais d'autant que fort peu de personnes, iusques icy, en ont esté faits participans tout au long, i'ay cru que le favorable lecteur excusera s'il s'est glissé quelques fautes.

Au commencement de ceste année mil six cens vingt, arriua que quelques nauires turcs vogans sur mer, et faisans mestier de piller et de se rendre maistres des nauires qu'ils pouuoient aborder, furent conduits, soit par l'impétuosité des vents où de leur propre volonté iusqu'en la haute mer Britannique, ou estant, firent rencontre d'vne barque, dans laquelle estoient quelques Flamans, lesquels ne se pouuant deffendre contre un si cruel et si puissant ennemy, furent contraincts de se rendre, et apres avoir pillé leur vaisseau, les mirent à bord d'un de leurs nauires et les firent entrer dedans auec eux.

Ayant passé quelques iours ensemble il s'éleva vne furieuse tempeste et un impetueux tourbillon sur la mer, par lequel les nauires turcs furent séparés les vns des autres, si bien que esgarez en ceste façon, celui dans lequel estoient les Flamans et ensemble vingt et trois Turcs fut ietté par la tourmente, en la coste de la basse Normandie.

Les Turcs ne sçachans quelle route auoient prins les autres nauires et ignorans de la coste où ils estoient, voyant la mer plus calme, demanderent aux Flamans en langue espagnolle (le maistre du nauire turc parloit un peu l'espagnol) s'ils estoient loin du Haure de grace.

Alors les Flamans qui recognoissoient bien le lieu où ils estoient, désirans se servir de l'occasion que Dieu leur presentoit, pour s'affranchir de l'esclauage de ses infidelles, qui les avoient desia grandement tourmentez, dirent aux Turcs (encor qu'ils fussent à plus de quarante lieuës du Haure de grace), que le port qu'ils voyoient estoit le Haure de grace et que s'ils vouloient mettre pied à terre ils trouveroient là des rafraichissemens.

Le lieu qu'ils voyoient est vn petit port de mer nommé Omonuille, non gueres loin d'une petite ville et port de mer qui s'appelle Cherbourg. Adonc quelques vns des

Turcs sortans du bord avec un des Flamans, descendirent à terre, et entrant dans le village, les Flamãs au lieu de demander des viures, commencerent à raconter leur fortune et à demander des secours afin d'arrester les Turcs et leur nauire.

Et s'estant assemblé quelque nombre de personnes pour ce subject, l'on fit aborder leur nauire, duquel s'estans rendus maistres, apres s'estre saisis du reste des Turcs, les menerent auec les autres au logis d'vn gentil-homme de ce quartier, dont on les fit conduire en ladite ville de Cherbourg prisonniers pour leur faire leurs procez, cependant les Flamans resiouys d'estre eschappez se mirent en chemin pour retourner en leur pays.

Ces Turcs ayãt esté detenus peu de tẽps prisonniers, l'on vit que leurs affaires ne s'aduançoient pas tant, et sçachant que quand on les mettroit dehors de prison, on ne deuoit craindre qu'ils se peussent eschapper, parcequ'ils n'entendoient le langage, ny ne sçauoient quel chemin prendre, on les laissa sortir hors de prison, en attendant que l'on aduiseroit à leur condamnation. Durant lequel temps quelques gentils hommes en retirerent quelques uns en leur logis, les autres se promenoient par les champs.

Quelque temps apres, leur capitaine ou maistre du nauire, soit pour auoir esté conducteur de ces pirates et volleurs, ou pour quelqu'autre meschanceté, fut conduit à Vallongnes, ville esloisgnee de Cherbourg d'enuiron quatre lieuës, et là apres avoir esté examiné et conuaincu, fut condamné par monsieur le lieutenant en l'admirauté, à estre pendu et estranglé, et lorsqu'on luy eut fait lecture de la sentence de mort donnée contre luy et que par un truchement on luy eut fait entendre le contenu d'icelle, il dit en langage espagnol qu'il en appelait au parlement de Rouën.

Mais les reuerends peres religieux de l'ordre des Mathurins furêt aduertis de ces nouuelles, lesquels faisans profession de rachepter les pauures chrestiens detenus par les Turcs infidelles, delibererent d'enuoyer et enuoyerent des l'heure mesme vn de leurs religieux en ladite ville de Vallongnes, auec requeste à messieurs de la Iustice, de vouloir deliurer audit religieux les susdits Turcs, afin que par ce moyen les conduisant en leur pays, on retire en échange d'iceux quelque nombre de chrestiens. De quoy aduerty celuy qui ja auoit condamné et auoit appellé de sa condamnation, promit que, si on le vouloit remener à son pays, il feroit rendre vingt chrestiens pour luy seul.

On tient, que ledit religieux sera ouy en sa requeste comme tres-équitable et que les vingt et trois Turcs luy seront baillez pour une si bonne fin. Ce qui reussira à l'honneur de Dieu, luy qui de la meschãceté de ses infidelles, sçait tirer le bien de la délivrance des chrestiẽs qui le loueront éternellement, et qui tout le reste de leurs iours, beniront le zele et la saincte affection des reuerends peres Mathurins, pour le soin qu'ils ont de leur deliurance et de celle de tous les autres captifs.

LA CONVERSION

dv plvs grand roy des Indes orientales à presant regnāt à la foy catholique. — Avec six milles habitants de son royaume par les reuerends pères de la compagnie de Iesus. Auec la lettre par lui escripte au roy d'Espagne sur le subiect de sa conuersion. — Ensemble les ceremonies qui ont esté faictes à son baptesme et les miracles qui y sont arriuez. — Nouuellement traduict d'espagnol en françois par le sieur de la Richardiere. — A Paris. Sur la coppie imprimée à Bourdeaux par Simon Millange, imprimeur du roy en ladite ville. 1621. — Avec permission.

Le premier royaume qu'on trouue, venāt du Portugal, est celui de Ialofes, lequel commence du costé du nort, à la riviere de Zauaga, qui le sépare de celuy des Mores de Barbarie, et du ponant, il confronte auec la mer oceane, du leuant auec les Iolfes negres, qu'on appelle Fulos, Gasallos; et du sud, auec les peuples nommez Berbeeres.

Ce royaume est fort grand, car il contient de l'est à l'ouest, qui est quelques 225 lieues de ce pays là, il est tres abondant en toutes sortes de viures, et de tout ce qui est nécessaire pour les créatures humaines.

Le roy de ce royaulme est fort puissant, et riche en or. Les gens de ce pays quoyque noirs de couleur, sont neantmoins bien proportiōnés en leurs membres, et ordinairement vaillans soldats, mais surtout grands cavaliers.

Iadis les Portuguais traffiquoient en ce royaume auec grand proffit, mais à present les peuples septentrionaux, comme les Anglois, Hollandois et autres, ont usurpé ce commerce, y allant comme en port assuré, tant pour traffiquer auec les Iolfes, que pour de la dresser leur routte vers le Brasil et les Indes.

Ce commerce est principallement entretenu par certains Portuguais qu'on appelle *Tangos Maos*, ou *Lancados*, car quoyqu'ils soient Portuguais d'extraction, ils viuent aussi barbarement qu'eux, et comme ils n'auoient iamais receu le sacrement du baptesme, ny la loy de nostre Seigneur, de façon qu'ils suiuent leurs mœurs et façon de faire barbaresque, pour leur complaire d'auantage, et se mesler plus aysement auec eux.

En quelques endroicts ils vont tout nuds, comme eux, et se font inciser à leur mode et déchiqueter la peau du corps de diuerses figures, cōme de lesards, et autres animaux, et puis oygnent leur playes, auec certain suc et ius d'herbes, qui fait que ces marques paroissent toutte leur vie.

Or jaçoit que les Iolfes gardent plusieurs ceremonies de la secte de Mahommet, à cause du voisinage, qu'ils ont auec les Mores : si est ce qu'auec cela les peuples de ce royaume sont fort faciles, à conuertir à la foy chrestienne et catholique, et il ne faut point doubter que s'ils auoiēt quelques vns qui leur preschassent d'ordinaire, on y gagneroit beaucoup d'ames à nostre Seigneur.

La facilité de leurs concessions a esté tres manifeste, en ce que ce caresme dernier quelques deuots religieux, de la cōpagnie de Iesvs, estāt abordez au port que l'on nomme le port de la Croix, qui est le principal de ce royaume, n'eurent pas si tost fréquenté ces peuples barbares, que peu à peu ils en atirerent à la foy catholique en moins d'vn mois plus de trois mille, et voyant ces peres religieux les moissons qu'il faisoient de ces ames à Dieu, ils continuerent de rentrer plus avant en ce royaume, poursuiuant touiours leur deuote entreprise.

Si bien qu'estãt arriué en la principalle ville nõmée *Guinals*, qui est située en vne isle esloignée de la terre ferme enuiron vne lieue et demie, au millieu d'un bras de mer, or en ceste isle il y a vne idolle qu'on appelle *Gamassano*, et ceux qui passent par là redoutent fort ceste idolle; de peur qu'il ne mette leur nauire à fond, ils luy offrent, quand ils sont vis à vis de l'isle, du ris (qu'ils iettent en la mer) ou de l'huyle, et d'autre chose qu'ils portẽt.

Le roy arriua en ceste isle (comme les peres y estoient) pour faire sur une haulte roche qui est proche d'icelle, des sacrifices de cheures, de poulles viues et austres animaux, à l'idolle Gamassano.

Les peres ayant eu aduis que le roy estoit là ce transportent en iceluy lieu, et si arreterent quelque espace du temps soubs l'hombre des arbres fort haults et touffus qui sont en ces endroits. Le roy auait en sa compagnie quelques chrestiens lesquels se promenoiẽt par ceste isle pendãt que l'õ faisoit les sacriffices et vinrent à faire rencontre des peres et les acosterent. Apres quelques deuis, ces chrestiẽs leurs dirent que le roy seroit tres cõtent de les voir, et que s'ils desiroient cõmuniquer auec luy, qu'il luy en dõneroient aduis ce qu'ils accorderent.

Incontinent le roy eut aduis qu'il y auoit des peres religieux chrestiens proche, incontinent commanda que l'on les amenast par deuers luy, auec grande asseurance qu'ils n'auroient point de mal. Les peres le vont donc trouuer, et auec lesquels Sa Maiesté print un extreme plaisir de les entendre discourir de la foy catholique, et eut tellement pour agreable leur conuersation qu'il presta fort l'oreille, à se rendre des enfants de Dieu, et à receuoir le saint sacrement de baptesme, de ce que il print resolutiõ de faire.

Ceste resolution estant prise il montra beaucoup d'affection enuers les misteres de nostre foy, prenant vn singulier plaisir d'assister aux offices diuins, et d'entendre les sermons et exortations, que les peres faisoient publiquement, et les propos qu'ils tenoient sur la verité de la religiõ chrestienne.

Il se trouva à un baptesme, qu'on fit de plusieurs personnes, entre lesquelles estoit un icune homme qu'il auoit amené quant et luy qu'il affectionne particulierement : lequel apres ce baptesme il recommanda à vn Portuguais, homme d'honneur, afin qu'il l'elevast et instruisit luy promet tant recompensé pour ce faire.

Ce roy auparauant que d'estre baptisé et estre faict chrestien, il remarquoit tout, et s'emerucilloit de chasque chose, mais principallement des ceremonies de la sepmaine saincte, il faisoit promesse au pere que il ne seroit pas si tost de retour en la cappitalle ville de son royaume qu'il y feroit bastir une esglise, qui seroit la plus belle et la plus ample de tous ces cartiers à celle fin que la compagnie de ces peres religieux y allast demeurer et baptiser tous ces subjects et vassaux.

Mais apres qu'il eut reçu plus grãdes graces du ciel, il se mit du tout entre les mains des peres, les prians instamment de le baptiser, comme aussi sa femme laquelle desiroit fort estre chrestienne, ce qui luy fut accordé, et le iour de son baptesme arresté.

Cependant on lui fit des habits conformement à sa dignité royalle, et à la liberalité du capitaine des Portuguais qui deuoit estre son parrain. Vne infinité de gens de tout le royaume accoururent à son baptesme, lequel fut celebré auec grande magnifience et appareil; on luy imposa le nom de Michel à cause qu'il fut baptisé le iour et feste de l'archange sainct Michel : lequel fut employé en festes et resiouïssances d'où sensuit un tres-grand bien, pour ce que ceux qui s'y trouuerent presens en emporterent les nouuelles en d'autres royaumes.

Ce roy Michel outre les graces et faueurs spirituelles qu'il a receues à son baptesme ; Dieu lui en a faict encore de corporelles, dont il ne cesse de remercier la diuine bonté car, estant auparauant malade d'vne maladie qu'on tenait pour incurable, dont il estoit fort triste et désolé, d'autant que non seulement elle le menassoit de la mort mais encore le priuoit de la conuersation des hommes, à cause de la puanteur qui en sortoit, incontinent qu'il fut laué et baygné dans ce diuin lauoir du baptesme, il receut comme vn autre Constantin, la guarison de l'ame et du corps, tout ensemble, et se vit libre de ceste malladie, comme luy mesme le declara aux peres, et le preschoit partout aux endroicts la où il se trouuoit loüant le pouuoir diuin, et detestant la confiance qu'il auoit mise aux idoles.

LETTRE

De Dom Michel roy des Iolphes aux Indes orientales.
Av roy d'Espagne. Sur le subiect de sa conuersion.

Ie Dom Michel roy des Iolphes, rends infinies graces à Dieu tout puissant createur du ciel et de la terre et de touttes autres choses, pour vne grande grace, qu'il m'a faicte, de deliurer mon ame des tenebres, esquelles elle estoit, et de mesclarcir de sa lumiere, pour cognoistre et receuoir sa saincte foy. Ie remercie aussi V. Maiesté, de m'auoir enuoyé des personnages qui me declarassent la faulceté des idoles, ausquelles ie croiois, et la verité de loy chrestienne et qui me baptisassent; bref mont faict enfant de Dieu, l'estant auparauant du diable, et le mesme, à ma femme, freres et enfants, et à quelque six milles et plus de mes subiects. I'estime tant ces venerables peres que quãt ils vont à d'autre royaume pour instruire et conuertir d'autres Roys, mon cœur demeure sans eux si triste comme le voiageur, quant le soleil se cache, et le laisse à l'obscur au milieu d'vne forest. Les peres sont tellement occupés qu'il leur est ne pas possible de demeurer en tant de lieus. Ie vous prie de me faire ceste faueur que d'en envoyer d'autre de leur ordre, qui leur aydes à porter à d'autres royaumes le feu du ciel, ce mien royaume est fort grand, le pays fort sain, et plantureux : ie désire fort que les vassaux de Vostre Maiesté y viennent, et le cultivent, bref se seruent d'iceluy et des choses qu'il y a. Et afin qu'ils y viuent en seureté, ie leur doõne pouvoir de bastir vne forteresse au port nommé la Croix, la ou les corsaires ennemis de Dieu, et de Vostre Maiesté viennent surgir et faire aiguade.

Nostre Dieu et Seigneur, donne à Vostre Maiesté autant d'années de vie qu'il y a de grains de sable en la mer, et d'estoilles au ciel, à fin que nous viuions tous sous l'ombre de Vostre Maiesté, pour la deffence de ce mien royaume.

De Iolphes aux Indes orientales, ce 27 auril 1621.

LES PLAINTES

et iustifications du grand Turc au Roy sur tout ce qui s'est passé en Turquie entre les Francois et les Anglois le mois de iuillet 1620. *Suiuant la lettre escrite par le Grand Turc à Sa Majesté le* 27 *aoust dernier. Traduit de langue turque en francois par Baltazar de Sallaire prouencal truchement de l'ambassade turque, presentée à Sa Maiesté le* 14 *septembre. — A Paris, iouxte la copie imprimée à Poictiers par Pierre Poyrier imprimeur demeurant deuant les pères Iesuistes.* 1620. *Auec permission.*

Moy qui suis, par les infinies graces du iuste, grãd, et tout puissant Créateur, et par l'abondance des miracles du chef de ses prophetes, Empereur des victorieux Empereurs, distributeur des Couronnes aux plus grands princes de la terre, scruiteur des deux tres-sacrées et tres-augustes villes, Meque et Medine, Protecteur et gouverneur de la saincte Hierusalem, Seigneur de l'Europe, Asie et Affrique, conquises auec nostre victorieuse espée, et espouuantable lance ; à sçauoir des pays et des royaumes de l'Asie, de la Natalie, de Caramanie, Dimanie, d'Égypte, et de tout le pays des Parthes, de Cars, des Georgiens, de la Porte de Fer, de Tiflis, de Siruan et du pays du prince des Tartares, nommez Cerim, et de la campagne nommée Dest Cipchac, de Cypre, de Leul-Caderie, de Chereseul, de Diarbeguier, Dalep, de Rom, de Darzeron, de Damas, de Babylone demeure des princes de Cioufe, de Basera, d'Égypte, de l'Arrabie-Heureuse, Dabs, Daden, de Thunis la Goulettes, Tripoly, de Barbarie, de plusieurs autres païs, villes, royaumes et seigneuries, cõquises auec nostre puissance imperiale, Seigneur des mers Blanche et

Noire, et de l'expugnable forteresse d'Aigria, de tant d'autres diuers pays, isles, destroits, passages, peuples, familles, generatiõs, et de tant de cent milliers de victorieux gens de guerre, qui reposent soubs l'obeïssance et Iustice de Moy, qui suis l'Empereur Ossemann, fils de l'Empereur Mehemet, de l'Empereur Amurat, de l'Empereur Selim, de l'Empereur Baiazet, de l'Empereur Mehehemet, de l'Empereur Amurat, etc. Par la grâce de Dieu, recours des grands princes du monde, et refuge des honorables Empereurs. Au plus glorieux, magnanime et grand Seigneur de la créance de Iesvs, le plus Ivste éleu entre les princes du Messie, Médiateur des differents qui suruiennent entre le peuple chrestien, Seigneur de Grandeur, de Maiesté, de Force et de Richesses, glorieuse guide des plus grands.

LOVIS XIII.

Empereur de France, que la fin de ses iours soit heureuse.

Depvis l'arriuée de nostre Jmperialle marque, il sera pour aduis à Vostre Majesté, que par cy deuant vostre ambassadeur qui reside à nostre soueraine Porte, nous fit entẽdre que les Anglois, soubs pretexte d'estre nos confederez, viennent par les mers de nostre empire, y prenãt et depredans vos subiects, ceux de la republique de Venize, et autres marchands qui nauigent sobs vostre Baniere, s'estans aussi plaints que les corsaires de nostre pays de Barbarie font le semblable, sans auoir esgard à l'ancienne amitié qui se conserue entre nos Maiestez.

Pour ceste cause nous auons escrit vne lettre au roy d'Angleterre dont nous vous auons fait part, comme aussi des cõmandements que nous auons faits. Depuis est arriué à nostre supresme Porte vn des vostres auec vos lettres, par lesquelles nous auons recogneu que la nostre ne vous auoit encore esté renduë, à la continuation des corsaires anglois, et de Barbarie sur vos subiects. Ayant bien consideré le reste du contenu, nous desirons que vous ne doubtiez nullement que c'est contre nos intentions que ceux qui dependent de nostre obeyssance molestent les subiects de Vostre Maiesté, en s'vnissant auec les pirates anglois, pour participer à leurs butins et larrecins. Aussi ayã̄t appris par vostre lettre que nostre vice-roy de Thunis, Mustapha-Bassa, estoit de ceux qui s'entendent auec lesdits Anglois, nous l'auons priué de son gouuernement auec cõmandement de nous venir rendre compte de ses actions à nostre grande Porte, et auons establi en son lieu vn autre vice-roy, auquel nous auons expressément cõmandé d'empescher qu'en aucune façon vos susdits subiects traffiquans par les lieux de nostre obeyssance, soient molestez.

Nous auõs priué Soliman-Bassa, nostre vice-roy d'Alger, pour les mescontentements qu'il a donnez à Vostre Maiesté, et commandé qu'il aye aussi à venir rendre compte de ses déportements, ayant mis en son lieu vn autre vice-roy fort pratic, qui sçait et recognoist le respect qui se doit à l'ancienne amitié des nos Maiestés, nommé l'Albanois Moussy, duquel Dieu augmente la dignité.

Nous auons aussi ordonné que Cerdan-Bassa, cy-deuant nostre vice-roy, aye à venir deuant le tribunal de nostre iustice pour s'en estre plaint il y a quelque temps, vostre ambassadeur et tres-expres commandé à l'admiral de nos mers, Sinã, Bassa, de nous faire amener les vns et les autres.

Nous auons de plus, selon vostre priere, pour arrester le cours des volleries et pirateries des Anglois, enuoyé tres-expres cõmandement à tous les gouuerneurs de nos haures, ports pour faire vne exacte recherche de tous les vaisseaux et des nations chrestiennes qui arriuoient ès lieux de leurs gouuernemens de voir notamment quelles marchandises ils apporteront, et en quels lieux ils aurõt chargés, leur enjoignant de faire paroistre par temoins quel est leur desportement, et au cas qu'ils soyẽt contraires à la preuue qu'ils produiront se trouuãt malfaicteurs et que les marchandises qu'ils portent ayent esté prises ès courses, qu'ils soient retenus auec leurs vaisseaux, et de ce qui se trouuera dedans, qu'il en soit donné aduis à nostre grand-Porte.

Nous auons aussi ordonné à nos vices roys de Barbarie et autres nos subiects officiers qu'ils se gardent de permettre à qui que ce soit d'aller en course sans prendre bonne et suffisante caution d'eux, affin qu'ils ne permettent actes contre la foy publique au dommage de vos subiects et pour plus de facilité, que les pleiges ayent d'estre responsables et tenus de representer leurs malfaicteurs.

Prenez donc croyance que c'est contre nostre volonté que vos subiects sont mal traitez par les lieux de nostre obeïssance.

Quant à ce que desirez qu'il se face une rapresaille sur les marchands anglois, pour payer les dommages que vos subjects ont receus de ceste nation, il m'a semblé nécessaire d'attendre la response dudit roy d'Angleterre, lequel tardant d'enuoyer vn ambassadeur au seuil de nostre heureuse Porte pour renouueller l'amitié commune auec son royaume, et marquant au semblable de se rendre soigneux d'empescher que ses subjects ne commettent plus tant de mesfaits, ils ne facẽt des courses par les lieux de nostre obeïssance. Suiuant la promesse que nous auons cy-deuant faite à Vostre Maiesté, nous ferons retenir tous les Anglois qui se trouueront par nostre empire, faisant repressailles sur eux pour l'entiere valeur de ce qui aura esté vollé et depradé à vos subjects, les faisant chastier comme separez du nombre de ceux qui sont confederez à vostre altesse.

Vostre Maiesté trouuera bon de sa part à l'imitation des Empereurs ses Ayeulx de faire cas de nostre amitié, et de la conseruer cheremẽt, empeschãt qu'aucun de vos subjects n'ait à seruir nos cõmuns ennemis, ayant appris que beaucoup d'iceux, contre le deuoir qui se doit auec nostre dite amitié, vont au seruice du roy de Vienne, tels ne me font pas seulement de seruice, mais si vous le considerez vont au seruice des ennemis de uostre Graudeur.

C'est pourquoy vous vous deuez peiner d'empescher leur allee, et arriuant que quelqu'vn y aille contre vostre commandement et volonté, vous deuez faire confisquer tous leurs biẽs, et retournant au lieu de vostre obeïssance les faire chastier, afin de seruir d'exemple aux desobeïssans.

Escrit en nostre grande et vertueuse Porte, au commencement de la lune rebouleuel, c'est à dire sur la fin du mois d'aoust dernier.

RELATION

véritable du combat et prise de deux galions du roy de Thunis, dr octobre 1628. Par les galeres de Malte, commandées par monsieur de Cremeavlx, mareschal de la religion, et general desdittes galeres, le dernier iour d'octobre, mil six cents vingt-huict. — A Lyon, par Iaqves Rovssin. M. DC. XXIX. Avec permission.

Le troisieme septembre de ceste année mil six cent vingt-huict, monsieur le mareschal de Cremeavlx, general des galeres de Malte, eut ordre de monseigneur le serenissime Grand-Maistre, de s'en aller en Sicille, où estant arriué demeura deux ou trois iours à Palerme. En partant, il alla attendre les galeres de Biserte aux isles de Sainct Pierre, où elles deuoyent passer, si les galeres de Florence n'eussent eu le bonheur de les rencontrer le cap en terre : et par la prise qu'elles firent de deux d'icelles, contraindre les trois qui restoyent, de se sauuer par vn autre chemin, en Barbarie.

Le viceroy de Sardaigne en donna le premier aduis audit sieur general, qui se voyant priué de son attente, print resolution de se retirer à Malte, n'ayant pour lors, en tout son voyage, fait autre rencontre que d'un vaisseau de corsaires de Barbarie, qu'il print sans grande difficulté.

Estant arriué à la Lycate, le capitaine du lieu luy donna aduis de deux vaisseaux : et le lendemain sur le poinct du iour, la garde les descouurit à plus de trente milles loing.

Les vents estoyent si contraires, et la mer si grosse, que personne ne iugeoit à propos de les aller recognoistre.

Les esclaues estoyent demy-morts au rang. Ils auoyent proïyé toute la nuict, et leur estoit impossible de faire vn nouueau effort. La difficulté du canal à passer les bourasques qui y regnent en ce temps-là, et le voysinage de Barbarie, faisoyent aprehender aux mariniers quelque fascheux accident si l'on entreprenoit ceste chasse.

Tovtes ces raisons representées audit sieur general, il ne laisse pourtant de se fortifier en sa resolution, l'occasion se presentant, de faire resentir à ces Barbares vne iuste vengeance de leurs iniustes et cruelles voleries : et ayma mieux s'exposer au danger, en satisfaisant à son deuoir, que s'asseurer en manquant à son honneur.

Apres en auoir aduerty les capitaines, il commanda d'arborer l'estendart, et à force de rames et de voiles fait haster sa galere. D'ailleurs il fait faire fumée et tirer le canon ; povr iuger par la respouse, s'ils estoient ennemis. Mais ces Barbares presentants ce qui leur deuoit arriuer, respondent sans balle, et se faignent estre amis, esperants que le temps, qui nous estoit contraire, nous diuertiroit de les attaquer : et que nous suiurions nostre chemin, et ainsi ils pourroyent eschaper le malheur qui les menaçoit.

Ces ruses toutesfois ne peurent diuertir ledit sieur general de continuer son dessein : et sa galere deuançant les autres de cinq à six milles, se rendit la première à la portée du canon desdits vaisseaux. Incontinêt la falouque fut mise en mer, pour les aller recognoistre. Mais les ennemis se voyants espiez de trop pres, se declarerent ouuertement. Sam-Raïs, et Courte-Raïs, corsaires des plus fameux de Barbarie qui commandoyent ces vaisseaux, font tirer deux canonades auec la balle. Le sieur general en fait tonner deux autres pour responce, et continue à faire foudroyer le reste de son artillerie, iusques à la venuë des autres galeres.

Comme elles furent arriuées, il donna promptement ordre au sieur commandeur de Noilham, capitaine de la Patronne, d'en inuestir vn, auec les galeres de Sainct Anthoine et Saincte Rozollee, commandées par les sieurs Macedonio et Mignarelli Italiens, et luy se tint au premier, qu'il auoit attaqué, accompagné du commandeur de Ligny et de Dom Brandam, capitaines des galeres Sainct Charles et Saincte Marie.

Les ennemis, de leur costé, se mettent en deuoir de se bien defendre, et se tenants asseurez dans la grandeur de leurs vaisseaux, comme dans les murailles d'vne forte ville, ne donnoyent point d'esperance d'vne issuë heureuse de ce combat. Car quand il eust esté entreprins par vne armée de soixante galeres, elles eussent creu auoir fait beaucoup, d'en estre victorieuses.

Ce qui pourtant n'estonna point les nostres, quoy qu'ils eussent en veuë soixante pieces de canon : et le ciel d'ailleurs favorisant l'ennemy. Mais Dieu voulut qu'en vn instant la mer s'abonassa, et rendit ces grosses masses de bois immobiles. Ce qui donna sujet au general, voyant aussi la nuict s'approcher, de s'haster; tellement que sa galere, et deux autres qui l'acompagnoyent, s'attacherent hardiment au combat. Cette attaque très-furieuse fust viuement sostenuë par l'ennemy, son artillerie battant si redement nos galeres, qu'elles furent proches de se mettre en desordre, cependant on ne voyoit qu'vne gresle espoisse de fleches et de mousquetades : et les volees de canons tirees d'vne part et d'autre, si pressees, qu'on n'eust pas loisir de recharger : veu que les approches les auoyent desia obligez d'en venir aux mains.

Tovs le capitaines firent leur deuoir à exhorter leurs soldats de bien faire, et à disputer genereusement ceste conqueste. Courte-Raïs de son costé, auec cent soixante hommes en couuerte, défendoit courageusement son vaisseau ; ce nonobstant nos galeres s'accrocherent, et soudain nos soldats franchissants hardiment les rambades, se rendirent maistres du vaisseau ennemy.

Le sieur commandeur de Noilhan, capitaine de la Patronne, considerant que ce vaisseau estoit desia remis, et qu'il n'auoit pû attaquer celuy qu'il auoit ordre d'inuestir, auec les galeres, que les sieurs Macedonio et Mignarelli commandoyent, parce qu'il s'estoit mis à couuert de celuy que môsieur le general combattoit, qui taschoit de se sauuer à la faueur du vent, vn peu rafraichy ; lors tous ces braues capitaines font à qui seroit le premier à l'aborder. La galere Sainct-Anthoine fait la premiere attaque et Saincte Rozollée la seconde, de telle furie, que le combat fut icy plus rude qu'ailleurs, chacune desirant ardemment d'emporter la victoire. Elles furent neantmoins repoussees ce coup là ; mais ces deux tres dignes chefs italiens piquez de ceste rechasse, lorsqu'ils croyoyent estre desia maistres du vaisseau, animent leurs gens à vne seconde attaque. Cependant les Turcs, quoy qu'ils fussent mal traittez voyants derechef approcher la Patronne, se mettent en deuoir de se bien defendre. Elle tire par deux fois toute son artillerie, fait iour à trauers ceste masse, s'approche, vint aux mains, attaque, inuestit, et acroche l'ennemy. Ainsi, auec fort petite perte de soldats, elle eut aussi bonne part à ceste victoire, que les deux autres galeres, qui firent les premieres attaques.

A ce second combat, esloigné du premier d'enuiron deux milles, monsieur le general poursuiuant la poincte de sa victoire, redoubla ses efforts, pour retirer quelques soldats : et porté du mesme courage et valeur, fist promptement faire voile sur les autres trois, pour leur donner secours. Elles voyants paroistre leur chef, r'attaquent le

Barbare, et l'emportent genereusement ainsi qu'il s'approchoit, qui fut enuiron une heure de nuict, qui occasiõna monsieur le general de mettre sur le dit vaisseau six cheualiers, et nombre de soldats, pour le garder le reste de la nuict, luy seul le remorquant auec sa galere, iusques aux bouches des ports de Malte.

Ledit general auoit pour capitaine sur sa galere, le commandeur de Chissay, homme de sens, valeur et grande pieté, qui contribua beaucoup à ceste victoire : et le cheualier de Sainct Geruasy, son lieutenant, outre qu'il combattit très bien de sa personne, il fut encore enuoyé sur le vaisseau de Courte-Raïs, pour le rendre entièrement à nous, sur la Patronne, et sur Sainct Charles estoyent lieutenants les cheualiers de Pressiac et de Tirefon, qui firẽt voir qu'ils sçauoyent commander et combattre.

Ie ne particularise les autres cheualiers, qui ont tous parfaitement bien faict, ie m'en remets au deuoir, que les annales de l'ordre rendrõt à leurs merites. Bien desireroy-ie que le lecteur considera par ceste rencontre, que ne pourroit ceste milice contre le Turc, si elle estoit assistée. En quatre mois que ledit sieur general de Cremeaulx a nauigé, depuis qu'il est en l'exercice de sa charge, il a pris sur les infideles cinq vaisseaux de guerre, huictante pieces de canons, quatre cents soixante-six hommes : et deliuré de leur ioug, et oppression, deux cents ames chrestiennes.

Ce combat se fist le dernier iour d'octobre, veille de la feste de tous les Saincts ; auquel le capitaine de la galere Sainct-Anthoine, Italien, de la maison des Mignarellis, digne d'eternelle memoire, laissa la vie, en faisant le deuoir de sage et valeureux capitaine. Parmy les chrestiens, il ne s'en est trouvé de morts que trente-deux, et cinquante de blessez. Six cheualiers y ont aussi esté tuez et plusieurs de blessez. Du costé des Turcs, soixante-quatre y ont perdu la vie, et trois cents leur liberté, laquelle a esté renduë à septante chrestiens, qui estoyent esclaues dans les vaisseaux de ces Barbares.

Il y a dans l'histoire beaucoup de batailles, de victoires, de sieges, de prises de villes, bref, de genereuses et mémorables actions de ceux qui ont excellé en ceste religion, aux siecles passez : si faut-il adouër que s'ils retournoyent sur terre, ils seroyent affligez de n'avoir pû faire durant le cours de leurs vies, qui merita d'estre mis en comparaison auec l'heureux succez de ce combat et signalee la victoire.

Victoire, qui est grandement glorieuse à toute la chrestienté, mais particulierement à la France, ayant esté si prudemment conduitte et valeureusement executée par vn general et autres chefs et capitaines la plupart françois, au mesme temps que nostre roy très victorieux est entré triomphant, auec son armée, dans sa ville de la Rochelle, après vn siege de quinze mois.

ADVIS

moderne de l'Estat et grand royavme de Mogor, situé entre la Tartarie, l'Inde et la Perse : de la personne, qualité et maniere de viure du roy et du prince son filz et de ses peuples, et des bons signes et espoirs qu'ilz donnent, de se conuertir à la foy chrestienne, et autres singularitez des païs. — A Paris, par Philippe Dupré, imprimeur et libraire juré en l'vniuersité de Paris, demeurãt à la rüe des Amendiers, à l'enseigne de la Vérité, 1598.

Ceux qui ont escrit cy deuant des Indes orientales, ont touché quelque mot du grand desir que mõstroit le roy de Mogor d'estre instruit en nostre foy chrestienne, et qu'on lui declarast particulierement en quoy elle consistoit, et surquoy elle se fondoit; afin qu'il se peut resoudre à ce qu'il auoit à tenir et croire pour son salut. A cest effect dès l'an 1552, lui furẽt enuoyez du lieu de Goa quelques deuots prestres, et y en retourna quelques autres en l'année 1591. Mais pour diuerses occasions ne pouuant si tost paruenir à l'effect desiré, se retirerẽt, et n'y sont retournez qu'en l'ãnée mil cinq cens quatre vingts quinze sur l'instance que le roy en a reiteree, donnãt à entendre qu'il perseueroit en son premier et louable desir. Et afin que tous desireux de l'exaltatiõ de la saincte foy recommandent à Dieu cet affaire en leurs prieres, il ne sera hors de propos de leur faire entendre quelques particularitez de ce roy de Mogor, et de son royaume, selon que par lettres et relations nous en a esté donné suffisant tesmoignage.

Ce roy se nõme Mahomet Zelabdin, et en nom propre Echebar, et descend de droite ligne en distance du huictiesme degré de ce grand Tamburlan, surnommé le fléau de l'ire de Dieu : de qui les historiens font tant de bruit : et lequel ayãt vaincu en une grãde iournée, Baiazeth premier de ce nom empereur des Turcs, le fit son prisonnier, l'êferma en vne cage de fer, le pourmenãt lié de chaisnes d'or par toutes les terres de son obéissance, et quand il disnoit, il lui iettoit quelques morceaux de sa table, comme à un chien, et pour aller à cheual se seruojt au lieu de montoir et de marchepié, de l'eschine de ce prince misérable.

Le lieu de la naissance d'Echebar, c'est la province Chaquata, les habitants de laquelle sont Turcs, et non Parthes, ni Tartares, et vsent assez grossierement de la langue turquesque, les courtisans de la persienne, auecque pronunciation un peu bastarde : mais les plus lettrés penettrent iusques à l'arabesque qui est celle en laquelle sont escrits l'Alcoran et autres livres de leur loy telle qu'elle est.

Ceste contree est voisine de la Perse, regarde la Tartarie, du côté du north, dõt le grãd Tamburlan se faict le plus redoubter, et confine à l'Inde ver le midy : mais vers le leuãt, elle regarde cette partie qui attouche à Calecut, à la Chine et au golphe de Vengale, et se borne de deux fleuues fort célèbres : l'Inde qu'en leur barragoin ils nomment Seiud, le Gange qui n'a perdu sa dénominatiõ, qui est le département où l'on dit que saint Barthelemy a presché.

Ce roy si desireux de nostre religion peut auoir attaint cinquante sept ans ou environ en ceste annee 1597 ; il est robuste de corporãce, de stature médiocre, il porte vestemẽs brodez et tissus d'or, la sotãne de soye noire iusques au genouil, la chaussure d'vne façon bizarre, dõt il semble le premier inuenteur, le turban orné de grosses perles orientales, qui luy battent le front, le cimeterre sur le flanc, enuironné de ses gardes et autres domestiques qui se changent d'heure à autre.

Des trois enfans l'aisné qui est le prince de la ieunesse, héritier désigné du pais et qui peut estre à présent aagé de XXXI ans se nommé Sciccco, auquel on met au deuãt ce nom de Dom, comme il se fait en quelques païs en deçà, et par honneur on y adjoute à la fin ceste syllabe gio, qui signifie ame, et par ainsi ils le nomment vulgairement Scicccogio, qui vaut autant à dire comme l'ame en la personne de Sciecco. Le secõd fils s'appelle Pathari, qui peut estre de vingt huit ans, et est fort curieux d'apprendre des marchans qui y abordent la langue portugaise, et auecq cela les principes de nostre foy, à laquelle il se monstre fort affectionné, et est pour y faire grãd fruict veu son bõ naturel. Le troisiesme et plus jeune, se fait nommer Dan ou Daniel. Et a le pere de quoy les appannager fort amplement, comme seigneur qu'il est de plusieurs belles terres et royaumes, qui sont proches les vns des autres : dont le plus grãd est celuy d'Indoustã, le royaume d'Agra, celuy de Mẽdao tresancien, qui a sa principale et plus celebre cité de dix ou douze lieuës de circuit, assise sur une colline embellie d'infinis beaux palais et édifices, pour cõtrecarrer la pompe, et l'antiquité de Rome en ses plus hautes victoires et spsperitez, les autres principaux royaumes sont celuy de Lahor, où la cour fait sa plus ordinaire résidẽce, celuy de Changace et celui de Cambaya tirant vers le Ponent, qui est des dernieres conquestes de ce roy, qui a encores d'autres roys soubz soy de religion païenne et autres qui le suiuent en sa cour partie domptez et subiugez en guerre et partie ses vassaux et tributaires de leur franche volonté ou de crainte de pire traictement ; et n'y en a pas vn qui ne se peut biẽ parangonner au roy de Kalecvt, soit de ceux qui l'assistent en sa cour, ou qui auec licence s'en sont retirez, paiant neantmoins le traiage, à qui il a pleu à leur roy leur imposer ; et pour ce que depuis les dernieres années, il incline plus à l'idolatrie qu'à la loy mahometaine, aussi se fie il plus à ceux qui sont de ceste superstition qu'aux Mores mesmes.

Il y a une grande montaigne qui les separe des Tartares, et es nõ Cumao sẽble rapporter fort au mõt Imao, tant chanté par les geografes. Les paisãs de ces vallõs et ceux de Bottant, bien qu'exempts de la souueraineté de Mogor, sont gens debonnaires, aulmosniers, et inclinez à œuures de pièté, leur charnure blanche s'aperçoit au trauers de leurs vestements, si estroits qu'on n'y peut veoir un seul ply, et ne s'en depouillent iamais, ains iour et nuict en sõt revestus, iusques à ce qu'ils leur pourrissent au dos et tombent par lambeaux. Leur perruque longue et blonde est couuerte de bõnets pointus en forme de pyramide. Iamais ne se lauent les mains, et en donnent ceste sotte raison, qu'un elemẽt sinct et et pur ne deburoit iamais estre souillé de leurs ordures, ils ne prennẽt iamais qu'vne femme en mariage, et s'en abstiennent si tost qu'ils ont deux ou trois enfans ; et s'il aduient que l'un des deux conjoints parte de ce monde, le suruiuant garde perpétuel veufuage, ils n'ont aucuns idoles ou representations, et viuent aux chãps et aux forests à la façon des Brésiliens, fort adonnez au reste aux augures et de viuailles, et n'oseroient disposer des charõgnes de leurs parẽts ou amis trepassez, iusques à ce que leurs sorciers ou magiciẽs leur ayẽt dit qu'ils les bruslent, ou qu'ils les mangent, à quoy ils obeissent, bien que d'ailleurs ils ne soient coustumiers d'vser de chair humaine. Les baures plus frequentez sont Oge, Curate, Borotte, et Cambasatte ; à l'opposite est le golfe de Vengale, et le cap de Kalecut, pais couuert, qui produit toutes sortes de cannes de sucre, orengers, grenadiers, citronniers, pesches, raisins muscats et toutes sortes d'herbages fors la laitue et poirée.

Voicy les noms des vnze gros fleuues qui arrousent toute ceste estëdue. Tafi qui passe du long de la cité de Curate, Harnade qui se coule pres les murs de Barote, Chambel, qui entre dans Tamone, et ce mesme Tamone perd son nom dans Gange tant renommé qui sort des mõtaignes de Vengale; les autres six sont, Calame, Cebcha, Ray, Chemao, Raboth et Inde, dans lequel les cinq derniers se deschargent : et contient tout ce pays neuf cens bonnes licües françoises de circuit, six cens de longueur et quatre cens de largeur.

Au royaume d'Industamy a eu iadis asses de chrestiens, mais ils en furent chassés et banniz par les Parthes victorieux, et leur dernier roy qui se nommoit Dauid, se ventoit estre yssu de mesme origine que S. Barthelemy. Les chrestiens ayant perdu si belle terre, elle vint ès mains de Barbuxa ayeul d'Echebar, qui s'en empara par armes à l'occasion des guerres de Parthes, et s'impatronisa d'Industam, dont il dechassa les Parthes conquereurs, et les rembarra iusques aux isles de Vengale.

Apres son deceds les Parthes voulãs ioüer à beau ieu beau retour, et renouuellans la guerre contre son fils, Emmanpaxada; le contraignirent auec grand'honte, fuir iusques à Quabus, et de là, outre l'Inde : mais il reprit cœur et eut recours au roy des Perses, qui luy enuoya des grandes forces, tant cauallerie qu'infanterie, soubz ceste condition qu'il embrasseroit luy et son peuple la mesme secte des Perses, qui est celle de Haly frère de Mahomet. Auec ceste escorte Emmãpaxada eut si belle reuenge, qu'il en conquist Mogor, et en dechassa les Parthes, et laissa son sceptre assez paisible à son fils Zehebar, qui depuis y adiouta Vengale, et Cambaye, et a continué ceste guerre contre ses voysins et ennemys et contre quelques siens subjectz qui se sont rebellez en l'an 1582, et ont attiré plus de dix mille hommes à leur coniuratiõ soubs pretexte qu'il vouloit innouer quelque chose en leur religion. Et le royaume de Vengale ne luy est pas trop asseuré, pour les vieilles playes qui de iour en iour se renouuellent, il n'est pas iusqu'à son propre frere appanagé du royaume de Quabus, qui ne se soit bandé contre luy par émulation, et auec intelligence qu'il a pratiquée auec ses rebelles entrant dans le marché de Mogor, d'ou il se retira plus viste que le pas, si tost qu'il sceut qu'Eschebar venoit contre luy à grande puissance.

Il y a encore un autre grand seigneur en Cãbaye chef de part, nõmé Cuthudicã, qui puis n'agueres auec ses forces mit le siege deuãt la forest de Daman : mais il fut cõtraint de le leuer sans autre effet, par la vaillãce de quelques Portugais, qui défẽdirẽt ceste cité.

Quand le roy de Mogor entreprend quelque guerre d'importance, il meine auec soy nombre de seigneurs et capitaines dõt chacun entretiẽt, qui dix, qui douze, qui quatorze mille cheuaux, et le nombre six, sept, à huict mille, auec bon nombre d'elefans telle fois iusques à quatre ou cinq mille, bardez de lames de fer ou de cuir boilly fort dur et espais, et leurs gouuerneurs armez de corscletz ou cuirassiers. De sorte que selon les occurrences, ce roy peut assembler plus de cinquante mille cheuaux, et vn nombre presque infini d'infanterie : et pour ce que de tant de seigneurs les gens sont de sectes autãt diuerses que de natiõs, les Mores et Bascheres se pouruoient de montures en la Tartarie dont ilz tirent des cheuaux robustes et de grand trauail, mais deffaitz et maigres cõme carcasses, et de fort laid pelage. Le roy, les seigneurs et capitaines font venir les leurs d'Arabie. Il s'ay de l'artillerie qu'il met en grãde quantité en son avant garde. Et les elefans chargez chacun de grands coffres, ou peuuent quatre ou cinq harquebuziers ou mousquetaires, il ne les met iamais qu'en l'arriere garde, affin que par la hauteur de ces chastellets, qu'ils portent s'ilz estoiët deuāt ceux qui suiuroiët perdroient la veuë et le jugemët des ennemis : et aussi affin que s'il auenoit qu'ilz fussent blessez, recullant ils ne missent en desordre les rangs et bataillons, au contraire que si l'ennemy penetroit iusques à eux, qu'on en laissat aller deux ou trois bandes pour rōpre, dissiper et fracasser les scadrons aduersaires. Car ces animaux font d'horribles echecs, brūlant leurs trōpes ou museaux, où l'on attache des espées trauchantes, et où sōt des poignards plantez sur la cime de leurs grands dents d'iuoire, dont ils tuent et fracassent tout ce qu'ils rencontrent et heurtent, iettent en l'air ceux qu'ils atteignent de leurs trompe, et les froissent contre terre.

Quant aux richesses et facultez de ces peuples, les particuliers n'ont rien à eux qu'ils puissent dire l'auoir eu de succession de pere et le pouuoir laisser à leurs enfās. Le roy y est seigneur absolut de tout, et en taille et rogne et distribue comme, et à qui il luy plaist. Aux seigneurs et capitaines il leur donne et assigne soubs son bō plaisir terres et reuenus, les enuoie aux prouinces dōt ils recueillent les redebuances, en retiennent ce qui leur est necessaire pour eux et leurs soldats apres qu'ils ont fait tenir és coffres du roy les droitz, dont ils sont chargez ; et si sont tenus nourrir et entretenir certain nombre d'elefās, dromadaires, pantheres, et de courciers, et d'en faire tous les ans leurs monstres generales deuant les fenestres du roy. Et ne faut douter que les finances du roy ne soiēt fort grandes ; car le païs est plantureux et abondant en marchādises de toutes sortes, et entre autres de drogueries, espiceries, poiure, gingembre, casse, et qui plus est en perles, pierres précieuses, or, argent, et tous autres métaux et mineraux, tapisseries, draps, cottons, et sur tout grande quantité de bons genets : de sorte que toute sa despèce faite, il en reste assez au roy de quoy mettre plusieurs millions d'or en son espargne ; et auec si grand pouuoir et cheuance, il n'est pas vn prince vain et ambitieux, qui vueille bouffer en inutile grandeur, et apparence exterieure, en habits, vaisselles et scruiteurs de sa maison, qui est si bien reiglée, que combien que sa table se serue de quarãte ou cinquante mets en plats couuerts, si est ce qu'il garde la sobriété, et chaque plat est enueloppé d'vne seruiette, qui doibt estre cachetée du sceau du maistre d'hostel ou de l'escuyer de bouche.

Ce qui fait bien espérer de ce prince qui d'ailleurs est amy de toutes nations, et spécialement des chrestiens, qu'aucũs nommẽt Francs, dont il veut tenir assiduellement quelqu'vn pres de soy, c'est qu'il est doüé de fort belles parties, de grãde prudẽce et iugemẽt en la cõduite de affaires, experiẽce, magnanimité et courtoisie, de sorte que si vous mettez en contre-balance ces trois vertus, sagesse, valleur et debonnaireté, vous ne sçauez qui le doit emporter. Il n'y a chose appartenante à la paix, et à la guerre, où il ne s'applique, ni exercice, fust-il iusques aux mestiers mécaniques, qu'il ne sache dextrement faire, comme forger une espée, ou vn canon d'arquebuse, fondre de l'artillerie. Et quant aux subtilitez de l'esprit, il est infiniment curieux de discourir de la philosophie, et des points differẽts en leurs loix et sectes. Et ce qui est plus esmerveillable en luy, c'est qu'en un si bel esprit, et si riche memoire, il n'y a riẽ d'acquis, et à peine sçait il son alfabet, neantmoins il a touiours en sa cour et alẽtour de sa personne vne douzaine de docteurs, qu'il aime et favorise, et lesquels proposent ordinairement en sa présence les plus belles et aigues questions, et disputent de quelque matiere nouvelle, ou recitent des histoires qui seruent à acquerir la connaissance et discretiõ des choses. S'il se trouue quelques vns propres et capables à luy faire bon seruice soit és armes, ou és lettres, et à autre industrie, encor qu'ils ne fussent de maison riche et ancienne, il ne laisse de se les approcher, d'en faire ses plus privez amis et conseilliers, leur departant les plus belles et honorables charges, mais de peur qu'ils ne s'enorgueillissent il veut que ces nouueaux anoblis, et surhaussez en dignité, se reseruent et facent porter deuant eux vne marque ou instrument de leur premier mestier et profession.

Cõme pour exẽple celuy qui est de presẽt son amiral et qui parauant estoit de basse condition, et qui tenoit boutique de forger et fourbir des armes, quand il va à present en public, il fait porter deuant lui une halebarde, en memoire de son origine. Aux laboureurs qui deuiennent bons soldats il leur fait retenir la houë, et ainsi des autres mestiers, qui est une vsance qui se deburoit pratiquer par deçà.

Au faict de la justice il en est ialoux auec scrupule. Car il ne permettroit pas qu'en la ville capitale où il reside, il se donnast quelque iugement definitif et souuerain sans qu'il eust connu en propre personne des merites de la cause. Et pour les crimes, on n'oseroit les punir du dernier supplice, qu'il n'ait épluché si le malfaicteur est digne de sa grace, ou non, car il est si discret et auisé, et si misericordieux, que quãd il a prononcé contre un criminel, il le fait renvoier aux prisons du iuge, on n'oseroit le deliurer és mains de l'executeur de haulte iustice, que premierement il n'en ait aduerty et remẽtu par trois diuers messagers exprès, affin qu'il y puisse auoir lieu de repentance. Les supplices plus vsitez des grands crimes sont ceux-cy. Il fait ietter les criminels soubs les pieds des elefãs, où il sont pilez et fracassez affin de les accoustumer d'en faire autãt aux ennemis. Les adulteres, violateurs des couches d'autruy et assassins ne trouvēt iamais grace, ni mercy, en son endroit, il les fait trēcher en deux moitiez par le fos du corps auec un cimeterre bien acéré, ou il les fait empaler, ou escorcher vifs : aux larrõs et coupeurs de bourses il fait coupper le poing : et ainsi aux autres delicts selon leur atrocité. Rarement ou presque iamais le void on en aigre colere, et s'il y tõbe, il a cela de bon que tost il rasserene son visage, tant il est de benigne nature. Il pardonna deux fois à vn qui estoit conuaincu de trahison et conspiration contre sa personne, et ne laissa de se seruir de luy ; mais à la troisiesme recheute il le fit seuerement punir du supplice de la croix.

És affaires d'Estat il assemble souuent ses conseilliers, leur ouure son intention, entend leurs bons aduis auec grand' patience, dit ses repliques au contraire, et sur leurs remontrances change quelquefois d'aduis et prend une résolution salutaire ; il choisit les plus dignes pour ses iuges et magistrats, qui rendent leurs iugemens de viue voix et non par escrit, et la plus part sur le champ.

Autour de sa personne se tiennent huict iuges choisis d'entre les autres, comme plus souuerains, et luy seruent de conseilliers de son conseil priué et maistres de requestes de son hostel et de ses royaumes. Car ils reçoiuent, rapportent et appointent toutes les requestes, plaintes de subiects, mémoires et affaires d'importance, vont en ambassade, reçoiuẽt les ambassadeurs estrangers, les assistẽt, leur enseignẽt les ceremonies dont ils doiuent vser en baisãt les pieds de leur roy de qui a accoustumé d'ordinaire de dōner audiēce publicque iusques à dix fois le iour, s'il y eschet : et telle audiēce durera par fois deux heures, il seroit de son naturel fort mélãcolique, mais il vse de diuers passe tẽps pour se recreer, à la course des cheuaux, à l'esbat de carosel, à veoir lutter, ietter le disque et battre à la barriere, faire combatre des elefans, des rhinoceros, bufles, et autres bestes farouches, à la chasse de toute sauuagine, à la fauconnerie, à veoir danser des elefans et chameaux duits à ce plaisir, à veoir bouffonner et représenter des comedies. Mais ce qui est de plus esmerveillable, semblant attentif à ces esbats, il ne laisse d'expédier des affaires, et quelquefois menera quatre ou cinq mille hommes à la chasse, et fait une enceinte de la forest où chacun s'entre-touche main à main, et aussi rien ne lui eschappe.

Depuis qu'il a commencé à découvrir les faussetés et tromperies de Mahomet, il a pris en telle horreur sa secte, qu'il a fait entiere resolution de l'abolir et tous ses Alcorãs, et raser ses mosquees, desquelles tãdis il en a fait profaner quelques vnes et conuertir en estables puantes. Et en ceste resolution attendãt es pur raions de la vraye lumiere, et que luy et ses peuples s'accoustument peu à peu à cest heureux change, il dit qu'il aime mieux adorer non pas les idoles que le faux profete Mahomet; mais le soleil autheur de lumiere, principe de chaleur, cause vniuerselle de toutes les choses qui se produisent ça bas, et premiere creature visible de l'inuisible Createur.

Et apres auoir ouy des discours de toutes les religiõs, nulle ne luy reuient que l'Evangelique, encor qu'il luy reste quelques doutes en icelle, pour n'auoir peu en estre suffisamment instruit, fait de communication assez ample, et n'auoir trouué homme assez versé en sa langue, qui luy peust expliquer familierement nos mysteres. Mais on espere (nous en auons ja des coniectures tres claires et de bonnes arrhes) qu'en bref il se conuertira, et à cest effet a requis et fait chercher souuent quelque chrestien docte en langue persanne et arabesque, et qui eust autrefois ouy decider des points de l'Alcoran, afin de conferer et resoudre auec luy. L'enuie de ce faire lui cōmença, y a dix-neuf ans, lorsqu'Antoine Cabial ambassadeur du vice-roy d'Inde luy fut enuoyé auec quelques Portugais lesquels tãdis qu'il demeuroient en sa cour furẽt fort diligēment obseruez en toutes leurs actions, qui pleurẽt tellement à ce prince, qu'il souffrit qu'ils en jetassent en son ame quelque fondement. Et Pierre Tauerio aussi Portugais, et Iulian Perriere, durant le sejour qu'ils ont faict en ceste mesme cour luy ont augmenté, qui fut le suiet à ceux de Vẽgale, où plusieurs auoiẽt receu le sainct lauement, de se rebeller, murmurans du change, qui se preparoit de leur loy ancienne. Vous eussiez veu ce roy desireux de son salut, combatu de diuerses affections, vacillant çà et là. Car d'vn costé la force de la verité qui luy estoit preschée le terraçoit : d'autre il estoit poussé par la veneration de l'antiquité, et de ce qu'il auoit tenu et la liberté dont il auoit iouy en icelle. Outre que sa mere et sa tãte, et autres courtisans luy faisoient de mauuais offices, pour leur hayne naturelle vers nostre religion : et le semblable faisoit le haraz de tant de femmes qu'il entrenoit, s'asseurant qu'au chãge qu'il fera en la religion, elles seront toutes repudiées et chassées : et pour ce luy remettoient deuant les yeux les plaisirs accoustumez, et les graues occupations de son royaume, qui ne lui dōnoient lieu ni temps de songer à son salut, outre la difficulté d'entendre les predications et remõstrances des chrestiens, qui ne luy parloiẽt qu'en langue estrangere ou peu intelligible. Il a receu pourtant auec indicible allegresse le present qui lvy a été faict d'vne de ces grãdes

Bibles royales de nouuel imprimées en quatre langues, bien reliées et dorées sur la tranche, et partout : et en mania tous les volumes l'un apres l'autre auec grand'reuerence, la baisa, se la mit sur le sommet de la teste et presence des assistans, et la fit serrer en sa chãbre dans vn riche armoire preparé à cest effect, et auec ces liures fit aussi serrer deux images, l'vne du benoist Sauueur et de l'heureuse V. mere et de son enfãt prinse sur celle de saincte Marie majeure de Rome, et ne se contenta pas de les auoir versées et baisées, mais les fit baiser à tous ses enfans, et les a fait depuis poser en un oratoire, qu'il a permis estre dressé en la maison priuée de deux prestres qui se sont habituez en son païs et y celebrent la messe et autres sacrements ausquels il a confié son second fils, pour luy apprendre les principes de nostre foy et quelque langue occidentale cõme l'italienne ou portugaise : et est aduenu que les allãt visiter, il trouua qu'ils auoit eu baillé à son fils vn exẽple pour escrire, et le faisant lire ouyt ces mots : Au nõ de Dieu lors il commanda, qu'on y adiousta, et de Iesvs-Christ son fils et vray profete. De là il se fit conduire en leur chapelle où il entra seul, s'osta le turban de la teste, et les genoux en terre fit sa priere premierement à la ceremonie de nos vrais chrestiens de tous tẽps obseruée, puis à sa mode, qui est la turquesque, et finalement à celle des Gẽtils, et s'estãt leué il dit, que la grandeur de Dieu consistoit à se faire adorer de toutes les sortes d'adoratiõs, et s'assit en terre sur des tapis persãs, confessant tout haut qu'il estoit biẽ esclarcy que la vie et miracles de Christ estoit plus que d'un simple homme, mais qu'il ne pouuoit bonnement comprendre comment Dieu auoit vn fils. Si ne laissa il pas d'en contre-faire l'image par ces peintres et orfeures, priant ces hõmes d'eglise qu'ils fissent en sorte qu'il peust par leur moyen comprendre ces deux articles de la

Trinité et de l'Incarnation, et cela fait qu'il leur tendroit les mains, et se feroit baptiser, fust-ce au danger d'y perdre son Estat. Il n'y a plus en son endroit que ceste queuë à escorcher : mais elle est difficile, parce que ne croiant pas ces deux articles, il n'y a moïẽ de les luy prouuer par le fondement de la sainte Escriture, qui ne luy est encor inspirée, si trouue il bonnes noz ceremonies, et mesme celles dont nous vsons à enseuelir les fideles deffuncts et à faire prier pour eux, et voulut qu'à vn enterrement on y portast la croix et les cierges allumez, et y vindrent des mores y ayder. Ce roy est si curieux que quãd il a fait quelque demande pour l'intelligence d'vn poinct, soudain sans attendre la response il en forme vne autre, et ne donne patience à ceux qui luy veulent satisfaire, et pour sa plus grande curiosité il s'est aduisé d'essaier que quelqu'vn de ces peres chrestiens luy fist un miracle, qu'il voulust entrer dans un grãd feu auec les liures de l'Evangile en main et qu'vn de ces prestres qu'il appeloit en leur langue Mullas semblablement voulust entrer auec son Alcoran, pour iuger par ceste espreuue laquelle des deux religiõs seroit la meilleure : mais il se laissa payer des bõnes raisons, quand on lui remonstra que telle vaine entreprise seroit vne pure presomptiõ si on n'ẽ auoit inspiratiõ particuliere, et qu'il ne nous estoit pas permis de têter Dieu : trop bien qu'ils offroient leur vie, et estoiẽt prests d'espandre leur sang pour la preuue de la verité de nostre religiõ. Dõt fut il fort satisfait, permettant baptiser qui en auroit deuotion mesme quand il vit et esprouua que nos chrestiens estoient si abstinents qu'ils n'auoient iamais voulu rien toucher des riches presens et sommes de deniers qu'il leur auoit offerts : car ces Mullas et autres faux religieux et mahometans sont infiniment auares, mutins et prests à se reuolter sur le changement de la religion qui brûle fort, au poinct de la déliberatiõ que ce roy a faict de se contenter d'une seule espouse. Ses peuples à son imitation se sont rẽdus si charitables et aumosniers qu'en iãuier dernier il s'est trouué tel qui a distribué du siẽ plus de vingt mille pardaons, ce sõt pieces de monoye de cinq larins autrement cinq quarts d'escu. Vn autre en dõna trois mille, qui deux mil, qui quinze cens, et s'en trouua vn qui en aumosna iusques à cinquante mil. Et se peuuent monter toutes ces charitez en vn seul iour à quelque million d'or. Voyla des bons et heureux commencemens la grace à Dieu, lequel parfera en bref le reste, s'il luy plaist, pour sa gloire, et enuoiera, comme bon pere de famille qu'il est, des ouuriers en sa vigne.

FVRIEVSE

et sanglante bataille donnee entre les Portvgvais et les Hollandois. En laqvelle a parv la valleur des quatre seigneurs francois. Avec tout ce qui s'y est veritablement passé de part et d'autre le mois de Iuin M. DC. XXI. Descripte par le capitaine Marque-d'Or, Prouencal, present à icelle. — A Paris. Iouxte la coppie imprimee à Lyon par I. Poyet. Avec permission 1621.

Le siege ayant esté par les Hollandois deuant la ville de Malaca, lespace de trois mois et dix-neuf iours, pendant lequel temps furent tirez deuant ceste ville plus de cinquante mille coups de canon, sans auoir rien endommagé, chose qui fut de conséquence.

Comme les Hollandois furent assez aduertis de la venuë de l'armee du vice roy des Indes, qui s'en venoient à Malaca, ils leuent honteusement le siege, et remontent promptement dans leurs nauires : ce qui leur a osté beaucoup de credit parmy les peuples indiens.

Les Hollandois estant toutesfois deliberez d'attendre et receuoir le combat, planterent en ambuscade vn nauire leger pour le guet, afin qu'aussi tost ils eussent le loisir de leur preparer et disposer leurs canons : aussi tost que ce nauire eut descouuert l'armee du vice roy, le courage leur manqua, et hausserent vistement leurs voiles pour leur en retourner vers Malaca.

Le visceroy enuoya promptement vn nauire de course pour les attraper, mais iamais il ne les peut atteindre bien qu'il les poursuiuist de bien pres de leur flotte, et fut contrainct de tourner bride, estant rechassé à coups de canon par l'ennemy.

Le capitaine Corneille, chef de l'armee hollandoise, homme fort courageux, ne voulut prendre la fuitte, comme l'on luy conseilloit, ains au contraire fait mettre les nauires au large, et apres auoir animé ces soldats au combat, cõmẽce à presenter la bataille au viceroy, lequel il trouua auec son armée pres du cap qu'on appelle Raemdo : ce fut le 29 iuin dernier, et le mesme iour, à trois heures apres midy, les deux armées commencerent à leur viuement entrechoquer, le combat dura iusque à huict heures du soir, que la nuit demesla en telle sorte, qu'on ne sçavoit qui auoit eu le dessus veu la grande quantité de morts que l'on voyoit de part et d'autre, et les parties fort esgalles.

Le lendemain la bataille fut encore plus sanglante, le vent aydoit fort à l'armée des Portugais, parce que donnant en pouppe à leurs nauires, elles alloient heurter d'vne tres grande roideur et impetuosité et vitesse contre celles des Hollandois, vne desquelles estant serrée de prez par vne des Portugais. Celle du viceroy venant donner dessus, l'acheua de gaigner.

Les Hollandois ne se voulant rendre, l'on mit le feu en sept de leurs nauires, qui en peu d'heures attisé par le vent, les consomma en peu de temps. Et pour cela ils ne perdirent point courage ; car deux iours apres ils se preparent à mieux à combatre qu'ils n'auoient faict auparauant.

Les Portugais voyant la deliberation des Hollandois, ce preparerent pour les contrecarer, et à soustenir leurs assauts, et cestant rangez au bordages de la mer, ils mirent toute leur artillerie du costé d'icelle, et par ou ils attendoient l'ennemy, au mesme endroit ils firent leurs rempars, et fortifications dans les nauires, mettant force mathelas, sacs de laine, et chose semblable.

Les Hollandois cestant approchez des Portugais, d'vn

coup de mousquetade, ils enuoyerent deuant vne patache, et vne galiotte de feu pour faire brusler leur nauires : lesquels n'en furent aucunement endommagez, parce que promptement ils firẽt tourner à quartier ce feu; incontinẽt l'artillerie commença à iouer de part et d'autre, auec vne si grosse et espoisse fumée, que l'on ne pouuoit voir, et ny entendre chose quelconque. Ceste batterie dura l'espace de neuf heures entieres, sans que l'on peust voir ny cognoistre le dommage qui s'estoit faict de part et d'autre. Apres que ces épouuantables tonnerres eurent tant soit peu cessé, on vit que du costé des Portugais n'y auoit eu que quelque cent soixante soldats de tuez et quelque quarante et trois noyez, et bien autant de blessez.

Quant à celuy des Hollandois, la perte fut si grande que la nuict suruenant la dessus, ils leuerent les aucres et se retirerent : de maniere que le iour estant venu, nous ne vismes rien, que la mer teinte en sang, et couuerte de pieces de bois, et autres demolitions de plusieurs nauires, et sur la place tres grande quantité de cadaures de ceux qui auoient esté tuez.

Les Hollandois pour la seconde fois se retirerent au port de Perra : là ou ils enterrerent leurs morts, qui estoient demeurez aux nauires : et mirent à fond deux ou trois de leurs vaisseaux, pour se pouuoir mieux remparer à ceux qui leur restoient.

Deux iours apres ils retournerent pour assieger la seconde fois la ville de Malaca, les approches estant faictes, et quatorze corps de garde par eux plantez à l'entour de la dite ville, ils poinctent aussitost leurs artilleries, et auec vingt et cinq grosses pieces de canon, commencent leur batterie, laquelle continua d'vne grande roideur et assiduité, cy que dans peu de temps ils guasterent tous les remparemens et fortifications que les assiegez auoient faits pour leur desfence, furent mis par terre.

De façon que les Hollandois approchant tousiours de plus pres, auec leurs leuées de terre, telles qu'on fait en l'Europe, ils vindrent enfin iusques là, et s'approchèrent d'vne telle façon, qu'ils se battirent plus à coups de main qu'à coups de canon.

Sur ces entrefaictes, arriuérent quatre notables seigneurs françois, sçauoir le baron de la Mariniere, et celuy de Villeclair, les sieurs de Bourneliere et Vouneuil : lesquels ont, en ce pays, conquis des meilleures et plus riches isles, lesquelles, ayant par accommodement quelque cognoissance auec les Portugais, les allérent (auec quelques vnes de leurs trouppes, qu'ils entretiennent pour la conseruation de leur denrée) secourir, et ne pouuant entrer en ladicte ville du costé de la mer, s'en allerent du costé de la terre, et apres auoir deffaict quelques bandes d'Hollandois, qui leur vouloient empescher le passage, entrerent en ladicte ville, ce qui seruit aux assiegez d'vn bon renfort, et les encoragea grandement.

Mais tout le plus fascheux et difficille qui estoit parmy eux, c'estoit manquement de prouisions, et le tout estoit si cher, que le riz valloit vn escu la liure, ce qui donna subiect à ces seigneurs françois de faire souuent des sorties pour leur pouruoir de vivres : car, tandis que les vns entretenoiẽt l'escarmouche, les autres alloient par les champs coupper des herbes, dont ils se nourrissoient, n'ayant rien resté en ladicte ville et citadelle de quoy les substenter.

Car desja les chiens, les chats, les rats, les hiboux, et les corbeaux, auoient esté depeschez : mais en coupant les herbes, ils fauchoient les ennemis par centaines : car c'est chose tres asseuree qu'en ces escarmouches, ces seigneurs françois auec leurs trouppes taillerent en pieces plus de huict cens Hollandois, et des barbares bien encore d'auantage.

Une fois entre autres les Hollandois ayant esté chassez d'vn de leurs rempars ils perdirent vne enseigne auec deux tambours et grande quantité d'armes.

Telles ont esté ces sanglantes batailles, donnees entre les Portugais et les Hollandois pres de Malacca, à la fin du mois de may, et le commencement du mois de iuin mil six cens vingt et vn.

EXTRAICT

des lettres d'vn gentilhomme de la suitte de monsieur de Rambouillet, ambassadeur du roy au royaume de Pologne, à vn seigneur de la court. Touchant la légation dudict seigneur et autres choses mémorables observées en son voyage. De Cracovie le douziesme iour de décembre 1573. — A Paris, par Denis Du Pré imprimeur, demourant en la rue des Amandiers, à l'enseigne de la Verité. 1574.

Depvis Gnesna ie n'ay eu moyen de vous faire sçauoir de noz nouuelles : d'autant que monsieur de Rambouillet n'a depesché aucun en court ; et mesmes maintenant ie crains qu'auec difficulté la presente vous soit rendue ; pource que ce n'est depesche expresse, mais seulemẽt nous faisons tenir le pacquet à Vienne, pour dé là l'enuoyer en court. Toutesfois ie n'ai voulu faillir de hazarder ceste lettre pour vous faire sçauoir, que de Gnesna nous allasmes à Louuicts, qui est vne petite ville non close, toute bastie de bois, tant couuerture que le reste ; en laquelle y a vn fort beau chasteau, où se tient l'archevesque de Gnesna, primat de ce royaume et prince, à qui vn chacun s'adresse en l'absence du roy. Il nous receut autant honorablement qu'il estoit possible : et apres disner s'estans luy et mõsieur de Rambouillet retirez en sa chambre, monsieur de Rambouillet luy expliqua en latin sa légation, contenant vn remerciement d'auoir esleu le roy de Pologne, et aduertissement du iour de sa venue. L'archeuesque luy feit responce en latin assez longue, et demanda à mõsieur de Rambouillet par escrit ce qu'il luy auoit dit ; qui le luy donna, à fin de l'enuoyer par toutes les prouinces du royaume.

Cela faict nous allasmes à Varsouie, qui est à onze lieuës de là, assise sur la Vistule, qui est large en cest endroict vne fois et demie cõme le Loire; et y a vn fort beau põt de bois. Varsouie est enuiron comme Posnanie en grandeur et populosité, voire plus. Là monsieur de Rambouillet alla faire la réuerence à la princesse, qui se tient au chasteau de ladicte ville, qui est vne fort belle maison non fossoyée. Ladicte princesse estoit accompagnée de vingt-quatre damoiselles habillées en dueil. Il y auoit auec elle, outre ses damoiselles, cinq ou six seigneurs, entre lesquelz estoyẽt deux sénateurs. Monsieur de Rambouillet, luy ayant baisé la main, luy présenta les lettres du roy, et luy feit sa harangue en italien, par laquelle le roy luy offroit toute telle amitié, que le roy son frère luy portoit. Elle respondit en termes assez generaux, et fort gracieux. Le lendemain elle bailla à monsieur de Rambouillet vne lettre pour le roy de Pologne.

De Varsouie, nous vinsmes à Ylza en quatte iours, où arrestasmes demy iour auec l'euesque de Cracouie, qui y estoit en son chasteau, et nous y receut fort honnestement. De là en trois iours nous arriuasmes à Stobinchs, dont nous partismes soudain : pource que nous n'y trouuasmes le palatin de Sindomirie, comme nous esperions : et allasmes coucher en vn village : et en nostre chemin passasmes par vn gros bourg basty tout de neuf, et qui n'est encores acheué, nommé Radoua, qui est la retraicte des Anabaptistes, en la petite Pologne, et n'y demeurent autres qu'eux, et leur a esté vendu le lieu par vn Castellan de leur religion.

Depuis en deux iours nous arriuasmes en Cracouie, et nous vindrent au deuãt quelques seigneurs, entre autres Chekosti, grand seigneur, qui est de la maison de Carnow, assez celebre par Paul Ioue : et le seigneur André

Sborosky, frere du palatin de Sindomirie : et plusieurs autres iusques à trois cents cheuaux.

Estans arriuez à Cracouie, monsieur de Rambouillet fut le lendemain ouy en plein senat : et ayant fait sa harangue presque de mesme substance de celle de Louuicts. Le palatin de Cracouie print la parole au nom de tous, et luy dist la grande enuie que chacun auoit de voir le roy, les inconuenients qu'amenoit son absence. Deux iours après monsieur de Rambouillet fut au conseil, où l'on traicta ce que l'on auoit à faire sur la guerre du Moscouite, qu'on dit auoir dressé vne armée de six vingts mille cheuaux, pour enuabir la Lituanie et Liuonie : et pour demander secours estoit venu expres le grand capitaine de Samogitie. La résolution fut remise à la venue du roy, et aduisé que cependant les Lituaniens se défendroyẽt, qui sont assez forts sans les Polonois pous soustenir vne telle armee. Le reste a esté employé en banquets, ayant monsieur de Rambouillet esté festoyé par plusieurs seigneurs les vns apres les autres.

Cependant que nous sommes icy oisifs ie me fais lire la grammaire polonoise, qui est extremement difficile : et desia ay appris à demander toutes mes necessitez. Quãt aux meurs du pays, je vous puis dire et asseurer que c'est vne fort braue nation, pleine de gens de ceruelle et de guerre. C'est chose estrãge comme le latin, allemant et italien est commun de pardeçà : car de cent gentilshommes il ne s'en pourroit trouuer deux, qui n'entendent le latin, et la plus part ces trois langues, lesquelles ilz apprennent à l'escolle par vn mesme moyen. La raison pourquoy le latin y est si commun entre toutes sortes de gens, iusques aux hostelleries, est qu'il n'y a si petit village où il n'y ait escolle.

Quant à la situation du pays iusques a deux iournees de Cracouie par l'espace de quatre vingts douze lieuës de

France, nous auons tousiours trouué pays plat, et aucunement sablôneux, et force grands forests de sapin : mais pour cela on ne laisse d'y recueillir, de bon bled ; car les neiges, qui demeurent sur la terre tout l'hyuer, depuis la my-nouembre iusques a la my-auril seruent a fumer la terre. Il y a desia quatre sepmaines ou enuiron, que nous ne voyons rien que neige et glace : tellement que nous allons par la ville et par les champs dans des ramasses, qu'ilz appellẽt Chelitis trainées par cheuaux. Nous en auons fait faire pour aller au deuãt du roy iusques à Miedszichdz, qui est l'entrée du royaume. Nous irõs voir dimanche les mines de sel, qui sont à vne lieüe d'icy, et les mines d'argent, qui sont à cinq lieües : et ce que nous y verrons de beau, ie vous l'escriray.

Reste que ie vous die de Cracouie, qui est vne ville que ie puis cõparer en grandeur a Orleans, ou Troyes en Champagne : vray est que ceste cy est plus peuplee, et neantmoins plus espandue. Car il y a icy quatre villes, qui sont comme separées a la queüe l'vne de l'autre. La première est Cracouie, qui contient vne belle grande place, et huit ou dix rues moyennement grandes : et le chasteau, qui a trois fois autant de logis que le Louure, et sont les chambres au dedans biẽ accommodées. Vray est que la face n'est pas si belle, combien que l'assiette le surpasse, estans au haut d'vne petite montagne, dont on voit les quatre villes.

Après Cracouie et les faux-bourgs bastiz de bois qui sont fort grands, on trouue vne petite ville qui se nomme Stradomia, qui tient l'vn et l'autre port de la riuiere, ayant vn pont de bois au milieu. De là on entre en Clazimirie, qui n'est gueres moindre que Cracouie : et a costé est la ville aux Iuifz, ou peuuent estre douze mille Iuifz.

Les religions de ce pays sont diuerses ; la plus grande

sont les catholiques, qui font les deux tiers de toutes les autres ensemble. La deuxiesme et troisiesme sont les caluiniens, et lutheriens : et ne se peut dire laquelle est la plus grande. La quatriesme sont les trinitaires, qui n'est gueres moindre. La cinquiesme sont les anabaptistes, entre lesquelz y a bien peu d'hommes d'auctorité. La sixiesme sont les iuifz, qui sont espãduz par tout le royaume en grand nombre. La septiesme sont les Armeniens, de la foy grecque, qui ont leurs euesques en certains lieux de Russie. Mesmes en Leopoli, et en sont la plus part des Lituaniens, Samogitiens, et Podoliens. La huictiesme sont les Tartares, subiectz de Pologne, mahometans.

L'air de ce pays est excellemment bon, et y voyons peu de nuages. Voilà tout ce que ie puis escrire par la presente. De Cracouie, le douziesme iour du mois de decembre 1573.

COPPIE

d'une lettre escrite de Constantinople à vn gentil-homme françois. Contenant la trahison du bascha Nassouf, sa mort estrange, et des grandes richesses qui luy ont esté trouuées. — A Paris, chez Gvillaume le Noir, rue S. Iacques, à la Rose blanche, 1615 Avec permission.

Monsieur,

Ie vous ay desia escrit vne fois par un gentil-homme françois que ie rencontray à Bellegrade, qui m'asseura de vous rendre seurement ma lettre. Ie vous escriuois par ceste cõmodité le voyage que i'auois fait de France en Italie, le sujet, l'occasion, et le tẽps auquel i'en partis pour venir à Constantinople. Mais d'autant que peut estre n'aurez vous pas receu madite lettre, ie rediray icy sommairemẽt le contenu en icelle, qui est, qu'estãt à Marseille, ie m'embarquay pour aller en Italie, la plus grand'partie de laquelle ayant veu, et ayant fait cognoissance auec vn chaous du Grand Seigneur qui reuenoit de Venise, et passoit par Spalette, où pour lors i'estois, il me promit de me conduire à Constãtinople; comme il a fait, m'ayãt fait faire ce voyage par terre, où ie suis de present, et fais ma demeure chez monsieur le baron de Saucy, ambassadeur pour le roy en cet empire.

Il ne se passe icy que des actes barbares et pleins d'infidelité qui se voyent ordinairement : toutefois ie ne veux pas taire la mort de Nassouf bascha, premier visir et le premier en dignité apres le Grand Seigneur, lequel estant fils d'un prestre grec de village prés de Salonique, fut amené icy comme enfant de tribu, et vendu trois dalers à vn enuque du Grand Seigneur, lequel l'ayãt esleué à l'aage de 20 ans, et recogneu en luy vn naturel perfide et cruel, le chassa de sa maison, et le mit dans le serail, pour là seruir les femmes, pages et enuques du Grand Seigneur, là où il sceut si bien gaigner les bonnes graces du maistre d'hostel de la sultane qui estoit en charge, qui luy donna l'offiece d'intendant d'vne mosquee, que faisoit pour lors bastir la sultane où il se comporta si dilligēment, qu'elle mesme le fit intendant de tout le reuenu de ses biens : de là il fut premier huissier du Grãd Seigneur (qui est icy une grande charge) et puis apres bascha d'Alep, et finalemēt bascha de la Mesopotamie, qui est vn tres beau gouvernement, dans lequel venant à mourir Moral bascha, pour lors premier visir, et qui alloit faire la guerre en Perse; il se saisit de tous ses biens, de son armee, et du seau de l'empire : et pour comble de sa fortune, le Grand Seigneur l'appella, et estant arriué icy, luy donna en mariage sa sœur. Le voilà donc (s'il sembloit) au dessus de la fortune le plus grand, le plus aimé du Grand Seigneur, et le plus fauorisé qui iamais eust esté en ceste charge : mais comme ils estoit meschãt, et d'vn courage temeraire et desloyal, il voulut tromper celuy de qui il auoit receu tãt de faueurs. Il s'entendait auec le roy de Perse, qui est ennemy iuré du Grand Seigneur, lequel aduerty de ceste perfidie, enuoya son premier iardinier (qui est intendant du serail et de toutes les maisons du Grand Seigneur, qui est une grande dignité) au logis de Nassouf, pour l'estrangler. Nassouf estoit pour lors malade, qui s'enuoya excuser sur sa maladie, qu'il ne le pouuoit voir, mais il fit instance et dit qu'il ne pouuoit retourner vers le Grand Seigneur, qui l'enuoyoit sçauoir comme il se portoit, si premierement il ne l'auoit veu pour en estre plus certain.

Le Boustangi baschi, c'est à dire premier iardinier, y entra auec 7 ou 8 de ses gens seulemēt, afin de ne luy point donner de soupçon et apres plusieurs belles parolles luy presenta un commandement du Grand Seigneur et escrit de sa main, par lequel il luy commandoit de rendre le seau de l'empire, lequel rendu il luy presenta un autre commandement dudit Grand Seigneur, qui luy commandoit de luy enuoyer sa teste : lors il s'escria et demanda à aller parler au Grand Seigneur, ce qui luy fut refusé par ledit Boustangi. Lors lui pria de luy permettre qu'il s'allast lauer en vne chambre prochaine pour puis apres faire son oraison : ce qui luy fut encor refusé. Lors voyant qu'il n'y auoit aucun moyen de reculer, il s'escria aux gens de Boustangi qu'ils fissent leur deuoir : lesquels alors se iesterent sur luy, luy mirēt une corde au col, et tascherent à l'estrangler; ce qu'ils ne peurent faire pour la grande force et graisse qu'il auoit. Ce que voyants, il luy coupèrent la gorge auec vn cousteau.

On luy a trouué la valeur de plus de six millions d'or qu'il auoit amassez tandis qu'il estoit vizir, et ce depuis deux ans seulemēt, dont le Grand Seigneur s'est saisi, encores estime on que ce n'est la moitié de ses richesses, et qu'il en a laissé bien davantage à Merdin, qui est sur les frontieres de Perse, où s'est touiours tenu son fils aisné. La mort de ce barbare a apporté beaucoup de contentement à tous les François qui sont en Constantinople, pour la haine qu'il auoit conçuë contre la France.

De Constantinople ce dix-huictiesme iãuier, mil six cens quinze.

LA PRISE

de plusieurs vaisseaux de guerre et de marchandise sur les Portugais, par la flotte hollandoise, pres de la ville de Baye, au Bresil. — A Paris, chez Iean Mestais, imprimeur, demeurant à la porte St Victor. M. DC. XXVII.

Les Hollandois ayant esté contraincts, à faute de forces suffisantes de sortir par une honeste compositiõ de la Baye, ville maritime du Bresil qu'ils auoient conquise quelques annees auparavãt sur les Portugais, auoient tousiours espié l'occasion de recouurer cette place; en faisant payer au double l'interest de leur perte à ceux qui les en auoient chassez. La connoissance qu'ils s'estoient acquise des aduenuës et des forces de ladite ville, pendant qu'ils y seiournoient, leur augmentoit le courage et le desir de renouueller quelque hardie entreprise, pour effectuer ce dessein. De façon sans perdre de temps, l'année passee ils equiperent vne puissante flotte, composee d'enuiron trente grands vaisseaux de guerre chargez de fort gros canons de fonte et de fer, de quantité d'armes et de vivres, et de bon nombre de soldats, conduits par de tres-experimentez capitaines, dont la valeur estend par tout la reputation. Ayant fait prouision de tout ce qui estoit necessaire pour vn si long voyage. Ils partirent d'Hollande au mois de iuillet en esperance de faire rencontre de la flotte d'Espagne, qu'on leur auoit dit estre fraischement sortie et costoyer la Barbarie. Mais voyans leur poursuite inutile de ce costé là, ils delibererent de faire voile au delà de la ligne et tirerent droict au Bresil. Estans arrivez assez pres de ladite ville de Baye le capitaine Earuin et autres chefs donnent bon ordre à leurs affaires, resolus d'attaquer les forts qui deffendent l'entrée du havre, et nonobstant la deffence, de ceux de la ville et de leur canõ, passent au trauers d'iceux malgré leurs deffences, deschargeans le foudre de leur artillerie sur lesdits forts, et sur les vaisseaux qu'ils rencontrent. Apres vne furieuse batterie de part et d'autre, les Espagnols virent couler à fond six vaisseaux marchands et cinq de guerre où la plus grande partie de leurs munitions et force riches marchandises. Et outre se perdirent deux grands vaisseaux de guerre bien pourueus de toutes choses et vingt quatre de marchandise que les Hollandois ont pris, sans faire autre perte que de deux vaisseaux de guerre qui coulerent en mer à l'entrée du port au commencement du combat. Apres lequel il en reste vn tres-grand dommage aux Portugais, d'autant qu'on estime le butin qu'on a faict sur eux à plus de six millions de liures pour la grande quantité d'epiceries, de tabat et de sucre, outre l'or et l'argent et les pierreries. Les Hollandois se contentans, pour ceste fois, d'auoir eu la fortune si fauorable s'en sont venus par deçà pour cõduire chez eux leur proie, et sont arriuez sur les costes d'Angleterre le deuxiesme de juillet dernier passé, 1627, pour y attendre le vent, d'où ils sont retournez en Hollande se rafraischir ; non sans volonté (comme il est à croire) de repasser la mer au plustost, auec plus grandes forces, et essayer s'ils pourront se rendre maistres des Portugais au Bresil.

Aduertissement aux marchands de France.

Le capitaine Campagne Hollandois grand fourbã, lequel s'estoit refugié en un haure en Barbarie, lequel pilloit sur toutes nations : ledit Campagne s'est retiré en Hollãde ayant cinq grands vaisseaux de guerre chargez d'vn grand nombre de marchandises et d'argent.

Il est permis aux marchands françois interessez par la prise qu'il a faicte se pouruoir sur les biens dudit capitaine Campagne.

MÉMOIRES

portants plvsievrs advertissements presentés av roy par le capitaine Foucques, capitaine ordinaire de Sa Maiesté de la marine du Ponant. Après estre deliuré de la captiuité des Turcs, pour le soulagement des Francois, et autres nations chrestiennes, marchands et mathelots, qui trafiquent sur mer. Auec vne description des grandes cruautez et prises des chrestiens par les pyrates turcs de la ville de Thunes, par l'intelligece qu'ils ont auec certains Francois renegats. — A Paris, chez Gvillavme Marette, imprimeur, rue St-Iacques à l'enseigne du Gril. MD. C. XII. Auec permission.

AU ROY.

Sire,

Il me seroit mal seant, suyuan mon petit iugement, si ie n'auois aduerty Vostre Majesté des tyrannies et cruautez qui se commettent iournellement sur vos pauures subiects françois. Dieu m'ayãt de sa grace, retiré de ceste mesme peine, afin de vous en donner aduertissement, pour en prendre sa vangeance, ayant la force et la puissance en la main, que Dieu vous a donnée pour ce faire, contre tous pays et infideles, lesquels pensant aller libremẽt à leurs trafiques et nauigations ordinaires sur l'assurãce de la continuation de la paix accoustumée, entre Vostre Maiesté et le grand sultan, qui neãtmoins ne laisse à present, et tous autres de sa nation chrestienne et voyagers d'estre pris et menez captifs dans la ville de Thunes, par le carrossemẽ ou ses adherans, qui est vn homme turc de nation, aagé de cinquante cinq ans ou enuiron, homme bazauné, fort grand, et puissant à l'aduesnant qui estoit soldat pour le grãd sultan sous le baschat que ledit sultan tient ordinairemẽt au royaume de Thunes, et cedit carossemen estãt natif de ladicte ville de Thunes estant soldat genissaire est si bien paruenu depuis quinze ans, qu'il a assuietty tous les grands de Thunes sous son obéyssance pour auoir acquis l'amitié de tous les genissaires et baschats : et n'y a que douze ans qu'il n'auoit que deux esclaues, dont l'vn est François de Croisi lequel il tient encores en son pouuoir. Et à present a sept cens esclaues à luy seul : tant Italiens que François, Espagnols et Flamens : et a deux galeres bien armées, des meilleures qui se peut voir, auec six grands vaisseaux, dont le moindre est de six cens tonneaux, et deux palaches, par le moyen de quoy il s'est rendu seigneur et supérieur dans tout le pays : faisant comme Casault dans Marseille, en son temps ayãs assujetty tous les plus grãds de ladicte ville de Thunes à sa volonté, et vn des plus grands et de la plus noble maison, descẽdant de la maison royalle de Thunes : qui estoit vn appellé Miahomet Bay, ne voulant ceder à tout ce qu'il faisoit, dict vn jour en la compagnie de sept ou huict des grands de la ville et de ses parens turcs naturels, que c'estoit trop de se laisser gouuerner à vn tel homme comme luy et qu'il estoit résolu de le tuer, et qu'il auoit l'assurãce de ce faire, et estoit le plus vaillant et braue coursaire de tout le royaume de Thunes, et homme de moyens, auec deux freres qu'il auoit, et à luy seul vne des belles galleres qui fust entre les six, et deux beaux vaisseaux et bien quatre cens esclaues : vn de ceux à qui il contoit cela, lequel il pensoit estre de ses amis, alla rapporter au carossemen, que Mahomet bay auoit ceste volonté de le tuer. Lors partit incontinent ledict carossemen pour l'aller trouuer, et sans luy rien dire le print à la gorge, et s'efforça de l'estrangler, commandant à quatre Italiens et François esclaues estant là qu'ils l'acheuassent, y appliquant lui mesme vne corde en la presence de tous les grands du pays qui estoient là, et de l'vn de ses freres, sans oser rien dire, lequel depuis s'est assuietty à sa volonté; il y peut auoir dix mois de cela.

Sa force sont les soldats turcs, qu'ils appellent genissaires et renegats, qui sõt entretenus du grand sultan : et tous tiennent son party, n'obeissant au bascha que par ceremonie, comme representant le lieutenant dudict sultan, et faut ceder audict bascha tout ce qu'il a voulu comme roy absolu en ce royaume de Thunes, en luy payant ses droicts et lui entretenãt ses genissaires, dit qu'il ne luy doit autre chose. Or est-il que le baschat est vn qui achete ceste charge et estat pour deux ans, puis ils s'en reuont, et pour ne perdre leur argent mis au coffre du grand sultan, il est contraint de ceder à la volõté dudict carossemen mesme. Il s'est associé auec luy afin de gaigner son amitié, et entretient une gallere auec luy, et vn grand vaisseau de plus de six cens tonneaux, et vne palache, auec lesquels ils prennent sur tous, tant François que Flamens, et autres : soit terreneuiers ou ẽpescheurs venãs de la terre neufue, ou nauires marchans sans exempter aucune nation : il y a trois ans qu'il n'y auoit rien de cecy : en toute la force de Thunes, il n'y auoit que deux galliotes ou trois au plus, ils ne prenoient point sur les François, comme ils font à present; s'ils prenoient quelques choses ils ne captiuoient point les hommes, si ce n'est que depuis lesdits trois ans vn meschãt forban anglois, nommé Gardes, et vn autre Flamen, ou forban ou voleur qui est marié à Marseille nõmé De Haüs, lequel s'est retiré à present dans la ville d'Argesne captiuant nuls François, mais prenant et pillant leurs marchandises, et est dãs un nauire à luy de six cens tõneaux, et quarante pièces de canon, auec trois cens hommes, et deux autres moyens nauires prenans sur toutes nations. Et vn appellé Biche, vn appellé Sãson, vn appellé Antoine et vn autre dit Glandfil, tous cappitaines, voleurs et forbans, Anglois de nation, lesquels ont esté bien venus auec ce carossemen et ces associez turcs, lesquels Anglois ont instruit les Turcs à armer et mettre vaisseau sur mer, prendre et captiuer sur toutes nations chrestiennes, et par les richesses qu'ils ont volées et prises depuis ce temps là de trois ans ont tellement enrichy ce carossemen et ses associez, qu'il en est riche de plus de six millions, et mettent en mer à present six galleres bien armées, et douze grands vaisseaux de trois cens tõneaux, les moindres, et quatre ou cinq autres moyens nauires qui leur seruent de palache, et trois fregattes de quinze et dix-huit bancs de chacun costé, comme petites galliottes et auec toute ceste force destruiront la chrestienté, si on n'y met remede : et la France qui en patira le plus, comme n'ayant eu iusques à present aucune deffence en la coste, se fiant en la paix, qui est entre le roy et le grand sultan : et mesmes que les galleres de Thunes viennẽt et ont esté iusques deuant les porcts de Prouence à deux lieuës de Marseille, de Tolon et des isles Dieres et Carrez dix et douze iours sans que les galleres de Frãce sortissẽt sur elles, et mesme vne palache ou tartanne de Thunes, qui a couru toute la coste, et dans lesdites isles Dieres douze iours durant, et ont pris les François captifs ceste année mesme : de façon qu'à present estant plus forts, ils en feront bien dauantage.

Mais il y a bien moyen d'y remedier si le roy veut : et eux se voyant ainsi forts, et que les galleres de Marseille ne sortent point pour les aller charger, ils ne s'en soucient aucunemẽt du roy de France, ni du grand sultan, lequel en luy paiãt son tribut ils ne le craignẽt point.

Quant au roy de France, il dit qu'il est plus fort que luy, et qu'il ne sçauroit auoir mis deux galleres en mer, et qu'auec les siennes il ira iusques dans les portes de France, enfin qu'il n'estime rien le roy au pris de luy. Les Anglois qui ont esté et sont encores l'instrumẽt, et qui les ont instruicts à s'armer, et esquiper nauires : au commencement lesdits Anglois estoient les maistres, mais à present ce sont les Turcs.

Pour sçauoir comme ils peuuent armer six bonnes galleres et bien subtiles en la ville de Thunes pour passer par toute la mer du leuant depuis le destroit de Gibraltar iusques au cul de sac de Constantinople, l'on dira que c'est la richesse du carossemen et de ses associez, et de toutes les voleries qu'ils font; mais estant en leurs terres de Barbarie, Thunes et Biserte, toutes leurs richesses ne pourroient iamais acheuer vne gallere, si ce n'est par la faueur et intelligence qu'ils ont auec leurs pensionnaires confederez et associez, qui leur enuoyent le bois, les charpentiers, les masts, les auirons ou rames, le fer, les clous, les chaisnes toutes faites pour enferrer les chrestiens; le plomb, les bales, la pouldre, l'estouppe à calfestrer, et tout ce qui en despent. Ce sont ceux qui achetent les marchandises et nauires volés à Thunes de toutes parts, tant Espagnols, que Italiens, François, Flamens, Venitiens et autres, et les vont vendre à Ligorne, ou tout est bien venu et bien receu.

Ceux-cy sont habitans de Marseille, et y en a mesme de ladicte ville et de la coste de Prouence, et ne passe gueres de choses qui viennent en leur notice, dont ils ne donnent aduis à Thunes, et mesme qui ont leurs freres, cousins et nepueux François renegats y demeurans, à qui ils donnent tous les aduis qu'ils peuuent, et ces renegats ont beaucoup de pouuoir auec ce carossemen. Mesme que sans les aduis de tels personnages il y a deux ans et demy que les galleres de Thunes et d'Arges, où estoit le morat Arais, le plus grand corsaire de tous les Turcs, eust esté pris auec huit galleres, qui estoient cinq de Thunes et trois d'Arges. De quatorze galleres chrestiennes qui les alloiẽt surprendre dans vn port escarté et esloigné de secours.

Plus il y a vn gentil-homme anglois appellé Liat, qui estoit allé expres il y a dix mois pour brusler leurs nauires à la Goulette et estoit au seruice de grand Duc ; il estoit à la prise de Bône, mousieur d'Alincourt le cognoist : ceux cy en aduertirent ledit carossemen, luy mandans par lettre que pour la grande amitie et fidelité qu'ils auoient des long temps ensemble et pour le bien qu'ils desiroient, ils luy donnoiẽt aduis qu'il estoit party vn Anglois nommé tel, auec ces signes : vn petit nauire et peu d'hommes, faisant le marchand, et feignant luy offrir son seruice ; mais qu'il alloit expres pour brusler ses vaisseaux, et qu'il estoit à la prise de Bonne, et qu'il le fist brusler tout vif. Et est là captif à present.

Le consul des François qui est à Thunes est l'un des traistres : il a de chacun François qui est là captif dix escus pour consentir et dissimuler avec le carossemen.

Puis il y auoit vn petit garçon chrestien, qui s'estoit caché pour se sauuer, et fut dix iours que celuy à qui il estoit n'ẽ faisoit plus de côte, et croyoit qu'il se fust sauué. Le consul qui decouurit où estoit ce garçõ, alla trouuer le Turc son maistre, et luy dit, que me donneras tu? et ie te diray nouuelle de ton esclaue, et te le livreray dans vne heure. L'autre luy promit soixante escus. Le consul repiqua baille m'en quatre vingts, et ie te le liureray si biẽ qu'il en eust les quatre vingts escus, et lui livra ce pauure garçon, auquel il fust donné cent coups de baston sur les reins, et sur le ventre tout nud, pour s'en estre fuy : et tout ce qu'il découure sur les chrestiens s'il en aduertit le carossemen : si bien qu'ils sont miserables à iamais par sa meschanceté. Il est marié à Marseille et s'appelle Hugues Changet, lequel est plus contraire aux Fçois que les Turcs mesmes. Il y a vn appelle Souberan qui est natif de Nismes, auec ses consors, qui sont un appellé Anthoine Louic Corse, marié à Marseille, et ses deux beaux freres; les Martins de ladite ville, et Anthoine Belanger et Seruin commissaires de l'artillerie de Prouēce, et M. Nicolas, maistre fondeur de Marseille. Ceux-cy ont mené vn nõmé Guillaume fõdeur de sõt estat et nepueu de ce maistre fondeur dudit Marseille, qui est fondeur du carossemen à Thunes, pour faire des canons auec toutes commoditez vtancilles et instruments pour le seruice de la fonte du canon, lesquelles ledit Seruin commissaire, a fourny et baillé, et en a receu l'argent et cinquante quintaux de métail que ledit Louic a baillez de sa maison audict Marseille, et portez à Chastel d'Y, où estoit le nauire, pour transporter le tout à Thunes, comme il s'est trouué par le dire des porte faix, lesquels l'ont porté, et par les passagers qui l'ont porté en ladite ville de Thunes. Ceux-cy partirent le iour de S. Sebastien, qui estoit le 20 du mois de ianuier dernier, et à la fin de iuillet ils auoiēt acheué de fondre la quatriesme piece de batterie, et coursiers de galleres, et ne pouuoient plus sortir du chasteau de Thunes, de peur que les Turcs auoient qu'ils ne s'en allassēt, et ledit Souberan mena vn homme de Marseille nommé Michau Guillot, qui estoit soldat dans les galleres de Marseille, luy donnant à entendre qu'il le vouloit pour faire son boire et son mãger, et estant à Thunes sitost qu'il fust là, il le mena au chasteau et le bailla pour ayder au fondeur, et le força à coups de baston de luy ayder à trauailler au canon sur peine de le rendre esclaue toute sa vie du carossemen.

Voila comme ils en vsent. Souberan et Louic, et les deux Martins, le fondeur et autres qui sont de leur association sont demeurez par delà, d'autant qu'ils ont esté aduertis qu'il ne faisoit pas bon pour eux en Frãce. Telles gens sont cause que les Turcs et barbares se rendẽt forts pour ruiner la France : mesmes qu'ils en patissẽt à bon escient en la coste de Prouence et du Languedoc, sans les François du Ponane qui y sont plus de deux cens : car iusques aux bois pour bastir leurs maisons, ils leur en fournissent, masts, auirons, chaisnes de galleres, et tout ce qui est requis à vn entier équipage, car ce pays est incommodé de tout cela, et n'ont que le pain et la chair et quelques fruicts à commodité. Ils ne sçauroient auoir fait un basteau de six tonneaux de bois de tout ce pays là. Il y a vn appellé Remond Capoulaire natif de Frontignan près de Montpellier, maistre d'une barque de cinquante tonneaux, qui appartient à monsieur De Manse, fermier des fermes du Languedoc et Prouence, lequel m'a repassé de Thunes en Prouence, qui m'a dit auoir porté à Thunes deux cens auirõs, pris au Languedoc, luy faisant porter par force et contre sa volonté. Il dit qu'il fust escrit de Marseille à monsieur de Vantadour, le suppliant de permettre de laisser sortir deux cens auirõs et que c'estoit pour porter à Malte, ce qu'il permit, mas c'estoit pour Thunes : car ledict maistre les porta audit lieu de Thunes, par le commandement de celuy qui l'enuoya là.

Plus il y a vn appellé Pierre Negrin, natif d'Agdes en Languedoc, lequel est maistre d'vne setine, de laquelle il navige ordinairement en Barbarie, et a promis au carossemẽ de Thunes et s'y est obligé de luy porter trois masts de galleres, et deux cens auirons, luy donnant à entẽdre qu'il n'y auoit homme qui eust mieux le moyen de le faire que luy, et que son pere gouuernoit tous les plus grands du Lãguedoc : son dit père s'appelle Antoine Negrin, qui estoit capitaine durant la ligue, prouençal naturel de la Citat, à quatre lieuës de Marseille quels se tient à Agdes, et y a esté consul.

Tout cecy ne se peut faire qu'au preiudice de la couronne de France, et de la chrestienté : car c'est leur bailler les moyẽs en main à faire ce qu'ils font en Barbarie, et cela ne se peut faire que par le moyen des meilleurs, et de ceux qui ont les charges aux ports de mer des visiteurs et iuges de l'admirauté de Marseille, qui s'appelle de Valbelle, qui a des commis par tout, il ne se peut qu'il ne fust consentant à l'embarquement du fondeur et du métal, qui s'ãbarque audit Marseille : mais les cheuaux barbes qui viennent de Barbarie, de quoy l'on fait des presens aux vns et aux autres, sont cause de beaucoup de ruines et malheurs, pour quelques particuliers qui font leurs affaires : plusieurs republiques en patissent. Et aussi tels font trafic des pauvres François, comme les maquignons de cheuaux ; et comme vn des Martins cy dessus denommez, enfant de Marseille, qui a vendu vn ieune homme boulanger de ladite ville, la somme de cent escus par monopolle de troc au carossemen, choses vrayes, et sans risque de leur argent et cent pour cẽt, et n'y a qu'eux qui ont ceste permission du carossemen, pour autant qu'ils sont anciens camarades, et qu'ils parlent la langue turquesque.

Pour Belanger il mena de France par le commandement du roy, prins à Marseille quarante six Turcs en eschange des François : quant ledit Belãger fut arriué, le carossemen luy demanda s'il ne vouloit pas que les François qui estoient nombrez dans l'accord fait entre eux fussent bail-

lez en eschange des quarante six Turcs, à quoy Belanger
respondit qu'il uouloit auoir autant de François comme il
amenoit de Turcs, et outre ce les marchãdises de soyes qui
auoient esté prises par les nauires dudit carossemen, et ne
s'en pouuant accorder demeurerent trois sepmaines sans
rien faire. Enfin le carossemẽ luy bailla vingt trois balles
de soyes et 46 François, n'ayant voulu ledit Belanger retirer tous les François qu'il pouuoit faire, d'autant qu'ils
voyoiẽt plus de proffit à retirer lesdites soyes, desquelles
ils auoient douze pour cẽt, et ainsi demeurerent soixante
pauures François qui y sont encores, et ne peut on sçauoir
ce que lesdicts Belanger et autres susdicts font par delà par le
carossemen, sinon qu'ils procurent la ruyne des François,
et de tous ceux qui portent le nom de chrestiẽ afin d'auoir
l'amitié du carossemen, et s'enrichir auec luy de ses pillages,
lesquels ils acheptẽt à vil pris pour les porter à Ligorne :
là où ils õt accoustusmé porter toutes leurs volleries et
prises sur les chrestiens, et y sont tousiours les biens venus,
mesme me firent ayder à charger vn nauire anglois de
cent tonneaux, de toutes sortes de marchandises, que ledict
Louic auoit acheptées du carossemen pour enuoyer à Ligorne, lesquelles marchandises estoient tirées dedans les
nauires des Flamens et Italiens qui auoient esté pris, il y
auoit un mois et des magasins du fort de la Goulette là où
les nauires moüillẽt l'ancre et font leur demeure ordinairement à deux lieües de ladite ville de Thunes : et pour ce
trafic et autres traicts qu'ils font auec ce dict carossemen,
ont la faueur de tirer cheuaux barbes sans payer aucun
tribut, là où ils gaignent trois cents pour cent, sans les
autres marchandises particulieres que du rachapt des
chrestiens ; à ceste occasion sont plus fidelles et affection-
nez au carossemen et aux Turcs que non pas à leur
patrie, craignans de perdre sa faueur et amitié, et par

leur moyen reste encores à Thunes le nombre de deux cens soixante François prins sous la baniere de France, faisant traficques de marchandises et passagers, allant et venant de France aux parties de l'Italie, tant de la Cicile que de Naples, Calabre, Malte, Rome, Florence, la Serdegne et seigneuries de Gennes, Venise, et autres parties de la mer du Leuant, le nombre des susdicts ont esté prins et captifs par ce chien volleur carossemen turc, rompant et contreuenant à la paix qui est entre Sa Maiesté et le grand sultan, allant et venant en sesdictes parties sur l'asseurance de la paix, lesques demeureront à iamais miserables et esclaues; si l'œil de pitié et de compassion de sa maiesté n'y est estendu, comme nous esperons que Sadicte Maiesté le fera, considerant nos aduertissemens, priant Dieu le créateur qu'il luy en faisse la grace.

Tout veu et recognu par ledict Foucques comme choses veritables et certaines audict lieu de Thunes et bien confirmé par tous les François et Italiens captifs, et à Marseille par la plus grande partie des habitans de ladicte ville; et mesme ayant couru depuis le retour de sa captiuité la plus part de la coste de Prouence; qui est de Thullon iusques à Narbonne; coste du Languedoc où il a ouy des grandes plaintes des marchands et mariniers de ladicte coste contre les susdicts denommez faux François pensionnaires, et receleurs de ce Turc carossemen roy des volleurs.

LA VICTOIRE

obtenue par monsieur le general des galeres de France sur les plus redoutables corsaires du Turc. Ensemble tout ce qui s'est passé de memorable en son voyage de Barbarie. — A Paris, chez Pierre Rocolet, au Palais en la galerie des Prisonniers. M. DC. XX. Avec permission.

Entre toutes les nations que Dieu fauorise le plus, la France a ce priuilege sur toutes d'estre la plus cherie du ciel, et ses armes les plus fortunées de la terre, aussi sont elles les plus redoutables pour estre plus heureuses, et singulierement contre les infidelles, et entre vne multitude de preuues de ses exploicts plus glorieux, nous raconterons celuy-cy pour l'vn des plus beaux que l'on ait obserué en toutes les entreprises de mer que nous ayons ouy cy-deuant.

C'est ce qui s'est passé au voyage fait en Barbarie par monsieur le comte de Ioigny, general des galeres de France, le tout à la vérité, suiuant ce qui en a esté escrit par vn gentilhomme qui s'est trouué partout auec ledit seigneur sans changer rien du mémoire qu'il a dressé touchant cedit voyage pour le contentement de ses amis. Voicy comme il parle.

Nous partismes, dit-il, de Marseille le vingt-huictiesme iour de iuin dernier passé auec sept galeres armées et équippées de toutes choses nécessaires à vn tel voyage, et pour ce que nous eusmes aduis de quelques vaisseaux corsaires tenant en crainte la coste d'Espagne et voyans que tout estoit paisible et sans danger en la coste de Prouence, et sur les mers du roy, nous prismes resolution de voguer de ce costé-là. Ainsi nostre premier abord fut au cap Queier du comte de Catalogne où le mauuais temps nous retint trois ou quatre iours : au bout desquels nous continuasmes nostre chemin vers Barcelonne, et passasmes à la veuë de son port, sans y vouloir entrer pour ne perdre le temps, nous tirasmes vers Tarascone, allant tousiours recognoissans tous les vaisseaux, tant grands que petits, qui se presentoient à la veuë.

En ce lieu de Tarascone nous eusmes aduis que le iour precedent en estoyent parties deux galeres d'Alger ce qui nous fit resoudre de les aller chercher aux effacs ou l'on croyoit qu'elles seroient allées, còme lieu propre à faire leur course ; néantmoins y estans arriuez à la pointe du iour, nous n'en eusmes autres nouuelles, sinon qu'vn brigantin y auoit esté quelques iours auparauant. Nous partismes de là le dixiesme iuillet, et le lendemain à la pointe du iour, nous nous trouuasmes pesle mêsle auec six galeres d'Espagne, où estoit la patronne royalle, et toute l'escoüade, commandée par le seigneur Dom Gabriel de Haues, cheualier de Malte, et chacun de son costé ayant prins les armes, et estans prest de venir au combat, l'on cria les vns aux autres de quel païs estoient les galleres, et s'estant recognuës les vns les autres, Dom Gabriel ayant sceu que monsieur le general y estoit en personne qui meritoit receuoir la saluade des autres, aussi Dom Balthazar resolut de luy rendre cet honneur, fit tirer quatre coups de canon de sa gallere, et chacune de ses autres cinq galleres autant, monsieur le general rendit le mesme : et non content de ce, Dom Gabriel le uint ueoir auec toutes submissiõs et offres de seruices et de courtoisies, ce qui fut reparti fort honnestemēt par mondit sieur le general, et prenant congé l'un de l'autre, s'entre congedierent d'autres coups de canon et d'une belle forme de mousquetades.

Partans de là nous prismes la route du cap Martin qui est vn des lieux le plus fréquenté des Coursaires la nuict, nous nous trouuasmes surpris d'vne terrible bourasque et tempeste de vent : et néantmoins nostre nauigation fut si iuste qu'au point du iour nous nous trouuasmes sur ledit cap, ou nous fismes donner sonde, et faire nostre aygade.

De là nous donnasmes autre sonde dans la ville d'Allincourt, où les consuls et iurats vinrent offrir tout seruice à monsieur le general qui les renuoya fort satisfaits de sa courtoisie : il partit de là sur la brune du soir prenant la route de Cartagene en Castille, où nous arriuasmes le lendemain au soir, et y seiournasmes vn iour entier pour raffrechir nostre eau ; là les consuls et iurats de la ville vinrent saluer monsieur le general, et luy offrir tout ce qui dependoit d'eux, luy tesmoignant l'extreme contentement et plaisir que la coste receuoit de l'abbord de ses galeres en cet endroit. Sortans de là nous fusmes iusques auprès du cap d'Agathe, qui n'est esloigné que de cent cinquante mille du destroict de Gilbratar. Et voyans qu'en toutes ces mers nous n'auions rien trouué, il fut resolu de passer en Barbarie et à ces fins voguer vers Oran, ce qui fut faict : et eusmes vn temps si desesperé en ce canal, qu'il n'est possible d'en voir vn plus mauuais, et tout ce que nous peusmes faire fut de prendre port à Oran ; où le duc de Maqueda, vice-roy en ce lieu là pour Sa Maiesté Catholique, fit vn tres-agreable accueil à monsieur le general, iusques à le venir veoir le lendemain en galere ; mon dit sieur le general luy rendit la mesme visite, et ainsi le tout se passa auec mille courtoisies iusques au 22 de iuillet, iour auquel furent découuerts deux vaisseaux assez esloignez l'vn de l'autre : on alla sur le premier, duquel furent tirez vingt-cinq ou trente coups de canon, et quantité de mousquetades, mais se trouuant forcés par trente coups de canon que nous tirasmes dans les voiles, et dans le corps du vaisseau, ils cesserent de resister, voyant que le vaisseau s'en alloit à fond ; on remedia incontinent aux nostres auec des plantines de plomb : et sans perdre temps nous allasmes attaquer l'autre vaisseau, qui se fit tirer vingt-cinq ou trente coups de canon, en tirant aussi quelques vns sur nous : mais ils furent incontinent inuestis et prins : c'estoient deux nauires d'Alger armez en quarré de la portée de six à sept mille quintaux, chacun desquels auoit dix sept pièces de canon : il fut prinsé deux, deux cens soixante Turcs, et quarante, que Espagnols, François, que Flamands, ou Anglois, tous esclaues, qu'ils faisoient nauiger auec eux pour mariniers, ausquels fut dõné liberté incontinent qu'ils furent en Oran, où nous retournasmes raccommoder nos vaisseaux pour les enuoyer à Marseille, où ils sont heureusement arriuez.

Nous partismes d'Oran pour nous en aller vers Alger : et estans vers le cap de Tunis vn mauuais temps nous surprit, qui nous retint là trois ou quatre iours, pendant lesquels vint à passer vn brigantin, qui fut aussitost pris : et nous mettans sur mer enuiron les trois heures apres midy, nous descouvrismes à vingt cinq mille loing de nous, vn vaisseau, auquel nous donnasmes la chasse à toutes voiles et à force de rames, lequel nous ayant apperceu, fit tout ce qu'il peut pour se sauuer : neantmoins à deux heures de nuict les galleres se veirent à la portée du canon, et nonobstant l'obscurité qui faisoit, et que le vent fust fort, ils s'ẽtretinrent longuement à coups de canon, chacun ayant son fanal allumé, pour ne se separer : ce vaisseau se deffendit assez bien, et mesme furent tuez quelques vns des nostres, entr'autres vn cheualier de Malte : enfin se trouuant mal traisté, et iugeât qu'arriuant la pointe du iour il courroit la risque d'estre prins et perdu, se voyant fauorisé d'un vent gaillard, il changea de chemin, et auant que les galleres eussent amené pour faire l'escarre, et retourner faire voile, on se perdit de veuë, et ne se peut prendre, ne sceut-on faire autre chose que de suivre la route qu'il auoit prise, y ayant apparence que les incommoditez qu'il auoit receuës de nos galleres le contraignoient à gaigner terre, et que par ce moyen nous le pourrions descouurir au point du iour comme il arriua. Car le iour venu nous vismes la qualité du vaisseau qui estoit de la portée de douze mille quintaux ayant quarante pièces de canon, qui tirerent toutes pendant que le vaisseau se bouchoit; enfin le feu se prenant aux munitions, tout saulta en l'air, et ne resta rien que la carcasse : nous auons sceu que c'estoit le vaisseau de Soliman Rays, vn des plus fameux corsaires d'Alger qui y estoit luy mesme en personne auec deux cents Turcs.

Cela fait, nous prismes la route d'Alger et le lendemain descouurismes vn autre vaisseau corsaire pres de terre, qui ne manqua point soudain qu'il nous veid, de vouloir eschapper, mais nous attrapasmes le corps d'iceluy, et apres en auoir tiré quelques pièces d'artillerie qui estoient dedans, nous le mismes à fõd, de là nous allasmes donner sonde à trente milles d'Alger, pour faire aygade, resolus d'y aller demeurer deuant dix ou douze iours, et attendre là les corsaires qui viendroient de dehors pour leur faire beau jeu; mais Dieu en ordonna autrement : car la nuict se leua vn vent si furieux vers ceste coste que nous eusmes vn grand heur de pouuoir nous tirer de là, et aucunes de nos galleres furent contraintes de laisser leurs ancres pour ne les pouuoir retirer. Ce mauuais temps nous porta à Maiorque ou nous fusmes tres bien receus, auec applaudissement de tout le peuple de l'isle, et non seulement là, mais en tous les lieux d'Espagne où nous auons abordé, ils ont tesmoigné de grandes obligations à monsieur le general d'auoir purgé leurs costes, et faict ce que leurs galleres n'auoiẽt osé faire : d'ailleurs les effects qu'ils voyoient de nostre voyage et nos galleres lestes au possible leur donnoient d'autãt plus de ioye qu'ils les admiroient, monsieur le general partant de là eut nouuelles de quelques corsaires qui estoient du costé d'Espagne, il y voulut retourner, et passa deuant Barcelonne sans s'y arrester, et le 6 d'aoust decouurant un vaisseau qui estoit sur le poinct de prendre deux barques de Marseilles qui venoient de Lisbonne, portant la valeur de plus de soixante mille escus, on luy donna la chasse, et ce vaisseau s'estant soudain mis à terre les esclaues furent prins par les gens de la terre ; et tous menez en un lieu appelé Sainct Phélix, et pour ce que selon les constitutions du royaume de Catalogne ils deuoient estre confisquez au roy, il fallut que monsieur le general enuoyast vn de ses gentils-hommes au vice roy pour les luy faire rendre : ce qui fut faict aussi tost, et pour conclusion de tout ce que dessus, de six vaisseaux ennemis que nous auons veuz en ce voyage, quatre ont esté pris, et deux mis à fond ; nous auons demeuré cinquante et vn iours, apres lesquels les galleres sont arriuées pleines d'honneur, et de gloire à Marseille ; et ont laissé vne tres grande reputation en tous les lieux où elles ont esté : voilà la pure verité du succez de nostre voyage.

COPPIE

d'vne lettre escrite de Belgrade le 26 ianvier dernier par le sieur Gedouyn consul d'Alep, à M. le commandeur des Gouttes à Lyon. Auec vn ample recit des desordres et partialitez qui sont en l'empire des Turcs, la rebellion de Vabas bascha d'Erzeron, et de celuy de Babylone, et la perte de l'armée du Grand Seigneur, deffaitte en Hongrie par huict cens hommes de l'empereur. — A Lyon, chez Clavde Cayne M. DC. XXIV. Auec permission.

Monsieur,

Ie suis encore errant par le monde depuis le depart de vostre maison, et i'ai tant souffert de maux iusques icy, et tant courcu de hazars, qu'à peine me puis-je asseurer d'en estre eschappé, mal-heureux fut le conseil de ceux qui me persuaderent à Venise d'eschapper la rencontre des corsaires, en prenant le chemin de terre, où les neges m'ont accablé plusieurs fois, et les rivieres glacées m'ont arresté plusieurs iours, pendant que je les faisois rompre à mes dépens, et souventes fois i'ay donné dix escus pour fendre les neiges, et m'ouurir les chemins par les montaignes. Enfin ie suis heureusement et sainement arriué en Belgrade depuis six iours, apres auoir trauersé la Dalmatie, la Croacie, la Bossene et la Seruie; iespère à present d'arriuer dans 20 iours au plus tard dans Constantinople, et d'y trouuer mes gens que i'ai fait partir de Venise sur un petit nauire marseillois.

Vous auez à sçauoir que les affaires du Grand Seigneur sont en tres mauuais estat, et donnent beau jeu aux princes de chrestienté qui debattent vn poulce de terre, ou le passage d'vn vallon, laissant en arriere vn partage qui pourroit suffire à leur gloire et satisfaire à tous.

Vn Vabas bascha d'Erzeron continuë tousiours en sa rebellion, et sous pretexte de vanger la mort de l'empereur Osman, l'on doute qu'il ne veuille attenter au delà. Toutes conditions aduantageuses luy sont offertes, lesquelles il refuse, disant qu'il a entreprins cette guerre par le commandement de son prophete Mahomet, lequel luy est apparu tenant ledit Osman tout ensanglanté par la main, et que luy baillant vn salut, il l'a obligé d'expier le sang dudit prince par la mort de 60 mille hommes.

Il faut noter que tout ce chastiement tombe iusques icy sur les ianissaires, lesquels il fait escorcher vifs, et mourir dans tous les extremes tourmens dont il se peut adviser.

L'on se prepare fort pour resister à ce furieux ennemy, et pour ce, on a publié dans cet empire le ban et arriere ban, c'est à dire que tous les ianissaires, et autres prenant solde du Grand Seigneur se doivent treuuer au printemps à Constantinople, pour s'opposer au commun ennemy qui n'en est esloigné que de cinq iournées.

De plus la ville de Damas s'est tout fraischement reuoltée, et toute la prouince souleuée.

Ce qu'auoit desia fait le bascha de Babylone, qui s'est rendu le maistre de la Mesopotamie, et s'est mis en la protection du roy de Perse, auquel il a baillé son fils pour hostage de sa fidélité; et ce qui est plus estrange, c'est que le Persien a bien eu le front d'enuoyer ses ambassadeurs à Constantinople, où ils sont à present, lesquels veulent et demandent que ledit bascha de Babylone soit confirmé par le Grand Seigneur, et déclaré perpetuel bascha dudit royaume, à faute de quoy ils publient hardiment qu'ils le prendront en leur protection, à quoy iusques icy l'on n'a point fait de respõse.

Et tous ces mauuais rencontres sont empirez par la nouuelle defaite de l'armée du Grand Seigneur, qui retournoit de l'Hongrie chargée de despouilles des chrestiens, contre lesquels elle auoit assisté Bethlehem Gabor, et sur le passage du fleuue Vagus, qui est en ladite Hongrie; ils ont esté attaquez par 800 hommes seulement, que commandoit vn Nicolas Hesterrare capitaine d'vne petite forteresse nommée Oüirar, et tellement taillez en pieces, que mille sont morts de fer, cinq ou six cẽs noyez, 800 prisonniers, et le reste en fuite, ayãt abandonné le bagage qui ne se pouuoit estimer; il y auoit au moins 3000 cheuaux chargez de leur proye, et presqu'autant de chariots, qui sont tous demeurez en la possession des gens de l'empereur, auec des pauillons dorez et estendards de l'armée.

Outre ce ils ont recouuré et retiré de leurs mains 7 ou 8 mille esclaues qu'ils enuoyoiẽt au Grand Seigneur, et neãmoins tout cela a esté fait apres que la treue a esté conclüe et signée pour 8 mois entre l'empereur et Bethlehem G.

Cette touche bien qu'elle soit grande ne fera pas grand bruit, et l'on ne iuge pas que la treue se rompe pour cela, ny que ledit Grand Seigneur s'en puisse ressentir, ains au contraire il a enuoyé depuis 15 iours vne ample commission et pouuoir au bascha de Bude, pour resoudre de la paix ou de la guerre; tout ainsi qu'il luy sera conseillé par ledit Bethlehem Gabor.

Ces desordres qui m'en font preuoir de plus grands à ce printemps, changeront bien la face de mon consulat, et ie commence à me defier de pouuoir demeurer parmi eux en seureté, ie m'y en vay pourtant y faire guerre à l'œil, et prendre party selon la necessité des affaires. Ie voudrois estre employé en quelque meilleure occasion, et que les iustes ressentimens de nos princes chrestiens m'obligeassent à leur rendre seruice en mon particulier.

A Belgrade ce 26 ianuier 1624.

ARCHIVES
DES VOYAGES.

RELATIONS INÉDITES.

VOYAGE

aux Indes orientales et occidentales, dans lequel on raconte le voyage que les Espagnols qui résident aux îles Philippines du Ponent firent au royaume de Camboge, et ce qui leur arriva dans ce pays ainsi que dans la Cochinchine, avec une description des forteresses que les Portugais possèdent dans l'Inde, la Perse, l'Arabie et l'Éthiopie inférieure, et de tous les établissements espagnols dans les Indes occidentales; par Christoval de Jaque de los Rios de Mancaned, natif de Ciudad Rodrigo, écrit en 1606 (1).

AU LECTEUR.

Depuis cent ans, un grand nombre d'Espagnols se sont illustrés en servant à la fois Dieu et le roi : tels furent Christophe Colomb, depuis duc de Veragua, qui découvrit le

---

(1) Les tentatives des Espagnols pour s'établir au Camboge sont très-peu connues. Il est cependant question de Christoval de Jaque, et de l'expédition à laquelle il prit part dans l'ouvrage de Fr. Gabriel de San Antonio, intitulé *Breve y verdadera relacion de los successos del reyno de Camboxa*, 1604, 4°, que nous publierons dans la suite de cette collection. S. Antonio est presque toujours d'accord avec lui

Nouveau Monde; Fernand Cortez, marquis del Valle, qui en fit la conquête ; D. Vasco de Gama, comte de Vidigueira, qui doubla le cap de Bonne-Espérance, découvrit les côtes de l'Éthiopie inférieure, de la Perse, de l'Arabie et de l'Inde ; et le grand Alphonse d'Albuquerque, qui les soumit. Ils ont fait entrer dans le giron de la sainte Église catholique une grande partie des Indes orientales et occidentales. Quant à moi, qui, dès mon enfance, aimai à voir et à faire la guerre, j'ai d'abord visité les principales villes de l'Espagne, à la suite de D. Pedro Alvarez Ossorio, marquis d'Astorga, comte de Transtamare, dans la noble maison duquel je fus élevé ; mais, poussé par le désir de voir les Indes, je quittai, à l'âge de dix-huit ans, la ville de Ciudad Rodrigo, où je suis né, étant fils d'Alonzo Diaz de Jaque, gentilhomme bien connu, et chef de la famille de ce nom et de doña Antonia de los Rios, et je me rendis à San Lucar de Barrameda, où je m'embarquai, en 1592, pour la Nouvelle-Espagne, qu'on nommait autrefois Anabac (*Anahuac*); je visitai toutes les provinces conquises par le célèbre Fernand Cortez, et la fameuse ville de Mexico, sa capitale.

Je partis de là pour aller servir S. M. dans les îles Philippines, qu'on nomme aussi le grand archipel de Saint-Lazare, et qui sont situées vers le couchant. Je visitai Manille, leur capitale, dans l'île de Luçon ; et, désireux de voir la Chine, je me rendis à Machan (*Macao*), qui est habitée par les Portugais, et à Canton, où l'on fait un grand commerce, ainsi que sur toute cette côte, qui com-

---

Cette entreprise est aussi racontée, quoique très en abrégé, dans *Ribadineira historia de las islas del Archipelago y reynos de la gran China Tartaria*, etc., Barcelona, 1601, 4°, liv. II, chap. xxvi. *Gaspar de S. Agostin, Conquista de Philippinas*, liv. III, chap. xvi *Morga historia de Philippinas*, p. 17.

prend les provinces de Chincheo, Phoqueo (*Fo-Kien*), Corai (*Corée*), et de Tartarie, qui est voisine de Langasac (*Nangasaqui*), principal port du Japon.

De Machan je parcourus les côtes des royaumes de Tunquin, Sinoa, Cachan, Champa, Camboge, Siam, Pan, Patan et Jor. Je traversai le détroit de Sincapour, en vue de la Pierre-Blanche; et, naviguant à travers l'Océan malais, j'allai à Malacca, dans la Chersonèse d'Or.

Près de là sont les îles de Banda, Pasarvan, Sunda, Java grande et petite; je fus dans celle d'Achem, dont le véritable nom est Samatra. J'allai de là au royaume de Pera et au détroit des îles de Nicubar; je parcourus les côtes des royaumes de Charamandel (*Coromandel*), Pegu, Rachon, Bengale et le cap Comorin, où commence l'Inde orientale et les forteresses des Portugais.

Je gagnai ensuite l'île de Ceylan, que Ptolémée nomme la Taprobane, où l'on recueille la meilleure cannelle. Après avoir visité Colombo, Gali et Calature, forteresses des Portugais, je passai à Sanapatan, Coilan et Cochin, et parcourus toute la côte du Malabar, où les Portugais ont les forteresses de Caranganor, Onor, Brasolor et Mangalor, et j'arrivai enfin dans l'île et dans la ville de Goa, capitale de leurs établissements dans l'Inde. Je me rendis de là à S. Juan de Rachol, à Salsette et dans les îles de Noroa et Bardes.

Remontant ensuite vers le nord, j'allai à Chaul, à Baçayn et à Diu. Je traversai les golfes de Sind et de Cambaye, et je gagnai l'île d'Ormuz, qui est située à l'entrée du détroit de Bassorah et du golfe Persique, et je vis alors une grande partie de la côte de Perse, et d'Arabie. J'ai été à Bonbaça (*Mombasa*), Melinde, Sofala et Mozambique, dans l'Ethiopie inférieure; et, après avoir doublé le cap des Tempêtes, que l'on nomme aussi de Bonne-Espérance,

Dieu daigna me ramener en Espagne l'année dernière, en 1598.

Ayant vu, tant dans le royaume de Camboge que dans d'autres endroits, une quantité de choses remarquables, je me suis décidé, à la prière de quelques amis, à composer ce livre, intitulé *Voyage aux Indes orientales et occidentales ;* il fera connaître les puissants royaumes qu'elles contiennent. On y verra les endroits où l'on trouve les diamants, les rubis et les perles, où l'on récolte le poivre, le girofle, la cannelle, le maïs, les noix muscades, le cardamome, le bois de sandal, le camphre, le benjoin, l'encens, le baume, les bois d'aigle et de calembour, les pierres précieuses, les épices et les parfums si estimés de toutes les nations, et beaucoup d'autres choses qui plairont à ceux qui désirent connaître le monde : c'est pour ceux-là et pour rendre service à mon roi que j'ai écrit ce petit traité.

Mon principal but est de faire connaître à S. M. les bonnes intentions de Prahumcar, roi de Camboge, et de sa nation, qui désirent embrasser la religion chrétienne ; car Dieu, notre Seigneur, daigne toucher le cœur des hommes pour nous faciliter de nouvelles conquêtes, et donne à ceux qui les entreprennent le courage nécessaire pour affronter les fatigues et les dangers, comme il le fit à l'égard de Christophe Colomb quand il découvrit le nouveau monde. J'ai bravé presque autant de périls que lui pour apporter cette nouvelle à S. M. Ayant traversé toute l'Inde orientale, je décrirai toutes les villes et toutes les forteresses que possèdent les Portugais depuis Machan, en Chine, jusqu'à Mozambique, île de l'Éthiopie inférieure. Je ferai aussi le dénombrement de toutes les villes et de tous les établissements habités par les Castillans dans la grande Inde ou Inde occidentale ; car j'ai parcouru tout le pays et les montagnes, couvertes de neige, depuis le cap de Coquibacoa, Rio de la Hacha et Santa Martha jusqu'à Carthagène et S. Philippa de Puerto-Bello ; j'ai traversé l'isthme de 18 lieues qui sépare la mer du Nord de la mer du Sud, et je me suis embarqué à Panama pour le Pérou. J'ai débarqué à Manta et j'ai fait, par terre, les 500 lieues qui séparent le port de la ville impériale de Potosi, dans la province de los Charcas.

CHAPITRE PREMIER.

L'auteur part pour la Nouvelle-Espagne ; il va ensuite servir S. M. dans les îles Philippines.

Après avoir visité les principales villes de l'Espagne, je m'embarquai, en 1592, à San-Lucar de Barrameda pour me rendre aux Indes occidentales. Poussés par un vent favorable, nous aperçûmes bientôt les îles Canaries, mais nous n'y débarquâmes pas, parce que ce n'est pas l'usage des flottes de S. M. qui vont à la Nouvelle-Espagne et à la Terre-Ferme. Les pilotes se dirigent ordinairement de là vers la Désirade, qui en est à 830 lieues, et ensuite vers Hispaniola que les naturels nomment *Haïti* et *Quisqueja*, ce qui veut dire *pays vaste et montagneux*, et elle l'est en effet, car elle a plus de 600 lieues de tour. Nous touchâmes au port d'Ocoa, où les vaisseaux s'arrêtent ordinairement pour faire du bois et de l'eau, et prendre de la viande, du maïs, de la cassave, du sucre et des fruits de toute espèce que produit le pays ; on y apporte aussi de la ville de Santo-Domingo, qui en est à 18 lieues, du pain et des conserves ; car, malgré la fertilité de cette île, on ne peut y cultiver le blé. Ce fut dans cette île que Colomb établit la première colonie. Il y a un grand nombre d'Espagnols, mais très-peu de naturels; il y a, à Santo-Domingo, un archevêque, une audience et des officiers royaux. Cette île renferme beaucoup de mines d'argent et de cuivre : il n'y a pas longtemps qu'on exploite les premières.

Tout près de cette île, on trouve celles de Cuba, que Christophe Colomb découvrit en 1511, et qu'il nomma Fernandina de la Marguerite, de la Jamaïque, d'Iguana, de Mona et du Monico, de S.-Juan de Puerto-Ricco et de Guanahani, la principale des quatre cents îles Lucayes et la première qui fut découverte, en 1492, par Christophe Colomb; il y a encore, près de la Terre Ferme d'autres îles, petites et peu peuplées.

L'île de Cuba a 300 lieues de long et 18 ou 20 de large. On y trouve la ville de San Cristoval de la Habana, située par le 23° degré; c'est la clef et l'escale de toutes les flottes qui viennent de la Terre-Ferme et de la Nouvelle-Espagne. S. M. y a trois forts, dont celui qu'on appelle *el Moro* peut être comparé avec les meilleurs du monde; ils furent construits par le mestre de camp D. Juan de Texada pendant qu'il était capitaine général de cette île. La Marguerite, qui est aussi très-fertile, contient une des meilleures pêcheries de perles qu'il y ait dans les Indes; il y a un grand nombre d'Espagnols et de nègres qu'on y a conduits pour s'en servir en qualité de plongeurs.

L'île de S.-Juan de Puerto-Ricco est située par le 18° degré; elle a 46 lieues de long, 25 de large et 150 de tour. Les rois catholiques y ont fondé une colonie. Elle produit beaucoup de sucre et de gingembre; on y trouve un évêque, des officiers royaux et une forteresse, où S. M. entretient une garnison de deux cents hommes; son port est très-bon et son climat agréable de même que celui des autres îles dont je viens de parler et que j'ai visitées en 1599.

En quittant Ocoa, nous nous dirigeâmes vers S.-Juan de Ulloa, et, au bout de quelques jours, nous arrivâmes dans un endroit où la mer a très-peu de profondeur ; on y trouve des dorades, des bonites et d'autres poissons dont nous prîmes un grand nombre. Nous arrivâmes quinze jours après au port de S.-Juan de Ulloa, qui est situé par le 19ᵉ degré, ayant fait 2200 lieues en trois mois. S. M. y a fait construire une forteresse pour la protection des vaisseaux qui vont à la Nouvelle Espagne. On a scellé dans la muraille vingt-neuf anneaux de bronze auxquels les marins attachent leurs vaisseaux, qui sont si rapprochés, que l'on peut facilement passer de l'un à l'autre. A deux portées de mousquet de cette forteresse est située la ville de la Nueva Vera-Cruz, dans un endroit très-chaud. Cinq lieues plus loin est l'ancienne Vera-Cruz, que l'on a abandonnée parce que le climat en était malsain. Ce fut la première colonie que fonda Fernand Cortez ; elle est arrosée par la grande rivière d'Alvarado et contient de superbes édifices, mais qui tombent en ruines parce qu'ils ne sont pas habités. C'était autrefois une ville très commerçante et dont les habitants étaient très-riches.

Il y a quarante lieues de la Vera-Cruz à Puebla-de-los-Angelos. Le pays est bon et fertile, quoique l'on ne rencontre que très-peu de villages. On passe auprès du volcan d'Orizaba, si connu des marins qui vont à S. Juan de Ulloa, parce qu'on le découvre à plus de 40 lieues en mer ; il en découle une rivière considérable, dont l'eau est très-bonne et sert à arroser beaucoup de champs de cannes à sucre : les vieux Indiens disent que c'est la décharge du lac de Mexico. De cette montagne à Puebla-de-los Angelos il y a deux journées de route, pendant lesquelles on traverse plusieurs forêts de pins.

Puebla-de-los Angelos est habitée par un grand nombre

d'Espagnols et d'Indiens; son climat est agréable; il y a de beaux édifices; ses rues sont droites et tirées au cordeau; on y trouve du blé et du bétail en abondance : c'est là que demeure l'évêque de Tlaxcala, ville qui est située à 2 lieues plus loin, sur la route de Mexico, et dont les habitants cultivent la cochenille sur les feuilles d'un arbrisseau que l'on appelle *Tunal*, ce qui les enrichit tous. Il y a encore 18 lieues de là à Mexico, qui est la capitale du pays et le siége du gouvernement; cette ville est située sur le bord d'un lac qui a 40 lieues de tour et dont la moitié seulement est d'eau douce, et l'autre d'eau salée : dans celle-ci, il n'y a pas de poisson; mais, dans l'autre, il y en a en abondance, particulièrement une espèce de poisson blanc qui est très-bon et très-sain. On trouve sur les bords de ce lac plusieurs grands villages d'Indiens et la ville de Tezcuco, qui est à 7 lieues de Mexico : on s'y rend dans des canots ou petites embarcations.

Les maisons, les rues, les chevaux et les fruits de Mexico peuvent être comparés à ceux des principales villes du monde; ses rues sont très-longues et très-larges; elles sont pour la plupart traversées par des canaux qui viennent du lac de Mexico, et par lesquels il y entre journellement plus de mille barques.

Il y a dans cette ville vingt-quatre couvents de femmes qui contiennent de cent à cent cinquante religieuses créoles, toutes de parents espagnols, et dix de religieux franciscains, augustins, dominicains, carmes et du nom de Jésus; il y a des hôpitaux très-riches et une université. Cette ville est très-commerçante; car c'est là que vient aboutir tout l'argent des mines de Zacatecas, Saint-Luis, Cagualpa, Tasco, Guaxaca, Tultepec, Temaztepec, Pachuca, Quauhtla, Guanaxuto, Ocumatlan, Zumpango, Fresnillo, Sombrerete, S.-Martin, Nieves, Auino.

Topia, Quanadei, Emceuhe, Chiametla, Santa-Barbara, Casco, Maloya et de beaucoup d'autres. Tous les ans, il y arrive des Philippines trois ou quatre galions chargés d'étoffes de coton, de velours, de taffetas, de satin, de damas et de soie blanches, ainsi que d'or et de pierreries; tout cela entre à Mexico, où l'on fabrique aussi une grande quantité d'étoffes, qui vont ensuite se répandre dans tout le pays, qui ne produit pas de soie : on y fabrique, en outre, beaucoup de drap, ainsi qu'à Puebla-de-los-Angelos.

Après avoir vu Mexico et beaucoup d'autres endroits remarquables de la Nouvelle-Espagne, désirant servir S. M., je résolus de passer aux îles Philippines, où S. M. fait de grandes dépenses pour y répandre la religion chrétienne; je quittai donc Mexico pour me rendre au port d'Acapulco, qui est situé sur la mer du Sud, par 18 degrés de latitude; il y a quatre-vingt-dix lieues de distance par un pays très-montueux et très-difficile, bien qu'il soit habité par un grand nombre d'Indiens. Je m'embarquai le 18 mars; au bout de huit jours, le pilote reconnut l'archipel de *los Barbudos*, ainsi nommé parce que ses habitants portent de grandes barbes. Nous continuâmes à naviguer vers le couchant par le grand golfe du S.-Esprit, qui a 1800 lieues de large; au bout d'un mois, nous fûmes à la hauteur de la Nouvelle-Guinée, île très-grande, entièrement peuplée de noirs, où ne touchent jamais les vaisseaux qui vont aux Philippines. Tous ceux qui naviguent dans la mer du Sud sont très-étonnés de rencontrer des nègres dans une île aussi éloignée du pays dont ils sont originaires. Au bout de trente-neuf jours de navigation, nous arrivâmes aux îles de *las Belas*, qu'on nomme plus ordinairement de *los Ladrones*. Notre pilote ne voulut pas y aborder.

Les naturels de ces îles placent sur le sommet des montagnes les plus élevées des sentinelles qui les avertissent de l'approche des vaisseaux espagnols; ils vont au-devant d'eux dans des *bireyes*, espèce de petites embarcations, pour leur vendre du riz, des bananes, des cocos, des ananas et du poisson; on les leur paye avec du fer, qui leur sert à fabriquer leurs *bireyes* : ils ne veulent accepter ni or ni argent, et ne connaissent pas ces métaux.

Ces insulaires sont généralement gras et assez blancs. Les femmes se mettent des mouches, comme en Espagne, pour faire ressortir la blancheur de leur peau. Les deux sexes croient s'embellir beaucoup en se traçant toutes sortes de dessins sur la figure et sur les diverses parties du corps.

Quand les jeunes gens des deux sexes ont atteint l'âge de quinze ans, on les force à se marier; jusqu'à cet âge, ils ont le droit de pénétrer dans la maison des hommes mariés, et, quand ils ont laissé leur bâton à la porte, le mari n'ose pas y entrer. Les vierges portent, pour se distinguer, un fil rouge autour des reins.

Les habitants de cette île adorent le soleil, la lune et les étoiles; ils sont grands voleurs, courent et nagent si bien, qu'ils passent d'une île à l'autre, quoiqu'elles soient éloignées de 4 ou 5 lieues. Cet archipel est éloigné de 300 lieues de celui des Philippines : je les parcourus en quinze jours. Les Philippines sont très-agréables à la vue, parce qu'elles sont couvertes de grandes forêts d'arbres toujours verts. Nous vîmes bientôt arriver des embarcations d'Indiens *Bisayas*, qui nous apportèrent des poules très-remarquables, en ce que leurs plumes, leur chair et leurs os sont entièrement noirs; elles sont très-bonnes à manger. Nous reçûmes aussi d'eux des cochons, du riz, des bananes, des noix de coco et d'autres fruits. Le gouverneur des Philippines leur a ordonné d'apporter ces rafraîchissements aux vaisseaux. Il y a encore 100 lieues de cet endroit au port de Manille, qui est par 14 degrés et un quart. Nous mîmes six jours à les parcourir, ayant passé en tout trois mois à venir du port d'Acapulco, qui en est éloigné de 1,100 lieues.

CHAPITRE II.

Expédition que Perez Gomez das Mariñas méditait contre les Moluques. Sa mort malheureuse la fait manquer. Apramlangara, roi de Camboge, lui envoie en ambassade Diego de Vargas Machuca, Espagnol, et Pedro Beloso, Portugais. Ce qu'il dit en secret à Pedro Beloso.

Tous les gouverneurs qui se sont succédé dans les îles Philippines, qu'on peut appeler un troisième monde, ont fait les plus grands efforts pour répandre la religion chrétienne dans ce vaste archipel, qui s'étend du nord au sud, et qui a 1,200 lieues de large d'orient en occident. Il contient un si grand nombre d'îles que, jusqu'à présent, on n'a pas pu en connaître exactement le nombre ; mais l'on croit généralement qu'il y en a 110 qui sont habitées : les plus considérables sont celles de Luçon, de Mindanao, de Borneo et de Sumatra. Celles de Luçon et de Mindanao ont 500 lieues de tour, Borneo 200, et Sumatra 400.

Il y a déjà, dans cet archipel, plus de 200,000 naturels convertis au christianisme. On y trouve de l'or, des perles, des rubis, des diamants, du girofle, du poivre, du maïs, du benjoin, des noix de muscade, du bois de sandal blanc et rouge, du camphre et de la cannelle, qui ne vaut cependant pas celle de l'île de Ceylan ; mais elle est préférable à celle des Indes orientales.

Gomez Perez das Mariñas, gouverneur des îles Philippines, désirait beaucoup faire la conquête des Moluques.

Il réunit, pour cette expédition, une grande flotte de galères, galiotes et autres embarcations du pays, que l'on nomme *caracores, bantines, bireyes* et *balones*, avec 600 Espagnols. Il était sur le point de s'embarquer, quand le roi de l'île de Siao, qui est auprès des Moluques, vint lui offrir ses secours et ceux de ses vassaux pour la conquête de Ternate, la principale et la plus forte de ces îles.

Pendant les quatre années précédentes, Perez Gomez das Mariñas s'était occupé à fortifier la ville de Manille : il l'avait entourée d'une muraille garnie d'artillerie, afin que les Espagnols fussent en sûreté pendant son absence. Il maria ou fit entrer dans des couvents toutes les filles et toutes les veuves.

Vers cette époque, on vit arriver à Manille Gregorio de Vargas Machuca et Pedro Beloso, envoyés, en qualité d'ambassadeurs, par Apramlangara, roi de Camboge. Il les avait chargés de dire de sa part aux Espagnols : « Je
« suis roi indépendant de mon royaume, et je ne suis le
« vassal de personne. Ce n'est pas pour le motif que porte
« ma lettre que je désire le secours des Espagnols, je ne
« l'ai écrite que pour satisfaire les grands de mon royaume;
« car, quoique le roi de Siam m'ait déclaré la guerre, il
« n'est pas certain qu'il vienne m'attaquer. Si mes sujets
« me restent fidèles, je suis assez fort non-seulement pour
« le repousser, mais encore pour l'attaquer moi-même,
« comme je l'ai déjà fait plusieurs fois. Si je désire que les
« Espagnols viennent dans mon pays, c'est pour recevoir
« l'eau du saint baptême, car je regarde leur loi comme la
« meilleure et la plus sainte qu'il y ait dans le monde ; mais
« en ce cas j'ai besoin de leur secours pour me défendre
« contre mes propres sujets, et pour les châtier s'ils osent
« se révolter contre moi. Je leur déclarerai alors qu'il
« faut qu'ils se fassent chrétiens ou qu'ils quittent mes

« États. J'ai aussi besoin du secours des Espagnols pour
« faire pénétrer la foi chrétienne dans les royaumes voi-
« sins et pour me protéger contre eux s'ils veulent me
« faire la guerre ou favoriser les rebelles. Vous direz aussi
« au gouverneur de Manille que, s'il m'accorde ce que je
« lui demande, je lui fournirai tous les secours nécessaires
« et je marcherai moi-même à la tête de mes fils et de mes
« troupes : tout ce que je désire pour moi, c'est de pou-
« voir embrasser la religion chrétienne. Je puis mettre
« en campagne 80,000 hommes, 10,000 chevaux et
« 12,000 éléphants, avec une nombreuse artillerie. Il est
« notoire que mon intention est sincère, puisque, depuis
« douze ans, je fournis des moyens d'existence aux reli-
« gieux qui sont dans mes États, et je leur rends tous les
« services qui sont en mon pouvoir; car, dès mon enfance,
« j'ai aimé leur loi, et mon plus grand désir est de l'em-
« brasser. »

Voilà le discours que le roi de Camboge avait tenu secrètement à Diego Beloso dans la lettre dont il l'avait chargé. Le roi demandait qu'on lui envoyât 1,000 Espagnols, promettant de leur donner deux des meilleures provinces de son royaume, et de les faire officiers dans son armée.

Gomez Perez, qui était sur le point de s'embarquer pour les Moluques, reçut très-bien cette ambassade, et renvoya au roi Pedro Beloso pour l'engager à persévérer dans ses bonnes intentions et lui promettre que, l'année suivante, le gouverneur viendrait en personne avec une flotte nombreuse. Il fit partir aussitôt celle qu'il avait réunie, avec l'intention de se mettre à sa tête, sous peu de jours, pour aller à la conquête de Ternate : c'était dans le courant de 1593. Il quitta, en effet, Manille, à bord de la galère capitane, qui était munie d'excellente artillerie, et montée par un grand nombre d'Espagnols. Les forçats qui étaient à la rame étaient des Chinois et des Chincheos : c'est la nation la plus faible et la plus inutile qu'il y ait dans ces parages, et en même temps la plus perfide. Le gouverneur les avait pris malgré eux, à Manille, quoique cependant il leur allouât une solde. Ils conspirèrent donc entre eux pour assassiner le gouverneur et ses principaux officiers. Quelques querelles s'étant élevées entre les Espagnols, le gouverneur voulut éviter qu'elles n'eussent des suites et ne se doutait pas de la trahison que méditait cette vile canaille.

Quand on fut arrivé auprès de Mindoro, qui n'est pas éloignée de Manille, les forçats se révoltèrent au point du jour, massacrèrent, avec des poignards japonais, les Espagnols qui étaient de garde et tous les soldats qu'ils rencontrèrent; ce qui leur fut facile, puisqu'ils étaient désarmés et ne s'attendaient à rien ; ils se dirigèrent ensuite vers la chambre de la poupe, où était Perez Gomez, et l'appelèrent : celui-ci passa la tête par l'écoutille, en demandant quelle était la cause de ce tumulte ; on la lui fendit aussitôt d'un coup de sabre, et les révoltés restèrent ainsi maîtres de la galère capitane, où il y avait une très-grande quantité d'or et d'argent. Ils jetèrent tous les cadavres à la mer ; mais ils n'osèrent pénétrer dans la chambre de poupe, parce qu'ils y entendaient quelque bruit et qu'ils craignaient que le gouverneur ne fût pas mort. Ils s'y décidèrent pourtant à la fin, et ayant trouvé le cadavre étendu par terre, ils le lancèrent dans les flots. Ils trouvèrent également dans la chambre un religieux de l'ordre de Saint-François et D. Juan de Cuellar, auditeur de la flotte ; ils leur donnèrent la vie, et, quand ils furent arrivés sur la côte de Cagayan, ils les vendirent aux insulaires pour de l'eau et du bois. Mais quand ceux-ci eurent appris la mort du gouverneur, ils les attaquèrent, conduits par un Espagnol, qui leur fit beaucoup de mal avec son arquebuse, et les forcèrent à se rembarquer. Les Chinois prirent la route du cap Bojeador, dans l'intention de se réfugier en Cochinchine ; ils comptaient sur l'appui du roi de ce pays, qui est l'ennemi des Espagnols, et craignaient, en rentrant dans leur patrie, que l'empereur de la Chine ne les fît châtier. Quand ils passèrent auprès de Mindoro, quelques Indiens de Luçon, qui étaient restés à bord, se jetèrent à la mer, gagnèrent la côte à la nage et en avertirent les Espagnols de Marivelez, qui se hâtèrent d'aller prévenir le fils du gouverneur, D. Luis Velez das Mariñas, qui était avec toute sa flotte à Zubu, où il attendait l'arrivée de son père.

CHAPITRE III.

Don Luis Perez das Mariñas rentre à Manille avec toute la flotte. Blas Ruiz de Fernan Gonzalez arrive de Camboge avec une jonque qu'il a enlevée au roi de Siam, dont il était prisonnier. Diego Beloso vient à Manille comme ambassadeur du roi de Siam.

Quand D. Luis Perez das Mariñas, chevalier de l'ordre d'Alcantara, eut reçu ces tristes nouvelles, il rentra à Manille avec la flotte. Son père avait fait un testament avant son départ et l'avait désigné pour lui succéder, comme il y avait été autorisé par un décret du feu roi Philippe II. Il y trouva plus de cent quatre-vingts Chinois ; car, comme ils avaient appris l'expédition que le gouvernement méditait contre les Moluques, sept mandarins étaient venus dans l'intention de s'emparer de Manille et des autres îles, ce qu'ils auraient pu faire avec facilité, car il n'y était resté que quatre cents Espagnols en état de porter les armes, et quelques religieux. Si l'expédition contre les

Moluques avait eu lieu, il est très-probable que les Espagnols auraient perdu Luçon et toutes les autres îles qu'ils avaient gagnées avec tant de peine.

Les Espagnols revinrent très-affligés de la mort de leur gouverneur et de la mauvaise réussite de l'expédition des Moluques, sur laquelle ils avaient fondé toutes leurs espérances, et dont les habitants, qui sont mahométans, s'étaient toujours montrés ennemis de notre sainte foi catholique. Ils n'étaient pas moins désireux d'en venir aux mains avec les Chinois qui se trouvaient à Manille, afin de venger la mort de leur gouverneur, car l'on assurait que ceux qui y étaient restés l'avaient complotée avec ceux qui se trouvaient à bord de la galère amirale. Mais D. Luis Perez ne permit pas qu'on leur fît le moindre mal; il se contenta d'ordonner aux sept mandarins de retourner sur-le-champ dans leur patrie, et aux autres Chinois, de sortir de la ville et de s'établir, en dehors, dans un marais qui est près de la rivière Passi, qui traverse la ville.

En quinze jours de temps les Chinois l'avaient desséché et y avaient construit des maisons de bambous, couvertes en feuilles de palmier. Quand les sept mandarins quittèrent Manille pour se rendre en Chine, le gouverneur ordonna à son cousin D. Fernand Perez de Castro de les accompagner pour se plaindre à l'empereur de la trahison de ses sujets et de l'assassinat de son père. Cet événement jeta l'effroi parmi les Chinois, qui craignirent qu'il ne leur en arrivât malheur, parce qu'ils avaient appris de leurs ancêtres une prophétie qui leur annonçait qu'un jour leur pays serait conquis par des hommes blancs qui viendraient, par mer, d'un pays très-éloigné ; ce danger leur paraît surtout menaçant, depuis que les Espagnols se sont établis aux îles Philippines, et s'ils ne redoutaient les armes de S. M., dont ils ont appris que les Portugais sont devenus les sujets, ils auraient déjà expulsé ceux-ci de Machan, où ils sont établis, et qui est une petite île séparée seulement par une rivière du continent de la Chine; mais ils les maltraitent beaucoup quand ils viennent à Canton.

Vers cette époque arriva à Manille Blas Ruiz de Fernan Gonzalez, Espagnol, qui était resté à Camboge quand le roi Apramlangara avait envoyé son ambassade. Il raconta que le roi de Siam avait défait celui de Camboge, et qu'il avait été fait prisonnier, embarqué dans une jonque, ainsi que Pantaleon Carnero, un Portugais nommé Machado, et cinq religieux, deux de l'ordre de Saint-François et trois de l'ordre de Saint-Dominique, la femme de Diego Beloso, cousine du roi de Camboge, et beaucoup d'autres chrétiens de Camboge, de la Cochinchine et de Chincheo. Le roi de Siam, craignant de laisser tant de chrétiens ensemble, retira les religieux de cette jonque et les plaça à bord d'une autre.

Le capitaine siamois les traitait fort mal, particulièrement Blas Ruiz. Toutes les fois qu'il passait devant lui, il le forçait à faire la *cambaya*, coutume très-usitée dans le pays, et qui consiste à mettre les deux genoux en terre, à joindre les mains, à baisser les yeux et à ôter sa chaussure. Blas Ruiz résolut de se révolter, de massacrer le capitaine siamois et tout l'équipage, et de s'emparer du vaisseau; il communiqua ce valeureux dessein à Pantaleon Carnero et à Machado, qui lui répondirent qu'ils étaient prêts à le seconder pour recouvrer leur liberté; les chrétiens indigènes, qui n'étaient qu'au nombre de cent, leur répondirent que le danger était trop grand, parce qu'il y avait plus de cinq cents Siamois à bord, mais que, s'ils voulaient tenter l'entreprise, ils ne s'y opposeraient pas.

Cette nuit même, Blas Ruiz, qui avait remarqué trois hallebardes sur la poupe, s'en empara et en donna une à chacun de ses deux compagnons ; ils attaquèrent ensemble les Siamois, et Blas Ruiz tua leur capitaine. Quand ses soldats le virent tomber, il y en eut un grand nombre qui se jetèrent à la mer, et d'autres se sauvèrent dans le *barangay*, ou barque, qui était attaché à la poupe de la jonque : Blas Ruiz fit débarquer le reste dans une île déserte, en leur laissant assez de riz pour vivre et pour en semer.

Dès que Blas Ruiz se vit maître du bâtiment, il prit la route des îles Philippines : il y avait à bord cent arquebuses, cent fauconneaux, deux demi-couleuvrines et cent jarres de poudre, une quantité de lances, d'arcs, de flèches, de casques et de masques, en acier fin, que ces gens-là portent à la guerre pour se défendre contre les flèches ; il y avait aussi quarante mille clous de fer, que l'on répand dans les champs pour blesser les pieds des éléphants, et beaucoup d'autres munitions de guerre ; le bâtiment contenait encore quantité de girofle, de poivre et d'étoffes de coton, ainsi que quelques cornes de licornes et beaucoup d'autres choses précieuses ; ces cornes furent une portion du butin qui revint à Blas Ruiz de Fernan Gonzalez, natif de Calzada, auprès de Ciudad-Réal. Le roi de Camboge les conservait dans son trésor parmi tout ce qu'il y avait de plus précieux : on voulut les lui acheter, à Manille, au poids de l'or ; mais il s'y refusa, parce qu'il les estimait bien davantage.

Blas Ruiz et ses compagnons arrivèrent avec bien de la peine aux îles des Calamianes ; car ils n'avaient ni pilote, ni boussole, ni carte marine, ni astrolabe ; ils mirent plus d'un mois à ce voyage, que l'on fait ordinairement en huit jours, et se crurent perdus plusieurs fois. Blas Ruiz écrivit de là au gouverneur des îles Philippines pour lui raconter ce qui s'était passé et lui demander un pilote pour le conduire à Manille ; on se hâta de lui en envoyer un, et Blas Ruiz arriva au bout de quatre jours.

On apprit de lui que le roi de Siam avait fait prisonnier Diego Beloso, qui retournait à Camboge après son ambassade, qu'il lui avait enlevé les présents dont il était chargé; et que le roi de Camboge, hors d'état de résister, avait été forcé d'abandonner ses États, et avait été implorer le secours du puissant roi des Laos; il avait été pourchassé de si près, qu'il avait semé de l'argent sur les bords du fleuve pour pouvoir gagner un peu d'avance pendant que ceux qui le poursuivaient s'occuperaient à le ramasser; sans cette ruse, il ne serait pas parvenu à leur échapper.

Peu de jours après, Diego Beloso arriva à Manille avec une mission du roi de Siam, qui, connaissant les rapports de celui de Camboge avec les Espagnols des Philippines, craignait qu'ils ne le secourussent, et crut qu'il importait à la sûreté de sa nouvelle conquête de faire alliance avec eux; il leur envoyait un éléphant et d'autres objets. Mais quand Diego Beloso se vit en sûreté à Manille, et qu'il y eut retrouvé Blas Ruiz et ses autres amis, ils supplièrent tous le gouverneur d'envoyer du secours au roi de Camboge, et lui représentèrent le grand service qu'il rendrait à Dieu et à S. M.; il le leur promit, quoiqu'on lui représentât, à Manille, qu'il n'y avait déjà que trop peu d'Espagnols pour défendre les îles. Un de ceux qui étaient le plus disposés à entreprendre cette expédition était Rodriguez de Figueroa; mais il était parti depuis quelques jours, à la tête de trois cents Espagnols, pour faire la conquête de Mindanao, de sorte qu'on ne pouvait, disait-on, rien entreprendre cette année-là. On prétendait que ce n'était pas servir Dieu et le roi d'aller au secours d'un roi étranger, tandis qu'il y avait dans la ville un grand nombre de Chinois qui n'attendaient que le moment de se soulever; mais toutes ces raisons ne purent rien auprès de D. Luis, qui était tout disposé à servir le roi de Camboge, parce qu'il le croyait dévoué à la religion chrétienne. Je vais donc raconter, comme témoin oculaire, tout ce qui se passa dans cette entreprise, et les grands dangers que nous courûmes dans le Camboge et la Cochinchine.

CHAPITRE IV.

Juan Xuarez Gallinato, commandant des troupes de Manille, quitte cette ville avec cent vingt Espagnols, dont les capitaines étaient Blas Ruiz de Fernan Gonzalez, Diego Beloso et Gregorio de Vargas Machuca. Ce qui se passa pendant la route.

Le 19 janvier, Juan Xuarez Gallinato, natif de Palma dans les Canaries, et commandant des troupes de Manille, quitta cette ville à la tête de cent vingt Espagnols pour se rendre dans l'île de Luçon, à bord de deux jonques et une frégate. Nous arrivâmes d'abord dans l'île de Luban, qui en est éloignée de 20 lieues. Le navire de Gallinato, poussé par la tempête, y était arrivé longtemps avant nous. Notre joie fut très-grande de nous voir de nouveau réunis. Nous y reçûmes un coup de vent si violent, qu'après avoir jeté une seconde ancre, voyant qu'elle ne pouvait résister, nous fûmes forcés de couper les câbles et de mettre à la voile par un temps si mauvais, que nous nous crûmes perdus plusieurs fois ; nous n'avions pas seulement à combattre l'eau et les vents, mais aussi le feu qui prit à notre jonque, et que nous eûmes bien de la peine à éteindre, et même la terre ; car nous craignions à chaque instant d'échouer contre une des nombreuses îles dont ces parages sont parsemés. Si Dieu n'avait pas eu pitié de nous, un seul de ces dangers aurait suffi pour nous détruire tous.

Notre jonque se trouva toute désemparée après cette tempête, et nous avions perdu un des trois gouvernails qui servaient à la diriger. Ces vaisseaux ne sont pas construits comme ceux d'Espagne, mais comme ceux de la Chine; ils sont faits de bambous et de feuilles de palmier, n'ont que trois voiles et très-peu de cordages; les câbles sont faits avec des lianes, que les Malais nomment *rota*, de sorte que l'on peut dire qu'ils sont entièrement construits en bois.

Blas Ruiz, notre capitaine, voyant que nous étions épuisés de fatigue et que nous manquions d'eau, de bois et de toutes les choses nécessaires, résolut d'aller aux îles Calamianes, où nous arrivâmes au bout de trois jours. S M. a donné ces îles à Pedro Sarmiento, l'un des premiers Espagnols qui vinrent s'établir aux îles Philippines, en 1564, avec Miguel Lopez de Legaspi, à l'époque où D. Louis Velasco était vice-roi de la Nouvelle-Espagne.

Dans cet archipel des Calamianes se trouvent les *tantariras*, que les Chinois estiment beaucoup; ce sont de petites pierres que l'on rencontre dans le nid de certaines espèces d'oiseaux; on y trouve aussi une espèce de mouche qui a la vertu d'empêcher l'action du poison. Les Espagnols les placent dans un morceau de bambou, et, en ayant la précaution d'y mettre un peu de riz cru, on peut les conserver très-longtemps de cette manière; il faut seulement avoir soin d'enlever au fur et à mesure l'écorce du riz qu'ils ont mangé : j'en ai gardé comme cela pendant deux années.

Les Calamianes fournissent en abondance du riz, des poules, des fruits et du vin de palmier, que les naturels nomment *pitarilla*. Le riz forme la principale nourriture des habitants des Philippines et de ceux de tout le couchant : ils le font cuire simplement avec du sel et de l'eau, et, quand il est ainsi préparé, ils le nomment *morisqueta*.

Une partie des habitants de ces îles sont païens et les autres mahométans; mais ils sont disposés à embrasser la religion chrétienne. Lors de mon séjour dans ce pays, en 1596, tous les religieux étaient occupés à la conversion des habitants des Philippines, et il n'en était pas venu un seul aux Calamianes.

Nous repartîmes pour nous rendre au Camboge, en nous dirigeant vers le N.-O. jusqu'à ce que nous fussions arrivés par le 9e degré de latitude; nous découvrîmes alors l'île inhabitée de Poulossissi, où commencent les bas-fonds d'Haynan, qui s'étendent jusqu'au 18e degré. Nous remerciâmes le Seigneur de nous avoir fait traverser sans encombre l'extrémité de ces bas-fonds. Le lendemain, notre pilote reconnut les côtes du royaume de Champa, qui est situé en Terre-Ferme, et touche à ceux de Camboge et de Cochinchine. Nous longeâmes ces côtes jusqu'à ce que nous rencontrâmes un port situé précisément à la frontière de ces deux États, auquel Vincent Fernandez, notre pilote, donna le nom des Cinq-Plaies, parce qu'on y voit cinq montagnes élevées. Nous y passâmes deux jours en grand embarras, quoique sans danger, parce que le pilote ne savait pas où était la barre de la rivière de Camboge par laquelle nous devions entrer dans ce royaume; il n'avait jamais navigué dans ces mers; et résolut en conséquence de s'éloigner de cette côte, sur laquelle il craignait de se perdre, parce que, dans beaucoup d'endroits, elle est basse et noyée. Nous fûmes pendant deux jours en assez grand danger, cherchant la barre, entourée de bas-fonds et de récifs, de la petite île des Crabes (*Cangrejos*), qui était sous le vent. Nous échouâmes, et, pour alléger la jonque, il fallut jeter à la mer tout le lest que nous avions : le danger était si grand, que les soldats et les matelots avaient déjà préparé des planches dans l'espérance de se sauver à la nage; mais Dieu daigna nous délivrer de ce nouveau danger et nous faire apercevoir une longue ligne d'écume qui sortait de la rivière que nous cherchions : nous la suivîmes, et elle nous conduisit droit au royaume de Camboge, où nous désirions avec tant d'ardeur arriver; il est situé par 11 degrés de latitude nord.

CHAPITRE V.

Arrivée du capitaine Blas Ruiz de Fernan Gonzalez au royaume de Camboge. Combat de cinquante Espagnols et vingt Japonais contre trois mille Chinois. Ce qui leur arriva ensuite dans ce royaume.

Ce fut le jour du glorieux apôtre saint Matthieu que nous arrivâmes au royaume de Camboge; le lendemain, nous rencontrâmes une *proue* ou petite embarcation ; nous demandâmes à ceux qui la montaient si Juan Xuarez Gallinato était arrivé; ils nous répondirent qu'ils l'avaient vu entrer dans le fleuve. Cette nouvelle nous réjouit beaucoup; mais elle se trouva fausse : les vaisseaux qu'ils avaient vus entrer venaient de Chine et de Chincheo pour commercer dans ce royaume.

Nous remontâmes pendant huit jours ce fleuve, qui se nomme Meccon ; c'est un des plus considérables que l'on ait découverts dans les Indes : il a, dans beaucoup d'endroits, 80 ou 90 brasses de profondeur, et une demi-lieue de large. Nous arrivâmes au bout de ce temps à Churdumuco, ville d'environ vingt mille feux. Toutes les maisons sont construites en madriers, en planches et en bambous : il n'y en a pas une seule en pierre. Il y a dans cette ville deux pyramides très-hautes et très-bien construites, auprès desquelles les Cambogiens ont placé leurs idoles ou pagodes; car c'est ainsi qu'ils les appellent.

Nous trouvâmes ce royaume bien déchu de l'état de prospérité où il était avant l'invasion des Siamois ; il avait été usurpé par Nacaparan Prabantul, cousin du roi Apramlangara. Nacaparan avait réuni tous les Cambogiens qui avaient pu échapper aux conquérants et qui s'étaient réfugiés dans les montagnes ; il s'était mis à leur tête, et ayant attaqué les Siamois, qui furent forcés de se retirer parce qu'ils manquaient de vivres, il en avait tué un grand nombre, avait ensuite massacré toutes les garnisons qu'ils avaient laissées dans le pays, et s'était fait proclamer roi. Il était très-redouté des Cambogiens, parce qu'il passait pour cruel.

Tel était l'état du pays quand nous y arrivâmes : nous fûmes très-affligés de n'y trouver ni le roi Apramlangara, ni notre chef Jean Xuarez Gallinato, qui avait été jeté par la tempête dans le détroit de Sincapour, à 25 lieues de Malacca ; il y fut dans un grand embarras, car il y rencontra le roi de Jor et celui de Sumatra, chacun à la tête d'une flotte considérable, qui se livrèrent plusieurs combats. Cependant le roi de Jor, ayant appris qu'il manquait de vivres, lui envoya des poules et du riz ; il fut forcé de s'arrêter pendant trois mois dans l'île de Binton, habitée par un grand nombre de forgerons, parce qu'il y a d'abondantes mines de fer.

L'autre bâtiment, commandé par Diego Beloso, aborda sur les côtes de la province de Bararan, qui dépend du royaume de Camboge. Comme cette côte est déserte et noyée, il y éprouva, ainsi que ses compagnons, toutes les misères imaginables ; ils furent réduits à manger des singes et des lézards, et bien heureux encore celui qui en tuait.

Nous ne savions ce qu'étaient devenus nos compagnons, quand le roi fut informé qu'ils avaient abordé à la province de Bararan. Blas Ruiz l'apprit aussitôt d'un des principaux Cambogiens, et il se hâta d'envoyer au roi le capitaine Pablo Garrucho pour le prier d'y faire passer une embarcation, et de les engager à venir promptement. Le roi y consentit et écrivit au P. Alonzo Ximenez, provincial de la province de Saint-Grégoire des Philippines, qu'il qualifia d'évêque, et à Diego Beloso, pour les avertir qu'Apramlangara était dans le royaume des Laos, et qu'en attendant son retour il gouvernait le royaume. Il disait tout cela pour flatter Diego Beloso, qu'il savait ami d'Apramlangara; mais Blas Ruiz eut soin de l'avertir de ne pas se fier aux Cambogiens, ajoutant que le roi méditait quelque trahison, parce que c'était un usurpateur, et qu'il redoutait que les Espagnols, s'ils étaient en trop grand nombre, ne devinssent trop puissants.

Au bout de vingt jours, le père Provincial, Diego Beloso, et ses soldats arrivèrent à la ville de Churdumuco. Le premier, qui ne pensait qu'à la conversion des naturels, voyant que Juan Xuarez Gallinato n'arrivait pas, donna lecture au capitaine Ruiz Blas des instructions qu'il avait reçues du gouverneur des Philippines, D. Luis das Mariñas, dans lesquelles celui-ci lui recommandait, sur toutes choses, de profiter des bonnes dispositions d'Apramlangara pour répandre la lumière de l'Évangile dans l'île de Camboge, et de ne rien faire sans consulter ceux qui l'accompagnaient, qui étaient de vieux soldats remplis d'expérience.

Les deux capitaines se préparèrent ensuite à se rendre à Sistor, où Nacaparan tenait sa cour; cette ville est à 8 lieues de Churdumuco, en allant par terre, et à 20, en remontant le fleuve. Il y avait à Churdumuco environ trois mille Chinois qui, méprisant le petit nombre des Espagnols, les insultaient quand ils venaient à terre pour acheter des vivres, leur jetaient des pierres et leur donnaient même des coups de lance sans la moindre provocation.

Les Chinois ne cessaient de nous calomnier auprès du roi et de nous accuser d'avoir de mauvais desseins; ce qui les encourageait surtout, c'est qu'ils étaient redoutés des Cambogiens, qui les regardaient comme très-vaillants, et qu'ils avaient l'habitude d'en profiter pour les maltraiter.

Blas Ruiz, que nous avions choisi pour notre chef, supportait tout cela avec beaucoup de patience, et ne permettait aux Espagnols d'entrer à Churdumuco que quand cela était absolument nécessaire pour se procurer des vivres. Le roi, fatigué des plaintes que lui adressaient continuellement les Chinois, envoya l'ordre au mandarin, gouverneur de la ville, de les réconcilier avec les Espagnols, ajoutant qu'il permettait au capitaine Blas Ruiz de les châtier s'ils l'insultaient encore; il en fit dire autant aux Chinois, espérant, par cette ruse, que nous en viendrions aux mains, et que ceux-ci, qui étaient beaucoup plus nombreux, nous détruiraient avec facilité.

Le mandarin lut cet ordre et le fit traduire par un interprète, que l'on appelle, dans ce pays, *sabandar*, en présence du capitaine Blas Ruiz, de 20 Espagnols et de plusieurs mandarins chinois, de sorte que, pendant quelques jours, ils n'osèrent pas renouveler leurs insultes accoutumées; mais un peu plus tard, ayant rencontré deux Espagnols, ils les maltraitèrent tellement, que quelques Cambogiens, remplis de compassion, vinrent dire à Blas Ruiz qu'on les assassinait. Fatigués de tant d'outrages et ne voulant pas perdre la réputation de valeur que les Espagnols ont acquise parmi toutes ces nations, nous nous rendîmes à Churdumuco, au nombre de 50 hommes, accompagnés de 20 Japonais tous bien armés. Avant d'entrer dans la ville, Blas Ruiz fit demander aux mandarins de lui livrer les Chinois qui avaient massacré les deux Espagnols; mais ceux-ci lui répondirent que cela n'était pas en leur pouvoir, et que les Chinois avaient pris les armes pour nous repousser ; qu'ainsi nous eussions à prendre garde à nous. Alors nous marchâmes contre eux ; et comptant plutôt sur l'appui du ciel que sur nos forces, nous les attaquâmes, et nous en tuâmes un grand nombre.

Les Cambogiens furent à la fois étonnés et réjouis de voir que, malgré notre petit nombre, nous mettions 3,000 Chinois en déroute, et les chassions de la ville : il y en eut environ 80 qui prirent leur arc et leurs flèches, et se joignirent à nous ; mais ils n'en blessèrent aucun.

Après en avoir tué une centaine, nous reformâmes nos rangs hors de la ville. Les femmes cambogiennes nous apportèrent quelques rafraîchissements, auxquels nous touchâmes un peu pour ne pas les offenser. Nous attaquâmes ensuite six jonques qui se trouvaient sur la rivière, et dans lesquelles un grand nombre de Chinois s'étaient retranchés ; en moins de deux heures, nous nous en emparâmes, après avoir tué plus de 300 de ceux qui les défendaient et en avoir blessé un très-grand nombre : le reste alla se cacher dans la cale ; car ils sont aussi lâches que traîtres. Nous attachâmes tous ceux que nous pûmes saisir ; mais, le quatrième jour, ils firent, malgré notre surveillance, une tentative de révolte : heureusement nous fûmes avertis par un Indien de Luçon, qui nous cria que les Chinois avaient rompu leurs fers, et qu'ils allaient tomber sur nous. Ne voulant pas partager le sort de Gomez Perez das Mariñas, qu'ils avaient assassiné, comme je l'ai raconté au chapitre II, nous les massacrâmes jusqu'au dernier. C'était sans doute le démon ennemi du genre humain qui employait toutes ces ruses pour nous empêcher de répandre l'Évangile dans le royaume de Camboge.

CHAPITRE VI.

Nacaparan Prabantul, usurpateur du Camboge, envoie dire au capitaine Blas Ruiz de Fernan Gonzalez de venir le trouver à Sistor. Ce qui lui arriva dans cette ville.

Quelque temps après cette victoire remportée sur les Chinois, Nacaparan Prabantul fit dire au capitaine Blas Ruiz de Fernan Gonzalez de venir le trouver à Sistor pour lui rendre compte de l'ambassade dont il était chargé. Celui-ci, craignant quelque trahison, se fit accompagner par 50 Espagnols, dont je faisais partie ; nous mîmes deux jours à arriver à Sistor. Il y avait, sur la rive du fleuve qui traverse cette ville, plus de 100,000 personnes que la curiosité de nous voir avait attirées. Aussitôt que le roi eut appris l'arrivée de notre chef, il lui fit demander combien d'Espagnols il avait amenés avec lui : celui-ci le lui fit dire, en le priant en même temps de vouloir bien lui accorder une audience pour qu'il pût lui remettre les présents dont le gouverneur des Philippines l'avait chargé pour lui ; mais le roi répondit qu'avant toute chose, il voulait traiter des jonques que nous avions enlevées aux Chinois ; il lui envoya, en même temps, quantité de poules, de riz, de vin et de fruits.

Blas Ruiz le pria de nouveau de vouloir bien recevoir l'ambassade et les présents, lui promettant de faire ce qu'il voudrait à l'égard des jonques ; mais le roi insista pour qu'avant toute chose on lui livrât les jonques des Chinois auxquels il avait de grandes obligations, puisqu'ils apportaient, dans son pays, des objets qui y manquaient, tels que du cuivre, du plomb, du mercure, de la soie, des porcelaines et autres objets. Le roi se montrait en tout très-partisan des Chinois et ne voulait pas écouter notre capitaine; à leur sollicitation, il fit déclarer à Blas Ruiz que, s'il ne consentait à leur rendre leurs jonques, il ne permettrait plus aux Espagnols de pénétrer dans ses États et que le roi de la Chine deviendrait notre ennemi.

Quoique notre capitaine tînt beaucoup à conserver les jonques pour ne pas encourager nos ennemis, voyant que le roi ne voulait pas renoncer à sa prétention, il promit d'écrire aux Espagnols qui les gardaient de les rendre aux Chinois, et que, si on voulait lui fournir une embarcation, il y enverrait le père provincial Alonzo Ximenez, pour que cela se fît plus promptement. Le roi, très-satisfait, en fit donner une sur-le-champ. Nous en fûmes aussi fort contents, car, comme le provincial était très-âgé, il n'aurait pu supporter tous les maux qui vinrent fondre sur nous et que nous prévoyions déjà; car Blas Ruiz avait fait dire à Juan Scolino, qui commandait les jonques, de ne les livrer sous aucun prétexte, jusqu'à ce qu'il fût de retour à Churdumuco, ce qui, s'il plaisait à Dieu, aurait lieu dans trois jours, et que si par hasard le mandarin, gouverneur de la ville, venait les visiter, il ne l'en laissât pas sortir jusqu'à son arrivée. Il avait résolu de s'emparer de quelques proues et d'autres embarcations qui se trouvaient sur la rivière, pour redescendre à Churdumuco; mais le roi, ayant soupçonné son dessein, les fit enlever.

Le lendemain, deux Cambogiens chrétiens et un métis portugais vinrent nous avertir que le roi avait résolu de nous faire périr, mais que, pour épargner ses soldats et ses éléphants, il avait pris le parti d'attendre un jour où la pluie nous empêcherait de faire usage de nos armes à feu, et qu'il avait juré de faire bouillir dans de l'huile de coco tous ceux qu'il pourrait prendre en vie. Il y en a beaucoup dans ce pays, et les Cambogiens l'emploient comme un remède contre les blessures et les maladies.

Cette mauvaise nouvelle nous alarma beaucoup; il ne nous restait plus qu'à vendre notre vie le plus cher possible et à mourir comme de braves soldats pour ne pas être bouillis dans l'huile.

Ce jour-là, qui était le 14 mai 1596, notre capitaine ordonna à ceux qui formaient sa petite troupe de se réunir dans la maison où il était logé et d'apporter leurs armes. Il leur tint le discours suivant : « S. M. nous a envoyés
« dans ce pays surtout pour y planter notre sainte religion
« catholique. D. Luis das Mariñas a choisi, parmi la gar-
« nison de Manille, le peu de soldats qui m'ont accompa-
« gné parce qu'il les regardait comme de vieux guerriers
« qui avaient fait l'expérience de la guerre, non-seulement
« dans ces pays du couchant, mais en Flandre, en France,
« en Afrique et en Angleterre; nous avons toujours dé-
« fendu notre sainte religion, et nous l'établirons ici mal-
« gré les efforts de nos ennemis, qui nous ont forcés d'avoir
« les armes à la main depuis notre arrivée dans ce pays;
« Nacaparan Prabantul nous oblige encore aujourd'hui à
« les reprendre, puisqu'il menace de nous massacrer et de
« nous faire bouillir dans l'huile, parce qu'il sait que nous
« sommes les amis d'Apramlangara et que nous sommes
« venus à son secours contre le roi de Siam. Mais, puisque
« nous connaissons les desseins de l'usurpateur, il faut le
« prévenir cette nuit même; Dieu et sa sainte mère, en
« qui nous avons placé notre espérance, nous donneront
« la victoire comme ils nous ont déjà protégés en plusieurs
« occasions. Je vous recommande donc trois choses : con-
« fessez tous vos péchés à frère Diego de Vasta, afin qu'il
« vous en accorde l'absolution; n'insultez pas les femmes
« et ne pillez ni le palais du roi ni les maisons particu-
« lières, afin que ces infidèles ne croient pas que nous
« soyons venus dans leur pays pour nous enrichir, mais

« bien pour les convaincre de leurs erreurs et leur faire
« embrasser notre sainte religion. »

Nous fûmes tous charmés de la résolution de notre capitaine, et, à deux heures du matin, nous nous mîmes en marche pour aller par terre rejoindre nos compagnons, et nous emparer de notre ennemi mort ou vif.

Après avoir traversé deux rivières, nous arrivâmes devant le palais du roi, qui prit la fuite aussitôt que ses gardes l'eurent averti ; il emmena ses femmes avec lui et abandonna ses trésors qu'il n'eut pas le temps d'emporter; mais nous n'y touchâmes pas, quoique nous fussions, pendant toute la nuit, maîtres du palais. Nous mîmes le feu à un temple dans lequel il y avait une quantité de pagodes d'or et d'argent avec des yeux en rubis et des dents en diamants. Nous tuâmes quelques éléphants qui étaient restés dans le palais et nous nous emparâmes de deux maisons où il y avait 200 quintaux de poudre.

Quand le jour fut venu, le roi vint nous attaquer à la tête de 14,000 archers. Comme nous nous étions emparés des magasins à poudre, ils ne pouvaient se servir de leurs mousquets ; il avait plus de 400 éléphants armés en guerre et nous attaqua avec beaucoup de courage ; mais notre chef en montra bien davantage, et, grâce à la Providence, nous repoussâmes les Cambogiens après avoir tué leur roi et un de ses fils, qui tomba sous les coups de notre capitaine ; celui-ci lui enleva un bracelet d'or dans lequel étaient enchâssés des os d'animaux sauvages qu'il croyait avoir la vertu de le rendre immortel. Blas Ruiz profita de cet instant pour faire sauter le magasin à poudre en mettant le feu au toit, qui n'était que de feuilles de palmier : l'explosion fut si forte qu'il en fut tout brûlé ainsi que dix soldats qu'il avait chargés de le protéger avec leurs arquebuses. Pendant qu'il faisait cette opération, quelques Espagnols avaient aussi reçu des coups de flèche en combattant.

Nous fîmes halte devant quelques maisons situées près d'une enceinte dans laquelle on dresse les éléphants de combat; nous prîmes la résolution de nous retirer peu à peu du côté de Churdumuco, car il était déjà neuf heures du matin, et le nombre des Cambogiens augmentait à chaque instant; ils avaient un grand nombre d'éléphants de guerre qui sont dressés à prendre, dans leur trompe, une chaîne au bout de laquelle est attaché un cimeterre avec lequel ils font un grand ravage dans les rangs ennemis. Ils ont sur le dos une tour en bois très-bien faite qui contient cinq ou six archers, et sur le cou un *Naïre* qui les conduit où il veut; mais, si celui-ci vient à être tué, ils sont plus disposés à se retirer qu'à attaquer.

Nous étions très-étonnés de la facilité avec laquelle les éléphants portaient ces tours. Ces animaux marchent très-vite; ils ont des articulations aux jambes, quoique les anciens aient dit le contraire, et sont plus grands que les chameaux, mais ils n'ont pas le cou aussi long; ils ont une trompe d'une vare et demie de long, qui leur sert de main, et avec laquelle ils portent à la bouche ce qu'ils veulent manger; ils ont aussi deux défenses de deux vares de long; elles ont une grande force, ainsi que la trompe.

A Goa, capitale des Indes orientales, j'ai vu un éléphant porter une pièce d'artillerie qui pesait quarante quintaux; il la souleva à deux palmes de terre, et fit ainsi une demi-lieue sans se reposer, mais ses défenses l'aidaient à supporter ce poids.

L'éléphant est susceptible de discipline et très-obéissant à l'homme; il apprend tout ce qu'on lui enseigne. C'est un animal très-doux. Pendant la nuit, il pleure de chagrin de se voir captif, mais il cherche à cacher sa douleur quand il entre quelqu'un; il est vindicatif et très-sensible aux injures. Quand les éléphants sont en chaleur, ils ont une telle force, que j'en ai vu rompre une grosse chaîne de fer à laquelle ils étaient attachés : ils craignent le feu, sont sensibles au froid, et vivent deux cents ans. Les Portugais et les autres nations de l'Orient mettent à l'eau, avec six éléphants, des bâtiments de 600 tonneaux; ils se reconnaissent, pour ainsi dire, vassaux de ceux de l'île de Ceylan. Quand il y en a un seul originaire de cette île parmi des milliers d'autres, tous tremblent devant lui et sont, pour ainsi dire, comme des chiens devant un lion.

Les habitants de Camboge, de la Cochinchine, de Laos, de Siam, de Pan, de Patan, de Jor, de Malacca, de Pégu et de Rachon, estiment beaucoup les éléphants; quoiqu'ils aient des chevaux, ils s'en servent peu à la guerre, et ce sont les éléphants qui forment leur cavalerie.

CHAPITRE VII.

Blas Ruiz et les siens traversent une rivière et arrivent à Churdumuco, n'ayant perdu qu'un Espagnol, un Indien de Luçon et un Japonais. Juan Xuarez Gallinato y arrive aussi. Suite des événements de Camboge. Mœurs et coutumes des habitants.

Nous arrivâmes sur les bords d'une rivière, où nous nous arrêtâmes pour nous reposer, parce que nous n'avions cessé de combattre pendant toute la journée et la nuit précédente. Nous étions au désespoir de n'avoir pu secourir six Espagnols qui étaient restés sur la rivière de Sistor, dans un petit *barangay*; mais, grâce à Dieu, ils arrivèrent heureusement à Churdumuco, quoiqu'ils eussent été blessés par des flèches, parce qu'ils avaient combattu, pendant deux jours, avec quatre proues que l'on avait envoyées contre eux. Nous mangeâmes, dans cet endroit, un peu de riz que nous avions dans nos havre-sacs, quoique nos blessures nous fissent plus souffrir que la faim, car nous avions presque tous été atteints par des flèches. Nous restâmes ainsi, toute la journée, en face de l'ennemi. Nous voyions une quantité de Cambogiens et de Malais, accompagnés d'éléphants, se rassembler sur l'autre rive pour nous disputer le passage. Dans ce moment, la pluie commença à tomber avec force; ils s'encouragèrent alors en criant que le moment favorable pour nous attaquer était venu, et que l'eau nous empêcherait de faire usage de nos arquebuses. Ils s'avancèrent, en effet, précédés par les éléphants. Notre capitaine, et frère Diego de Varte, qui, pendant toute cette expédition, n'avait cessé de faire les fonctions de sergent-major, rangèrent les soldats, le dos tourné contre le fleuve, et nous marchâmes, vers l'ennemi, en bataillon carré.

Mais, grâce au ciel, la pluie cessa et le temps se remit au beau, de sorte que les Cambogiens se retirèrent. Blas Ruiz, voyant cela, résolut de s'emparer de quelques maisons qui se trouvaient là, dans lesquelles il pensa que nous pourrions nous fortifier; mais les Cambogiens, s'étant aperçus de notre intention, y mirent le feu, de sorte que nous fûmes obligés de retourner sur nos pas. Les Cambogiens s'étaient emparés de l'endroit que nous venions de quitter; mais, dès qu'ils nous aperçurent, ils décampèrent et prirent la fuite. A minuit, nous attachâmes des mèches allumées à quelques saules qui se trouvaient dans cet endroit, pour faire croire à l'ennemi que nous y étions toujours, et nous commençâmes à traverser la rivière; mais il fut averti de ce mouvement par ses sentinelles avancées. Aussitôt ils firent pleuvoir sur nous une grêle de flèches. Blas Ruiz voulait les attaquer de nouveau;

mais Diego Beloso et les autres soldats lui représentèrent que, danger pour danger, il valait mieux, avant tout, s'occuper à traverser le fleuve, ce qui nous mettrait en sûreté. Nous trouvâmes sur l'autre rive un grand nombre de Cambogiens et d'éléphants, mais ils prirent la fuite dès que nous leur eûmes tiré quelques coups d'arquebuse. Nous marchâmes pendant toute la nuit, quoique fort lentement, parce que nous étions presque tous blessés.

Comme il n'est pas juste que l'on oublie la gloire dont se couvrirent les Espagnols qui faisaient partie de cette expédition, je crois devoir insérer ici le nom des principaux : c'étaient le capitaine Juan Mexia Salido et Diego de Mexia de Peralta, son cousin ; ils étaient tous deux natifs d'Ubeda, et avaient longtemps servi en Afrique ; Juan Bautista de Mondragon, de Palencia; Miguel Aguado, Pedro Lopez de Berganzo, de Santo Domingo de la Calçada; le capitaine Pablo Garrucho, Diego Lopez Castilbranco, Hernan Gomez de Villanos, Geronimo Antunez y Panta et Leon Carnero, tous Portugais; le sergent André Ortez de Zarate, Biscayen ; Gabriel de Coronilla, Grenadin; Pedro Basurto de Villagomez, Mexicain; Pedro Sedil, Pedro de Deza, D. Francisco de Zuniga, Miguel de Mora, Diego Velez, Juan Rodriguez, Anton de Merlo. Dans les *Lettres des Philippines*, du capitaine André Lariz Durango, on peut voir les noms de tous les autres, ainsi qu'une foule de choses remarquables et curieuses.

Au lever du soleil, nous nous trouvâmes auprès de Churdumuco, où étaient nos vaisseaux. Les Cambogiens, les Malais et les Chinois étaient très-alarmés, car ils avaient appris ce qui s'était passé à Sistor, et cherchaient à se mettre en sûreté en se réfugiant dans les bois avec tout ce qu'ils possédaient. Ce jour-là même nous apprîmes que notre capitaine Juan Xuarez Gallinato n'était plus qu'à vingt lieues de Churdumuco, ce qui nous combla de joie. Il arriva, en effet, le lendemain, et se montra très-affligé de nous voir à peu près tous couverts de blessures et presque sans vivres, dont il manquait aussi. Ne sachant où en trouver, parce que tous les Cambogiens s'étaient retirés dans les bois, il se décida, d'après l'avis de Blas Ruiz, de Diego Beloso et de presque tous les soldats, à rester à Churdumuco, car les habitants, qui savaient déjà la mort de Nacaparan Prabantul, avaient promis de nous en fournir, et n'ignoraient pas que nous étions venus, dans ce pays, au secours de leur roi légitime; mais Gallinato, ayant réfléchi que, si les Cambogiens venaient à nous manquer de parole, nous ne pourrions plus subsister, fit armer trois jonques dans lesquelles il s'embarqua, avec toute sa troupe, pour retourner aux îles Philippines, et en fit brûler trois autres. Il fit partager un peu de riz, quelques vaches et quelques buffles que nous parvînmes à nous procurer, grâce à l'intrépidité de Blas Ruiz, qui fit une excursion jusqu'à quatre lieues de Churdumuco, avec douze compagnons, parmi lesquels je me trouvai.

Avant de mettre à la voile, Juan Xuarez Gallinato, qui n'ignorait pas notre désir de rester dans ce royaume, visita successivement tous les vaisseaux et nous déclara que cela était nécessaire au service de Dieu et de V. M. Il mit ensuite à la voile pour la province de Milon, qui fait partie de ce royaume, espérant se procurer des vivres par force ou pour de l'argent. Nous y arrivâmes au bout de quatre jours, et nous y pénétrâmes par une lagune, au nombre de trente Espagnols et de dix Japonais. Nous rencontrâmes bientôt une forte estacade, composée de dix rangs de pieux, qui barrait entièrement le chemin à nos barques; nous employâmes toute la nuit à la détruire et à nous frayer un passage : mais bientôt nous en rencontrâmes une autre beaucoup plus considérable, défendue par un fort en bois qui occupait toute la largeur de la rivière; il nous fallut plus de huit heures pour la forcer. Nous nous approchâmes ensuite du fort, en cherchant la porte secrète par laquelle les Cambogiens font sortir leurs embarcations, mais nous ne pûmes réussir à la trouver. Voyant donc que nous ne pouvions aller plus avant, et Gallinato nous ayant d'ailleurs défendu d'être absents plus de deux jours, nous retournâmes aux vaisseaux. Gallinato, voyant que nous n'apportions pas de vivres, résolut de se rendre dans une autre province nommée Pratarpan; mais ses habitants s'enfuirent aussi dans les bois. Juan Xuarez Gallinato se détermina alors à passer dans un autre pays; mais, avant de parler de la suite de nos aventures, je veux traiter un peu longuement des mœurs des Cambogiens.

Le royaume de Camboge est arrosé par des rivières très-grandes, qui sont toutes navigables. La rivière de Meccon, qui passe à Churdumuco, a des crues comme le Nil; la marée se fait sentir jusqu'à la distance de 160 lieues, de même que dans notre Espagne, de Saint-Lucar à Séville. Il nous est arrivé souvent, pendant notre navigation, de rester à sec pour nous être trop approchés des rives, et d'être forcés d'attendre l'autre marée.

On trouve dans cette rivière, comme dans toutes celles du Camboge, une grande variété de poissons; les thons blancs remontent aussi haut que la marée : toutes ces rivières se partagent en plusieurs branches, de sorte que, quoique ce pays soit situé en terre ferme, il se compose, en réalité, d'une foule d'îles, dont quelques-unes ont jusqu'à 60 à 80 lieues de tour.

On récolte beaucoup de riz dans ce royaume, et c'est la principale nourriture des habitants; on y trouve des chevaux, des vaches, des buffles, des poules et une foule d'oiseaux que je n'ai retrouvés dans aucun des nombreux pays que j'ai parcourus. Ils ont le chant aussi agréable que ceux des Canaries et les colcontles de la Nouvelle-Espagne, et rien n'est plus agréable que de les entendre en naviguant, le soir ou le matin, sur ces belles rivières.

On récolte dans ce pays une grande quantité de coton, dont les habitants font des étoffes pour se vêtir, et de la laque, qui est la résine d'un arbre. En 1570 on y découvrit une ville remplie de nombreux édifices; elle est entourée d'une forte muraille qui a quatre lieues de tour, et dont les créneaux sont sculptés avec beaucoup de soin; ils représentent des licornes, des éléphants, des onces, des tigres, des lions, des chevaux, des chiens, des aigles, des cerfs et toute espèce d'animaux sculptés d'une pierre très-fine. Dans l'intérieur de cette muraille, on voit de superbes maisons et de magnifiques fontaines; elles sont ornées d'écussons armoriés et d'inscriptions que les Cambogiens ne savent pas expliquer. On y voit un très-beau pont dont les piliers sont sculptés de manière à représenter des géants; ils sont au nombre de soixante et supportent le pont sur leurs mains, leur tête et leurs épaules. Cette ville se nomme Angor; on la nomme aussi la ville des cinq pointes, parce qu'on y voit cinq pyramides très-élevées, au haut desquelles on a placé des boules de cuivre doré, semblables à celles que l'on voit à Churdumuco; elle est éloignée de cette dernière ville de trois journées de marche en remontant le Meccon. Le roi Apramlangara y avait envoyé des habitants, parce qu'elle est située dans la partie la plus fertile du royaume.

Le roi de Camboge fait frapper une monnaie sur laquelle il met ses armes, qui sont un coq, un serpent, un cœur et une fleur. Les plus grandes pièces, que l'on nomme *maïz*, sont du poids d'un réal de Castille; les médiocres se nomment *mipey* et les plus petites *son*. Il n'y a dans ce royaume qu'une seule chaîne de montagnes qui le traverse et entre dans celui des Laos ; on y trouve des mines d'argent très-abondantes qui sont exploitées par les habitants; on tire aussi de l'or des rivières. Les Laos sont éloignés de plus de 300 lieues de Churdumuco; ils payent au roi de Camboge un tribut d'un dixième, non-seulement sur les produits de leurs mines, mais encore sur ceux de leurs troupeaux et de leur agriculture ; ils labourent avec des charrues attelées de buffles, mais ils ne connaissent pas l'usage de la herse, qui est en effet inutile, parce que la terre est très-légère et que le soc suffit pour la briser ; ils ont aussi des charrettes couvertes très-bien faites et traînées par des buffles que dans ce pays on nomme *carabaos*; ils montent aussi ces animaux, car ils sont très-doux, et les conduisent au moyen d'une corde qu'ils leur passent dans le nez.

Les principaux Cambogiens vont dans des litières dorées portées par des hommes ; ils se promènent aussi dans des pavillons placés sur des éléphants, le Naïre qui les conduit est assis sur le cou de l'animal. Il y a dans ce pays beaucoup de temples remplis d'idoles, dont quelques-unes sont grandes comme des géants et ont jusqu'à 60 coudées de haut; ils ont des dieux de la paix, de la guerre, des semences, des eaux, du sommeil, de la santé et de la vie; ils nomment leur prêtres *chucus*; ceux-ci portent, pour se distinguer, une pièce d'étoffe de coton jaune, dont les deux pointes leur tombent jusqu'aux pieds ; ils se rasent aussi les cheveux, au lieu que les autres Cambogiens les laissent croître; ils portent ce costume dès leur enfance. S'ils persévèrent, on leur fait prêter quatre serments quand ils sont en âge, savoir : de ne pas tuer, de ne pas voler, de ne pas mentir et de ne pas se livrer à la luxure. Ils ne mangent que deux fois par jour et se nourrissent presque exclusivement d'un fruit qui tombe de l'arbre quand il est mûr. On le nomme ici *mango*, et aux Philippines *pao* : c'est un fruit très-savoureux; quand il tombe de l'arbre, ils disent que ce sont les dieux qui le leur donnent. Quand ils se sont enrichis par les aumônes qu'on leur a faites, ils quittent le métier et se marient. Les Cambogiens sont, en général, honnêtes, et la meilleure nation de ces parages ; ils placent le long des chemins de grands pieux au haut desquels se trouve un serpent doré ; quand un homme, après avoir commis un crime, parvient à saisir un de ces pieux, on ne peut l'ôter.

Les Cambogiens croient qu'après leur mort tous les animaux sont punis ou récompensés; ils n'en tuent jamais et n'en mangent pas non plus; les seigneurs et les chucas observent surtout ponctuellement cette règle ; ils mangent cependant des fourmis volantes. C'est un mets qu'ils apprécient beaucoup, et je trouve qu'ils ont bien raison, car j'en ai mangé de grillées au Pérou, et je les ai trouvées excellentes.

Il y a parmi eux des comtes, des ducs et des marquis, qui ont un grand nombre de vassaux ; ils les nomment *ocuña*, *cuña*, *dechu* et *chapina*. Quand ils meurent, on brûle leurs corps avec du bois d'aigle ou de calambour, qui sont très parfumés. Les pauvres sont brûlés sur un bûcher de bois de sandal. On place leurs cendres dans des boîtes dans lesquelles on met aussi de l'or, de l'argent, des rubis, des diamants et d'autres matières précieuses, de sorte que les *guacas* des incas, rois du Pérou, n'étaient pas aussi riches que ces sépultures.

Il y a dans le Camboge des villes qui ont 10, 12, 15, 20 et 30,000 habitants, celle de Sistor en a plus de 50,000 : c'est là que tous les procès sont jugés par les seigneurs du pays; tous les jours ils donnent audience et rendent très-bien la justice, car ils sont désintéressés ; ils ne reçoivent ni présents ni recommandations, et donnent à chacun ce qui lui revient. Il n'y a pas longtemps qu'ils remplissent ces fonctions ; elles étaient autrefois confiées à des gens de la classe moyenne, mais on leur a enlevé ce droit, parce qu'ils se laissaient gagner par des présents et décidaient les procès en faveur de ceux qui les payaient le mieux.

Les Cambogiens écrivent, comme nous, de gauche à droite, avec un pinceau sur du papier de chêne ou avec une pointe de fer sur des feuilles de palmier ; quelques-unes de leurs lettres ressemblent aux nôtres ; leur langue est facile à comprendre et à parler. Ils sont robustes et membrus, de couleur foncée ; ils laissent croître leurs cheveux jusqu'à une certaine longueur. Le plus grand affront qu'on puisse leur faire est de leur mettre la main sur la tête.

Leur costume est une tunique comme celle que portent les Indiens de la Nouvelle-Espagne et de larges caleçons qui leur descendent jusqu'à la cheville. Les femmes nobles sont blanches et belles ; celles de toutes les classes sont très-chastes ; elles ont de grands yeux, et celles de la classe inférieure sont très-brunes ; ce sont elles qui cultivent les terres pendant que leurs pères et leurs maris vont à la guerre.

Les Cambogiens ont le droit de prendre autant de femmes qu'ils peuvent en nourrir, mais c'est la première qui gouverne la maison ; les autres la respectent, et ce sont ses enfants qui héritent des biens du mari. Elles se détestent entre elles, et si elles désirent devenir chrétiennes, ce n'est pas uniquement pour faire leur salut, mais aussi afin d'avoir leur mari pour elles seules.

Ils désirent beaucoup que les Espagnols viennent s'établir dans leur pays. Les plus grands seigneurs nous offraient leurs filles en mariage et nous promettaient de nous reconnaître pour leurs héritiers, si nous voulions rester dans le pays. Quelle plus grande preuve d'affection pouvaient-ils nous donner que de nous offrir leurs filles et leurs biens?

On trouve, dans ce pays, des *badas* ; ils en estiment beaucoup la chair, le sang, le cuir, les cornes, les dents et les ongles, dont ils se servent pour guérir les blessures et les maladies : elles ont encore plus de valeur dans ce pays que dans d'autres, où cet animal ne se trouve pas. Les Cambogiens et beaucoup d'autres nations disent que la *bada* souffre du mal de cœur et que son ongle droit a une telle vertu contre cette maladie qu'en la plaçant sur le cœur elle enlève à l'instant même toute la douleur.

CHAPITRE VIII.

Juan Xuarez Gallinato quitte le Camboge pour se rendre au royaume de Champa, et de là à la Cochinchine. Cruautés du roi de Champa; guerre entre les rois de Siam, de Pégu, de Camboge et de Rachon, à cause d'un éléphant blanc.

Gallinato, voyant qu'il n'avait que très peu de vivres, n'osa entreprendre le voyage de Luçon et se rendit au royaume de Champa : nous arrivâmes en deux jours de temps au port le plus voisin. Blas Ruiz descendit à terre à la tête de 24 soldats dont je faisais partie, pour voir si les habitants consentiraient à nous vendre des vivres ; mais ils nous répondirent qu'ils ne pouvaient le faire sans avoir obtenu la permission de leur roi. Ils nous demandèrent si nous étions Castillans ou Portugais; nous leur répondîmes que nous étions Léonais, sujets du puissant roi d'Espagne ainsi que le Portugal ; car cette nation déteste les Castillans.

Nous fîmes provision de vivres dans ce royaume de Champa, quoiqu'on ne voulût pas nous en vendre ; car Blas Ruiz y avait été esclave, et il savait très-bien dans quelle partie de la montagne il y avait des vaches sauvages. Douze d'entre nous se mirent à en tuer plusieurs, tandis que les autres tenaient en respect 100 archers du pays qui voulaient nous en empêcher.

Il n'y a pas de nation plus cruelle que ces Champas ; les sacrifices humains sont très-communs chez eux. Je vais les décrire tels que Blas Ruiz les a vus. Ils promènent leur idole sous un char dont les roues sont armées d'épées. Les gens du pays se précipitent à l'envi sous ces roues qui les coupent par le milieu, ou leur enlèvent un membre ; ceux qui meurent de cette manière sont regardés comme des saints, et celui qui en réchappe après avoir perdu un membre est regardé comme étant sous la protection spéciale de la Divinité.

Tous les ans, le roi de ce pays se rend au haut d'une montagne fort élevée que l'on appelle Labarela, qui sépare son territoire de celui de la Cochinchine, et y sacrifie un grand nombre d'hommes au soleil : toutes leurs fêtes sont accompagnées d'orgies, et, quand ils sont ivres, ils se tuent les uns les autres, arrachent le fiel de leur victime et s'en frottent les cheveux, qu'ils portent long comme des femmes. C'est aussi l'usage, dans ce pays, de brûler les morts, et les femmes du défunt montent sur le bûcher avec son cadavre ; si elles ne le font pas de bonne volonté, elles y sont forcées par leur famille ; mais on regarde comme saintes celles qui le font de leur plein gré.

Comme on n'avait pas voulu nous vendre de vivres dans ce royaume, le capitaine Gallinato résolut de se rendre dans celui de la Cochinchine, qui le sépare de la Chine, ce qui réjouit beaucoup Blas Ruiz, Diego Beloso et tous les soldats; car nous désirions aller au royaume des Laos trouver Apramlangara, roi légitime de Camboge. Nous suivimes la côte agréable des royaumes de Sinoa et de Cachan. Nous aperçûmes un grand nombre de Cochinchinois à cheval, armés de lances et de boucliers pour garder leur territoire et voir si aucun navire n'y vient faire naufrage; car, dans ce cas, ils le regardent comme un présent des dieux.

Nous arrivâmes enfin au port de Cachan : en en approchant nous découvrîmes une flotte de quatre-vingts voiles. Notre général l'envoya reconnaître, et nous apprîmes qu'elle allait porter le tribut annuel à l'empereur de la Chine; il est payé fort régulièrement et consiste en or, en soie et en étoffes de coton.

Ce fut le 15 juillet que nous entrâmes dans le port de Cachan, qui est situé par 5° 40′ de latitude nord. Nous y trouvâmes une jonque japonaise à bord de laquelle il y avait deux religieux portugais de l'ordre de Saint-Augustin; car la moitié des Japonais qui la montaient étaient chrétiens; les autres étaient païens.

La Cochinchine est le pays le meilleur et le plus fertile de ces régions, et ne différant en rien de la Chine. C'est ce royaume, ainsi que ceux de Camboge, de Siam, de Chine, de Laos, de Pégu et de Rachon, qu'on peut nommer véritablement les Indes, tant ils sont riches en or, argent, rubis, diamants, soies et autres choses précieuses.

Les habitants de la Cochinchine sont très-blancs; ils sont plus industrieux que braves; ils adorent le soleil, la lune et les étoiles; les deux sexes portent les cheveux très-longs; les femmes désirent beaucoup devenir chrétiennes; elles sont très-belles; leur costume est décent et élégant.

Il y a, dans ce pays, des femmes publiques; pour se distinguer, elles portent sur le front une espèce de couronne. Les hommes portent sur la tête des chapeaux de crin tressé; les vêtements des deux sexes sont en taffetas, en satin ou en damas. Ce sont des gens très-posés et très-réfléchis. Les marchands portent, dans leur manche, une balance et des poids pour peser les morceaux d'or et d'argent qui sont la monnaie courante de ce pays. Les voleurs y sont très-adroits.

Les navires de cette contrée sont semblables à nos galiotes. Quand le roi ou un mandarin s'y embarque, on place sur la poupe deux siéges dorés; ils peuvent contenir vingt rameurs qui travaillent debout. Les habitants de ce pays sont très-habiles à voltiger et beaucoup en font métier : on y trouve en abondance du riz, des vaches, des chèvres, des poules et des buffles que les Cochinchinois nomment carbus; il y a aussi des chevaux, du miel et des mines d'or, qui sont exploitées. Dans ce pays soixante font un cent (*un ciento en esta tierra son sessenta*); la monnaie la plus basse est en cuivre et percée par le milieu : ce sont les Japonais qui l'apportent. On y trouve les précieux bois d'aigle et de calambour, si estimés à cause de leur parfum, et qui souvent se vendent au poids de l'or. Jusqu'à présent, on avait ignoré quel était le pays qui les produisait; on les tire des rivières de ce pays, et de celles de Camboge, de Pégu et de Rachon, et les habitants disent que c'est le Gange qui les arrache du paradis terrestre, ce que je crois très-véritable, parce que chacun de ces royaumes est arrosé par un bras du Gange.

Il y a de très-bons ports sur la côte de la Cochinchine, particulièrement celui de Cachan : la barre est bonne et très-étroite; mais, au milieu, il y a un rocher qui ne se voit pas à la marée haute; c'est pourquoi les bâtiments sont obligés de serrer la terre. Il y a des ruisseaux de très-bonne eau qui descendent des montagnes : celles-ci renferment, en abondance, des pierres qui seraient excellentes pour la construction d'une forteresse. Il faudrait commencer par s'emparer de ce pays, si on voulait entreprendre la conquête de la Chine.

La ville de Cachan, qui est située à 2 lieues dans les terres, est arrosée par une rivière qui peut porter des navires de quatre cents tonneaux ; ce fut très-près de là que se trouvait la galère dont les Chinois s'emparèrent après avoir assassiné Perez Gomez das Mariñas, gouverneur des Philippines ; elle était échouée sur le sable et entièrement dégarnie de ses agrès ; il ne restait plus que la coque et les mâts. Ce fut dans ce pays que les Chinois vinrent se réfugier ; mais les rois de Cachan, de Sinoa et de Tunquin leur enlevèrent tout ce qu'ils avaient ; et ce qui leur plut davantage ce fut l'artillerie, dont ils se servirent pour réduire la moitié du royaume de Tunquin, qui s'était révoltée.

Gallinato fit annoncer son arrivée aux rois de Cachan et de Sinoa, et leur envoya des présents, sans lesquels on ne peut faire aucune affaire avec ces gens-là ; il les pria en même temps de permettre à leurs sujets de lui fournir des vivres, ce qui leur est défendu, sous peine de mort, tant que l'on n'a pas obtenu le consentement du roi.

Blas Ruiz et Diego Beloso se hâtèrent de s'informer si les Cochinchinois avaient quelque commerce avec les Laos, dont le pays est éloigné de quarante journées de marche ; on leur répondit que ce pays n'en avait qu'avec la Cochinchine, parce qu'il ne touche à la mer par aucun côté, et que tous les ans il en arrivait une caravane d'éléphants, avec laquelle il pourrait s'y rendre très-promptement.

Ils apprirent avec certitude que le roi de Camboge se portait fort bien, et que l'aîné de ses fils avait épousé la fille du roi des Laos, qui peut rivaliser par sa puissance et ses richesses avec les plus grands monarques du monde. Blas Ruiz et Diego Beloso furent les premiers Espagnols qui pénétrèrent dans ce pays; ils apprirent aussi que le roi de Camboge s'apprêtait à rentrer dans ses États, que celui des Laos lui fournissait une puissante armée et tout ce dont il avait besoin pour châtier ceux qui s'étaient révoltés contre lui; ils apprirent aussi qu'un frère du roi de Camboge, que le roi de Siam avait emmené prisonnier, s'était enfui de cette ville avec mille Cambogiens, et était venu rejoindre le roi; ils avaient profité, pour s'échapper, de la guerre cruelle que se faisaient le roi de Siam et celui de Pégu, au sujet d'un éléphant blanc, dont ce dernier s'était emparé. On n'en avait jamais vu d'autre et le roi de Pégu avait prétendu que seul il avait le droit de le posséder. Le roi de Siam s'était emparé de cet animal lors de la conquête de Camboge; car c'est dans ce pays qu'il avait été trouvé, et sa possession avait été le principal sujet de la guerre. Le roi de Siam l'ayant fait demander, le roi de Camboge le lui refusa, marcha contre lui à la tête de quatre cent mille hommes et de trois mille éléphants de guerre, et ravagea ses États. Mais le roi de Siam, ayant réuni, l'année suivante, une armée plus nombreuse encore, fit la conquête du Camboge, y exerça d'atroces cruautés, et s'empara de l'éléphant blanc. Il appartient maintenant au roi de Rachon, qui l'a enlevé à celui de Pégu, après l'avoir vaincu dans une sanglante bataille, dans laquelle son armée était commandée par Philippe de Brito, Portugais de nation.

CHAPITRE IX.

Blas Ruiz de Fernan Gonzalez et Diego Beloso vont au royaume des Laos, et Gregorio de Vargas Machuca au Tunquin. Les rois de Cachan et de Sinoa attaquent la flotte espagnole par ordre du roi de Tunquin. Autres événements qui se passèrent à la Cochinchine.

Blas Ruiz, Diego Beloso et tous les soldats qui avaient combattu sous leur bannière désiraient tellement la conversion de ces nations, que nous résolûmes d'aller rejoindre Apramlangara dans le royaume des Laos; nous en parlâmes souvent à Gallinato, notre général, qui finit par accorder la permission qu'il nous avait refusée pendant longtemps; mais seulement à Ruiz et à Beloso, et à leurs deux domestiques, dont l'un était un créole du Pérou, et l'autre un métis de l'Inde, ce qui nous réjouit tous beaucoup, malgré nos regrets de ne pouvoir les accompagner. Ils envoyèrent donc demander aux rois de Cachan et de Sinoa la permission de traverser leurs États pour se rendre au pays des Laos; ceux-ci l'accordèrent volontiers. Ruiz et Beloso se rendirent donc à Cachan pour profiter de la caravane d'éléphants qui était sur le point de partir. Gallinato leur avait ordonné d'être de retour dans deux mois, et leur avait promis de les attendre pendant ce temps; il leur avait recommandé de lui amener un fils du roi de Camboge, et que, dans ce cas, il retournerait dans ce pays, et de lui écrire s'ils ne pouvaient être de retour à l'époque fixée, en lui faisant connaître les projets ultérieurs d'Apramlangara.

Cinquante jours après, Gallinato reçut une lettre de Ruiz, dans laquelle il lui annonçait qu'il était arrivé au premier village des Laos, où il avait appris qu'Apramlangara était au moment de partir; il ajoutait qu'il avait été très-bien traité par les Cochinchinois, qui lui avaient fourni gratis des vivres et des éléphants, et qu'il venait tant de monde pour voir les Espagnols, qu'ils seraient obligés de rester deux ou trois jours dans les principales villes.

Quand Gallinato reçut cette lettre, il était sur le point de mettre à la voile, et n'attendait plus que le capitaine Gregorio de Vargas Machuca, qu'il avait envoyé au roi du Tunquin, pour lui représenter que la galère qu'il avait prise aux Chinois avait été enlevée par eux aux îles Philippines, et réclamer l'étendard royal, l'artillerie, l'or et l'argent qui se trouvaient à bord; ajoutant que, s'il ne consentait à les restituer, le puissant roi d'Espagne, dont il était le sujet, saurait bien l'y contraindre.

Gregorio de Vargas Machuca employa soixante jours pour aller et revenir de Tunquin, qui est à cent lieues de Cachan. Le roi lui avait d'abord demandé s'il apportait la paix ou la guerre. Vargas lui répondit qu'il apportait la paix et venait seulement pour réclamer l'étendard royal et tout ce dont les Chinois s'étaient emparés. Le roi de Tunquin répondit que presque tout était entre les mains de ses fils, les rois de Cachan et de Sinoa, qu'il n'avait que l'artillerie.

Le roi de Tunquin voulut faire assassiner Vargas; mais celui-ci en fut averti par un chrétien natif de la grande Java et quitta la ville cette nuit même : dès que le roi en fut instruit, il envoya quelques galères à sa poursuite; mais elles ne purent le rejoindre, parce qu'il avait pris la haute mer, et que les Cochinchinois n'osent s'écarter des côtes. Dès qu'il fut arrivé à Cachan, Gallinato mit à la voile après avoir écrit à Ruiz et à Beloso qu'il partait pour Manille, qu'eux devaient se rendre à Camboge, et qu'il irait les y chercher dès qu'il aurait appris leur arrivée.

Pendant tout le temps que nous avions passé dans cet endroit, les naturels nous avaient montré une grande amitié; mais elle fut rompue, au moment où nous allions mettre à la voile, par l'accident suivant : Un Japonais donna un soufflet à une Cochinchinoise en présence du sergent Juan Rodriguez; celui-ci, trouvant qu'il avait tort de maltraiter une femme, lui en fit des reproches. Le Japonais, irrité, ayant fait mine de tirer son poignard, Rodriguez lui donna un soufflet et mit l'épée à la main. Aussitôt tous les Japonais et tous les Espagnols qui se trouvaient là se disposèrent à prendre parti chacun pour leur compatriote; nous eûmes beaucoup de peine à les séparer. Le Japonais alla se plaindre à son chef, qui exigea de Gallinato qu'il lui livrât l'offenseur pour le faire punir. Gallinato s'y étant refusé, l'autre exigea que, du moins, on permît au Japonais, pour laver son honneur, de donner trois coups de canne à l'Espagnol qui l'avait frappé. Tout ce que Gallinato voulut accorder, ce fut que le sergent descendrait à terre pour combattre son ennemi. Les Japonais refusèrent cette satisfaction et descendirent à terre au nombre de quatre-vingts. Gallinato marcha contre eux à la tête de cinquante soldats. Dès qu'ils l'aperçurent, ils lui envoyèrent Fray Pedro Ortiz pour réitérer leur prière, l'offensé protestant que, si on le leur refusait, ils étaient disposés à mourir jusqu'au dernier pour venger l'honneur de leur camarade. Gallinato leur fit répondre qu'ils eussent à se rembarquer; que, s'il ne les avait pas massacrés jusqu'au dernier, c'était parce qu'il savait qu'il y avait quelques chrétiens parmi eux, et qu'il les engageait à ne pas sacrifier leur vie pour si peu de chose. Un des capitaines japonais, qui était chrétien, dit à ses compatriotes qu'il s'était déjà battu avec les Espagnols, à Cagayan, sur la côte de Luçon, et qu'il avait été vaincu après avoir perdu beaucoup de monde, qu'il était, en conséquence, plus sûr de retourner à bord. Ils le firent en effet; mais ils firent dire aux rois de Cachan et de Sinoa que, s'ils voulaient les aider, ils s'empareraient des vaisseaux espagnols.

Fr. Alonzo Ximenez, qui se trouvait à Cachan, avertit Gallinato de ce qui se tramait; celui-ci envoya aussitôt aux Japonais l'ordre de sortir du port, les menaçant de les couler à fond s'ils n'obéissaient pas; dès le lendemain, ils mirent à la voile; il fit dire en même temps aux rois de Cachan et de Sinao qu'il avait appris qu'ils armaient et conspiraient contre lui. Le roi de Cachan chercha à s'excuser, et l'assura qu'au contraire son intention était de s'emparer de la jonque des Japonais; il lui envoya même, en signe d'alliance inviolable, trois poils de sa barbe. Son intention était de tranquilliser Gallinato et de l'attaquer à l'improviste; mais celui-ci ne se laissa pas prendre à ses machinations, et se tint sur ses gardes. Dès qu'il eut reçu à son bord Fr. Alonzo Ximenez et Fr. Pedro Ortiz, qui voulaient quitter le pays, la flotte des deux rois leva l'ancre. Gallinato, qui ne doutait pas qu'elle ne vînt l'attaquer, visita les deux vaisseaux pour voir si tout était bien en ordre, et entra ensuite dans la jonque où je me trouvais ainsi que tous ceux qui avaient quitté Manille avec le capitaine Blas Ruiz. Nous étions commandés par Louis Ortiz del Castillo, natif de Séville; il nous adressa le discours suivant : « Braves soldats, il y a peu de jours
« que, dans le royaume de Camboge, vous avez combattu
« contre trois mille Chinois, et vous les avez vaincus; vous
« avez ensuite mis en déroute quatorze mille archers cam-
« bogiens et un grand nombre d'éléphants; vous avez
« jeté un tel effroi sur toute cette côte, que, partout
« où vous avez débarqué, les habitants ont quitté leurs
« maisons pour se réfugier dans les montagnes : je

« compte donc sur votre valeur pour châtier les deux
« rois qui viennent nous attaquer, et planter dans ce pays
« notre bannière victorieuse, que l'on verra bientôt
« flotter sur toute la Chine. »

Au moment où il terminait ce discours, nous aperçûmes la flotte ennemie derrière une petite île. Elle se composait de cinquante galiotes et de onze brûlots. Les galiotes s'approchèrent d'abord de terre et y débarquèrent cent arquebusiers, qui se postèrent sur une montagne d'où ils firent feu sur nous : les brûlots s'approchèrent tellement, que nous fûmes obligés de couper les câbles et de mettre à la voile ; de cette manière, nous réussîmes à les éviter sans en éprouver aucun dommage. Nous tuâmes quelques Cochinchinois qui remorquaient les brûlots avec des chaloupes, et les autres furent forcés de se jeter à la mer.

Les rois de Cachan et de Sinoa étaient à bord de leurs galères, mais ils n'osèrent descendre à terre, craignant quelque embuscade. Ils avaient à leur bord tous nos religieux, et nous firent dire que, si nous voulions les racheter, nous eussions à leur envoyer une arquebuse en signe de vasselage. Gallinato leur répondit qu'ils étaient des traîtres, et que, s'ils ne rendaient les religieux, il viendrait, l'année suivante, avec des forces considérables. Les deux rois ne répondirent plus et gardèrent les religieux ; mais, au bout de quelque temps, ils leur donnèrent la permission de se rendre à Machan. Ils firent aussi brûler un édifice où se disait la messe ; mais, grâce à la divine providence, les flammes ne purent détruire une grande croix placée derrière l'autel.

CHAPITRE X.

Gallinato quitte la Cochinchine pour se rendre à Manille. Luis Ortiz de Castillo arrive à Malacca. Nous livrons bataille à cinq jonques de Panais et de Patanais, et à deux autres qui faisaient partie de la flotte que nous rencontrâmes au détroit de Sincapour, l'une appartenant au roi d'Achem et l'autre au roi de Jor. D'une lettre que Praumcar, roi de Camboge, envoya, en 1599, au P. Alonzo Ximenez.

Ce fut le 4 septembre 1596 que nous quittâmes la Cochinchine pour nous rendre aux Philippines. Le troisième jour, la jonque à bord de laquelle je me trouvais, et qui était commandée par Juan Ortiz de Castillo, perdit de vue les deux vaisseaux, parce qu'elle ne put doubler le banc d'Haynan. Le pilote rebroussa chemin et se dirigea de nouveau vers la Cochinchine; mais nous n'entrâmes dans aucun port, craignant quelque nouvelle trahison de la part des rois de Sinoa et de Cachau. Nous longeâmes les côtes de leurs États, jusqu'à ce que nous fûmes arrivés à celui de Champa, où nous résolûmes d'entrer pour nous remettre de tant de fatigues. Nous avions l'intention de nous emparer d'un fort que nous découvrions à peu de distance du bord de la mer et de nous y retrancher, car nous étions informés qu'il n'y avait que cent hommes de garnison; mais, au moment où nous allions traverser la barre par un vent favorable, il tourna subitement et devint si violent, que nous fûmes obligés de prendre la direction de Luçon. Après six jours de navigation, notre pilote, qui croyait être près des îles Calamianes, reconnut, un matin, qu'il était sur les bas-fonds d'Haynan. Comme il faisait un calme plat et que les courants nous entraînaient vers un banc de récifs qui se trouve dans cet endroit, nous fûmes forcés, pour sauver notre vie, de nous diriger vers une île déserte, après avoir armé le bâtiment de seize rames; les courants étaient si forts, que, malgré tous nos efforts, nous restâmes vingt-quatre heures sans pouvoir avancer, mais au moins nous évitâmes d'être entraînés sur les écueils. Au bout de ce temps, les soixante Espagnols et les trente Indiens de Luçon, qui montaient la jonque, se sentirent tellement épuisés de fatigue, que nous aurions regardé comme un bonheur de pouvoir nous échouer; mais Dieu, dans sa miséricorde infinie, daigna nous envoyer un vent frais qui nous tira de cette dangereuse position. Nous passâmes devant les îles désertes de Poulo Tacho et de Poulo Caton, et nous aperçûmes de nouveau la côte de Champa. Au moment où les vivres commençaient à nous manquer, nous rencontrâmes deux jonques du roi de Siam qui revenaient de la Chine, chargées de porcelaine, de soie, d'or, de cuivre et d'autres marchandises. Comme on commençait à souffrir de la faim, on proposa d'en prendre une; mais, après en avoir délibéré, on décida qu'il valait mieux supporter toutes les misères que d'y remédier par un moyen aussi injuste. Nous résolûmes alors de nous diriger vers Malacca. Le capitaine Luis en donna l'ordre à Vincent Fernandez, qui ne demandait pas mieux, car il était fatigué de faire des efforts inutiles pour gagner les Philippines.

Nous continuâmes donc de naviguer par un vent favorable, et nous passâmes devant l'embouchure du Meccon, fleuve qui arrose le Camboge. Quelques-uns voulaient y entrer, dans l'espérance d'y trouver le capitaine Blas Ruiz et Diego Beloso, et parce qu'ils aiment mieux braver les tempêtes sur terre que le calme en mer; mais cette proposition ne fut pas admise, parce qu'on craignait de mécontenter le gouverneur des Philippines. Nous nous dirigeâmes donc vers une île nommée Poulo Timon, qui est auprès du détroit de Sincapour, en suivant la côte des royaumes de Camboge, de Siam, de Pan, de Patnan et de Jor. Le 29 octobre, nous arrivâmes à cette île, ce qui fut fort heureux pour nous, car nous souffrions cruellement du manque de vivres. Les habitants nous vendirent des noix de cocos, des bananes vertes et desséchées, du poisson et des gâteaux de sagou ou de moelle de palmier.

Cette île appartient au roi de Jor. Les habitants nous dirent qu'il y avait dans les environs onze jonques pirates montées par des Panais et des Patanais, et qu'il y en avait cinq à l'île de Poulo-Tigri, qui n'est qu'à huit lieues de celle où nous nous trouvions. En effet, nous les vîmes arriver le lendemain, et, le jour suivant, elles nous attaquèrent au lever de l'aurore : le combat dura la moitié de la journée, et fut si acharné, qu'on jeta les mousquets et qu'on prit des demi-piques pour se battre corps à corps ; mais enfin les ennemis furent contraints de se retirer après avoir eu cent hommes tués et cent cinquante blessés, à ce que nous apprîmes plus tard dans le détroit de Sincapour. Nous ne perdîmes que trois Espagnols, parmi lesquels se trouvait Pedro Lopez de Berganzo, qui reçut dans la poitrine une balle de mousquet, qui lui sortit entre les épaules, et Juan Sedeno, qui en reçut une autre; mais nous fûmes presque tous blessés.

Depuis notre départ de Manille jusqu'à notre arrivée à Malacca, Dieu fit tant de miracles en notre faveur, que ce serait manquer à la Providence que de les passer sous silence. Je raconterai qu'au milieu du combat dont je viens de parler, une des deux jarres de poudre que nous avions dans l'entrepont prit feu par la négligence du canonnier chargé de la distribuer, et que l'explosion eut lieu sans blesser personne ni occasionner aucun dégât.

Le lendemain nous entrâmes dans le détroit de Sincapour, qui a deux lieues de long et une de large, et qui est si étroit dans quelques endroits, qu'il n'y a de la place que pour un vaisseau. Nous y rencontrâmes deux flottes, dont l'une appartenait au roi de Jor, et l'autre au roi d'Achem, qui est seigneur de la grande île de Sumatra. Le premier avait cinquante galères bien garnies d'artillerie, et le second cinquante grandes galères, qui, toutes, avaient des hunes, et soixante-douze galiotes : ils se canonnèrent bravement pendant toute la journée ; mais le roi de Jor traversa plusieurs fois la flotte de celui d'Achem, parce que ses bâtiments étaient beaucoup plus légers. Celles du roi d'Achem ne manœuvraient pas aussi facilement, à cause du poids de l'artillerie et des vivres dont elles étaient chargées, de sorte que, malgré l'infériorité de ses forces, le roi de Jor avait l'air de le braver.

Nous fûmes retenus deux jours dans cet endroit par les calmes. Le roi d'Achem détacha, pour nous reconnaître, une chaloupe de sa galère, dans laquelle se trouvait un soldat armé ; le roi de Jor en envoya une de son côté. La première alors rebroussa chemin ; mais le roi d'Achem, ayant un grand désir de savoir qui avait été assez hardi pour pénétrer dans le détroit pendant que sa flotte s'y trouvait, envoya vers nous quatre galères et quatre galiotes, pour que celui de Jor ne pût s'y opposer. Quand ils furent arrivés près de nous, ceux qui les montaient nous crièrent, en portugais, que le roi d'Achem leur maître désirait savoir d'où nous venions et où nous allions. Notre capitaine, Luis Ortiz del Castillo ordonna à Geronimo Antunez et à moi de nous rendre à bord de la galère royale, où ce prince nous reçut très-bien, quand il eut appris que nous venions de Luçon et que nous allions à Malacca. Il nous dit qu'il était allié du roi de Malacca et frère d'armes de V. M. ; que, si le roi de Jor voulait nous faire le moindre mal, il nous défendrait. Mais en même temps il nous pria de combattre pour lui, nous offrant de nous charger du commandement et de la direction de sa flotte; il nous promit, pour récompense, une jonque chargée de quatre mille quintaux de poivre, de girofle et de noix muscade ; il ordonna ensuite à ses capitaines de nous régaler. Quand nous fûmes au moment de le quitter, il nous renouvela ses propositions, et tirant de ses doigts deux bagues garnies de rubis et de diamants, qui valaient bien deux cents écus, il nous en donna à chacun une.

Nous rendîmes compte à notre chef des caresses et des propositions que le roi d'Achem nous avait faites ; mais il lui fit répondre que presque tous ses soldats avaient été blessés dans le combat que nous avions été obligés de livrer aux Panais et à Patanais, avant d'entrer dans le détroit; que nous allions à Malacca pour nous faire soigner, et que nous ne pouvions nous dispenser de nous y rendre parce que cette place appartenait au roi notre maître, et qu'il nous était impossible de lui accorder ce qu'il demandait. Nous fûmes très-heureux que ce prince nous traitât de cette manière, car c'est le plus grand ennemi des chrétiens qu'il y ait dans cet archipel ; il a fait périr un grand nombre de Portugais dans des supplices horribles. Pour assouvir la haine qu'il avait contre eux, il envoyait aux rois des îles de la Sonde, de la grande et de la petite Java, des présents considérables afin qu'ils les lui livrassent ; il faisait attacher les uns à la bouche d'un canon auquel on mettait le feu, et faisait rôtir ou bouillir les autres dans de l'huile de coco ou dans leur propre sang ; mais aujourd'hui, Dieu a daigné le guérir de sa haine contre les chrétiens, et de la rage qu'il mettait à les martyriser.

Le roi de Jor est maintenant allié des Portugais, parce

qu'il n'a pas d'artillerie pour leur faire la guerre, surtout depuis que D. Louis d'Ataide, qui fut gouverneur de l'Inde, envoya une flotte contre lui, parce qu'il ne laissait pas passer les vaisseaux qui allaient aux Moluques, à la Chine et au Japon en passant par le détroit de Sincapour; cette flotte était commandée par D. Antonio de Noronha et D. Pablo de Lima; ils le mirent en fuite et s'emparèrent de la ville de Jor. Il n'a pas osé depuis attaquer Malacca, parce que les Portugais lui ont pris, à Jor, soixante pièces de canon parmi lesquelles il y en avait de si grandes qu'on fut obligé de les scier pour les emporter.

Nous arrivâmes à Malacca, le 16 novembre, qui était un samedi, que les Portugais célèbrent comme le dimanche. L'archevêque de Manille et l'évêque de Malacca ont ordonné que, quand les Espagnols arrivent sur le territoire portugais, ils doivent se conformer au jour fixé pour la célébration des fêtes et réciproquement; la raison de cette différence, c'est que les uns sont sous un pôle et les autres sous l'autre, et comme ces deux horizons sont antipodes, les uns ne voient le soleil que quand il est couché pour les autres (1).

On appelle antipodes ceux dont les pieds sont directement opposés aux nôtres, de sorte que notre zénith est leur nadir, et réciproquement.

C'est de Malacca que viennent presque tous les rubis et les diamants et une grande partie de l'or de Sumatra ainsi que le girofle, le poivre, le macis, les noix muscades, le benjoin, le storax, le sandal blanc et rouge,

---

(1) Cette explication n'est ni claire, ni exacte. La véritable raison de cette différence est que les Portugais sont arrivés aux Indes par l'orient et les Espagnols par l'occident, ce qui a dû causer la différence d'un jour dans leur calcul; les pôles et les horizons n'ont rien de commun avec cette affaire. (*Note de l'Éditeur.*)

le camphre, ainsi que les bois d'aigle et de calambour; c'est de là que les Portugais exportent ces marchandises pour en fournir à toutes les nations. Dans tous les pays conquis, il n'y a pas de ville où l'on sente une meilleure odeur dans les rues à cause des grands magasins d'épiceries qu'elles contiennent.

C'est là le point où les Portugais et les Espagnols se rejoignent en faisant, chacun de leur côté, le tour du monde; car les Espagnols ont découvert, conquis et colonisé 9,300 lieues de pays jusqu'à la Nouvelle-Espagne et le Pérou, qui sont éloignés de 3,365 lieues par la mer du sud et de 5,960 par celle du nord; ils ont aussi soumis un grand nombre de royaumes dans l'intérieur des terres, tandis que les Portugais n'ont que des forteresses le long des côtes de l'Inde, de la Perse, de l'Arabie et de l'Éthiopie.

De Malacca, je me rendis en Espagne, en achevant le tour du monde par l'Inde orientale, afin de rendre compte à V. M. de tout ce qui s'était passé au Camboge et à la Cochinchine et d'exposer au consul des Indes qu'il importe à l'intérêt de Dieu et de V. M. de coloniser le royaume de Camboge et de conquérir celui de la Cochinchine. Comme le moment de mettre à fin cette grande entreprise et de secourir le roi de Camboge me paraît venu, j'ai résolu d'y retourner, mû par le même zèle qui m'a fait servir V. M. pendant quatorze ans au milieu de mille fatigues et de mille dangers, et par le désir de répandre le christianisme dans ces deux royaumes où les femmes désirent l'embrasser; prenant exemple sur ce qu'écrit saint Augustin d'Avila, archevêque de l'île d'Hispaniola; car il rapporte qu'à cause d'une seule Indienne de la Floride qui observait fidèlement la loi naturelle, Dieu voulut qu'il y vînt des ministres de sa loi pour la baptiser, en inspirant au roi D. Philippe d'y envoyer D. Pedro Melendez Marquez pour y fonder une colonie. J'espère que Dieu touchera le cœur de V. M. en faveur du Camboge, comme il a touché celui de son père ; car ce n'est pas une seule, mais des milliers de femmes qui désirent être chrétiennes.

DEUXIÈME PARTIE.

Ici commence la seconde partie de mes voyages dans laquelle je n'ai pas éprouvé moins de naufrages. J'ai fait deux fois le tour du monde pour engager V. M. à cette entreprise, et je suis même revenu pour cela du fond du Pérou, sans être arrêté par les 1,400 lieues par terre qu'il a fallu faire dans le pays, ni par l'obligation de traverser l'Océan.

Pour prouver à V. M. la vérité de tout ce que j'ai avancé, je vais insérer ici, quoiqu'elle soit un peu longue, une lettre que le roi de Camboge envoya, en 1599, au père Alonzo Ximenez :

« C'est avec affection et bienveillance que je t'écris cette
« lettre. Moi, Prahumcar, roi de Camboge, pays fertile
« dont je suis le seul seigneur, j'ai une grande amitié
« pour toi, P. Alonzo Ximenez, parce que j'ai appris du
« capitaine Chofa D. Blas Castilla et du capitaine Chofa
« D. Diego Portugal que tu as fait tous tes efforts auprès
« du gouverneur de Luçon pour qu'il envoie une flotte
« dans ce pays, que tu l'as accompagné et que tu y étais
« quand les Espagnols tuèrent Nacaparan Prabantul, ce
« qui m'a replacé sur le trône; car deux capitaines espa-

« gnols vinrent me chercher au pays des Laos. En arri-
« vant j'envoyai en ambassade à la Cochinchine un Espa-
« gnol et un Lao, mais ils furent pris par le roi de
« Champa. Je les avais chargés de t'inviter à venir me
« trouver. J'ai été fort affligé de toutes les fatigues que
« tu as éprouvées à cause de moi; mais ayant appris que
« tu es actuellement à Luçon, je t'invite à venir te re-
« poser dans mon royaume, au milieu des Espagnols qui
« y sont déjà, et d'amener avec toi Fr. Diego Aduarte. Je
« vous donnerai des gens pour vous servir, et je vous ferai
« construire des églises et des maisons; je permettrai, à
« tous les Cambogiens qui le voudront, de se faire chré-
« tiens, et je les protégerai comme mon père l'a toujours
« fait.

« Mes sujets m'ont raconté que les Espagnols qui ont
« tué Nacaparan Prabantul étaient très-vaillants, c'est
« pourquoi je les aime beaucoup; et je n'ai pas permis aux
« deux Chofas de sortir de mon royaume, parce que je veux
« qu'ils m'aident à le gouverner. Je leur ai donné des
« gens pour les servir, et ce sont les plus grands manda-
« rins de mon royaume. J'ai donné au capitaine Chofa
« D. Diego Portugal la province de Bapano et au capi-
« taine Chofa D. Blas Castilla celle de Tran pour les ré-
« compenser de leurs services, et je veux qu'ils en jouissent
« à leur volonté comme d'une chose qui leur appartient. »

J'ai voulu placer ici cette lettre pour prouver à V. M.
que, si elle daigne envoyer une expédition au Camboge, il
y aura 2 millions de chrétiens avant la fin de l'année; car
les habitants ne demandent qu'à recevoir la lumière de
l'Évangile.

CHAPITRE XI.

Des 3,100 lieues de côtes que la nation portugaise a découvertes depuis le grand cap des Tourmentes, que l'on nomme aujourd'hui de Bonne-Espérance, jusqu'à la Tartarie, et du martyre des six religieux franciscains de la province des îles Philippines à Langasac (Nangasaqui), port de la principale île du Japon. Des îles Moluques et d'autres îles du grand archipel de Saint Lazare.

Depuis cent ans, la nation portugaise a découvert 3,100 lieues de côtes, après avoir doublé le grand cap des Tourmentes, qui fut nommé de Bonne-Espérance, par doña Catalina, reine de Portugal et infante de Castille; ils ont construit un grand nombre de forteresses sur les côtes de la basse Éthiopie, de l'Arabie, de la Perse et de l'Inde, ont traversé le détroit de Sincapour pour se rendre en Chine, en Tartarie et au Japon, ainsi que celui de Sabba, pour aller acheter du girofle aux Moluques. Comme j'ai visité, dans le cours de mes voyages, presque toutes les villes et forteresses que possède V. M. dans ces régions, je les décrirai dans cette seconde partie.

Je commencerai par la ville de Machan (Macao), en Chine, et je continuerai jusqu'à la forteresse de Mozambique, à 600 lieues du cap de Bonne-Espérance, la dernière que les Portugais possèdent de ce côté; car ils n'ont que quelques forteresses dans les îles, et, quant à l'intérieur du pays, leur autorité ne s'étend pas au delà de la portée de leurs canons. Il appartient à des rois maures ou païens qui sont tantôt en paix et tantôt en guerre avec eux.

Toute la côte de la Chine est découverte jusqu'à la Tartarie et la Corée ou Coray, où Taycosama, empereur du Japon, entretient des garnisons; au delà commence la côte du royaume de Cambu, mais je suis certain d'être le premier Espagnol qui en ait eu connaissance; je l'ai obtenue, au Pérou, d'un fameux pilote anglais qui avait traversé le détroit de Magellan pour faire le pirate dans la mer Pacifique, et aller à la découverte du détroit que forme la mer Pacifique entre le royaume de Cambu et la terre du Labrador, espérant que sa nation trouverait par là une route plus facile pour aller aux Moluques et aux autres îles qui produisent des épices. Mais don Luis de Velasco, vice-roi du Pérou, ayant appris, des Espagnols qui se trouvaient au Chili, les ravages que ce forban exerçait sur leurs côtes, envoya contre lui une flotte qui le captura au delà du port de Payta, et mit ainsi un terme à ses découvertes.

Après la province de Corée ou Coray, qui fait partie de l'empire de la Chine, on trouve celles de Fokéo, Helequio et de Chincheo, qui faisaient autrefois beaucoup de commerce avec les Espagnols des Philippines. Après le royaume de Nankin, on arrive, en suivant toujours la côte, à la ville de Canton, capitale de la province du même nom; 18 lieues plus loin est la ville de Machan, habitée par des Portugais, qui font un grand commerce avec les nations voisines; mais l'empereur de la Chine ne leur permet pas de la fortifier, et ils n'y jouissent pas de la même liberté que dans les autres pays où ils se sont établis.

De cette ville de Machan, il part, tous les ans, un galion portugais pour le Japon, qui en est à 300 lieues et par 35° de latitude nord. Les habitants de ces îles sont blancs et belliqueux; un grand nombre d'entre eux ont été convertis à la religion chrétienne par les pères de la compagnie de Jésus, qui s'y sont rendus des Indes orientales. Les religieux de saint François qui y sont venus des Philippines en 1593 ont aussi opéré un grand nombre de conversions; ils prêchèrent tranquillement notre sainte religion à Langasac, Meaco et Usaca jusqu'en 1596. A cette époque, Taycosama les fit crucifier parce qu'ils prêchaient la loi de Jésus-Christ, que les Japonais appellent la loi de Nambam. Six de ces religieux furent crucifiés à Langasac le 6 février 1596, ainsi que trois pères de la compagnie de Jésus, et onze Japonais chrétiens.

Dans le mois de juillet de la même année, il tomba dans tout le Japon une pluie de cendres mêlées avec de la terre rouge; les toits des maisons et toute la campagne en étaient couverts, ce qui effraya beaucoup les habitants; à la même époque, on vit dans le ciel une croix couleur de sang, semblable à celle sur laquelle avaient souffert les saints martyrs. Cette persécution avait déjà été annoncée par une image du bienheureux saint François qui avait sué du sang.

Un tremblement de terre renversa les plus beaux édifices de la ville d'Usaca qui avait été construite par Taycosama, ainsi qu'un grand nombre de barelas ou temples des idoles; il y eut plus de 20,000 personnes d'écrasées, parmi lesquelles se trouvaient 60 femmes de l'empereur, ce qui jeta un grand effroi parmi les Japonais et fut cause de la conversion de plus de 20,000 personnes.

On peut lire plus au long, dans les ouvrages composés par les pères Louis Froys et Joseph de Santa-Maria, l'histoire du martyre de ces saints religieux. J'aime mieux laisser raconter leur histoire par ceux qui ont été témoins de leur martyre, quoique je les aie connus personnellement aux Philippines et que j'aie rencontré, en Cochinchine, un grand nombre de Japonais qui me racontèrent les miracles qui avaient eu lieu à cette occasion.

Il y avait alors au Japon cinq autres religieux du même ordre; un seul, Fr. Geronimo de Jésus, parvint à s'y cacher; Taycosama fit embarquer les quatre autres à bord d'une jonque, et les envoya à Machan; peu de jours après, on découvrit Fr. Geronimo qui fut conduit devant l'empereur. Celui-ci, contre toute attente, le traita fort bien, montra du regret d'avoir fait crucifier ses compagnons et l'engagea à écrire au gouverneur des îles Philippines d'envoyer d'autres religieux; il fit rendre, aux jésuites, les établissements qu'il leur avait enlevés, permit aux augustins et aux dominicains de rentrer au Japon, et, depuis cette époque, ces quatre ordres y font de grands progrès.

Dans la même année il tomba en Chine, pendant toute l'année, une espèce de laine qui fut ensuite embrasée par le feu du ciel. Une grande partie de la ville et le palais de l'empereur furent entièrement consumés; juste châtiment du ciel envers une nation qui se livre aux mêmes crimes que les habitants de Sodome et de Gomorrhe; car quoique les Chinois soient bien gouvernés et connaissent tout ce qui est nécessaire à la bonne administration d'un État, ils ne peuvent extirper un vice aussi honteux. Humtey Besco, qui la gouverne aujourd'hui, s'intitule, comme le faisaient ses prédécesseurs, fils de Dieu et seigneur du monde, et porte pour devise, dans ses armes: Dieu a donné la paix au monde, et tous ceux qui la cherchent la trouvent.

De Machan, qui est par 20° de latitude nord, la côte de la Chine s'étend vers le Tunquin, Cachan et Sinoa. A 8 lieues de la côte de Tunquin est l'île fertile d'Haynan, une des quinze provinces de l'empire; elle a 25 lieues de large et est habitée par des Chinois. Quand ceux-ci abandonnèrent autrefois tous les États qu'ils possédaient et qui s'étendaient jusqu'au détroit de Sincapour, aimant mieux vivre en paix que d'avoir à soutenir toutes les guerres qu'exigerait la conservation de leurs conquêtes, ils ne voulurent pourtant pas renoncer à cette île, qui est une des quinze provinces de leur empire ; les quatorze autres sont situées en terre ferme. On pêche en abondance, dans l'île d'Haynan, des perles aussi fines que celles de Manar et de Baron ; on y trouve aussi d'abondantes mines d'or. Il est certain que cette île est aussi riche que celle de Sumatra et que l'une et l'autre sont les deux plus riches de tout le grand archipel de Saint-Lazare.

La côte de Sinoa a 180 lieues de long ; on trouve ensuite celle du royaume de Champa, dont les habitants suivent la religion de Mahomet ; le roi de ce pays n'est pas puissant. Puis viennent les royaumes de Camboge, de Siam, de Pan, de Patan et de Jor; à 15 lieues de la capitale de ce dernier commence le détroit de Sincapour, qui est tellement étroit qu'un vaisseau n'a que tout juste la place nécessaire pour passer. A 8 lieues de là est le détroit de Sabba, précisément sous la ligne. C'est par là que passent les vaisseaux portugais pour se rendre aux Moluques, d'où ils tirent le girofle ; ils y possèdent deux forteresses, l'une dans l'île de Tidore, qui est à 2 lieues de celle de Ternate, et l'autre dans l'île d'Amboine.

Les Moluques sont au nombre de cinq, savoir : Ternate ou Maluco, qui a donné ce dernier nom à toutes les autres, Tidore, Amboine, Mutiel et Maquien. Celle de Ternate n'a que trois lieues de tour ; c'est là qu'on récolte le plus de girofle et le meilleur. Le roi de cette île a une forteresse garnie de plus de deux cents pièces de canon ; il l'a enlevée aux Portugais après un siège de sept ans ; au bout de ce temps, ne recevant pas de secours de l'Inde, et n'ayant plus de vivres, les Portugais capitulèrent à condition de se retirer avec leurs armes et leurs bannières. Ils sont, depuis, revenus mettre le siège devant cette place ; mais, malgré tous leurs efforts, ils ne purent réussir à s'en emparer.

Les Moluques sont à 100 lieues au nord-ouest de l'île de Banda et à 1° de latitude sud ; on y voit un volcan qui lance toujours des flammes. Le giroflier a du rapport avec le laurier ; il ne donne de fruits que tous les deux ans. Sa fleur est blanche et ressemble au jasmin : les clous sont d'abord verts, puis ils deviennent rouges et ensuite noirs. Quand ils sont mûrs, on les fait sécher au soleil après les avoir humectés avec de l'eau salée pour qu'ils conservent leur parfum.

On trouve, dans ces îles, un animal de couleur fauve qui ressemble au renard ; il a sous le ventre une bourse qu'il ouvre et qu'il ferme à volonté, et dans laquelle il cache ses petits ; les habitants le nomment cucos ; il est bon à manger. On trouve aussi un grand nombre de ces animaux aux Indes occidentales, dans la province de Quimvaya qui est arrosée par le grand fleuve de la Magdeleine et s'étend jusqu'aux montagnes couvertes de neige que les naturels nomment Chucha.

A Ternate, on trouve des oiseaux que l'on nomme alestes, qui volent toujours et ne peuvent se poser, parce qu'ils n'ont pas de pieds ; s'ils tombent à terre, ils ne peuvent se relever ; ils vivent de moucherons. Ils sont très-estimés à cause de leurs belles plumes. On y trouve aussi un arbre qui porte des fruits fort singuliers ; ceux qui croissent du côté oriental de l'arbre sont sains et savoureux, mais ceux qui viennent de l'autre côté sont empoisonnés.

Les habitants de Ternate ont des embarcations grandes et légères qu'ils nomment caracoas ; chacune peut contenir 500 hommes ; elles sont plus légères que nos galères, mais elles ne peuvent porter de gros canons. Les habitants s'en servent pour pirater et font beaucoup de mal aux Indiens chrétiens des Philippines.

Les Espagnols des Philippines désirent beaucoup faire la conquête de Ternate, qu'ils regardent comme leur appartenant, parce qu'elle fut découverte en 1521 par Ferdinand de Magellan, envoyé par Charles-Quint, et qu'elle est en dedans de la ligne qui fut tracée par les cosmographes pour séparer les possessions de l'Espagne de celles du Portugal.

Le voyage que fit Magellan, après avoir découvert à l'extrémité du Pérou le détroit qui porte son nom, est tellement important, que je veux en parler ici, quoique cela n'appartienne pas à mon sujet. Nous n'avons cependant pas su profiter du détroit qu'il a découvert. Il ne sert qu'à quelques brigands étrangers qui naviguent d'abord jusqu'à la hauteur de la Guinée et arrivent ensuite en un mois à l'entrée du détroit par lequel ils se rendent dans la mer du sud, suivent les côtes de l'Amérique jusqu'à Tousonnate et Acapulco, vont ensuite à Ternate charger du girofle, et aux îles de Banda et de Java prendre du poivre, de la cannelle et des muscades.

Quand Magellan eut traversé le détroit qui porte son nom, il navigua pendant cinq mois dans la mer du Sud et arriva enfin dans une île nommée Mauçana. Le roi de cette île le mena auprès de celui de Zubu dont il était vassal; celui-ci reconnut Charles-Quint pour son suzerain et se fit baptiser ainsi que sa femme, ses enfants et un grand nombre de ses sujets; Magellan lui donna le nom de Ferdinand, et à sa femme celui d'Isabelle, et fit construire une église dédiée à Notre-Dame. Il aida le roi de Zubu, son allié, dans la guerre qu'il avait avec celui de Matan, qu'il vainquit deux fois; mais il fut défait dans une troisième attaque. Le roi de Zubu, par ordre de celui de Matan, invita alors les Espagnols à un banquet dans l'intention de les faire périr; ils s'y rendirent au nombre de plus de trente, on les massacra tous sous quelques arbres qui existent encore, et à l'ombre desquels je me suis souvent assis. Ceux qui étaient restés à bord des vaisseaux se dirigèrent alors vers les Moluques. La première île qu'ils découvrirent fut celle de Tidore, dont le roi les reçut très-bien et se reconnut vassal de l'empereur. Sébastien de Guetaria, qui commandait le peu d'Espagnols qui avaient échappé au massacre, acheta beaucoup de girofle; il réunit tout son monde à bord du vaisseau *la Victoire*, et arriva heureusement à Séville, après avoir accompli le tour du monde en passant par le détroit de Magellan et en doublant le cap de Bonne-Espérance; c'est pourquoi l'empereur lui accorda de grandes récompenses et lui permit d'ajouter à ses armes un monde avec la devise : *Solus, circumdedisti me*.

CHAPITRE XII.

Des royaumes qui s'étendent depuis la ville de Malacca jusqu'au cap Comorin; des îles de Borneo et de Banda où l'on récolte le macis, la noix muscade et le camphre. Des royaumes de Pégu et de Coromandel, où fut martyrisé l'apôtre saint Thomas.

La ville de Malacca est située à 25 lieues au nord du détroit de Sincapour, par 1° 30′ de latitude sud; les anciens nommaient ce pays la Chersonèse d'or. Elle est bâtie à l'extrémité du grand golfe au fond duquel le Gange se jette à la mer. Cette ville fut enlevée en 1513 au roi de Bintan par le grand Alphonse d'Albuquerque; elle fait un commerce très-considérable, et plus de quatre cents bâtiments entrent annuellement dans le port; car elle est voisine de la Grande et de la Petite Java, de Sunda, de Pasarvan, d'Achem, dont le roi règne sur toute l'île de Java, île très-riche dans laquelle on trouve des fruits qui produisent une huile avec laquelle les habitants guérissent toutes leurs maladies.

Les îles de Borney, de Banda, de Timor, de Pasarvan, de Sunda, de Grande et de Petite Java, sont éloignées de Malacca de 12, 24, 50, 60, 70 et 80 lieues. Près de la ville de Canna, dans l'île de Borneo, on récolte le camphre, qui est la résine d'un arbre. Quand le docteur Francisco de Sandi était gouverneur des Philippines, il attaqua cette île en 1586 parce que son roi était ennemi des habitants de Luçon; il brûla une flotte de caracoas, et saccagea la ville de Borney, où il enleva quelques pièces de canon, ce qui a inspiré une telle frayeur à ce roi, qu'il a toujours quelques caracoas en vigie pour voir si les Espagnols de Luçon ne viennent pas l'attaquer.

La Grande Java est à 12 lieues à l'est de Sumatra; elle a de très-bons ports dont les meilleurs sont ceux de Santumba, de Panaruca, de Cibao et d'Agaci; celui-ci est le plus important. Les habitants des ports et des côtes sont mahométans, mais ceux de l'intérieur sont païens; on trouve en abondance, dans cette île, du riz, de la viande, du poivre, de la cannelle, de l'or et du tombac, métal que l'on ne connaît pas ailleurs; il est plus fin que le cuivre et excellent pour recevoir la trempe. Les îles de Banda sont par 4° 20′ de latitude sud; la plus grande s'appelle Banda, la seconde Mira, et la plus petite Guanape. Ces deux dernières sont si rapprochées qu'elles forment un excellent port. Guanape, dans la langue de cette île, veut dire montagne de feu: c'est avec raison qu'on lui a donné ce nom, car le climat y est si chaud que les côtes sont inhabitables; on y trouve des forêts de l'arbre qui fournit la noix muscade; sa feuille est semblable à celle du pêcher, la noix est couverte d'une enveloppe rouge qui, quand elle est mûre, s'ouvre comme une rose ; elle prend alors une teinte orangée : c'est là le macis qui est si estimé par toutes les nations du Nord, qui le mâchent comme les Indiens du Pérou mâchent le coca. Les habitants le portent dans des bourses qu'ils nomment guayacas ; mais les gens du Nord en ont toujours dans leurs poches, parce qu'ils le mettent continuellement dans leur bouche à cause de sa qualité chaude.

Le sandal rouge croît dans l'île de Timor et le blanc dans d'autres îles du grand archipel de Saint-Lazare.

De la ville de Machan à celle de Malacca, il y a 400 lieues, et de là à Goa, capitale de l'Inde orientale, 900. J'y suis allé par la mer Malaye, en suivant la côte du royaume de Pera, allié des Portugais, et en passant ensuite par le détroit des îles de Nicobar. Les habitants de ces îles ne veulent pas approcher des bâtiments qui naviguent dans ces parages, parce qu'ils craignent que les voiles de hunes ne tombent sur leurs embarcations et ne les coulent. Je suivis ensuite la côte du royaume de Pégu, dans la partie méridionale du golfe de Bengale ; il est borné au midi par le royaume de Tenauri, et au nord par celui de Bengale, dont il est séparé par le cap de Negrales, près de l'embouchure de la grande rivière de Cormi. Le royaume de Pégu a 50 lieues de côtes ; il s'étend entre la mer des Indes et les royaumes de Grema et de Dinan, qui sont couverts de montagnes très-élevées et de forêts dans lesquelles on rencontre des éléphants, des vaches, des buffles, des porcs, des chèvres et des cerfs ; on trouve, dans ces montagnes, des mines d'or et d'autres métaux, ainsi que des pierres précieuses ; on y récolte aussi en abondance du benjoin et du storax, qui sont les résines de certains arbres. Le pays touche, dans l'intérieur, au royaume de Rachon, qui n'est inférieur ni pour la grandeur ni pour la puissance à ceux de Pégu et de Siam.

Les Péguans racontent, comme une chose très-certaine, qu'ils descendent d'une femme et d'un chien. Ils disent qu'il y a mille ans ce pays était entièrement désert, et que les Chinois, désirant savoir ce qu'il y avait au delà du détroit de Sincapour, qui n'avait pas encore été traversé, envoyèrent à la découverte une flotte composée de plus de neuf cents jonques. Les Péguans ajoutent qu'ils savent, par une tradition antique et certaine, qu'en traversant le détroit elles furent surprises par une tempête si violente, qu'elles se perdirent toutes sur la côte du Pégu, et qu'il n'en échappa qu'une femme et un chien de qui descendent tous les habitants du pays.

Je ne crois ni ce que les Péguans racontent de leur origine ni que le pays était désert auparavant; car ce serait adopter l'opinion des anciens, qui croyaient la zone torride inhabitable; quand les Portugais arrivèrent aux Indes orientales et les Espagnols aux Indes occidentales, ils trouvèrent des habitants dans la Taprobane et dans d'autres pays situés sous la zone torride. Il est donc certain que celle-ci est habitable de même que l'équateur, que l'homme peut vivre sous les pôles comme sous la zone torride, et qu'il y a des antipodes, quoi qu'en aient dit les anciens cosmographes.

Sur la côte au delà du Pégu, les Portugais ont construit une ville qu'ils ont nommée S. Thomas, en l'honneur de l'apôtre des Indes; les habitants la nomment Melia ou Calamina. C'est là que ce saint apôtre fut martyrisé par les brachmanes, serviteurs des idoles, et l'on croit être certain que son corps y est conservé.

Tous les païens de ce pays ont ce saint en grande vénération. Quand ils sont malades, ils vont visiter sa chapelle; tous les ans, ils célèbrent sa fête par des danses et par des festins, et quand les Portugais leur demandent pourquoi ils n'adoptent pas la foi chrétienne, ils répondent qu'ils le feront quand le saint le leur ordonnera.

Ils rapportent une foule de choses que cet apôtre aurait dites à leurs ancêtres : il leur aurait annoncé, entre autres, que, quand la mer viendrait jusqu'à leur ville, qui en était alors éloignée de 12 lieues, il y arriverait des hommes armés d'acier qui prêcheraient aux habitants les mêmes choses que lui ; ce qui doit s'entendre des Portugais qui, il y a cent ans, sont arrivés dans ce royaume revêtus de la foi, qui est plus forte que l'acier, et ce fut l'année même de leur venue que la mer arriva jusqu'aux portes de la ville. Saint Isidore, dans la vie de cet apôtre, rapporte qu'il convertit la Perse, l'Hyrcanie et les brachmanes, et qu'il parcourut tout l'Orient jusqu'à ce qu'il mourut percé d'une lance.

A cinquante lieues de là, sur la même côte, les Portugais possèdent une autre ville, nommée Negapatam, où l'on montre une pierre que des pêcheurs ont tirée de la mer. Elle est de la forme et de la grandeur d'une pierre tumulaire, et l'on y voit sculptée toute la passion de Jésus-Christ. Plus loin encore est la ville d'Urija (Orixa), dans le royaume de Bengale, un des plus fertiles de toute l'Inde. Ce royaume a 120 lieues de côte le long du golfe du Gange, qui s'y jette par deux bras, et il s'étend à la même distance en remontant ce fleuve.

Tout ce pays appartient au Grand Mogol, qui a voulu en faire la conquête, parce qu'il est arrosé par les deux bras de la rivière du Gange, que les Bengalis et les autres Orientaux nomment Ganga. C'est une des quatre rivières qui sortent du paradis terrestre : on y voit une foule de galères et d'autres embarcations.

Le royaume de Bengale produit en abondance du blé, du riz; on y trouve des poules, des chèvres, des vaches et des moutons, dont beaucoup ont cinq quartiers et sept ou huit cornes; on y fabrique diverses étoffes de coton, et surtout celles qui sont connues sous le nom de toiles du Bengale. Tout près de la côte du Bengale est l'île de Ceylan, que Ptolémée appelle Simondi et Taprobane. C'est une des îles les plus riches de l'Orient, parce qu'elle produit la cannelle; car, quoiqu'on en trouve ailleurs, celle de cette île est la meilleure de toutes. On y trouve aussi les yeux-de-chat ou sélénites : ce sont des pierres de la grosseur d'un ongle, auxquelles la lune communique tant de vertus, qu'elles croissent et décroissent avec elle. Les Chinois en font le plus grand cas.

Les Portugais ont dans cette île quatre forteresses, dont la principale se nomme Colombo. Les trois autres sont Gali et Calature sur le bord de la mer, et Ceptabaca, à sept lieues dans l'intérieur des terres. Les habitants de cette île sont d'une couleur très-foncée et très-guerriers; ils sont armés de mousquets, d'arquebuses, d'arcs et de flèches, et s'en servent avec beaucoup d'adresse : leur plus puissant royaume est celui de Candie.

Dans cette île il y a une montagne très-élevée que les habitants nomment le pic d'Adam. Ils disent qu'il y vécut longtemps après son expulsion du paradis terrestre, et qu'au sommet on voit la marque de ses pieds sur un rocher.

L'arbre qui donne la cannelle n'est pas très-élevé; il répand une odeur fort agréable, surtout quand il est en fleur. C'est son écorce qui est la cannelle; quand elle est mûre, on la fend du haut en bas avec un couteau; le soleil la sèche et la fait tomber, et, l'année suivante, elle est revenue.

Sur la terre ferme, qui n'est qu'à deux lieues de cette île, les Portugais ont une autre forteresse, nommée Manar, où il y a une abondante pêcherie de perles. Il y a 50 lieues de là jusqu'au cap Comorin, près duquel est Jaffanapatnam, dont André Hurtado de Mendoza, célèbre capitaine portugais, a détrôné le roi pour en installer un autre à sa place. Sur toute cette côte il y a beaucoup d'églises de naturels qui sont instruits par des pères de la compagnie de Jésus.

CHAPITRE XIII.

Des forteresses que possèdent les Portugais au delà du cap Comorin. Des chrétiens des montagnes de Cochin, de la côte de Malabar, de Goa, capitale des Indes orientales, et de tout ce qu'il y a depuis cette île jusqu'à l'île d'Ormuz, dans le golfe Persique, au fond du détroit de Bassora, et autres choses remarquables.

C'est à partir du cap Comorin que commence la côte de l'Inde orientale. A 25 lieues de là, les Portugais possèdent la forteresse de Coylam, aux environs de laquelle on récolte beaucoup de poivre. Il y a encore 25 lieues de là jusqu'à Cochin, qui est une des villes les plus importantes des Indes orientales; elle est située par huit degrés de latitude sud : les Portugais qui l'habitent sont amis du roi de Cochin, qui demeure à deux lieues dans l'intérieur des terres. Comme la ville dépend de son territoire, les Portugais qui l'habitent sont obligés de lui payer un droit sur les marchandises qu'ils importent. Il n'a pas voulu leur permettre de fortifier la ville, disant que depuis qu'ils sont venus dans son pays il s'est toujours montré leur ami, qu'il les a toujours protégés, et qu'ils n'ont pas besoin de fortifications, parce qu'aucune nation n'oserait venir les attaquer sur son territoire.

Ce roi de Cochin est païen et très-puissant. Il compte

parmi ses vassaux les chrétiens des montagnes de Cochin, qui sont au nombre de vingt mille. Ils ont été convertis par saint Thomas, et ont toujours conservé leur religion depuis ce temps-là. Quand les Portugais visitent les montagnes, ils les reçoivent très-bien et s'empressent de leur offrir des présents.

Le roi de Cochin, qui se regarde comme le frère d'armes de V. M., lui livre, tous les ans, 30,000 quintaux de poivre. Les vice-rois de l'Inde sont convenus avec lui qu'on lui payera par quintal sept gerafès, monnaie d'argent qui se frappe dans l'Inde et qui vaut six réaux, sans que ce prix convenu puisse être augmenté ou diminué. Le roi s'est, en outre, engagé de ne vendre de poivre à personne autre, et il a toujours fidèlement observé toutes ces conditions. La plante qui produit le poivre ressemble beaucoup au lierre et grimpe de même le long des arbres ; la graine est aussi comme celle du lierre.

En remontant la rivière de Cochin, on trouve les îles de Vaypim, de Chiribaipim et de Repelim, où les Portugais ont un grand nombre de plantations de palmiers et beaucoup de maisons de plaisance.

Il y a 5 lieues de la ville de Cochin à Caranganos. Les indigènes disent que ce fut là que débarqua saint Thomas. C'est aussi là que commence la côte de Malabar, qui a 130 lieues de long. On y suit la religion de Mahomet. Le zamorin, qui la possède presque en entier, habite la ville de Calicut. Ce roi s'est toujours montré l'ennemi des Portugais. En 1591, lors de mon séjour dans l'Inde, il avait fait la paix avec le vice-roi D. Mathias d'Albuquerque ; mais il n'a pas été plus fidèle à sa parole dans cette occasion qu'il ne l'avait été dans d'autres.

Il y a sur la côte de Malabar cinq souverains très-puissants, ceux de Calicut, de Cananor, de Caranganor, de

Coylam et de Cochin. Ce ne sont pas leurs fils qui héritent de la couronne, mais leurs neveux, fils de leurs sœurs; ceux de leurs frères n'héritent pas non plus, parce qu'on regarde cette filiation comme aussi douteuse que celle de leurs propres enfants.

Sur cette même côte, à 35 lieues de Caranganor, les Portugais ont une autre forteresse, qui se nomme Cananor, et à 18 lieues de là, Mangalor. Près de là sont les États de la reine d'Olala et du roi de Banguel. A 12 lieues plus loin, on rencontre celle de Brazalor, voisine du roi de Tolar et de la reine de Camboli. Tous ces princes et princesses sont vassaux du Dialcan, et leur territoire dépend du royaume de Bisnagar. C'est dans ce pays qu'on trouve le mont Deli, à 10 lieues des îles de Valdivia, sous le même parallèle que les bas-fonds de Pisa. Ces îles sont au nombre de 110, et s'étendent jusque vers Malacca et les îles Philippines. Les Maures qui les habitent disent qu'elles faisaient autrefois partie de la terre ferme, mais que la mer, étant sortie de son lit du côté du mont Deli et de Calicut, elle noya toutes les terres basses, et que les lieux élevés devinrent des îles. Ce qu'il y a de certain, c'est qu'il y en a qui sont si rapprochées les unes des autres, que, pour passer dans le canal qui les sépare, on est obligé d'ôter les vergues afin de ne pas accrocher les arbres.

A 18 lieues de Brazalor est la province d'Agandeica, où les premiers Portugais qui passèrent aux Indes, après leur découverte par Vasco de Gama, construisirent une forteresse; mais elle est aujourd'hui abandonnée, et le pays n'est plus habité que par les Sanguizeyes noirs, qui demeurent dans les forêts et ne vivent que de pillage. Cet endroit est à 6 lieues du cap de Rama et à 12 de l'île et de la ville de Goa, qui est par 16 degrés de latitude et a trois lieues et demie de tour. Elle est considérée comme la capitale des Indes. C'est là que demeurent les vice-rois de V. M. Cette île est très-fraîche parce qu'elle est couverte de palmiers et d'arbres à fruits. Les Portugais y ont quatre forteresses qui se nomment Pangi, Goa, Dauji et Benesteri. Ils ont construit sur la terre ferme une muraille longeant les bords du fleuve qui sépare cette île de la terre ferme. Elle est garnie de bastions et d'artillerie.

Sur les rives de ce fleuve j'ai vu une espèce d'arbre dont les feuilles deviennent des poissons quand elles tombent dans l'eau et des papillons quand elles tombent sur la plage. En face de Goa, les Portugais ont une autre forteresse, qui se nomme S.-Juan de Rachol, dans l'île de Salsetto. Ils en ont deux autres dans celles de Noroa et de Bardes, qui sont encore plus près de Goa.

Cette dernière île est située à l'est des États du Dialcan, prince très-puissant et qui a déjà assiégé Goa. Il est en guerre avec le Melique, qui est aussi puissant que lui. Le territoire de ces deux princes est séparé par une haute chaîne de montagnes appelée Elgate. Elles sont traversées par un défilé que l'on nomme dans le pays les Portes. Il y a plus de cinquante ans que les armées de ces deux rois combattent dans ce passage, l'une pour le forcer et l'autre pour le défendre. Ils s'y sont livré les combats les plus sanglants et les plus acharnés que l'on ait vus de notre temps.

Il y a 100 lieues de côtes depuis la forteresse de Rachol jusqu'à la mer Rouge et au détroit de Bassora. Les Portugais y possèdent les forteresses suivantes : Chaul, qui en est à 60 lieues sur la côte du nord ; c'est une ville très-commerçante, voisine des États du Melique. Celui-ci avait construit une autre forteresse, à une demi-lieue de là, malgré les Portugais, et y avait placé une garnison de 30,000 hommes pour les incommoder; mais Mathias d'Albuquerque, qui était alors vice-roi, voyant les inconvénients qui pourraient en résulter pour le pays, parce que le Melique l'avait construite dans le but de se mettre en rapport avec les Maures de Moka, envoya contre cette forteresse une flotte considérable commandée par Cosme de la Afeytar, gentilhomme portugais, et D. Antonio de Leyva, Castillan. Ils débarquèrent près de là en 1593. Le Melique fit faire contre eux plusieurs décharges d'artillerie; mais, grâce à Dieu, les Portugais n'en éprouvèrent aucun dommage. Le Melique, voyant que, malgré cela, ils se préparaient à donner l'assaut à la ville, lança contre eux sa cavalerie dans l'espérance de les mettre en déroute et de les forcer à se rembarquer; mais les Portugais l'ayant promptement mise en déroute, le Melique fit ouvrir les portes de la ville pour la recevoir. Les Portugais y entrèrent pêle-mêle avec elle; ils firent un sanglant carnage des habitants et les obligèrent à s'enfuir de la ville en abandonnant leurs maisons, leurs femmes et leurs enfants.

Cette victoire est une des plus importantes que les Portugais aient remportées dans ce pays. Il y eut près de 8,000 hommes tués dans la ville, qui fut pillée et démantelée, et d'où l'on enleva une quantité d'artillerie. Le Melique avait fait placer sur la muraille un aigle doré, les ailes éployées, avec une inscription qui disait : « Celui qui veut entrer ici doit voler plus haut que cet aigle. » Tout autour il avait rangé une grande quantité de pièces de canon de gros calibre, servies par des artilleurs moscovites.

La forteresse de Chaul est située dans le royaume d'Achim, où les brachmanes croient à l'existence d'un seul Dieu. Ils ne lui rendent aucun honneur parce qu'ils disent que Dieu est bon et ne fait de mal à personne; mais ils en rendent au démon parce qu'il est mauvais et qu'ils veulent l'empêcher de leur nuire; ils lui élèvent un grand nombre de vardas, c'est ainsi qu'ils nomment leurs pagodes. Ils ont adopté l'opinion de Pythagore, et pensent que les âmes des morts passent dans le corps des enfants qui naissent.

Ils ont quelques notions de N.-S. Jésus-Christ et de sa Passion. Ils racontent qu'il y a bien des années, il naquit d'une sainte femme un enfant dont le père était inconnu; que les méchants ayant voulu le tuer, il s'échappa et ne reparut plus; et que sa mère le pleura toute sa vie. C'est pour cela que tous les brachmanes ont beaucoup de vénération pour l'image de la Vierge Marie.

Il y a 6 lieues de la ville de Chaul à l'île de Caranja, qui n'est séparée de la terre ferme que par une rivière. Les Portugais y possèdent trois villages et une forteresse. On va de là à Baçain, qui est en terre ferme. Tout près de là est l'île de Salsette, dont plusieurs villages sont habités par des chrétiens, et où les Portugais possèdent la ville de Tanna, qui est fortifiée et munie d'artillerie; 2 lieues plus haut, sur le fleuve, est la petite île de l'Éléphant, où l'on voit des édifices souterrains sculptés très-artistement dans le rocher : les naturels disent qu'ils ont été construits par les Romains, et racontent beaucoup d'histoires à ce sujet.

Il y a 7 lieues de Baçain à Agaçain, grande ville également située en terre ferme. Elle est traversée par une rivière qui sépare le territoire portugais de celui des Maures. Les Portugais ont encore sur la même côte les forteresses de Manora, Memay et Trapor. A 5 lieues de cette dernière demeurent les Choytias, qui sont sujets du Melique. Les Portugais ont encore à 8 lieues, dans l'intérieur des terres, la forteresse de Sanfian, et, à 4 lieues de là, sur la côte, celle de Damon ou Dama, qui est voisine du Grand Mogol.

Le Mogol est un des plus puissants seigneurs du monde; il descend du grand Tamerlan de Perse; il a pour devise ce mot : *Hequebar*, ce qui veut dire : Je suis unique au monde, roi des rois et seigneur des seigneurs. Depuis 40 ans il entretient une armée de 400,000 hommes avec laquelle il a fait des conquêtes considérables dans l'intérieur. Mais quand ses généraux ont voulu l'engager à attaquer les Portugais, il a toujours répondu qu'il fallait être maître des provinces centrales, et qu'après cela il lui serait toujours facile de s'emparer des côtes.

Le Mogol a reçu deux pères de la C. de J. dans la ville de Lahor, où il tient sa cour. Il les traite bien et leur donne chaque jour assez de vivres pour nourrir cent personnes. Le prince donne à chacun de ses généraux 600,000 gérafies d'appointements par an; mais, là-dessus, ils sont obligés de payer les soldats qu'ils commandent. Il a pour vassaux les rois de Sind et de Cambaye, qui lui payent annuellement dix millions de tributs. Les Portugais auraient pu conquérir ces royaumes, mais ils ne l'ont pas voulu. S'ils l'avaient fait, ils auraient été les gens les plus riches du monde, car les banians de Sind et de Cambaye aimeraient bien mieux être les vassaux de V. M. que ceux du Mogol.

C'est après Damon que s'étend la côte de ces deux royaumes où les Portugais font un grand commerce, parce qu'on y fabrique une quantité d'étoffes de coton très-fines. On y récolte aussi l'opium, dont beaucoup de nations font usage avant de combattre, parce qu'il leur inspire du courage et le mépris de la mort. On appelle *Amuchos* ceux qui ont l'habitude de manger de l'opium.

A 50 lieues au delà du royaume de Cambaye, les Portugais possèdent la forteresse de Diu, où finit la côte de l'Inde. Elle fut assiégée par le sultan Mahmoud et le vaillant général Ibrahim ; mais, après un grand nombre d'assauts inutiles, D. Juan de Mascarenhas, qui la commandait, les força de se retirer. Les Turcs l'ont aussi vainement assiégée ; ils ont perdu un grand nombre de galères et ont été forcés de se retirer à la Mecque. Il y a plus de 100 ans que les Ottomans cherchent à s'emparer de cette partie de l'Inde, mais ils n'ont jamais pu y réussir. Sans les Portugais, les Turcs se seraient non-seulement emparés de l'Inde et de l'Éthiopie, mais ils seraient peut-être parvenus jusqu'à la Chine. Les États du Grand Mogol s'étendent jusqu'à Diu, qui est cependant éloigné de huit mois de route de Lahor, sa capitale, d'où un gentil vint en 1594, poussé seulement par la curiosité de voir les Portugais, la mer et les vaisseaux.

Les Mogols ont en grande vénération les images de la sainte Vierge, et quand ils veulent affirmer quelque chose ils disent : Par Notre-Dame, je jure que c'est vrai.

L'Inde a 400 lieues de côte, et les vaisseaux de haut bord peuvent aborder presque partout ; aussi les Portugais disent ils que toute l'Inde n'est qu'un seul port.

CHAPITRE XIV.

Des forteresses que les Portugais possèdent de Diu à Ormuz. De la route par terre que suivent les Vénitiens pour venir dans l'Inde à travers le territoire turc. Du mont Sinaï, du détroit de la Mecque, et d'un événement remarquable qui est arrivé dans cette ville en 1596. Des ports que les Abyssins sujets du prêtre Jean ont sur ce détroit. Des îles de Socotora et de Danissa ; de Melinde et de Sofala, places que possèdent les Portugais sur les côtes de l'Éthiopie inférieure.

Quand on remonte la côte en partant de Diu, on arrive au détroit de Bassora et au golfe Persique, que les

Maures appellent Baharqueixum, ce qui veut dire dans notre langue mer renfermée. C'est là qu'est le pays des Abindas, nation qui n'a d'autre occupation que de voler sur terre et sur mer, ainsi que les Neutaques qui habitent plus loin. Le détroit de Bassora a 150 lieues de long et de 80 à 100 de large. D'un côté est la Perse et de l'autre l'Arabie, qui s'étend jusqu'au détroit de la Mecque, par lequel Dieu ouvrit un passage à Moïse pour se rendre dans la terre promise. On le nomme aussi la mer Rouge; il reçoit les deux grands fleuves le Tigre et l'Euphrate, qui viennent du paradis terrestre.

A l'entrée du détroit de Bassora est l'île d'Ormuz, qui a 4 lieues de tour, et dont la forteresse, qui appartient aux Portugais, est regardée comme la clef de l'Inde. On n'y trouve ni arbres, ni plantes, parce qu'elle est remplie de salines. Le climat en est très-chaud, et le seul végétal qu'on y récolte est le tamarin, fruit aigre-doux qui sert aux naturels à préparer leurs aliments. On y trouve un ver nommé dragon, et si venimeux, qu'il suffit de le passer par-dessus un vase rempli d'eau ou de vin, sans même qu'il y touche, pour empoisonner le liquide.

Les Portugais et les Maures, qui habitent Ormuz, ne subsistent que des vivres qu'on leur porte de la côte d'Arabie, qui n'en est éloignée que de 2 lieues, et avec laquelle ils font un grand commerce; de sorte que, malgré sa stérilité, cette île est un des pays où règne le plus d'abondance. Les Maures en font tant de cas qu'ils disent que le monde est une bague et qu'Ormuz en est le chaton.

Il y a dans cette île un roi qui s'intitule roi d'Ormuz, et qui est l'allié des Portugais. Tous les jours il se fait lire l'Alcoran. Un Maure monte chaque matin au sommet d'une haute pyramide, et crie à haute voix aux autres Maures: Croissez et multipliez, car les chrétiens sont nombreux et feront la conquête du monde si vous ne nous délivrez de leurs mains.

Les Vénitiens viennent tous les ans dans cette île pour trafiquer avec les Portugais et les Maures. Ils débarquent à Tripoli de Syrie, traversent Babylone et Alep, et se rembarquent dans le détroit de Bassora, d'où ils arrivent facilement à Ormuz. Les Portugais font aussi quelquefois ce voyage en compagnie des Vénitiens pour se rendre par terre des Indes en Europe. Moyennant 500 gérafies, les Vénitiens se chargent de les rendre sains et saufs à Venise ou en Chypre, et donnent caution à Ormuz, à condition qu'ils n'entreront ni à Babylone ni dans les autres villes; car, quand les Maures les reconnaissent, ils s'en emparent et les réduisent en esclavage pour toute leur vie; c'est pourquoi je n'ai pas voulu prendre cette route. Ils se chargent aussi, en fournissant caution, de l'argent des Portugais, payable en Chypre ou à Venise; ils l'emploient en marchandises, et le bénéfice qu'ils font couvre les frais.

Les Portugais ont une forteresse sur la côte d'Ocomoran, et plus loin se trouve le territoire du roi de Lara, ennemi du roi d'Ormuz et des Portugais. Ceux-ci entretiennent une flotte dans le détroit de Bassora pour arrêter les galères des Turcs, dont ils ont pris un grand nombre.

En 1594, 5 galères turques se dirigèrent vers l'île d'Ormuz et pillèrent la côte de Bombaça, de Melinde et de Sofala. Mathias d'Albuquerque l'ayant appris envoya une flotte contre elles. Elle traversa pendant l'hiver les 900 lieues qui séparent Goa de Mombaça, et parvint à surprendre les galères ennemies dans un moment où la plus grande partie des équipages était à terre, de sorte qu'elle s'en empara facilement.

Après le territoire du roi de Lara, on trouve la ville de

Bassora, qui appartient aux Turcs, ainsi que son territoire. Elle est à 60 lieues de l'entrée du détroit. Près de cette ville est l'île de Baren, qui a 6 lieues de tour : les Portugais y ont une forteresse. Cette île est très-fertile et produit presque tous les fruits d'Espagne ; il y a aussi une riche pêcherie de perles.

Beaucoup de marchands de la nation alebie passent de Bassora à Ormuz dans de petits vaisseaux qu'on appelle *terrados*. Ils apportent de l'argent et des sequins de Venise pour acheter des pierreries et des épices que leur pays ne produit pas ; ils apportent aussi de l'encens, qui est très-abondant dans leur pays.

Sur toute la côte de Perse, il y a un grand nombre de villes habitées par des Maures. On voit les ruines de beaucoup d'autres, surtout près d'un village nommé Soar, qui paraît avoir été autrefois une ville considérable : les habitants prétendent que c'était celle de Ninive, où la baleine rejeta le prophète Jonas. A 15 lieues de Baren, les Portugais ont en terre ferme la forteresse de Mascate, qui dépend de celle d'Ormuz, et, tout près de là, le mont Sinaï, où était la maison de la vierge sainte Catherine; son corps y est encore gardé par des religieux arméniens de l'ordre de Saint-François, qui vivent des aumônes que leur font les Maures, car ce saint ordre est respecté par toutes les nations du monde.

Le mont Sinaï est situé dans l'Arabie Pétrée. Ce fut là que Dieu donna à Moïse les tables de la loi. On le nomme aussi Oreb et Choreb, et les Hébreux l'appelaient désert du Sud. C'est sur le détroit de Bassora qu'est l'Arabie Pétrée et Déserte : cette dernière est aride et sablonneuse. C'est là qu'on trouve Saba, capitale d'un royaume qui était autrefois gouverné par le roi Gaspar, un des trois mages qui vinrent à Bethléem offrir à Notre-Seigneur l'or de l'Arabie.

Après l'Arabie Déserte commence le détroit de la Mecque, qui s'étend à plus de 300 lieues dans l'intérieur. Le roi d'Éthiopie y possède plusieurs ports, dont les habitants vont trafiquer jusque dans l'Inde. J'en ai vu à Goa qui désirent que des religieux viennent s'établir dans leur pays. Ils en ont souvent demandé aux vice-rois de l'Inde, et, en 1597, lorsque je me trouvais à Goa, Mathias d'Albuquerque y envoya deux dominicains déguisés ; mais il n'y en eut qu'un qui y arriva, car l'autre fut reconnu par les Maures, qui le réduisirent en esclavage.

On dit que les Abyssins ont douze livres qui ont été écrits par les douze apôtres de N.-S., et que, depuis cette époque, ils se sont gouvernés d'après eux : ils sont bons chrétiens et très-dévots à la sainte croix ; les hommes et les femmes en portent toujours une à la main.

Le pays des Abyssins touche à la grande Éthiopie, qui, selon les anciens, touche à l'Égypte au levant, au nord aux montagnes de la Lune, et au midi à la petite Éthiopie. C'est un pays riche et fertile, et qui contient un grand nombre de mines d'or : il est divisé en quinze provinces.

Quand les Portugais arrivèrent dans l'Inde, la maison de la Mecque était dans le détroit de ce nom, sur le bord de la mer; mais, effrayés par les grandes victoires d'Alphonse d'Albuquerque, les Maures l'ont reportée à 8 lieues dans l'intérieur, au milieu d'un désert, et l'ont environnée d'un rempart garni d'artillerie, de crainte qu'on ne s'en empare. Ils y conservent les os et un soulier de Mahomet. Un grand nombre de rois et de seigneurs y vont tous les ans en pèlerinage, et y apportent de riches trésors.

Avant de passer outre, je vais raconter un événement extraordinaire qui se passa à la Mecque en 1596, et qu'on m'a raconté à Goa en 1597; car il y vient tous les ans, avec la permission des vice-rois, deux ou trois bâtiments de la Mecque, chargés de riches marchandises et de fruits. Au milieu d'une fête qu'ils célébraient en l'honneur de Mahomet, celui-ci leur apparut, leur reprocha leur aveuglement et leur déclara que, s'ils voulaient sauver leur âme, il fallait qu'ils embrassassent la religion chrétienne, mais que, s'ils s'y refusaient, ils partageraient son sort et seraient dévorés par le feu éternel.

Après le détroit de la Mecque, on rencontre le cap Guardafou, auquel les Portugais ont donné ce nom, à cause du grand nombre de récifs qu'il y a dans les environs, et ensuite le désert de la petite Éthiopie, qui a 300 lieues de long, en vue duquel j'ai navigué. Il finit à la hauteur de l'île de Socotora, qui a 20 lieues de tour, et se trouve entre les caps Fardaque et Guardafou; les Portugais y ont une forteresse. Saint Thomas la visita autrefois, et l'on y trouve quelques chrétiens éthiopiens dont tous les hommes s'appellent Thomas et toutes les femmes Marie. Plus loin est l'île d'Anisa, où l'on récolte la manne, qui est le produit des feuilles d'un arbre, et qui sert de purgatif à ces nations. Sur la côte est Magadajo, ville grande et populeuse, par trois degrés de latitude nord, ainsi que les forteresses portugaises de Melinde et Mombaça. Toute cette côte est habitée par des nègres que l'on nomme Cafres. Plus loin est Sofala, qui est visitée par des nègres de différentes nations qui y apportent de l'or, de l'ambre et de l'ivoire, qu'ils échangent contre des étoffes de coton.

En suivant la côte, on rencontre ensuite les îles de Comboro et celle de Mozambique. A 40 lieues de là, notre pilote reconnut trois hautes montagnes que les Portugais nomment la Table, le Fromage et le Pain, et cette vue est plus agréable aux navigateurs que celle du plus splendide festin, parce qu'ils reconnaissent par là qu'il ne leur reste plus que 40 lieues à faire jusqu'à Mozambique.

CHAPITRE XV.

De l'île de Mozambique et du royaume nègre de Monomotapa en terre ferme, des montagnes de Botonga, de l'île de Saint-Laurent, que les anciens nommaient Madagascar; des bas-fonds de la Juive, et d'un événement extraordinaire qui y arriva; du grand cap de Bonne-Espérance, de l'île de Sainte-Hélène, et du retour de l'auteur en Espagne.

Mozambique est une petite île sur la côte de l'Ethiopie inférieure, par 15° de lat. sud. Le commandant de la forteresse portugaise, qui y resta trois ans, en tire ordinairement 600,000 gérafies à cause du commerce qu'il fait avec les nègres qui possèdent quantité d'or, d'ambre et d'ivoire.

Près de l'île de Mozambique sont les États d'un roi nègre qu'on appelle le Monomotapa, et qui s'intitule seigneur des terres fermes. Il est allié des Portugais; 50 rois nègres le reconnaissent pour leur suzerain et lui payent tribut : les uns sont Maures et les autres païens; leurs États font partie de l'Éthiopie inférieure.

Le Monomotapa est seigneur du pays de Botonga, où se trouvent les plus riches mines d'or que nous connaissions; mais il a défendu d'y travailler, sous peine d'être mis à mort, le contrevenant et toute sa famille; parce qu'il veut que ses sujets s'appliquent à la culture de la terre, et sans doute parce que Dieu veut réserver ce riche trésor pour V. M.

Les anciens Grecs connaissaient bien ces montagnes, et l'on dit dans leurs écrits que la table du soleil était dans l'Éthiopie inférieure, ce qui veut dire qu'elle est remplie d'or, car cette planète préside aux mines d'or.

Le vice-roi de l'Inde, D. Francisco Barreto, essaya de

pénétrer dans ces montagnes à la tête de 900 Portugais; mais les nègres empoisonnèrent les fontaines, et il perdit ainsi plus de 600 hommes; il fut donc obligé de se retirer sans arriver jusqu'aux montagnes.

Mozambique est éloigné de 70 lieues de l'île de S.-Laurent, que les anciens nommaient Madagascar; elle a 300 lieues de long et est habitée par des nègres mahométans. Juan Gomez de Alreo la découvrit le jour de S.-Laurent de l'an 1506, et c'est pour cela qu'il lui donna ce nom.

Entre cette île et la terre ferme il y a les bas-fonds, dits de la Juive, où un navire qui allait en Portugal se perdit en 1591, et où il périt beaucoup de monde. La chaloupe était si remplie de monde qu'on fut obligé de tirer au sort qui serait jeté à la mer. Dans cette occasion on n'épargnait ni parents ni amis, et l'on coupait les mains à coups de hache à ceux qui essayaient d'y remonter. Gaspar et Diego Ximenez frères étaient dans la barque, et, quand on voulut les faire tirer au sort, Diego consentit à se sacrifier pour son frère, qui était l'aîné; mais il continua à suivre la barque à la nage pendant toute la journée. Comme on vit qu'il était seul, et que tous les autres avaient péri, on eut pitié de lui et on consentit à le reprendre. Diego Ximenez était à bord du vaisseau qui me ramenait en Espagne, et, en passant dans cet endroit, il me raconta toutes les circonstances de son naufrage.

A la hauteur de ces bas-fonds nous rencontrâmes un cambuco, ou petit bâtiment nègre, qui venait de l'île de S.-Laurent, et allait à la côte de l'Éthiopie inférieure. Il y avait un mois que nous étions arrêtés par les calmes, et nous apprîmes d'eux avec grande joie qu'ils voyaient par des signes certains que la mousson commencerait dans deux jours.

De Mozambique au grand cap de Bonne-Espérance, qui est par 35° de lat. sud, il y a 580 lieues de côtes habitées par une foule de rois nègres qui sont païens ou mahométans.

Ce cap est une langue de terre qui s'avance à 100 lieues dans la mer. D'un côté est l'Éthiopie inférieure et de l'autre la côte de la Mina, Angola et S.-Thomas jusqu'aux îles du cap Vert, au delà duquel se trouvent les domaines du roi Cuco et beaucoup d'autres habités par des nègres jusqu'à la Barbarie, car l'Afrique ne forme qu'un seul continent.

Je passai en vue de ce cap le 16 mars 1598. Gaspar Ferreira, notre pilote, trouva 90 brasses de fond. Nous y fûmes assaillis par une horrible tempête, et les matelots aperçurent au haut de notre mât les flammes que l'on appelle le feu S.-Elme, ce qu'ils regardent comme d'un bon augure. On a voulu prétendre que ce sont des vapeurs; mais ce qui prouve que ce sont réellement des lumières miraculeuses, c'est que Fr. Pedro, de l'ordre de S.-François, qui se trouvait avec moi au pied du grand mât, me fit voir trois gouttes de cire verte qui lui étaient tombées sur la main. Il les fit voir le lendemain à D. Alphonse de Noronha, qui commandait le vaisseau, et à tous ceux qui se trouvaient à bord.

Il y a dans ces parages des oiseaux blancs, avec le bout des ailes noir, que les sauvages nomment *mangos de veludo*, et d'autres appelés *entenales*, qui ont jusqu'à quatre brasses d'envergure. On pêche aux environs du cap des loups marins, des dorades, des bonites et d'autres poissons en si grande abondance, que les Portugais ne mangent que la tête et les œufs et jettent le reste à la mer. On y trouve aussi un grand nombre de poissons volants et de requins.

Il fait très-froid aux environs de ce cap, qui finit en trois pointes que les Portugais appellent cap des Aiguilles, cap Faux et cap de Bonne-Espérance. Tous ceux qui vont aux Indes ou qui en viennent sont obligés de le reconnaître.

En 1595, au moment où un navire portugais approchait de ce cap, le gouvernail cessa tout à coup de manœuvrer; les matelots, en ayant recherché la cause, virent qu'il était arrêté par un démon horrible sous la figure d'un poisson ; ce démon le retint pendant sept jours au milieu d'une horrible tempête, sans qu'on osât lui tirer un coup de mousquet, de sorte que le navire ne put doubler le cap et fut obligé de se diriger vers Mozambique, où il se perdit ; il n'y eut de sauvé qu'un Portugais qui était tombé à la mer en vue du cap, et qui fut recueilli deux jours après par un autre bâtiment.

Près du cap sont les îles de Tristan d'Acunha, qui furent découvertes par lui en 1506. Il fait si froid dans ces parages qu'il faillit périr avec ses compagnons, et que, pour nettoyer le pont du vaisseau, il fallait enlever la neige à la pelle.

Les pilotes portugais disent que, près de ce cap, il y a un grand fleuve par lequel on peut remonter jusqu'aux États du prêtre Jean, ce qui serait d'une grande importance pour nos rapports avec ce pays éloigné.

De ce cap à l'île de Ste-Hélène, si vantée par Louis de Camoëns, il y a encore 600 lieues. Elle fut découverte par Juan de Nova, à son retour de l'Inde, le 2 avril 1501. Elle a 3 lieues de long et 6 et demi de large ; on y trouve de fort bonne eau, ce dont ceux qui viennent de l'Inde ont le plus besoin. On y prend en abondance plusieurs espèces de poissons, dont l'une, que l'on appelle poisson-diable, a deux vessies : tout son corps est couvert de pointes comme celui d'un porc-épic. On trouve aussi dans cette île toute espèce de fruits, ainsi que des poules, des chèvres et des moutons.

L'île Ste-Hélène est très-montagneuse. On trouve sur les hauteurs beaucoup d'arbres et de sources. Il serait très-important que V. M. y fondât une colonie, tant pour que ceux de ses sujets qui viennent des Indes y trouvassent des ressources, que pour empêcher d'y aborder les Hollandais et les Zélandais qui vont aux îles de la Sonde acheter des épices.

Le 14 mai, je quittai cette île à bord du galion nommé Notre-Dame del Castillo.

Nous nous dirigeâmes d'abord vers les îles de S. Pedro et de l'Ascension, qui est à 300 lieues plus loin. Cette dernière est plus grande que Ste-Hélène, mais elle n'est pas habitée non plus; il y a beaucoup de porcs et de chèvres, et, sur la plage, quantité de tortues. On fait de leurs écailles des cabanes assez grandes pour qu'un homme puisse s'y mettre à l'abri du soleil, qui est très-ardent dans cette île.

Les tortues font aussi sur la côte une quantité de grands nids, dans lesquels elles déposent de 3 à 400 œufs; elles les couvrent de sable, de sorte qu'il n'est pas facile de les trouver; leur coquille est très-mince et ils sont bons à manger. La tortue se rencontre sur le sable. Dès qu'on la touche, elle rentre sa tête et ses pattes, et quand on la retourne sur le dos elle ne peut plus faire aucun mouvement. Sa chair ressemble à celle du bœuf, et une tortue suffit pour le dîner de 100 hommes.

L'Ascension est éloignée de 1600 lieues des Açores ou Tercères, et de là à Lisbonne il y en a encore 300. Dieu me permit d'y aborder heureusement, le 2 août 1598. Je vins de là baiser les mains à V. M. Après avoir fait le tour du monde, je fus le premier qui lui parlai de tout ce qui s'était passé au Camboge et à la Cochinchine, après avoir fait, depuis mon départ d'Espagne, 12,000 lieues par mer et 1,400 par terre, en traversant les Indes occidentales pour me rendre aux Indes orientales, et en passant cinq fois la ligne, le tout au service de V. M.

CHAPITRE XVI.

Voyage de l'auteur au Pérou. Provinces et villes qu'il a visitées. Explosion du volcan de *las Ubinas*, en 1600, et autres événements. Pour achever le plus fameux voyage qui ait été fait par un Espagnol ou par un homme de toute autre nation, et pour voir tous les pays qui ont été conquis depuis 90 ans, je résolus d'aller visiter les riches provinces que V. M. possède au Pérou et je quittai l'Espagne une seconde fois en 1590.

Après avoir passé en vue des îles Canaries, je me dirigeai vers Puerto-Rico, où j'arrivai au bout de 40 jours de navigation. Je me rembarquai de là pour la terre ferme. J'aperçus d'abord la Cordillière couverte de neige, puis le cap de Coquibacoa, et ensuite l'embouchure de la rivière de la Madeleine, qui descend du nouveau royaume de Grenade et se dirige vers Ste-Marthe, d'où l'on va à la province de Caracas et au gouvernement de Venezuela, pays fertile et habité par des Espagnols.

De Ste-Marthe je me rendis à Carthagène, qui est un des meilleurs ports de toute cette côte. On va de là à Monpox, ville indienne sur les rives de la Magdalena. C'est jusque-là que descendent les canots qui viennent du nouveau royaume de Grenade, où les Espagnols habitent les villes suivantes : Mariquita, Santa-Fé, la Palma, Muso et Rodas. On y trouve en abondance du pain, de la viande, du sucre et des fruits. Il y a de riches mines d'or, d'argent et d'émeraudes.

Il y a 70 lieues de Carthagène à S.-Philippe de Puerto-

Belo, où se dirigent les flottes que V. M. envoie en terre ferme : c'est le port le plus malsain que l'on ait encore découvert. Il a été fortifié par D. Philippe de Sotomayor, président de Panama, qui y a construit deux forts pour la défense de l'isthme, de 18 lieues de large, qui sépare la mer du Sud de la mer du Nord, et le Pérou de la nouvelle Espagne. Après avoir remonté le Tequené et la rivière de Chagre, j'arrivai aux forts de S. Pedro et S. Pablo, qui défendent un passage étroit où 60 Espagnols arrêtèrent, en 1596, le capitaine François Drake, qui s'avançait avec 600 Anglais pour piller Panama. Le brave capitaine D. Diego Marez de Amaya, qui les commandait, les força à se rembarquer, après leur avoir tué beaucoup de monde. François Drake fut tellement irrité de ne pas avoir réussi, qu'il en fit une maladie dont il mourut avant de quitter cette côte.

Après avoir traversé les montagnes de Capira et Petchagre, j'arrivai à Panama, ville située sur la mer du Sud, où il y a beaucoup d'Espagnols, un évêque, un président et des auditeurs. Près de là sont les deux provinces de Dug et de Cocle, qui sont conquises et bien peuplées, et contiennent beaucoup de mines d'or. Plus loin, sont les provinces de Veragua, Nicaragua et Costa-Rica, où les Espagnols ont fondé Cartago et plusieurs autres villes : il y a dans ces provinces beaucoup de vivres et de bétail, mais peu de métaux précieux. Plus loin est Guatemala, siége d'une audience et abondant en baume; près de là sont Chiapa et Tabasco, où l'on récolte le meilleur cacao, fruit qui, après avoir été séché, sert de monnaie dans toute la Nouvelle-Espagne; on en fait aussi une boisson très estimée des créoles.

On arrive ensuite dans le Yucatan, pays très-peuplé d'Espagnols et d'Indiens, où les religieux de S.-François ont plusieurs beaux monastères. Il y a des rivières souterraines et des lacs dont quelques-uns ont une demi-lieue d'étendue, que les naturels nomment *ensenotes*, et dont on ne peut trouver le fond; ils nourrissent quantité de poisson. Il y a beaucoup d'abeilles qui habitent dans le creux des rochers ou des arbres. Les Espagnols ont construit, dans cette province de Yucatan ou Campêche, la ville de Mérida, où demeurent l'évêque et le gouverneur. Elle a une magnifique cathédrale et deux couvents, un d'hommes et un de femmes : je l'ai visitée en 1594, ainsi que la ville de Campêche et le port de Sisal, qui est à 8 lieues de Mérida. On y fabrique beaucoup d'indigo avec des feuilles d'arbres très-petites : il vaut mieux que celui qu'on fait aux Indes orientales, dans le Sind et dans la Cambaye.

Quand on suit la côte depuis Panama jusqu'à la nouvelle Espagne, on rencontre les ports de Realejo, Guaturco, Chapulco et Colima. Ce dernier est auprès de Chiametla, pays rempli de mines d'or et d'argent. On arrive de là au port de la Nativité et aux Californies, puis au cap Mendozino et au pays de Labrador, qui n'a encore été visité ni par les Espagnols, ni par aucune autre nation; c'est donc un pays inconnu, quoiqu'on regarde comme certain que le détroit d'Anian est par 55 degrés. Si toute cette côte était connue, il serait très-facile d'aller par mer en Tartarie, en Corée, en Chine, au Japon, aux Moluques et aux Philippines.

La ville de Panama est plus saine que Portobelo. Il y a des insectes qu'on nomme *nigua* dans le pays et *pique* au Pérou. Ils entrent dans les doigts du pied, et, si on ne se hâte de les en retirer, ils deviennent en peu de jours de la grosseur d'une fève. Il y a dans les forêts de ce pays des arbres qui distillent une huile parfumée quand on en arrache l'écorce. Cette propriété fut découverte, il y a peu d'années, par un nègre nommé Cadima, et l'huile a conservé ce nom. La mer arrive jusqu'à Panama; mais, à la marée basse, elle se retire à plus de 2 lieues, et les barques restent à sec. Les oiseaux qui viennent satisfaire leur faim avec tout ce que la mer laisse en se retirant sont si nombreux, que la plage en est couverte. Ces oiseaux sont un peu plus petits que des vautours; ils ont les pattes et les ailes rouges : les Espagnols les nomment *flamants*.

Le port de Perreo est à 2 lieues de cette ville. C'est là que viennent aborder les flottes qui apportent l'argent du Pérou. On lui a donné ce nom parce qu'on trouve dans les environs des oiseaux qui ressemblent à un corbeau et disent distinctement *perreo*. La salsepareille qu'on y récolte vaut celle de Guatemala.

Ce fut en 1600 que je m'embarquai à Panama pour me rendre au Pérou. Je passai en vue des îles du Roi, qui fournissent cette ville de toutes sortes de fruits, et ensuite de l'île de la Gorgone et du cap Blanc. Nous approchâmes beaucoup de Guayaquil, ville espagnole, où l'on construit la plupart des vaisseaux qui naviguent dans la mer du Sud. Je touchai à Tumbez et ensuite à Manta, port du Pérou, où je débarquai pour me rendre à la ville de S. Francisco de Quito, qui en est éloignée de 70 lieues, du côté du nouveau royaume de Grenade; elle a une nombreuse population composée d'Espagnols et d'Indiens; il y a un évêque, une audience et des officiers royaux; les vivres y sont abondants, et c'est une des meilleures villes que V. M. possède dans ce pays; on y fabrique des draps et l'on trouve dans les environs beaucoup de cannelle; mais elle n'est pas aussi fine que celle de Ceylan. Je visitai ensuite Pastos, grande ville d'Indiens, Jaën de Bracamoros, Cuença et Loxa, villes situées dans la montagne et très-près des mines d'or de Zaruma. Voulant voir ensuite les plaines de

Truxillo, si renommées pour leur fertilité, je me rendis à S. Miguel de Piura, le premier port où ont abordé les Espagnols, et d'après lequel ils ont nommé ce pays Piru, quoiqu'on dise généralement que ce nom vient d'une rivière qui est située plus loin.

Après avoir marché pendant deux jours dans un grand désert de sable, j'arrivai à un village indien de plus de mille feux, et ensuite à Lambayeque, Chidayo et Firrina, puis à Miraflores de Saña, ville peuplée d'Espagnols, où l'on récolte beaucoup de maïs et de blé, et ensuite à N. D. de Guadeloupe, où l'on adore la Vierge du même nom dans l'église des Augustins; puis à Truxillo, ville très-bien construite, où l'on a trouvé beaucoup d'or, d'argent et d'étoffes de coton dans les guacas, ou anciennes sépultures indiennes.

Je pénétrai ensuite dans les montagnes, et j'arrivai à Caxamarca, où était l'inca quand les Espagnols parurent au Pérou. Ce fut là qu'il donna à Pizarre et à ses compagnons une grande salle remplie d'or et d'argent pour obtenir sa liberté. Je redescendis ensuite dans la plaine de Truxillo, et j'allai à Santa, ville espagnole sur la mer du Sud, où les vivres sont très-abondants; mais les moustiques y sont si nombreuses que la vie y est un véritable supplice; cependant ceux qui y sont établis n'en souffrent pas autant que les voyageurs; mais ce qui est admirable, c'est que, malgré la quantité innombrable de moustiques qu'il y a dans les rues et dans les maisons, on n'en a jamais vu une seule entrer dans une église.

Près de Santa sont les mines d'argent de Guaylas, que l'on exploite au moyen du vif-argent. Je me rendis de là à Haut Cosma et à Bas-Cosma, villages indiens, et traversai la profonde rivière de la Barranca, qui se jette dans la mer du Sud, et dont le cours est si rapide, qu'on a des vertiges en le regardant ; puis à Guaüra, à laquelle le vice-roi D. Luis de Velasco a donné le nom de Torrejon de Velasco, et à Chancay, où les Espagnols cultivent la vigne. Plus loin est un désert de sable qu'il faut un jour pour traverser, et j'arrivai enfin à la ville des rois, où résident les vice-rois que V. M. envoie au Pérou; elle est à 6 lieues de la mer et compte 6,000 habitants espagnols et un grand nombre d'Indiens; il y a des édifices superbes. Cette ville est traversée par une rivière considérable qui alimente un grand nombre de canaux servant à arroser les champs; c'est le siége d'un archevêque et d'une audience royale.

Les plaines de Truxillo ont le meilleur climat que l'on puisse voir, car il ne pleut jamais dans tout l'espace de 450 lieues qui s'étend entre Arequipa et Lima, et l'on n'y entend jamais le tonnerre. Il y a quelquefois des ondées dans les mois de juin, juillet, août et septembre, mais c'est bien peu de chose. Toutes ces vallées sont très-fertiles. Le territoire de Pisco, Chincha, Yca, Quaviri, Lanasca et Villaneri est sablonneux à la vérité, mais il renferme assez de sources pour pouvoir arroser les champs. Aussitôt que l'époque de les arroser est passée, elles se tarissent et ne reparaissent que l'année suivante. Les vignes de ces vallées donnent des produits si abondants, que j'ai vu des grappes de raisin qui pesaient jusqu'à 12 livres.

En 1600, année où j'arrivai au Pérou, le volcan de las Ubinas, qui a 4 lieues de tour et une et demie de haut, fit une éruption. Il est à 14 lieues d'Arequipa. Le volcan lança tant de cendres et de pierre ponce, qu'il détruisit entièrement un volcan qui est dans les environs. Juan Ruiz, prêtre, un de ses frères et une vingtaine d'Indiens qui se réfugièrent dans une caverne, furent les seuls qui échappèrent au désastre. La cendre tomba en telle quantité à Arequipa et dans les environs, qu'elle fit déborder la rivière de Tambo, qui passe à 6 lieues d'Arequipa et à 8 du volcan; il détruisit les vignes et les oliviers, et arracha quantité d'arbres. On fut trois jours à Arequipa sans apercevoir le soleil et sans pouvoir distinguer le jour de la nuit; le quatrième jour, il ne fit même clair que pendant deux heures. La cendre tomba en telle quantité qu'elle ensevelit un grand nombre de bestiaux et quelques fermes, dont on n'a pas même pu retrouver la place. Les habitants d'Arequipa, Espagnols ou Indiens, crurent que le jour du jugement dernier était arrivé, et se réfugièrent dans les églises. Toutes les vignes et tous les arbres fruitiers furent desséchés. Le bruit de l'éruption s'entendait jusqu'à la distance de 300 lieues, et le vent porta la cendre jusqu'à celle de 400.

Le 15 juillet 1600, je quittai la ville des Rois pour me rendre à Potosi. Je traversai d'abord des villages indiens appelés Santa Inez, S. Geronimo et S. Matheo, et ensuite Pariacaca, Puna et Nevada, pour entrer dans la vallée de Xauxa, qui a 7 lieues de long et 2 de large, et renferme un grand nombre de villages d'Indiens qui cultivent beaucoup de blé. J'y traversai le fleuve par le moyen d'une corbeille suspendue à une grosse corde. A trois journées de là, est Guacanvelica, où l'on exploite des mines de vif-argent. C'est un pays froid et stérile; on y manque entièrement de bois, et on est obligé de chauffer le minerai avec des roseaux que les Indiens nomment *ycho*; mais cela suffit pour en extraire le mercure.

A deux journées de ces mines sont celles d'argent de Castro-Vireyna, d'où l'on tire, chaque année, 6,000 lingots de 100 marcs, et un peu plus loin la vallée d'Andaguaylas, où V. M. a ordonné de construire une ville d'Espagnols et une superbe église.

Je visitai ensuite les vallées de Pincos, Cochacajas et

Abançay, puis Curaguaço et Loja, et j'arrivai au pont de l'Apurimac, qui est fait de lianes attachées d'une montagne à l'autre; je traversai ensuite le Rio-Blanco, le Rio-Colorado et la vallée de Lima-Tambo. C'est dans cette vallée que le maréchal de camp Diego Centeno, natif de Ciudad-Rodrigo, vainquit Caravajal et Pizarre sous le gouvernement du licencié de la Gasca : elle est située à 3 lieues de Cuzco.

CHAPITRE XVII.

De la ville de Cuzco, capitale du Pérou, et des montagnes qui l'environnent. De la province de Chiquito et de son lac. De la Sainte-Croix de Carabuca. Des mines de Carabaia et de Vilcabamba, Chuquiago, Cochabamba, etc. De ce qui arriva à l'auteur et à D. Luis Jaque de Mançanedo son frère, dans la ville d'Oropesa et à la Plata, ordinairement nommée Chiquisaca. Révolte des Charcas en 1598.

La ville de Cuzco était la capitale de tout le Pérou, et c'était là que les incas tenaient leur cour. Elle est située à l'entrée d'une belle et riche vallée. Il y a des habitants très-opulents qui jouissent encore des revenus qui leur ont été donnés par l'empereur Charles-Quint, et qui s'élèvent de 3 à 6,000 piastres de rente. Dans les Andes voisines on cultive la coca, arbuste dont les Indiens mangent la feuille. Cette branche d'industrie a fait la fortune de beaucoup d'Espagnols : c'est le siége d'un évêché et d'officiers royaux. A 4 lieues de là, dans les montagnes, sont les mines de Vilcabamba, au milieu des montagnes, d'où les missionnaires retirent beaucoup d'argent.

En quittant Cuzco, j'allai au lac de Vilcanota, et je traversai les plaines du Collao, qui est la plus grande province de tout le Pérou; sa capitale se nomme Chuquito. Le Collao s'étend depuis Yavère jusqu'à Caracollo. Elle possède une nombreuse population d'Espagnols et d'Indiens. J'y visitai Hurcos, Cangalla, Sequane, Urucache, Chunguri, Ayavire, Pucara, Nicossio, Paucarcalla, grands villages indiens où il y a de belles églises, et j'arrivai ensuite à Chiquito, où résident les autorités de la province. Près de là est un grand lac qui a 80 lieues de tour. On a construit sur la rivière qui en sort un beau pont de bateaux. J'allai ensuite à Julier, à Copacabana, où se trouve une image de la Vierge très-révérée dans toute la contrée par les Espagnols et les Indiens.

Au nord de ce lac sont les plaines de Guarina, et, sur ses bords, Carabuco, où l'on voit une croix qui, d'après la tradition des Indiens, y a été apportée par un des apôtres de N.-S. Jésus-Christ, et plantée par lui au sommet d'une montagne. Lors de l'arrivée des Espagnols, les Indiens, voyant qu'ils plantaient partout des croix comme symbole de leur domination, essayèrent vainement de détruire celle-là; ils la jetèrent ensuite dans le lac; mais, quoiqu'ils y eussent attaché quantité de pierres, elle surnagea toujours. Les Espagnols ayant été avertis de ce miracle par un Indien, qui espérait sans doute une récompense, ils retirèrent la croix du lac et la placèrent à Carabuco, dans une chapelle qu'y fit construire D. Alonso Ramirez de Segura, alors évêque de Cuzco, en 1592.

Près de Carabuco sont les villages suivants : Laricaja, Corata, Italaque, Mocomoco, Characane, Chuma, Ambana, Combaya, Ylabaia, Quancane et Omosuyo. Au delà sont les montagnes des Chunchos indiens, sauvages et non soumis, et Carabaia, où les Espagnols ont des lavages d'or; quoique le climat y soit très-chaud, il faut traverser, pour y arriver, des montagnes couvertes de neige. Toute cette province est aride et montagneuse, de sorte qu'elle serait déserte si elle ne renfermait pas tant d'or. Les Espagnols y ont 4 ou 5 lavages éloignés les uns des autres de 20 ou 30 lieues ; cependant, quand la nuit est claire, on aperçoit leurs feux aussi distinctement que s'ils n'étaient qu'à une lieue l'un de l'autre.

De Copacabana j'allai à Apita et à Tiaguanuco, où il y a de beaux édifices en pierres, du temps des incas. Les pierres sont très-artistement ajustées les unes sur les autres sans aucun ciment. Il y en a pourtant de si grandes que 200 hommes ne pourraient les remuer. Ce qu'il y a de plus extraordinaire, c'est qu'il n'y en a pas de semblables dans toutes les montagnes voisines, et qu'il a fallu les apporter de plus de 40 lieues. Ce ne sont pas les seuls restes qu'il y ait au Pérou de l'architecture des incas, car à Cuzco la plupart des maisons sont construites sur d'anciennes murailles. On y voit aussi de belles et larges routes qui traversent les montagnes les plus escarpées, et des chaussées qui ont 4 et 6 lieues de long, environnées de murailles en maçonnerie de 2 toises de haut.

Il y a aussi des rivières considérables contenues par des quais en pierre, aussi bien conservés que si on venait de les terminer; des montagnes élevées au haut desquelles on voit cinq ou six enceintes de pierres et un grand nombre de maisons construites sur des éminences, et qui servaient de dépôt pour le maïs et le chuno, qui était le pain des indigènes. Les incas avaient fait faire toutes ces constructions à leurs sujets pour qu'ils ne se livrassent pas à l'oisiveté.

De Tiaguanuco je me rendis à la ville de la Paz ou Chuquiago, qu'habitent un grand nombre d'Espagnols qui cultivent à Caracolo, Ayopaya et dans les vallées voisines, du blé, du vin, du maïs et des fruits. Les villages indiens des environs sont Biacha, Calamarcha et Cicacica. Dans ce dernier il y a aussi quelques Espagnols, parce qu'on a découvert dans les environs des mines d'argent qui sont exploitées à l'aide du mercure.

A Caracollo je quittai la route royale de Potosi, et je me dirigeai vers Japacari pour entrer dans la vallée de Cochabamba et dans celles qui l'avoisinent. Je traversai d'abord celle de Parotane, qui a une lieue de long sur une demi-lieue de large, et qui est très-fertile ; je traversai ensuite les villages de Zipezipe et de Tiquirepaga, qui sont dans la vallée même de Cochabamba ; elle a 5 lieues de long et est si fertile, qu'elle fournit du blé et du maïs à toute la province des Charcas ; elle est habitée par un grand nombre d'Espagnols dont les plus riches sont Juan de Cosio et Juan Mariscal. Quand on demande aux gens du pays ce qu'il y à Cochabamba, ils répondent qu'il y a du maïs, du blé, Mariscal et Cosio.

Les Espagnols de cette vallée possèdent une grande quantité de gros et de petit bétail; ils ont tous leurs maisons à Oropesa, que les Indiens nomment Canata. Je me mariai dans cette ville avec dona Ana de la Sarte, et mon frère D. Luis Jaque de Mançanedo avec dona Juana de Apeda, sa sœur; mais ma femme mourut au bout de sept jours, et mon frère perdit la sienne avant la fin du mois. Leur fin malheureuse et prématurée occasionna une désolation générale non-seulement dans la ville d'Oropesa, mais encore dans toute la province des Charcas.

Près de là sont les vallées de Elondo, de Caramoco, de Sacaba, de Totoro et celle de Disa, qui a 6 lieues de long sur 2 de large, et où il y a des fermes d'une grande valeur et un couvent de l'ordre de S.-Augustin. Je me rendis ensuite à Pocona, village indien dont le climat est très-froid, mais dont les habitants cultivent les vallées chaudes des environs. Il y a au milieu de la place une source très-abondante; à 3 lieues de là sont les Andes de Pocona, où l'on cultive beaucoup de coca.

J'entrai ensuite dans la vallée de Mizque, habitée par des Espagnols qui y cultivent la vigne, pour me rendre à Santa-Cruz de la Sierra. De l'autre côté de la Cordillière on a découvert un vaste pays très-peuplé d'Indiens qui ont des maisons si grandes qu'elles peuvent contenir jusqu'à 200 familles. Il y a des caciques qui ont un très-grand nombre de vassaux. Le plus puissant de tous s'appelle le grand Candi. Dans la vallée de Mizque, je rencontrai un ermite, Corse de nation, qui habitait depuis plus de 30 ans dans la solitude; pendant tout ce temps il n'avait vécu que de pain et d'eau, ce qui lui donnait une grande réputation de sainteté parmi les Espagnols et les Indiens.

On traverse ensuite la vallée de Chunguri, arrosée par le Rio Grande, et celle de Pilcomayo, qui en est à une journée, pour se rendre à Chuquisaca ou la Plata, capitale de la province des Charcas, et siége d'une audience et d'un évêché; elle est située dans un climat tempéré. En 1598, Juan Diez de Ortiz, référendaire de l'audience, et D. Gonzalo de Cabrera Serna y Fuentes essayèrent de faire révolter cette province. Le complot devait éclater à Potosi, parce qu'ils comptaient sur l'appui des nombreux Espagnols qui l'habitent; mais heureusement Pedro de Garai, qu'ils voulurent engager dans la conspiration, la révéla au licencié Pedro de Zepeda, alors président de l'audience. Au moment où don Gonzalo était déjà à cheval pour se rendre à Potosi, le président le fit appeler sous prétexte d'avoir des lettres importantes à lui communiquer. Quand il se fut rendu à cette invitation, le président eut soin de l'entretenir toute la journée de diverses affaires, de sorte qu'il fut obligé de remettre son départ au lendemain, malgré les efforts qu'il fit plusieurs fois pour s'en aller, comme le président me l'a lui-même raconté.

Il y avait alors dans les prisons de cette ville un soldat de Santa-Cruz de la Sierra, natif de Cochabamba, qu'on accusait d'un assassinat qu'il refusait d'avouer. Le président invita D. Gonzalo à venir à la prison assister à la torture qu'on allait lui donner, et ensuite à souper avec lui pour qu'il pût lui remettre des lettres pour Potosi : D. Gonzalo ne put s'y refuser; il était environ une heure d'après-midi quand ils arrivèrent à la prison. Le président avait fait prendre les armes à la garnison et aux commandeurs, et leur avait ordonné d'arrêter D. Gonzalo, Fuentes et plusieurs autres qui avaient trempé dans le complot. Aussitôt qu'on le verrait entrer dans la prison avec Gonzalo, vingt arquebusiers devaient se ranger en bataille sur chacun des quatre côtés de la place, sans laisser entrer ni sortir personne.

Aussitôt que D. Gonzalo fut entré dans la prison, le président lui déclara que ce n'était pas au président de Santa-Cruz, mais à lui et à ses amis que l'on allait donner la torture, parce qu'on savait de source certaine qu'il voulait soulever la province. On le tortura de la manière la plus cruelle sans qu'il avouât rien; mais enfin le président lui ayant dit qu'on cesserait de le tourmenter s'il voulait mettre sa signature au bas d'une feuille de papier blanc, il y consentit. Le président y fit écrire un aveu complet, et l'ayant ensuite présenté à Ortiz, celui-ci confessa tout le complot; il avoua même que, s'il avait réussi, il avait le dessein de tuer D. Gonzalo et de se faire couronner roi du Pérou. Quand on présenta cette déclaration à Gonzalo, il cessa de nier; on lui fit donc couper la tête ainsi qu'à Ortiz, et deux de leurs complices furent pendus. Après avoir fait frire les quatre têtes dans l'huile, on les plaça dans une niche fermée par un grillage sur la façade de la maison de ville pour conserver la mémoire de la manière dont on avait châtié les rebelles.

CHAPITRE XVIII.

De la ville de Potosi et de ses mines. Du Tucuman, du Chili, du Paraguay et de Buenos-Ayres, et ensuite du Brésil et du détroit de Magellan, de sorte que l'auteur achève de parcourir toutes les Indes orientales et occidentales.

Il y a deux journées de chemin de Chiquisaca à Potosi. On trouve de distance en distance des hôtelleries que dans ce pays on appelle *tambo*. La montagne de ce nom, si célèbre par ses mines, est située par 21° de latitude australe; malgré cela il y fait un froid très-vif, surtout quand souffle le vent que les naturels nomment *tomaham*, ce qui arrive du mois de mai au mois d'août. Le pays est stérile et ne produit absolument rien, de sorte qu'il serait entièrement désert si l'argent n'y attirait les hommes comme l'aimant attire le fer; on y a cependant construit la ville la plus considérable et la plus populeuse de tout le Pérou : le marché y est aussi bien pourvu de vivres et de marchandises que dans quelque ville que ce soit, quoiqu'il faille tout apporter d'assez loin. La couleur de cette montagne est d'un rouge obscur; elle ressemble à une tente ou plutôt à un pain de sucre; elle domine toutes celles du voisinage; la route pour y monter est roide, quoique cependant on puisse la faire à cheval; elle a 2 lieues de tour et 1624 vares, ou près d'un quart de lieue de haut; le sommet est souvent couvert de neige, et cependant il ne pleut jamais au pied. Près de là est une autre montagne dans laquelle on a trouvé du minerai très-riche, mais seulement en potées comme disent les mineurs, et non en veines; on la nomme Guayna Potosi, ou le fils du Potosi. Le véritable Potosi a 4 veines principales, qui se nomment Centeno, Mendieta, Estano (l'étain) et la veine riche : elles sont dans le roc vif et ont environ une palme de large.

La ville commence sur les flancs du Guayna Potosi ; elle a une lieue de tour, tant est grand le nombre d'Espagnols et d'Indiens que ses mines d'argent ont attirés : c'est la plus commerçante du Pérou ; ses mines n'étaient pas connues du temps des incas. Elles furent découvertes le 21 avril 1545. La montagne était alors couverte d'une espèce d'arbuste qu'on nomme *quinoa*. Il y a à Potosi un grand nombre de roues hydrauliques, et comme l'eau du Caricari ne suffisait pas pour les faire marcher, on était parvenu depuis 6 mois à amener celle de deux autres lacs, ce qui a coûté à la ville des sommes très-considérables : le lac de Caricari a 1600 brasses de tour et 8 de profondeur ; il est garni d'écluses qui se lèvent à volonté. Quand les pluies sont abondantes, les roues peuvent marcher 10 mois de l'année, car il faut moudre le minerai comme de la farine pour en tirer l'argent. On en fait tous les ans 14,000 lingots de 100 marcs, de sorte qu'on demande de la pluie à Dieu pour avoir de l'argent comme on le fait ailleurs pour avoir du pain. A Tarapaga, vallée tempérée qui est à 2 lieues de Potosi, il y a 22 roues hydrauliques ; il faut, pour y arriver, traverser un ravin très-profond, au fond duquel coule l'eau des lacs de Potosi. Comme cette vallée est chaude, le quintal de métal y rend deux *tomemis* de plus qu'à Potosi.

Quelques établissements ont 7 martinets, d'autres 9 ; ceux qui sont doubles en ont 14 ; il y en a 48 sur la rivière de Potosi, 1 à Tabacon, à 1 lieue de la ville sur la grande route de Tucuman, et 2 en face du côté de la montagne qu'on appelle *los Flamencos* (les Flamants). On travaille annuellement de 60 à 80,000 quintaux de minerai dans chaque établissement; le quintal rend environ 4 piastres, ce qui est peu de chose, car les frais sont d'à peu près 3 piastres. Malgré cela, le quint de V. M. a augmenté, parce qu'on a exploité beaucoup de minerai qu'on avait rejeté dans les commencements.

On transporte tout le minerai au moyen de moutons du Pérou, qui sont grands comme des cerfs et ressemblent à des chameaux : cet animal a beaucoup de rapport avec les guanaos, que l'on trouve sauvages dans les provinces de Collado, Carangas, Cunes, Canchas et autres du Pérou.

On trouve dans cette montagne des potées très-riches en métal : il est quelquefois sous la forme d'une poudre noire; d'autres fois il est tellement mélangé de plomb qu'il se coupe facilement; on y trouve aussi du minerai fauve que les Indiens nomment *tacana*. Ils le volent et, quoiqu'ils ne l'exploitent que par la fonte, et non au moyen du mercure, comme les Espagnols, ils en tirent jusqu'à 100 piastres par quintal; ils tirent aussi du minerai d'autres montagnes que Potosi, qui sont inconnues aux Espagnols, car on les a vus passer avec des moutons du pays chargés de minerai d'une qualité tout à fait différente.

A 8 lieues de Potosi est la ville de Tarija, bien peuplée d'Espagnols, d'où l'on pourra conquérir les Mojos et les Chiriguanas, qui habitent sur la côte orientale de la Cordillière. Au midi est la fertile province de Chili, où les Espagnols ont fondé les villes de la Conception, Santiago, Valdivia et la Imperial.

Il y a encore 400 lieues de Tarija jusqu'à l'Océan : c'est là que se trouvent les fertiles provinces de Tucuman, du Paraguay et de Buenos-Ayres; outre cette dernière ville, il y a celles de Jujuy-Cordova et de Santiago del Estero.

Le Tucuman et Buenos-Ayres se composent de vastes plaines où il n'y a ni arbres ni rochers; on peut y voyager en charrette et l'on y trouve beaucoup de gibier.

Le rio de la Plata fut découvert en 1512 par Juan Diaz de Solis : les naturels le nomment *Paranaguazu*, ce qui veut dire rivière comme une mer, car à son embouchure il a 25 lieues de large, et à 20 lieues en mer on est encore dans l'eau douce.

En remontant cette rivière avec des canots, on arrive dans la province du Paraguay, qui contient une nombreuse population d'Espagnols et d'Indiens. Les créoles y sont de bons soldats et passent pour les plus braves des Indes. Cette province produit beaucoup de vin, de blé et de coton, et touche à celle des Cesares, dont le nom vient d'un Espagnol qui y demeure depuis 40 ans et est respecté comme un roi.

Il y a 1,900 lieues du Rio de la Plata à Carthagène, et le pays intermédiaire est habité par des Espagnols et des Indiens. La Cordillière qui le traverse a 2,080 lieues de long sur 100 à 200 de large, et s'étend depuis Panama et la Castille d'or jusqu'au détroit de Magellan. Ce sont les plus hautes montagnes que l'on connaisse, et il en sort une quantité considérable de rivières : je l'ai traversée en 1603 par Guanuco de los Cavalleros, située à 50 lieues de Lima, et qui a une demi-lieue de large sur 5 de long.

Au nord du Rio de la Plata se trouve le Brésil, ainsi nommé à cause de la grande quantité de bois de teinture que l'on y trouve, quoique Pedro Alvarez Cabral, qui le découvrit en 1500, lui eût donné le nom de Santa Cruz. Ce pays, qui a été colonisé par les Portugais, forme un seul continent avec le Pérou.

Grâce à la divine providence, à l'âge de 30 ans et après 14 ans de voyages, j'ai achevé de visiter tous les pays que l'on a découverts dans les Indes orientales et occidentales :

SOLI DEO HONOR ET GLORIA.

RÉCIT

des événements de Mindanao, dans les îles Philippines avant l'année 1734.

JÉSUS, MARIE ET JOSEPH.

Dès l'origine de la conquête de ces îles, les Maures de Mindanao et de Jolo nous ont donné beaucoup d'embarras, jusqu'à ce que l'on soit parvenu à mettre entièrement fin aux irruptions et aux hostilités qu'ils y commettaient. Les causes en étaient la grande distance de Manille à Mindanao, le petit nombre d'Espagnols qui se trouvaient dans le pays, l'audace et l'intrépidité de ces Maures, qui sont plus courageux que bien des gens ne sont portés à le croire, mais surtout la nature du terrain, qui est rempli de marécages, de montagnes, de bois touffus et de rivières, tandis que les inondations, l'ardeur du soleil et l'insalubrité du climat y rendent fort difficiles les opérations militaires. Les Maures débarquaient jadis dans cette île de Manille, à peu de lieues de la capitale, jusqu'à ce qu'enfin on jugea nécessaire, pour mettre au moins un frein à leurs hostilités, de placer une garnison à Samboangan. Dans ces dernières années, les ravages qu'ils ont faits ont été fort grands, brûlant les églises, profanant les images et les ornements, détruisant les villages, emmenant les Indiens en captivité et s'emparant de beaucoup de bâtiments au grand préjudice du revenu et du trésor royal. Leur audace était venue au point de vouloir attaquer nos présides et même celui de Samboangan, qui est le plus fort et celui qui contribue le plus à la défense de nos frontières. Ils vinrent l'assiéger en règle avec une flotte de cent cinq embarcations.

Cependant le très-illustre seigneur Don Fernando Valdès Famin, chevalier de l'ordre de Saint-Jacques, capitaine des gardes de Sa Majesté et brigadier de ses royales armées, arriva dans ces îles en qualité de gouverneur et capitaine général. Avec l'expérience en affaires militaires qu'il avait acquise dans le cours des sanglantes guerres de l'Europe, il comprit sur-le-champ la situation du pays. Il chercha, en outre, des renseignements et des avis auprès des personnes les plus intelligentes et qui prenaient le plus d'intérêt à la défense et à l'accroissement du christianisme dans ces parages ainsi qu'à la splendeur des armes espagnoles ; il reconnut que le seul moyen d'assurer la tranquillité de ces îles était de former une flottille de galères et de garde-côtes, qui, comme autant de châteaux volants, accouraient par où le besoin l'exigeait, ainsi que le fait la flotte de Barlovento et ainsi qu'il est d'usage dans tous les pays maritimes ; ce qui, d'ailleurs, se faisait aussi autrefois dans ces îles. Il mit ce dessein à exécution, et par ce moyen il réussit non-seulement à défendre les îles Bisayes de plusieurs invasions des Maures, ce qui était déjà un résultat assez avantageux, mais encore de parcourir leurs mers, d'entrer dans leurs fleuves et leurs baies, de les contenir dans leurs terres, et même de leur y causer de grands dommages à Basilan, à Iolo, à Sibreguey, à Mindanao, et surtout au prince Malinog, qui avait fait des ravages considérables aux Bisayes dans les années 1721 à 1723 ; il avait une flotte nombreuse et s'était révolté contre le sultan de Mindanao, Maulassa Diofar Sadiofa, notre allié et ami, qui nous avait donné des secours en embarcations, en soldats et en vivres, lors du siège de Samboangan. Malinog s'empara tyranniquement de Sulangan, résidence de sa cour, ainsi que de Mindanao, et, l'année dernière 1733, il tua, d'une manière cruelle et barbare, le sultan, à Tammlata, où il s'était retiré avec sa cour. Le sultan, notre allié, étant mort, son fils, Anuril Mahomerim Campsa, qui était le radiamuro, c'est-à-dire le prince héréditaire, ne voulut pas se faire couronner sultan et roi, avant d'en avoir obtenu la permission de ce gouvernement suprême, auquel il s'adressa par une ambassade, qui fut chargée de nous communiquer la mort de son père, survenue, ce sont ses propres expressions, par suite des bonnes relations et de l'amitié qu'il entretenait avec les Espagnols. En effet, le sultan dit avant de mourir : « Je suis abhorré de Malinog et du roi d'Iolo, seulement à cause de mes bonnes relations avec les Espagnols et de l'amitié que j'ai toujours eue pour eux ; c'est là mon plus grand crime, et pourtant, s'il était nécessaire, par considération pour les Espagnols, de faire des palissades avec mes os, je n'hésiterais pas. » Le gouvernement suprême jugea, en conséquence, que l'honneur de notre grand monarque exigeait qu'il donnât du secours à qui réclamait sa protection ; il pensa, d'ailleurs, que s'il ne le faisait pas, il arriverait de deux choses l'une : ou bien le sultan serait vaincu par Malinog, dont les forces augmenteraient par cette conquête, à notre préjudice, ou bien ils s'entendraient contre nous, et unissant leurs forces, causeraient de grands dommages aux établissements chrétiens ; il fut donc décidé qu'on le soutiendrait pour maintenir la désunion entre les Maures.

Le gouverneur de Samboangan, don Juan Antonio de Torre, plein de zèle dans ses fonctions, envoya une flottille de deux galères, d'un *pancon* et d'une champane, avec lesquels on fit plusieurs descentes, sous les ordres du capitaine don Juan Gonzalez del Pulgar, parcourant toute la côte de Mindanao, jusqu'à la pointe des Flèches ; on y prit plus de cent embarcations ; on brûla plus de cent cinquante maisons et l'on détruisit plus de trois mille *cabanes* de riz pendant par les racines. Pulgar retourna avec le *pancon* à Samboangan, et de là il se rendit avec les quelques embarcations, à Bacilan, où il fit aussi quelques dégâts. Pendant ce temps, les deux galères étaient allées à Tamontaca, pour remettre certaines lettres au radiamuro ; le commandant don Francisco Muñiz, Andalous, montait la galère capitane, appelée *San Fernando*, et le capitaine don Domingo de los Santos, l'amirale, San Carlos. Comme ils se trouvaient à Tamontaca, le 21 octobre, ils reçurent l'avis qu'une voile hollandaise avait été vue sur la rade de Sulangan. Muñiz sortit donc avec sa galère, laissant sa conserve à Tamontaca, et se disposa à retourner à Samboangan. Aussitôt qu'il aperçut la patache, il lui tira un coup de canon à poudre, pour qu'elle montrât son pavillon ; elle arbora le pavillon hollandais, et y ajouta plusieurs flammes, banderoles et gaillardets, sans faire attention à la galère. La voyant si petite, la galère lui envoya une balle perdue et lui demanda la chaloupe ; mais elle demeura toujours impassible. Muñiz espéra pendant longtemps qu'elle finirait par envoyer la chaloupe à l'eau, jusqu'à ce qu'il vit que la patache se disposait à jeter l'ancre. Il lui tira alors un troisième coup, et voyant qu'elle n'en faisait pas plus de cas que des autres, il s'approcha de l'endroit où elle était, et celle-ci, comme la galère passait auprès d'elle, lui déclara subitement la guerre, en lui tirant sept coups de canon à balle et à mitraille. L'autre galère étant survenue, la patache, lorsqu'elle se trouva à portée, lui envoya trois coups de canon ; sur quoi les deux galères attaquèrent de concert la patache. Celle-ci était armée de dix pièces de canon et de six pierriers, chacun à trois chambres, et elle se servait des cordages qu'elle avait à ses deux bords, pour tirer de là, soit à la proue, soit aux côtés des galères, qui avaient à leurs bords 45 soldats répartis entre elles deux. Elle envoya aux galères plus de cent coups de canon, leur détruisit onze rames, la gingeole et les fougas, mais avec tant de bonheur et une protection si évidente de Dieu, que, bien que nous souffrissions à découvert tout le feu de la patache, nous n'eûmes pas un seul blessé : le capitaine Muñiz reçut une balle sur la poitrine qui brisa le verre d'un reliquaire de saint François Xavier, qu'il portait, sans que, par un prodige, Muñiz en éprouvât aucun mal. Une autre balle traversa le collet de la soutane du père George Geslager. Le commandant, voyant que le combat se prolongeait, car il y avait déjà quatre heures qu'il durait, s'élança à l'abordage ; et s'étant aperçu que quelques soldats étaient montés dans la hune avec des fusils et des grenades, il leur envoya une décharge d'artillerie, avec tant de succès qu'elle abattit le mât ; et ce fut là ce qui décida de la victoire : car, l'ennemi ayant reçu un boulet à fleur d'eau, ce dernier coup le força de se rendre. Muñiz entra dans la patache ; le *sargento major* vint au-devant de lui et voulut lui résister ; mais les nôtres, y ayant pénétré l'épée à la main, abattirent, à coups de couteau, le pavillon que quelques hommes de l'équipage n'avaient pas voulu amener, quoique le bâtiment se fût rendu. Il y avait à bord de la patache 50 hommes, dont la plupart étaient des Hollandais hérétiques, avec quelques Flamands, Allemands et Français catholiques ; ils étaient commandés par Jan van Ingen, Hollandais protestant. Ils avaient eu dans le combat deux morts et quelques blessés ; on prit leurs dépêches et les instructions dont il étaient porteurs, et ils remirent d'eux-mêmes les lettres et les présents qu'ils portaient à Malinog, consistant en un turban et une couronne. Un esclave du capitaine annonça que trois autres pataches devaient venir de Ternate, d'où celle-ci était partie. On eut plus tard la preuve de l'exactitude de cet avis par les instructions secrètes, et plus certainement encore quand on aperçut devant Caraga trois brigantins ou pataches, qui, d'après les indications, devaient être les mêmes dont l'esclave avait parlé. Les galères revinrent à Samboangan, avec la patache, après avoir éprouvé deux fortes tempêtes.

Monseigneur le gouverneur, ayant reçu l'ambassade du radiamuro, résolut d'envoyer une flotte à son secours et d'employer à cet effet tous les moyens que lui suggérèrent son expérience, son activité et son zèle. Les habitants de la ville, désirant de concourir à une si glorieuse entreprise, offrirent un don gratuit de plus de 9,000 piastres en argent, équivalant à plus de 16 mille *cabanes* de riz; monseigneur le gouverneur fut le premier à leur en donner l'exemple, qui fut suivi par tout le monde, chacun selon sa fortune; car on considérait la justice de la cause et les bienfaits que l'on ne cessait de recevoir de la libéralité du roi dans la répartition annuelle des bulles. Le gouverneur nomma général de la flotte don Francisco de Cardenas Pacheco, désigné par Sa Majesté pour gouverneur des îles Marianes; il choisit pour amiral don Francisco Sarmiento Valladares, *sargento major* de Samboangan; pour *sargento major* de la flotte don Pedro Zacharias Villareal, avec les capitaines et autres officiers correspondants. Ils partirent de Manille le 30 décembre 1733; ils arrivèrent à Yloylo le 21 janvier 1734, et à la Caldera le 6 février; là ils rejoignirent 35 caracoves de Bisayas avec 2,154 Indiens, qui s'étaient réunis à 500 soldats de Manille et de Samboangan et à d'autres volontaires embarqués sur les galères, pataches, galiotes et champanes; la flotte entière se trouva monter à quarante-huit bâtiments. Les aumôniers de la flotte étaient le père Joseph Bernardo Rejon, recteur du collège à Samboangan, le père Francisco Xavier Mempo et le père Sébastien de Archado, tous trois de la compagnie de Jésus. Le roi de Tabitabi, qui s'appelait Barbillas, à l'invitation de Malinog était allé, avec sa flotte, ses troupes et quelques hommes de Iolo, contre le radiamuro, notre allié, et avait paru devant Tamontaca; mais, à la nouvelle de l'approche de notre flotte, il en leva le siége. Celle-ci sortit de la Caldera le 18 février, et étant arrivée à la pointe des Flèches, elle se partagea en deux; une moitié alla, avec don Pedro Zacharias, parcourir la côte et la baie, et l'autre, avec le radiamuro, vint fermer la rade de Sulangan, afin que Barbillas ne pût échapper à une partie de notre flotte pour venir côtoyer la rivière et la baie ni aller au secours de Malinog, l'autre partie bloquant l'embouchure de la rivière. Quand le général arriva à la rade de Tamontaca, le radiamuro l'avertit que la flotte de Tabitabi était à Tuboc de la Sabanilla, et le général partit sur-le-champ pour s'y rendre. Y étant arrivé le 2 mars, il envoya, le jour même, quelques capitaines avec une petite galère et une chaloupe bien armée, pour reconnaître si ce roi était, en effet, dans la baie de Tuboc. Celui-ci, aussitôt qu'il les vit, leur envoya une décharge d'artillerie; ils retournèrent donc et annoncèrent que l'ennemi était dans la baie, abrité par la forteresse. En conséquence, le 3 mars, afin de ne pas donner aux Maures le temps de se fortifier davantage ou de recevoir des secours de leurs alliés, les troupes descendirent à terre, sans avoir été vues ni entendues par l'ennemi. Le général leur donna l'ordre de marcher en avant, et quoique l'ennemi vînt au-devant d'elles pour les arrêter, il fut repoussé, et les nôtres réussirent à jeter quelques grenades dans le fort et dans les embarcations que nous croyions déjà être à nous. Les Maures s'étaient retirés dans une plantation de cocotiers qui se trouvait tout près du fort, ils s'y établirent; plusieurs des nôtres y entrèrent avec eux pour les en déloger; les Maures combattirent avec un grand courage, mais le petit nombre des nôtres qui étaient là en montrèrent davantage encore. Les

Indiens auxiliaires étaient au nombre de six cents; mais, à l'exception de quelques-uns, il fut impossible de les faire entrer dans le fort; ni les exhortations, ni les menaces, tant du général que de l'aumônier, qui se mirent à leur tête, ne purent les y engager. Cependant les Maures étaient tellement fatigués de la valeur des nôtres, qu'il leur aurait suffi d'apercevoir les Indiens venant en accroître le nombre, pour qu'ils eussent abandonné la plantation. Déjà la lutte n'était plus, de leur part, qu'un acte de désespoir et nous n'aurions certainement pas manqué de les mettre dans une déroute totale et de nous emparer de leurs navires, de leur artillerie et de leur fort.

Le général, voyant qu'il lui était impossible d'engager les Indiens à aller au secours de nos soldats, chez lesquels la confusion commençait déjà à se mettre, car le combat durait depuis deux heures, fit sonner la charge, afin de voir s'ils seraient disposés à retourner au combat avec plus d'ordre, sinon de les faire retirer pour y revenir en un autre moment, dans le cas où ils seraient fatigués. Nos troupes montrèrent non-seulement du courage, mais même le désir de poursuivre, et retournèrent à l'action, mais nos Indiens prirent la fuite avec précipitation; et dans le même moment, le bruit ayant couru qu'on nous avait pris le rivage et les chaloupes, les soldats se laissèrent entraîner, sans que la confusion où ils étaient leur permît de revenir de cette fausse idée ou de se remettre en ordre pour résister à l'ennemi. Le projet de nous emparer de la flotte et du fort échoua de cette manière, et nous ne pûmes y parvenir que le 8, quoique dans l'intervalle toute notre flotte fût arrivée; car l'ennemi avait vu accourir à son secours le roi des Ylanos, le dato Luria et le prince de Tuboc, avec d'autres princes de Mindanao et parmi eux le prince Palte, qui s'était révolté contre son frère, le radjamuro. Les Maures formaient ensemble une armée de 5,000 hommes, de sorte que, soutenus qu'ils étaient par la forteresse, avec ses pierriers, ses fusils, ses lances et ses campilanes, et, ce qui était plus important encore, par l'avantage et la connaissance du terrain, on ne put s'emparer de leur flotte, comme on le désirait, la nôtre n'osant rester en rade découverte, exposée aux tempêtes; le temps d'ailleurs pressait; en conséquence, le radiamuro fut d'avis que l'on continuât la retraite jusqu'à Sulangan, qui était le rendez-vous général de la flotte. Il y eut, de notre côté, 27 Espagnols de tués, et entre autres le capitaine don Juan Gomez Crispo et le capitaine don Miguel de Vargas; Juan Antonio Garcia, soldat, Francisco Xavier Solache et Rafaël de Murcie, qui se conduisirent avec une valeur extraordinaire, plus 18 blessés. Au nombre des 30 Bisayas qui furent tués, on compta les mestres de camp don Pedro Tampus et don Santjago Buguio, qui périt avec ses douze fils et alliés en combattant glorieusement; les Bysayas eurent aussi 17 blessés. On sut depuis que les Maures avaient eu 80 tués, dont 5 princes et 7 ou 9 datos, qui sont des gens titrés, et plus de 100 blessés. L'amiral, que l'on avait laissé, radoubant sa galère à Samboangan, était venu rejoindre la flotte, quand il découvrit, le 11, près de la pointe des Flèches, la flotte de Tabitabi, laquelle, dès qu'elle vit paraître la nôtre, se retira précipitamment chez elle. Le général, qui était déjà arrivé à Sulangan, donna l'ordre à l'amiral de suivre cette flotte avec sa galère et de la tenir toujours en vue, observant ses mouvements, à cause de nos villages, qui couraient risque d'être envahis, l'ennemi ayant la certitude que notre flotte était à Sulangan.

Quand Malinog reçut, par la voie de terre, les nouvelles du combat sanglant de Tuboc, il en fut tellement abattu, qu'il résolut d'abandonner sa cour et cinq forteresses de

Sulangan; et en effet, dès qu'il eut aperçu la flotte à l'entrée de la rivière, il mit le feu à ses forteresses et à son village qui était fort beau, fortifié par de doubles estacades, d'une brasse de large et entouré, d'un côté par la rivière et de l'autre par un fossé creusé à main d'homme, plein de pointes de *vacacayes* et défendu par des chemins couverts. Il abandonna, brûla et coula à fond plusieurs embarcations, et entre autres une grande jonque, de sorte qu'il arriva, à quelques égards, dans ces îles, ce qui avait eu lieu à la prise d'Oran. Les nôtres vinrent, le 14, à un village, dont ils achevèrent de brûler les maisons et les fortifications; ils coupèrent beaucoup de cocotiers et d'arbres fruitiers, jusqu'à ce qu'enfin le prince Lincon, parent du radiamuro, supplia le général de ne plus faire de dégâts dans ce village, attendu qu'il devait demeurer avec le sultan et les autres princes en cet endroit, dont la situation était des plus agréables, et qui avait été l'ancienne résidence des rois de Mindanao. D'après cela, les ravages cessèrent, et, les 17 et 18, le général ordonna que la flotte sortît en deux détachements, pour aller à la poursuite de Malinog et de ses alliés, qui s'étaient fortifiés à Cabuntalan et à Libungan, sur la partie supérieure de la rivière. La galère *San Fernando* et d'autres embarcations devaient aller s'emparer du fort de Cabuntalan; elles le canonnèrent pendant une journée, et dans le cours de la nuit elles l'abandonnèrent. Malinog s'était porté à Libungan, lieu fortifié tant par la nature que par l'art, garni de beaucoup d'artillerie et de pierriers, avec une grande rivière et une lagune; par devant, le terrain était inondé; des bois s'élevaient par derrière, et le tout était entouré d'un double rang de palissades. Notre flotte y arriva le 20, et sur-le-champ, après avoir examiné le terrain, on se mit à élever des retranchements pour placer l'artillerie et les mortiers et garantir notre camp. La tranchée fut ouverte, avec la plus grande promptitude, par les soins du capitaine don Francisco de Alcacer et don Joseph Fajardo. En même temps le *sargento major* don Pedro Zacharias l'ouvrait sur l'autre bord de la rivière, afin que l'une et l'autre pussent servir à couvrir nos galères et embarcations. Toutes choses étant ainsi disposées, et toutes les troupes de notre camp étant arrivées, ainsi que les Maures de Tamontaca, nos alliés, la place fut battue et bombardée jusqu'au 26. Ce jour-là, on résolut de l'approcher par les deux côtés que l'on trouvait les moins impraticables, protégé par le feu de nos galères, des carcasses et du canon des deux batteries. La principale partie de notre armée marcha vers le côté gauche du fort, l'avant-garde conduite par le capitaine don Francisco de Alcacer; sur la droite marchait don Pedro de Zacharias; le bruit courait dans la troupe que le fort était à nous. Le général s'y était prêté pour l'encourager à approcher le plus près possible du fort, afin de voir si, en y jetant quelques grenades, on ne pourrait pas engager l'ennemi à l'abandonner, ce qui avait réussi, en 1723, à Tuboc. Mais, attendu les fortifications qui défendaient la place, les nôtres ne purent y arriver, bien qu'ils gagnassent péniblement du terrain, exposés à découvert au feu de l'artillerie, des pierriers et des fusils ainsi qu'aux flèches, et qu'ils parvinssent à lancer quelques grenades. Ils restèrent ainsi pendant trois heures, après quoi, vu la difficulté de l'entreprise et la résistance qu'opposait l'ennemi, on sonna la retraite. On avait résolu de faire encore une tentative d'un autre côté, mais il fallut y renoncer, à cause des maladies qui se déclarèrent dans notre armée, et que l'on soupçonna provenir de ce que les eaux avaient été empoisonnées; tandis que l'on réfléchit en même temps que Malinog, enfermé dans son fort, était placé, sans plus verser de sang, dans l'impossibilité soit de sortir pour inquiéter les îles, soit de recevoir du secours d'Iolo. Nous perdîmes dans cette attaque 9 Espagnols et 13 Bisayas tués, 26 Espagnols, et 14 Bisayas blessés; les Maures de Tamontaca eurent 5 tués et 8 blessés. Les ennemis perdirent beaucoup de monde; nous ne pouvons en fixer le nombre, mais on pourra en juger, sachant qu'à la première bombe environ 30 personnes demeurèrent, tant tuées que blessées.

Notre flotte revint à Sulangan, où elle s'arrêta, à la demande du radiamuro et du prince, pour les aider à fortifier cette position, afin de prévenir la sortie de Malinog et l'empêcher de recevoir des secours du dehors; mais surtout parce que ce lieu avait été la résidence de leurs ancêtres, dont ils avaient été injustement dépouillés. On forma donc un grand retranchement, avec trois bastions pouvant contenir chacun huit pièces de canon : là devait habiter le sultan, le prince Lincon et son père, le prince Dagal, avec leur famille et leurs maisons ; le sultan fut couronné ensuite à Tamontaca, le 20 avril, avec une grande solennité, et à la vue de notre flotte ; il jura, à cette occasion, les conditions suivantes : que des missionnaires pourraient aller dans ses États prêcher librement à ses sujets, afin de convertir ceux que Dieu daignerait éclairer et de construire les églises nécessaires; que, pour la protection des prédicateurs et le maintien de la paix, il pourrait être construit des forts avec des garnisons de soldats espagnols, en quelque endroit du royaume que ce fût, et cela au moment que l'on jugerait convenable ; que le roi nous payerait un tribut en cire, cacao et autres productions du pays. Pour commencer à exécuter ces conditions de paix, ils nous accompagnèrent avec leurs troupes dans tous nos combats, non-seulement nous servant d'interprètes, de guides et de pilotes, mais encore en combattant vaillamment à côté de nous ;

on jugea surtout convenable de maintenir cette désunion entre les Maures, afin de tirer avantage de nos ennemis eux-mêmes et d'assurer la tranquillité de nos possessions.

Le général avait l'intention de porter la guerre sur toute la côte de Mindanao, pour punir la sacope de Malinog ; mais les Maures, nos alliés, le prièrent de n'en rien faire, disant qu'ils connaissaient le moyen de les réduire avec moins de danger. Malinog, voyant que les Espagnols se fortifiaient à Sulangan, crut qu'ils resteraient dans cette place, et ne se jugeant pas en sûreté à Libungan, il abandonna ce poste et passa à Bujayen, dont le roi était son allié ; car il s'apercevait que ses sujets l'abandonnaient, le voyant mis en fuite, cerné et poursuivi par les Espagnols ; un de ses frères même se révolta contre et lui enleva l'artillerie de Cabuntalan.

La guerre étant ainsi terminée à Mindanao, le général résolut d'attaquer l'île de Basilan, située en face de Samboangan ; elle est la plus fertile et la mieux cultivée de toutes, et les Maures qui l'habitent sont les corsaires les plus éhontés et les plus intrépides. Notre flotte se composait de deux grandes galères et d'une petite, de deux champanes légères et d'environ 20 caracoves. La principale rivière de Basilan passait pour impénétrable ; malgré cela, il fut décidé que l'on y entrerait, ce qui s'exécuta, le 2 mai, avec les galères, les chaloupes et les barotes, armées de frondeurs, de grenadiers et de fusiliers. Les Maures, qui avaient été prévenus, lancèrent du haut de la montagne deux quartiers de rocher, mais l'un des deux s'arrêta entre quelques grands arbres, et l'autre, quoiqu'il parvînt jusqu'à la rivière, ne nous fit pas de mal ; de notre côté, les frondeurs et les fusiliers s'élancèrent en avant, sur quoi les Maures s'enfuirent vers leurs montagnes et le charme de Basilan fut rompu. On fit six descentes, dans quelques-unes desquelles on pénétra à plus de 2 lieues dans l'intérieur du pays. Plusieurs villages furent brûlés ; on ravagea les champs ensemencés, les plantations de patates, de cocotiers, de platanes et des arbres fruitiers sans nombre; on prit beaucoup de riz mondé, de poules, des caisses, des tables, des cruches, des martavanes, des plats très-fins, et autres objets ainsi que plus de trois cents embarcations, tant grandes que petites, des *pancos*, *vintas* et *barotos*, et entre autres le panco de Pangui, chef de cette île, qui avait été l'instrument de tant de pirateries et à l'aide duquel il avait, cette même année, attaqué Layoban et Langacan. Le butin fut si considérable, que nos gens, après en avoir chargé toutes leurs embarcations, furent obligés de brûler beaucoup d'objets qu'ils ne purent emporter. Les pères aumôniers eurent aussi leur part du butin, car ils trouvèrent deux grandes médailles représentant l'une un *ecce homo* et S. Jean de Matã et l'autre S. Ignace et S. François Xavier, qu'ils délivrèrent, pour ainsi dire, de la captivité dans laquelle ces barbares les retenaient; ils aidèrent aussi à brûler beaucoup d'écrits de la secte qu'on appelait de la loi. L'île fut presque entièrement détruite, au point qu'il y eut à peine une seule baie dans laquelle on n'eût pénétré, et une seule embarcation de toutes celles qui s'y trouvaient que l'on n'eût prise. Les Maures se retirèrent dans le fond des montagnes, où il était plus facile de poursuivre un cerf qu'un Maure, à cause de la difficulté du terrain et de l'agilité de ces hommes. Le général arriva dans cette ville le 14 juin ; la patache prise y était déjà arrivée avec tous les Hollandais, à l'exception de quelques-uns qui étaient morts. On s'y occupa de la conversion des hérétiques ; déjà l'on est parvenu à en réconcilier quelques-uns et la compagnie de Jésus en instruit d'autres. Le 18 juin, le capitaine Muñiz sortit de ce port avec deux petites galères pour protéger les côtes de la Pasagua et de Calamiaun, où les Maures d'Iolo et de Burney ont commis, ces dernières années, quelques hostilités; par ces précautions, on les tiendra renfermés dans leurs terres, et ces îles ne seront plus exposées, comme par le passé, à leurs attaques continuelles, perfides et répétées.

Les résultats de cette expédition furent 1º d'avoir défendu ces îles qui, sans elle, auraient probablement été ruinées par Malinog et les Iolos avec leur flotte; 2º d'avoir ravagé leurs terres ; 3º d'avoir renversé et détrôné Malinog d'un royaume qu'il gouvernait tyranniquement, et de l'avoir forcé d'abandonner sa cour et les forts de Sulangan, de Cabuntalan et de Libungan ; 4º d'avoir secouru notre allié, en récompense du secours que son père nous avait donné à Samboangan, de l'avoir couronné et d'avoir construit des forts à Sulangan pour empêcher que Malinog ne vînt nous inquiéter et que les Iolos n'entrassent pour le soutenir; 5° d'avoir défendu les intérêts de la religion catholique; 6º d'avoir soutenu les intérêts de ce gouvernement, en lui assurant un allié en état de tenir momentanément tête à l'ennemi; un ami qui nous donne avis de ses mouvements et accorde un libre passage à nos troupes sur ses terres, bien qu'il faille toujours y aller avec les précautions convenables ; 7º d'avoir maintenu la gloire de la nation et du roi notre seigneur en secourant ceux qui invoquent son nom et sa protection; 8º d'avoir, à l'exemple des Grecs et des Romains, trouvé l'occasion d'exercer et de former notre jeunesse et nos troupes pour la défense et la sûreté de nos galères, de manière qu'elles ne restent pas uniquement livrées à l'inutile fatigue des gardes, des marches et des revues; 9º de connaître ceux qui sont hommes d'honneur, de courage et de valeur, afin de les récompenser par des bulles, des grades et des emplois selon qu'il plaît au roi, et de pouvoir leur confier des entreprises importantes; 10° enfin de suivre l'exemple de notre grand monarque, ennemi irréconciliable de la religion des Maures; sentiment propre à notre nation et à ses rois, ce qui a été le motif pour lequel leur a été concédée la bulle de la croisade ainsi que d'autres subsides et privilèges.

Ceux qui se sont le plus distingués dans le cours de cette expédition furent monseigneur le gouverneur, qui en a été l'âme par son activité et son zèle; le général, qui est toujours allé droit devant lui, sans négliger aucune occasion de combattre l'ennemi; le gouverneur de Samboangan, qui a concouru, avec la plus grande promptitude, à tous les préparatifs et approvisionnements nécessaires; le major don Pedro de Zacharias et le capitaine don Francisco Muñiz, don Francisco de Alcacer, don Pedro Farfan de Cerdenas, don Joseph Faxardo, don Miguel Barriga; ce dernier a servi, durant cette campagne, à ses frais, avec sa champane; don Sébastien Espinosa de los Monteros; les soldats de Samboangan, lesquels, bien qu'ils soient, pour la plupart, originaires d'Amérique, se sont montrés aussi aguerris à leur manière que des soldats d'Europe, ce qu'ils ont prouvé lors de la prise de la patache hollandaise; enfin quelques forçats des galères. En un mot, tout le monde a mérité des éloges, les uns pour avoir exposé leur vie, leur sang, leur tranquillité et leur commodité à tant de travaux et de périls, les autres pour avoir concouru par leur argent au succès d'une si glorieuse entreprise.

———

On a eu plusieurs fois l'occasion de reconnaître la providence spéciale de Dieu envers les nôtres. Ainsi, à Tuboc, un boulet de canon vint tomber sur un amas de boulets qui allaient être tirés et les brisa sans faire aucun mal aux hommes qui les entouraient. Puis le premier coup de canon que l'ennemi tira contre nous, dans la matinée de l'assaut de Libungan, frappa l'image de la très-sainte Trinité qui était peinte sur l'étendard royal, au-dessus des armes d'Espagne; quoique la violence du coup fût assez grande pour faire tomber le pavillon du mât, il ne lui fit d'autre mal que de défaire la couture qui passait au-dessus de cette image, et quoiqu'il dût naturellement tomber sur ceux qui étaient placés au-dessous du pavillon, il s'éloigna de plus de 25 pas de sa course et alla tomber dans un endroit où il ne blessa personne : ces faits durent nous encourager dans ces glorieuses entreprises, puisque le Dieu, notre Seigneur, se montrait si généreux à nous protéger.

Imprimé à Manille, au couvent de Notre-Dame-des-Anges, dans l'année 1734.

LETTRE

du père Marcelo Francisco Mastrili au père Juan de Zalazar, provincial de la compagnie de Jésus dans les îles Philippines, dans laquelle il rend compte de la conquête de Mindanao (1).

Gratia et pax Christi, etc.

Je n'aurais certainement pas, mon père, attendu l'or-

---

(1) Depuis l'établissement des Espagnols aux Philippines, les habitants de Mindanao et de Iolo, qu'ils n'avaient pu soumettre, y exerçaient continuellement des actes de piraterie. D. Sebastian Hurtado de Corcuera, de l'ordre d'Alcantara, qui avait déjà été gouverneur de Panama et qui arriva en 1635 aux Philippines en cette même qualité, résolut de mettre un terme à ce brigandage, et entreprit l'expédition dont nous donnons ici la relation. Son auteur, le P. Mastrili, la date de Taytay, village indien sur le lac de Bay, aux environs de Manille; elle se compose de dix pages in-fol. sans date ni nom de lieu; mais je suppose qu'elle a été imprimée à Manille. Le P. Mastrili passa ensuite au Japon, où il souffrit le martyre le 17 octobre 1637.

L'établissement de Samboangan ne fut pas de longue durée. Le gouverneur D. Sabiniano Manrique de Lara en rappela la garnison quand il réunit toutes ses forces pour s'opposer à l'invasion dont le menaçait le pilote Coxinga qui venait d'enlever l'île de Formose aux Hollandais.

L'expédition de 1734, dont j'ai inséré la relation à la suite de celle-ci, n'eut pas un résultat plus heureux, et encore aujourd'hui les Philippines sont continuellement exposées aux pirateries des habitants de Iolo et de Mindanao.

On peut consulter, sur ces deux expéditions, *Zuniga, Historia de Filippinas*, Manilla, 1803, 4°, chap. XVII et XIX. *Murello Velarde, Historia de la compania de Jesus de Filippinas*, Manilla, 1749, f°, liv. II, chap. II. *Combes, Historia de las islas de Mindanao y Iolo*, Madrid, 1667, f°, liv. VI, chap. I et suivants.

dre de V. R. pour vous rendre compte de notre expédition de Mindanao, si j'avais su que les lettres que j'avais écrites de Lamitan au père Juan de Bueras étaient restées à Samboangan : car j'y décrivais, dans le plus grand détail, la conquête de Mindanao, et je priais en même temps que l'on en fît lecture à V. R., afin qu'elle pût savoir ce qui se passait sans que je l'importunasse d'une lettre. Maintenant, pour obéir à ce qu'elle m'a ordonné, je suis parti pour Taytay et je vais lui rapporter dans celle-ci tout ce dont je pourrai me souvenir.

V. R. saura donc que le seigneur don Sebastian Hurtado de Corcuera, gouverneur de ces îles, ayant déterminé l'expédition de Mindanao, convoqua un conseil général de guerre, dont tous les membres furent d'un avis contraire, excepté le seigneur sargente-major don Pedro Hurtado de Corcuera, son neveu. Néanmoins, poussé par son zèle pour la gloire et l'honneur des deux majestés divine et humaine, il résolut, nonobstant l'avis opposé de tout le conseil, d'aller en avant dans ses saintes intentions. En conséquence, le jour de la Purification de la très-sainte Vierge, 2 février de l'an 1637, s'étant confessé et ayant communié dans la chapelle du palais avec tous les soldats, il ordonna de les embarquer dans 11 champanes qui avaient été préparées à cet effet. Le père Juan de Barrios et moi nous nous embarquâmes avec sa seigneurie dans la capitane, à bord de laquelle alla aussi le major don Marcos Zapata, qu'elle emmenait comme son ami et qui s'asseyait à sa table. Don Juan, prêtre séculier et aumônier de la flotte, s'embarqua dans l'amirale avec le sargente-major don Pedro Hurtado de Corcuera; et un religieux augustin, qui venait comme confesseur des Pampangos, alla dans la champane de Lorenzo Ugalde. Et attendu que la veille Mgr l'archevêque avait reçu une lettre d'après laquelle il y avait 80 caracoves ennemies dans l'île de Mindanao, sa seigneurie, pour s'en emparer, alla avec 5 champanes sur la côte opposée, en dehors de l'île, et ordonna au capitaine Ugalde de la côtoyer en dedans avec le reste de la flotte, jusqu'à la pointe de Nasso, qui est sur la côte de l'île Othon. N'ayant pas même rencontré le moindre vestige d'ennemi en aucun endroit, on décida que la nouvelle était fausse et qu'elle avait été répandue par le démon pour entraver notre voyage : vu que par la route que nous avions prise il nous fallut travailler pendant 12 jours pour faire 12 lieues, distance de la pointe de Nasso à Othon, les vents dans ces parages soufflant directement dans nos proues; et un jour que nous voulions absolument doubler cette pointe, la fureur des vents et des flots fut telle qu'elle nous brisa la barre du gouvernail, et que le navire fut en grand danger de sombrer et de nous noyer tous; quant à moi, j'en souffris plus que personne, parce que me trouvant près de la poupe, je demeurai embarrassé dans l'amure de la voile lors du virement imprévu et rapide que la force du vent lui avait fait faire, le bâtiment ne gouvernant plus.

Enfin la douleur et la rage que notre expédition occasionnait au démon furent telles, à cause de ce qu'il craignait, que, d'après ce que nous apprîmes plus tard avec certitude, il lui arriva souvent de se plaindre, faisant entendre distinctement dans les bois les paroles suivantes, qu'il adressait tantôt à l'un, tantôt à l'autre : « Pourquoi viens-tu? que désires-tu? qui t'a conduit ici? Sois maudit : je t'ôterai la vie et nous en finirons ainsi, etc. » Nous n'ajoutâmes pas d'abord foi à ses paroles, sachant qu'il est le père du mensonge; mais il nous apprit bientôt par expérience tous les efforts qu'il faisait pour dire la vérité.

Or, quoique toutes ces choses eussent pu nous causer quelque ennui, toutefois l'agréable conversation de sa seigneurie, jointe à la sainte division que nous faisions des heures de la journée, ne nous en permettait aucun ; le matin nous disions la messe, le père Juan de Barrios et moi ; ensuite nous récitions à sa seigneurie les heures ainsi que l'office de la sainte Vierge, les matines et l'office des morts ; pendant la journée les vêpres des morts, les matines divines et celles de la sainte Vierge ; le soir, le salut avec les litanies publiques ; la nuit, les âmes du purgatoire ; nous racontions ordinairement aussi quelque miracle ayant rapport à la circonstance, ce qui devenait fort avantageux à bien des personnes. Il ne faut pas non plus que V. R. pense que la contrariété que nous firent éprouver les vents à la pointe de Nasso, ainsi que je l'ai dit, nous ait fait perdre le moins du monde du temps, car les ordres furent envoyés aux îles des *Pintados* par les aventuriers indiens, et à Othon, avec la felouque, par l'adjudant don Francisco Olazaran ; ce dernier revint dans une champane avec le père recteur d'Othon, le père Francisco Angel et le père Gregorio Belin, qui allait de Samboangan à Manille y porter à sa seigneurie la nouvelle de la victoire remportée par le sargente-major Nicolas Gonzalez, sur 7 caracoves de Mindanao, qui retournaient de piller les îles, où elles avaient enlevé quelques esclaves et des ornements sacrés. Le père recteur d'Othon nous apporta un grand soulagement, et il en donna un bien plus grand encore quelques jours après à toute la flotte, à Iloïlo, où sa seigneurie arriva avec le même père, trois jours avant nous autres, dans la felouque, afin d'avoir le temps de visiter le fort et de voir si tous les bâtiments du capitaine Briones étaient prêts pour aller au secours de ses troupes à Mindanao. Aussitôt que les champanes furent arrivées, le père Angel débarqua pour retourner à sa cure dans l'île de Negros ; et le père recteur d'Othon partit, d'après l'ordre de sa seigneurie, par la champane du capitaine Martin Monte, pour Samboangan, où nous arrivâmes le 22 février.

Là sa seigneurie défendit au fort de tirer le canon à son entrée, afin de ne pas faire de bruit et de ne pas rendre son arrivée publique; et, par la même raison, elle ordonna qu'aucune embarcation ne sortît de la rivière. Malgré cela, Corralat apprit sur-le-champ son arrivée par un personnage distingué de Basilan, qui était prisonnier dans la forteresse de Samboangan pour quelque méfait, et qui ne fut mis en liberté que sur les vives instances des pères, qui espéraient par ce moyen gagner la bienveillance des Maures. Le lendemain on publia dans toute l'armée une communion générale, avec une indulgence et un jubilé très-ample pour le premier dimanche de carême ; sa seigneurie voulut que tous les soldats remissent des billets de confession et de communion à leurs officiers, et elle donna le même ordre à ses domestiques, ce que je découvris un jour que je le vis rassemblant les billets de ses propres mains. Il se fit très-certainement, avec une grande ferveur, beaucoup de confessions générales, auxquelles les cérémonies continuelles et les sermons qui se prêchèrent ces jours-là donnèrent plus d'efficacité. Le dimanche, il y eut exposition du très-saint sacrement, et tout le monde communia avec sa seigneurie et assista ensuite au sermon du père Berlin. Le soir, pour terminer, sa seigneurie revint avec tous les militaires, car le matin elle m'avait chargé de prêcher le soir sur le respect et la dévotion avec lesquels il faut se conduire dans l'église, en présence de la majesté divine. Je le fis de mon mieux, et j'animai à la fin les hommes à l'expédition et au combat, en leur montrant un Christ peint sur une toile, auquel les Maures avaient coupé le bras droit et les pieds, et ayant fait un grand trou au milieu s'en étaient servis comme d'un mantelet : un Maure l'avait précisément sur lui au moment où il fut tué, le jour que Nicolas Gonzalez prit les caracoves. Le père Berlin le porta avec les ornements sacrés à sa seigneurie, qui, sachant que j'avais cherché un objet semblable à Manille, l'envoya sur-le-champ à la pointe de Nasso et me le donna. Les soldats voyant ensuite cette image dont l'aspect les excitait à venger par leurs armes les injures faites à Jésus-Christ, ils versèrent tant de larmes et furent animés d'une dévotion si ardente et d'un si saint désir de vengeance, que, d'après ce qu'ils me racontèrent plus tard, ils se seraient battus avec le monde entier au sortir de l'église. Les effets de ce mouvement furent très-beaux, car ils disaient publiquement que la mère était malheureuse de qui les fils ne prenaient point de part à cette glorieuse expédition.

Les troupes étant pleines de tant de ferveur et dans de si bonnes dispositions, les champanes partirent le 3 mars pour Mindanao, qui est à 60 lieues de Samboangan, et le 4 nous les suivîmes tous avec sa seigneurie dans 11 caracoves. Le nombre total des troupes qui s'embarquèrent s'éleva à 4 compagnies, 3 d'Espagnols et 1 de Pampangos. La compagnie de sa seigneurie était forte de 150 hommes, celle de Nicolas Gonzalez de 100, de même que celles des marins d'Ugalde et celles des Pampangos du mestre de camp. Je ne dois pas omettre de décrire ce qui se passa le mardi que partirent les champanes. Nous désirions tous que sa seigneurie ne partît que le samedi, pour voir si dans l'intervalle les aventuriers indiens arriveraient; pourtant je ne voulus pas le lui demander avant d'avoir consulté Dieu. Je priai donc le père recteur de dire la messe de S. François-Xavier à mon intention, et je la dis aussi de mon côté. Tout de suite après nous nous réunîmes dans la chambre, et l'oraison convenable ayant été faite, sa seigneurie ouvrit le petit livre des lettres du saint, que je regarde comme un guide divin, après avoir marqué d'avance l'endroit qu'elle devait lire, et elle tomba sur ces paroles : « *Nous pensons bien souvent que notre opinion est la meilleure; mais, si nous voulons réussir, il faut laisser les choses à celui qui les gouverne.* » Ayant vu par là clairement la volonté du saint, il ne m'entra plus même dans la pensée de parler de cette affaire à sa seigneurie, et, en effet, le tout fut dirigé par le ciel pour lui donner la grande victoire qu'il remporta, à la confusion des Maures, détrompant ainsi les Indiens, qui reconnurent que les Espagnols savent et peuvent combattre sans eux, sur leurs propres terres, toutes les fois qu'ils le veulent.

Dans le golfe de Lasilanga, nous éprouvâmes une très forte et très dangereuse tempête, dont nous nous délivrâmes à l'aide de reliques et d'exorcismes, comme étant une chose qui provenait évidemment du démon. Nicolas Gonzalez demeura là avec 8 caracoves, pour remorquer les champanes jusqu'à Lasilanga, qui est un détroit de 2 lieues que forme la mer entre la grande île de Mindanao et un petit ilot. Sa seigneurie passa avec quatre d'entre elles à la pointe des Flèches, ainsi nommée à cause d'une cérémonie superstitieuse des Maures, qui lancent des flèches à un de leurs rochers, quand ils reviennent chez eux, comme actions de grâce à Mahomet. Nous restâmes là pendant deux jours, attendant les bâtiments de la flotte, durant lesquels je dis la messe à terre, après avoir fortement conjuré le démon, d'après la coutume de notre sainte mère l'Église, par des exorcismes, de l'eau bénite, etc. On brûla sur-le-champ toutes les flèches qui étaient fichées dans ce rocher; elles étaient innombrables, avec mille choses bonnes à manger, telles que du poisson, des œufs, etc., que, par dévotion, ils ont coutume d'y attacher avec de petites brochettes de bois noir. On planta beaucoup de croix en divers endroits, après quoi on changea solennellement le nom de l'île en celui de pointe de S.-Sébastien, parce qu'avec ses divines flèches il avait achevé de détruire les flèches infernales et maudites qui nous avaient blessés pendant tant d'années, et en mémoire de ce que le seigneur don Sébastien a été le premier gouverneur qui a mouillé près de cette pointe et qui l'a doublée; et, d'ailleurs, nous attribuâmes tous à ce saint la chute miraculeuse de ce rocher, la nuit que Nicolas Gonzalez combattit en ce lieu; pensant qu'il avait voulu donner par là au seigneur don Sébastien des arrhes de la glorieuse expédition de Mindanao, attendu qu'il ne tomba du rocher que la partie qui regardait de ce côté, ainsi que nous le reconnûmes tous à notre grande admiration. Pendant que nous étions là, une embarcation légère de l'ennemi vint reconnaître notre flotte. Notre felouque lui donna la chasse, mais, comme elle était fort éloignée, elle ne put la prendre; nous rejoignîmes seulement une petite barque où quatre de nos Indiens, qui avaient été faits prisonniers par les ennemis, s'étaient sauvés : ceux-ci nous apprirent que quelques bâtiments de Java étaient sur le point de partir de Mindanao, chargés d'esclaves chrétiens. Je confesse à V. R. que ce ne fut pas là pour sa seigneurie une nouvelle, mais plutôt un coup de poignard dans son cœur, en songeant à la douleur de tant d'âmes; aussi prit-elle sur-le-champ la résolution de cheminer de jour et de nuit afin de s'emparer de ce bâtiment. Ce saint zèle fut la seule et véritable cause pour laquelle, sans attendre sa flotte, elle les poursuivit jusqu'à ce qu'elle parvint à les atteindre; et le ciel la récompensa bien par l'heureuse victoire qu'elle remporta, ainsi que V. R. le verra.

Le démon, qui pendant tant d'années avait habité ce promontoire des Flèches, voulut nous contrarier et nous empêcher d'avancer; car jusqu'à trois fois nous essayâmes en vain de le doubler, et la quatrième fois nous étions sous voiles depuis plus d'une heure sans pouvoir avancer, bien que le vent ne fût plus contraire, et que notre caracove eût 90 *barrigas*, c'est le nom que l'on donne aux rameurs dans les îles des *Pintados*, d'où nous reconnûmes clairement que tout cela était l'œuvre du démon, de sorte qu'ayant jeté quelques reliques à la mer et l'ayant exorcisé comme auparavant, nous réussîmes enfin à poursuivre notre route.

Les obstacles et les embûches que l'ennemi invisible nous tendait ayant été surmontés, nous arrivâmes en vue de Mindanao, sans le savoir, avec 4 caracoves, le vendredi 13 mars. J'avais dit la messe avant le jour, et sa seigneurie débarqua dans la felouque avec six soldats seulement, pour reconnaître le poste, sonder les rivières et les ports de la côte, et voir si l'on pourrait prendre quelque Maure qui nous servît de guide, dont nous manquions. On donna la chasse à quelques-uns d'entre eux jusqu'à leur propre rivage; on leur envoya deux décharges de mousqueterie, mais ils parvinrent à se sauver par la rivière en abandonnant leurs embarcations. En réponse à notre feu, nous entendîmes un coup de canon tiré dans l'intérieur des terres, ce qui nous occasionna de vives inquiétudes, voyant que sa seigneurie courait tant de danger et craignant qu'elle n'eût engagé un combat contre l'ennemi. Nous récitâmes sur-le-champ les litanies avec d'autres oraisons, et faisant force de rames, nous l'atteignîmes au retour. Elle s'embarqua dans sa caracove à 11 heures du matin, et ordonna que toutes les quatre, avec les deux champanes de notre flotte, commandées par les capitaines don Rodrigo et

Ugalde, qui étaient arrivés depuis trois jours, et avaient pris 3 caracoves de l'ennemi..... (1); et, d'un autre côté, il nous arriva, sous pavillon blanc, un écrit des pères récollets, que les ennemis retenaient prisonniers, demandant qu'on les instruisît de ce qui se passait. On jeta l'ancre à l'embouchure de la rivière, près d'un endroit où se montraient quelques maisons, sans que nous sussions quel village c'était, et sa seigneurie se tournant vers moi me dit : « Je veux loger ce soir mes soldats dans ces maisons. » Aussitôt elle ordonna que tout le monde prît son repas, et ayant envoyé l'adjudant don Francisco Olazaran à terre avec 25 mousquetaires, pour assurer le débarquement, sa seigneurie fit sonner la trompette, battre le tambour et tirer le canon des embarcations en face du fort ; pendant qu'elle descendait à terre avec tous ses soldats, qui étaient au nombre de 70, tant Espagnols que Pampangos, le sargente-major de l'expédition, amiral de la flotte, don Pedro Hurtado de Corcuera, fit ranger le détachement en bataille sur la grève, plaçant, par l'ordre de sa seigneurie, deux pièces de campagne à l'avant-garde, lesquelles jetèrent l'effroi chez l'ennemi. Quant à moi, ayant excité et encouragé les troupes par la vue de la miraculeuse image de S. François-Xavier d'une part, et de celle du Christ, dont j'ai parlé, de l'autre, suspendues à ma lance, je me plaçai avec le père Juan de Barrios, le père augustin et l'aumônier de la flotte, entre l'avant-garde et le gros de l'armée, poste que nous conservâmes pendant toute l'expédition. Pendant que nous débarquions, un de nos Indiens prisonniers vint de terre à la nage, et nous apprîmes de lui que nous étions devant le port de Corralat; mais, vu la grande émotion que lui avaient causée les nombreux coups

---

(1) Il manque ici un membre de phrase dans l'original.

de fusil que les Maures lui avaient tirés d'une embuscade dressée contre nous, il ne put nous en dire davantage. Nous continuâmes donc à marcher, sans savoir si dans ce port il y avait aucune force, en armes ou en soldats, nous fiant toujours à ce que l'on nous avait dit que toute la défense de Corralat consistait dans la colline supérieure et non pas dans le village d'en bas. Toutefois, comme c'était la cause de Dieu que nous défendions, cause dans laquelle les moyens humains sont insuffisants, la majesté divine daigna nous en fournir de divins ; elle éclaira le gouverneur d'une lumière toute particulière, et lui fit abandonner le chemin uni qui conduisait de la grève au village, pour marcher avec ses soldats par le côté droit. A la vérité, cette route nous obligeait à passer deux fois la rivière, ce qui ne se fit pas sans peine, à cause des deux pièces de canon et de la personne même de sa seigneurie, qui se jeta à l'eau comme les autres soldats ; mais, d'un autre côté, elle nous délivra de deux fort grands dangers : l'un était l'embuscade préparée sur le côté gauche de la route, dans les buissons épais d'une colline, à laquelle nous aurions pu difficilement échapper, les chemins étant très-marécageux et embarrassés de roseaux, de petits jardins et de maisons ; l'autre danger bien plus grand auquel nous échappâmes fut que tous les canons du fort étaient tournés de ce côté, tandis que l'ennemi ne pouvant pas les changer de position, ils ne nous firent aucun mal. Il est vrai de dire que deux grandes couleuvrines avaient été dirigées, la bouche en bas, contre le chemin que nous suivîmes au pied du fort, et qu'elles auraient pu nous faire beaucoup de mal, si ce n'est que, tant par la crainte que par la grande confusion qui régnait, personne ne songea à venir y mettre le feu.

Dieu nous ayant ainsi délivrés, sans que nous nous en

doutassions, d'un mal si grand, vu le petit nombre d'hommes que nous avions, sa seigneurie continua à marcher à l'avant-garde, par le chemin que nous avions si miraculeusement choisi. Nous passâmes pour la première fois la rivière, et, sur-le-champ, le canon et la mousqueterie se mirent à balayer la campagne, jusqu'à un retranchement près de l'eau où, pour la première fois, les Maures nous tinrent tête. Là il arriva que sa seigneurie s'étant avancée un moment pour reconnaître l'ennemi, qui était posté derrière ce retranchement, 4 Maures l'attaquèrent avec leurs cimeterres; le gouverneur se retourna avec beaucoup d'agilité pour leur lancer le chien noir qu'il menait toujours avec lui; mais ne le voyant pas, parce qu'il était resté un peu en arrière, il mit l'épée à la main avec tant de promptitude que les Maures, effrayés, prirent immédiatement la fuite. Malgré cela, un d'entre eux, qui s'appelait Beringen, le plus vaillant capitaine de Corralat, sortit courageusement de l'autre côté du retranchement, s'efforçant d'empêcher que les nôtres, qui, déjà, s'apprêtaient à passer pour la seconde fois la rivière, n'investissent le fort, qu'ils avaient découvert de ce premier retranchement. Il blessa deux hommes et attaqua ensuite le capitaine Lorenzo de Ugalde, qui conduisait la moitié de nos troupes par ce côté, tandis que l'autre moitié marchait sous les ordres du capitaine don Rodrigo, par la rive droite de la rivière, où un grand nombre de Maures accouraient. Ugalde para avec sa rondache les deux premiers coups du cimeterre, et puis, attaquant à son tour avec son épée, il fit à Beringen plusieurs blessures au visage, ne pouvant le frapper à la poitrine, à cause des armes qu'il portait; il l'obligea de cette manière à se retirer; mais ce fut en vain, à cause de la vivacité de notre feu; et enfin l'épée de don Francisco Olazaran acheva de le rejeter dans le fleuve. Celui-ci étant mort, les nôtres poussèrent sans résistance jusqu'au fort, qui était muni d'un fossé neuf et plein d'armes, avec 8 pièces de canon de bronze, 27 coulevrines, beaucoup de mousquets, d'arquebuses et autres armes. Il était défendu, ainsi que le fort, par plus de 2,000 Maures. Nous apprîmes tous ces détails de Sasacan, Maure, notre ami, et qui était parfaitement au fait des forces et de la puissance de Corralat. En attendant, tout cela leur fut de peu de secours, car notre attaque fut si vive que nous demeurâmes en peu de temps maîtres de tout, et l'enseigne Amesquita arbora son drapeau sur le sommet du fort. Un grand nombre de Maures furent tués, et le reste se sauva grièvement blessé, ainsi que nous l'apprîmes le lendemain de nos prisonniers. Nous tuâmes en cette occasion le commandant du fort, petit-fils de Corralat, fils d'une de ses filles mariée au seigneur de la Lagune; c'était un jeune homme très-courageux et dont la perte fut fort sensible à son grand-père. Il avait fait le même jour à Mahomet le vœu de ne pas sortir vivant de la forteresse, et il l'accomplit.

Quand nous vîmes notre drapeau flotter sur le fort, nous passâmes sur-le-champ la rivière pour la seconde fois avec sa seigneurie, et, dès que nous y eûmes monté, j'y arborai aussi mon étendard du Christ et de S. François-Xavier. Nous chantâmes tous le *Te Deum*, et sa seigneurie ayant donné au fort le nom de S. François-Xavier, y laissa l'enseigne Amesquita pour commandant, avec une garnison de soldats ; puis nous marchâmes en avant vers un retranchement que Corralat défendait avec sa pièce de canon, et vers la mosquée où, la précédente fois, les Maures avaient tenu tête, se fiant à ce que leur connétable leur avait dit qu'ils ne devaient pas lâcher pied avant qu'il ne fût mort. Le fait est que celui-ci était persuadé que nos balles ne pouvaient l'atteindre, ce qu'il savait, disait-il du reste, par expérience, attendu qu'un jour un boulet de canon lui avait cassé l'os de la jambe, dont il était resté boiteux, sans que la chair en eût été endommagée, ni qu'il eût coulé une goutte de sang. Plein de cette confiance, il vint nous défier avec ses hommes; mais, au même instant, le capitaine Zubire le visa avec son mousquet, et lui envoya deux balles dans la tête, seule partie du corps qu'il eût découverte, tout le reste étant défendu par une rondache anglaise. Le malheureux tomba mort sur le coup, et sa chute abattit le courage de ceux qui se trouvaient dans la mosquée et dans le retranchement, en sorte que, jetant tous leurs armes, ils s'enfuirent en toute hâte vers la montagne. En même temps don Rodrigue, marchant avec ses hommes entre le penchant de la montagne et la rivière, chargea si vaillamment l'ennemi, qu'il le força d'abandonner toutes ses embarcations, que, par la crainte que nous lui inspirions, il avait cachées la veille dans une grande baie que formait la rivière, ne doutant pas qu'elles n'y fussent dans la plus parfaite sûreté, vu le grand silence avec lequel il les y avait fait entrer et la distance considérable qu'il y avait de ce lieu au poste qu'il occupait à l'embouchure de la rivière.

De cette manière, en un peu moins d'une demi-heure, nous nous emparâmes de tout ce qui se trouvait au bas; le même jour, nous prîmes aussi les hauteurs, et tout étant ainsi en notre pouvoir, les Maures prirent la fuite avec un tel effroi que Corralat lui-même se couvrit le visage de boue pour ne pas être reconnu. Nous apprîmes ces détails d'un de ses domestiques chrétiens qui vint nous retrouver dans la matinée du lendemain, et qui nous dit encore que les Maures avaient eu un grand nombre de blessés, entre autres le roi du lac, qui avait reçu une balle dans la poitrine ; il était venu célébrer les noces de son cousin avec Corralat. Nous sûmes encore par ce même prisonnier que Corralat désirait en tout cas se remettre dans les mains du gouverneur, mais que les chrétiens apostats s'y étaient opposés et l'avaient persuadé à se défendre, promettant de combattre les premiers ; ils remplirent, en effet, leur promesse, surtout le jour de l'assaut de la hauteur, et ce furent eux qui nous firent le plus de mal ; mais ils payèrent cher le conseil qu'ils avaient donné, par la perte d'abord de leurs effets que nous prîmes dans les embarcations, et ensuite de la vie que ces mêmes Maures leur ôtèrent dans leur fureur, les regardant comme la cause de leur défaite.

Le combat terminé, les soldats commencèrent à piller les maisons, et monseigneur le gouverneur, ayant vu toutes les embarcations en sûreté au haut de la rivière, se retira à la mosquée avec nous autres, qui l'accompagnions. La première chose qu'il y fit fut de prendre la grande chaire de Mahomet avec ses livres et ses ornements, et de les brûler. Ce que nous vîmes en enlevant cette chaire nous causa certes un bien grand étonnement, car, avant qu'elle fût livrée au feu, il sortit de ses pieds deux couleuvres très-venimeuses qui causèrent un effroi extrême aux soldats qui les tuèrent : mais, en effet, quels autres gardiens la chaire du grand diable de Mindanao pouvait-elle avoir, si ce n'est des couleuvres et du poison ? La chaire ayant été brûlée avec toutes les autres superstitions du lieu, nous bénîmes la mosquée, en récitant la salutation angélique ; le lendemain matin, qui fut le samedi 14 mars, ayant dédié la mosquée à Dieu, sous l'invocation de Notre-Dame de Bon-Succès, nous commençâmes à y dire la messe sur un fort bel autel, qui nous servit pendant tous les 12 jours que nous restâmes en ce lieu.

Cette mosquée était fort grande et convenablement située ; nous y plaçâmes notre quartier général ; sa seigneurie s'y logea avec les autres capitaines ; on mit les soldats dans les maisons qui l'entouraient ; mais comme elle était placée au bord de la rivière, tout près de la montagne, et un peu plus loin de ce fort, il s'ensuivit que, toutes les nuits, les Maures nous donnaient des alertes ; et, vu les pluies continuelles qui tombaient pendant la nuit, ils nous auraient causé bien de l'embarras, par l'impossibilité de nous servir de nos fusils dans une telle humidité, si les bonnes dispositions de sa seigneurie et l'ordre parfait qu'elle avait établi n'eussent remédié à tout ; car, d'une part, elle avait fortifié le chemin de la hauteur par une demi-lune très-forte, garnie de soldats, etc., et, de l'autre, elle faisait allumer toutes les nuits, autour du quartier général, de grands feux ; les sentinelles étaient tenues dans une alerte perpétuelle par de fréquentes rondes des majors, capitaines, et souvent du gouverneur en personne ; de sorte que, nous voyant ainsi toujours sur nos gardes, les Maures n'osèrent rien entreprendre ouvertement contre nous, mais se bornèrent à tenter la fortune par quelques-uns des plus braves d'entre eux, en tâchant de nous surprendre, près de l'embouchure de la rivière, quand nous allions à la flotte ou que nous en revenions. C'est ainsi qu'une nuit, revenant de visiter les malades, je me trouvais seul avec le capitaine don Rodrigo, dans une petite champane conduite par 4 Sangleys à qui la peur faisant manquer le bon chemin, ils donnèrent dans un bas-fond. Ce fut un miracle de Dieu que les Maures ne nous aperçurent pas, car ils nous auraient infailliblement tués. Je courus un plus grand danger encore en ce lieu, car ne sachant pas que les Maures avaient la coutume de se tenir le jour en embuscade dans quelques maisonnettes un peu loin du fort, j'y entrais journellement et je fus bien protégé de Dieu, n'y ayant jamais été aperçu, jusqu'à ce qu'enfin sa seigneurie envoya l'ordre de brûler ces maisons.

Les embarcations que l'on prit le premier jour dans la rivière ne purent être conduites au fort que le lendemain à cause de la marée basse; elles étaient au nombre de plus de 300 tant grandes que moyennes et petites; la plupart chargées de mille objets différents, notamment 5 ou 6 des plus grands javos qui étaient remplis de cire, d'huile, de riz et d'autres marchandises dont nous profitâmes, à l'exception d'une certaine quantité de cire que nous réservâmes pour le roi; il y avait aussi un grand nombre d'armes, savoir : 8 canons de bronze, 27 coulevrines, 1 pierrier de fer coulé, un grand nombre d'autres petites pièces d'artillerie, plus de 100 mousquets et d'arquebuses et une infinité de boulets, de fer, de poudre, de flèches, de *sompites*, qui sont une espèce de petites flèches qui se tirent par des sarbacanes, et qui sont si empoisonnées qu'à moins de combattre l'effet sur-le-champ par les contre-poisons les plus efficaces, elles tuent en peu d'heures; il y avait encore d'autres instruments de guerre que l'on trouva dans la soute aux poudres, qui servait de corps de garde pour les Pampangos.

Le lendemain, le reste des champanes et caracoves de notre flotte commencèrent à arriver; le gouverneur leur donna sur-le-champ pour commandant le capitaine Mena, pendant le temps que nous resterions à Mindanao; il nomma pour commandant du fort Saint-François-Xavier le sargente-major Palomino, qui en augmenta les fortifications et le mit en bon ordre, l'entourant de toutes parts de portes et de murailles, ajoutant tout à l'entour une galerie couverte en dedans, avec des meurtrières, pour deux rangs de pièces d'artillerie et de mousqueterie. Le sargente-major don Pedro

Hurtado de Corcuera se distingua particulièrement dans ces travaux, étant très au fait des fortifications de la Flandre. Monseigneur le gouverneur en fit lui-même, avec beaucoup d'exactitude, le tracé et mit aussi la main à l'œuvre, en donnant le premier coup de pioche.

Les deux jours suivants, c'est-à-dire le dimanche et le lundi, furent employés à faire plusieurs sorties et à brûler beaucoup de ports des environs, le capitaine don Rodrigo marchant avec ses hommes par terre, et le capitaine Ugalde allant avec les siens par mer, jusqu'à ce qu'ils arrivassent au port et à l'ancienne maison de Corralat, qui s'appelait *de las Savanillas;* tout fut brûlé avec plusieurs autres villages et de grandes embarcations qui s'étaient cachées dans une rivière. Les soldats qui étaient restés dans le camp s'occupèrent à lancer à l'eau toutes les caracoves avec lesquelles les Maures sortaient pour piller ou bien chercher les objets enterrés, qui se trouvèrent être plusieurs couleuvrines, du fer, de la cire et trois cloches, sans compter celle qui était à la porte de la mosquée, avec l'ouverture en dessus et pleine d'eau, pour que l'on s'y lavât les pieds avant d'entrer dans le temple.

Sa seigneurie expédia aussi le dimanche à Samboangan une caracove des Maures pleine de nos prisonniers chrétiens et de Sangueys, qui dès le premier jour étaient arrivés en grand nombre au camp, surtout le samedi matin. Il nous vint encore par la rivière une embarcation, dans laquelle se trouvait notre Indien, captif depuis plusieurs années, avec douze autres personnes de sa famille, telles que sa femme, ses fils, son beau-père, etc., la plupart Maures. Le bâtiment portait à la poupe une grande croix, à laquelle on avait attaché un drapeau blanc, ce qui tira certes de nos yeux bien des larmes de joie, quand nous vîmes arracher avec tant d'énergie les dépouilles du grand diable de Mindanao. Cependant je ne laissai pas de trouver un peu suspecte la venue d'un Maure dans la matinée du même samedi; il avait tout le corps couvert de boue et descendait la rivière dans une barque, avec deux poules qu'il portait, disait-il, au seigneur *Aria* (c'est ainsi qu'ils appelaient le gouverneur de cette île, ce mot, dans leur langue, signifiant roi) à qui il voulait les présenter de sa propre main. Ayant été interrogé sur le motif qui l'avait fait venir, il répondit que c'étaient la faim et la misère, attendu qu'il n'y avait rien à manger sur la hauteur, et que, par la même raison, ils devaient venir tous sous peu de jours. L'expérience démontra que tout cela était faux, car on trouva plus tard sur la hauteur des provisions en abondance; aussi je soupçonnai, ainsi que d'autres personnes, qu'il devait y avoir là-dessous quelque perfidie ourdie par le démon et ses ministres contre notre capitaine général. Celui-ci se conduisit dans cette occasion, comme dans toutes les autres, avec une très-grande prudence; il ordonna, sans voir cet homme, qu'on le remît à Sorozan, un des Maures, nos amis, qui nous avaient accompagnés depuis Samboangan, afin qu'il le plaçât dans les mains du gouverneur de la forteresse; ainsi, sans le savoir, nous nous délivrâmes d'un grand danger.

Toutes choses étant arrangées dans le fort et au port d'en bas, les embarcations ayant été brûlées sauf 3 ou 4 que l'on gardait pour les emmener à Samboangan, Nicolas Gonzalez arriva le lundi 16, dans la soirée, avec le reste de notre flotte; il avait été retenu au delà de Lasilinga par une forte tempête, dans laquelle il avait perdu une caracove, commandée par le capitaine Sisneros, désastre dans lequel toutefois il ne périt qu'un jeune garçon. Aussitôt sa seigneurie disposa tout pour que nous pussions nous mettre en marche le lendemain pour la hauteur. Elle ordonna de distribuer aux soldats du biscuit et du fromage pour quatre jours, tandis que le sargente-major don Pedro et l'adjudant don Francisco Olazaran passèrent toute la nuit à faire confesser les troupes, et je confessai moi-même ; car on ne se contenta pas de la confession qu'elles avaient faite à Samboangan.

A trois heures du matin on commença à dire des messes; à la fin de la première, sa seigneurie prononça une exhortation aux soldats, dans laquelle elle fit éclater tout son zèle pour la gloire de Dieu et toute son expérience militaire. Il avait été convenu que j'exposerais le Christ avec saint François-Xavier ; mais pour avouer la vérité à V. R., je ne m'en sentis pas le courage, je ne voulus donc pas le faire, comme si j'avais eu le pressentiment de ce qui devait nous arriver le jour suivant.

Le discours terminé, sa seigneurie envoya le sargente-major Nicolas Gonzalez et le père Melchior de Vera qu'elle avait amené de Samboangan avec 120 Espagnols, 30 Pampangos et 80 Indiens pour porter les fardeaux; l'avant-garde était assignée au capitaine Castelo et l'arrière-garde au capitaine Besana avec deux fameux espions, un Maure et un chrétien ; ils devaient couper à l'ennemi la retraite de la hauteur et en même temps descendre pour l'attaquer, sonnant auparavant de la trompette, afin que sa seigneurie pût au même instant l'attaquer de l'autre côté et qu'il fût ainsi pris entre deux feux. Nicolas Gonzalez étant parti, le gouverneur rangea ses troupes en bataille; il donna le commandement du centre au capitaine don Rodrigo, et à chacun des capitaines à la réforme une troupe de soldats. Les drapeaux, les canons, les   et les munitions allèrent avec le gros de l'armée; à l'arrière-garde les Pampangos ; le sargente-major don Pedro fut à l'avant-garde avec le capitaine don Rodrigo. Le sargente-major Palomino entra au camp avec bon nombre de soldats et le père recteur de Othon pour aumônier.

Toutes choses étant ainsi disposées, nous nous mîmes joyeusement en marche à six heures du matin. Au bout d'une lieue et demie nous trouvâmes un fort grand passage, situé au pied de la colline, dans une campagne fort belle et fort tranquille, pleine de potagers, de platanes et de cannes à sucre, mais que les Maures avaient abandonnée durant la nuit; nous jugeâmes du moins ainsi par les maisons ainsi que par le feu dont brûlait encore le château du roi, qu'ils avaient sans doute incendié de peur que sa seigneurie ne s'y fortifiât, sa position étant fort convenable pour cela. Toutefois, l'adjudant don Martin donna l'ordre de fortifier une autre maison, placée sur le bord du fleuve, avec une bonne haie de ronces; il y mit une pièce de canon et une garnison de Pampangos, pour garder les provisions et protéger la retraite des troupes. Nous autres nous passâmes sur-le-champ la rivière pour aller à la découverte de la position de l'ennemi. Nous eûmes de l'eau jusqu'à la poitrine et bientôt après nous passâmes un autre ruisseau et nous commençâmes à monter une pente pleine de

Là sa seigneurie s'arrêta, et, voyant un autre chemin plus bas, demanda au guide si celui-là conduisait aussi sur la hauteur. Il répondit que oui; mais, quand on lui demanda lequel des deux était le meilleur, il dit que tous les deux étaient fort mauvais. Aussitôt sa seigneurie, éclairée par une lumière particulière du ciel, dit : « Puisque, d'après l'avis du Maure qui nous guide, les deux chemins sont tous deux mauvais, je préfère aller par l'autre et non par celui par lequel il nous conduit. » Elle ordonna sur-le-champ à l'avant-garde de faire un demi-tour à droite et de marcher par l'autre chemin. Que V. R. voie maintenant la providence spéciale de Dieu et la protection de mon glorieux saint. Dans le chemin par lequel le Maure nous guidait étaient placées trois pièces de canon que nous ne pouvions pas voir; c'était une pièce de bronze entre deux autres de fer plus grandes, et la première aurait seule suffi pour détruire au moins toute notre avant-garde; car, quand notre canonnier la déchargea, il trouva qu'elle contenait 2 gros boulets, 2   et 300 balles de mousquet avec double charge de poudre. Délivrés de ce danger, nous marchâmes par l'autre route, dans laquelle, ayant passé pour la seconde fois le fleuve et le ruisseau, nous arrivâmes au pied d'une colline. Là nous fîmes halte, et sa seigneurie envoya quelques hommes de l'avant-garde examiner le chemin pour voir s'il était aussi mauvais qu'il avait paru l'être au commencement de la montée : ils y allèrent et bientôt ils nous firent dire qu'après le premier détour, le chemin devenait meilleur, sur quoi nous y montâmes tous. Le fait est que la brillante valeur, l'impatience et le désir de combattre dont tous étaient animés, surtout ceux de l'avant-garde, leur avaient fait paraître bon le chemin qui était fort étroit, difficile et périlleux, à cause des affreux précipices qui régnaient des deux côtés. Nous fîmes deux ou trois fois le tour de la colline, espérant toujours trouver quelque endroit par où nous pussions y monter, lorsque de deux retranchements qui se trouvaient sur le côté droit de la montagne, les Maures commencèrent à tirer sur nous; je reçus à cette occasion une balle qui, grâce au ciel, ne me fit d'autre mal que de laisser, par un trou dans ma soutane, la marque de son passage. J'ose espérer que Dieu ne m'aura si miraculeusement délivré que pour me réserver une mort plus glorieuse.

Nous étions tous persuadés qu'il n'y avait pas d'autres retranchements que les deux que nous voyions, quand, au troisième tour de la colline, l'avant-garde en rencontra encore un qui n'avait pu être découvert. Nous commençâmes à combattre courageusement d'en bas; mais comme la position du retranchement était très-forte et la nôtre très-étroite, bordée de précipices formidables et exposée à tout le feu de l'ennemi, qui tirait sur nous avec des canons, des *sompites*, des *bacacayes* et des frondes, à peine quelques-uns des nôtres arrivaient ils auprès du retranment qu'ils tombaient sur-le-champ morts ou blessés. Ce fut pour cette raison qu'après avoir combattu pendant plus de deux heures, nous ne pûmes gagner le fort.

Pendant ce temps, les quatre prêtres qui montaient la colline, savoir, le père Juan de Banios, le frère augustin, l'aumônier de la flotte et moi, nous nous tenions à notre poste, confessant les blessés et encourageant les autres. Quant à moi, pendant toute la route, je n'avais pas voulu déployer l'étendard du Christ et de saint François-Xavier; néanmoins, au moment du combat, me sentant animé par ma ferveur et mon zèle, je fis ce que le Saint-Esprit me dicta, et, en conséquence, je me crus obligé de remettre l'étendard à un soldat qui s'avança plus haut par mon ordre, afin de protéger la personne de sa seigneurie, qui s'était éloignée de moi pour reconnaître de plus près le retranchement; tout à coup une balle vint frapper l'étendard et passa entre les deux toiles des deux saintes images, sans pourtant toucher aux figures. Pendant ce temps, le saint avait le visage tourné vers le retranchement, et l'on a su depuis par une voie bien sûre, quoique j'ignore comment, que cette balle avait été envoyée par le démon pour tuer un grand personnage; mais le saint qui était devant lui le protégea.

Quand je vis que les choses étaient dans une situation si critique, je fis un grand vœu au saint et je dis ensuite à haute voix à sa seigneurie qu'elle devait, de son côté, promettre de lui élever une chapelle dans l'église de Saint-Miguel ; à quoi elle répondit avec beaucoup de franchise et de générosité : « Oui, mon père ; et elle sera très-belle et bien ornée. » Je crus devoir choisir cette église parce qu'elle avait été celle que saint François-Xavier avait préférée pendant sa vie et à laquelle il portait le plus de dévotion. Je ne saurais nier que mon cœur ne fût alors fort oppressé, mais ce n'était pas la crainte des balles qui volaient autour de nous comme des moustiques et faisaient un bruit terrible dans les arbres : car je puis affirmer à V. R. que je n'ai jamais, grâce à Dieu, éprouvé une ombre de crainte pendant toute cette expédition, quoique je me sois trouvé dans les plus grands embarras et périls où j'aie été de ma vie, ce qui a été pour moi une grande consolation et fort utile dans cette occasion; aussi je bénis et je loue le saint nom de Celui qui *attingit à fine usque ad finem fortiter, et disponit omnia suaviter*, de ce qu'il m'a conduit, par tant de détours, à me porter si proche du but de mes désirs. Aussi ce qui m'affligea dans cette journée, ce ne fut pas, comme je l'ai dit, la crainte, mais la douleur de voir les plus vaillants et les plus généreux soldats, morts ou blessés; cependant, pour dire la vérité, je fus bien consolé de les voir courir au combat avec les noms de Jésus-Christ et de saint François-Xavier à la bouche, et mourir en prononçant les mêmes noms : il y en eut beaucoup qui voulurent embrasser les deux images, lesquelles reçurent même quelques taches de sang. Ceux-ci se frappaient avec leurs reliquaires et les baisaient; ceux-là me demandaient l'absolution générale, afin de se disposer à une si glorieuse mort, gagnée pour venger les injures faites à Jésus-Christ (c'était là, du reste, la phrase que tous répétaient); d'autres enfin, auprès de qui je ne pouvais pas accourir assez vite, disaient tout haut leurs péchés et donnaient publiquement des marques de la grande douleur et contrition qu'ils éprouvaient. Il y en eut un surtout qui répéta trois fois : « Messieurs, dites à un tel qu'il me pardonne, car on m'avait donné à Manille de l'argent pour le tuer pendant le combat, et je l'aurais fait si Dieu ne m'avait pas mis en cet état. » La grande délicatesse de conscience de cet homme m'édifia beaucoup ; il était le seul qui ne se fût pas confessé la nuit précédente ; c'était moi qui avais confessé presque tous les autres, et ils avaient communié avec une grande dévotion.

Le capitaine Ugalde fut un des premiers blessés ; il reçut deux balles dans les bras ; le sargente-major don Pedro Hurtado de Corcuera eut la jambe droite traversée par un coup de mousquet, de sorte que ce vaillant chevalier, ne pouvant plus se tenir sur ses pieds, resta pendant assez longtemps à genoux, encourageant ses soldats, au grand danger d'être tué. Il était resté au même endroit où il avait été blessé ; don Rodrigue de Guillestigue fut fort heureux, car il combattit toujours et demeura tout le temps dans le fossé du retranchement sans recevoir de blessure considérable ; l'enseigne Amesquita parvint à arborer notre drapeau sur le fort, mais ce ne fut pas sans courir de grands dangers, car il s'en fallut de peu qu'on le renversât d'un coup de lance à la tête et de plusieurs sompites dans la gorge. Enfin, quoique les nôtres fussent à jeun, surchargés de biscuit et d'armes, fatigués de la route, moins longue que pénible, ils n'en combattirent pas moins comme des lions, et inspirèrent plus de frayeur aux Maures en mourant que s'ils avaient gagné le champ de bataille sans effusion de sang. On les voyait combattre avec opiniâtreté dans un véritable abattoir, car le poste où ils se trouvaient ne méritait pas d'autre nom. Et V. R. peut être assurée qu'un million d'Espagnols n'en auraient pas fait autant ;

il n'est pas possible, à mon avis, de croire ou d'imaginer quelle était la force de cette position, sans avoir été présent à l'attaque. Je ferai même observer que le corps de troupes alla jusqu'à la témérité; car, pour ne pas cesser de combattre, ils altéraient les ordres que donnait sa seigneurie ou les entendaient au rebours, faisaient dire aux chefs d'aller en avant, au lieu de leur commander la retraite.

Il est certain que les ennemis auraient pu nous faire beaucoup de mal en nous attaquant pendant notre retraite, vu que nous avions eu 8 à 10 morts et plus de 80 blessés, tandis que le petit nombre qui restait était très-fatigué et embarrassé par ces mêmes blessés qu'il fallait emmener, sans compter que le chemin, fort rapide, était plus dangereux à la descente qu'à la montée. Mais Dieu, notre Seigneur, par l'intercession de mon glorieux saint, daigna les frapper d'aveuglement, et la valeur de sa seigneurie, ainsi que le bon ordre qu'elle sut maintenir, leur enleva toute occasion de nous attaquer : car marchant l'épée nue à la main, d'un air joyeux, comme s'il n'était rien arrivé, le gouverneur encourageait tout le monde, retenant les troupes, afin qu'elles se retirassent lentement, le visage toujours tourné vers l'ennemi, tirant sur lui, battant du tambour et sonnant de la trompette, jusqu'à ce que nous arrivâmes à la maison que l'adjudant don Martin avait fortifiée. Comme nous étions tous là, nous vîmes une grande quantité de Maures descendre un coteau, dans l'intention de nous couper la retraite au camp. Nous leur envoyâmes sur-le-champ quelques décharges d'artillerie qui les firent retirer en toute hâte vers la hauteur. Sa seigneurie aurait voulu rester en cet endroit pour attendre le résultat de l'attaque de Nicolas Gonzalez; mais le peu de monde qu'il avait l'obligea de se retirer, toujours tambour battant, dans son camp. Les blessés furent déposés pour cette nuit dans une maison située en face de la mosquée, et le lendemain on les porta dans les champanes, après en avoir enterré 3 qui étaient morts. Beaucoup furent d'avis que sa seigneurie devait se retirer ce soir-là même au fort, comme étant un lieu plus à l'abri des attaques; mais elle ne voulut en aucune manière faire voir de la faiblesse à l'ennemi. Nous passâmes donc cette nuit dans d'assez vives inquiétudes, car, si les ennemis étaient descendus, les blessés au moins auraient couru de grands dangers. On sut de quelques prisonniers qu'ils avaient eu réellement l'intention de nous attaquer; mais croyant avoir tué le gouverneur, car ils avaient pris le capitaine Martin Monte pour lui, à cause de la beauté de son costume, ils jugèrent nécessaire de rendre auparavant grâce à Mahomet de leur avoir accordé une si grande victoire; ce qu'ils firent avec beaucoup de cérémonies et de réjouissances auxquelles ils se livrèrent, cette nuit, avec les têtes de nos morts : nous le découvrîmes à la grande quantité de lumières que nous vîmes en même temps sur la hauteur. Quand nous fûmes retirés le soir au camp, après ce combat, le gouverneur écrivit à Nicolas Gonzalez pour lui rendre compte de ce qui s'était passé et pour lui dire que si, vu sa position et l'état de ses troupes, il croyait pouvoir s'emparer de la hauteur, il n'avait qu'à attaquer seul avec courage; mais que sinon, il tâchât de se retirer honorablement dans le camp, où l'on réglerait toutes choses. Cette lettre fut remise à Sorozau, pour qu'il l'expédiât; mais personne n'osa s'en charger, de sorte qu'elle fut rendue au secrétaire.

Le matin, de très-bonne heure, j'étais occupé à dire la messe, quand nous commençâmes à entendre les coups de canon et la mousqueterie sur la hauteur, ce qui indiquait que les nôtres combattaient. Le camp se leva sur-le-champ, et sa seigneurie ordonna à don Rodrigo de marcher avec tous ses soldats valides par le même chemin que la veille, afin de diviser les forces de l'ennemi, supposé que Nicolas Gonzalez fût déjà aux prises avec lui. Je continuai la messe, quoique avec beaucoup de difficultés, par les larmes que nous faisait verser le bruit du canon, et comme le sacrifice se faisait pour nos soldats défunts, je conjurai fortement leurs âmes bienheureuses d'obtenir de Dieu pour nous la victoire pour laquelle ils avaient déjà versé leur sang la veille. La messe finie, nous récitâmes les grandes litanies et nous nous mîmes tous en prière ; il était beau de voir le gouverneur à genoux, les yeux baignés de larmes et les mains levées au ciel, comme un autre Moïse, se joindre à nous et implorer la victoire pour les siens. Une heure s'était à peine écoulée quand deux soldats arrivèrent, nous apportant la nouvelle de la victoire, et, bientôt après, le père Melchior de Vera vint à son tour avec les drapeaux des ennemis. Je ne décrirai pas les embrassements, la joie et le bonheur qui régnèrent dans notre camp, car il sera plus facile à V. R. de les imaginer qu'à moi de les dépeindre. Sa seigneurie donna sur-le-champ un drapeau au soldat qui nous avait apporté la nouvelle de la victoire, et il chargea ce même soldat de remettre une commanderie à Nicolas Gonzalez.

Quant à la manière dont la hauteur avait été emportée, le même père Vera nous la rapporta dans les termes suivants : ils avaient marché pendant toute la journée du mardi 17, jour de notre attaque, non pas que la distance fût si grande, mais parce que le chemin, comme je l'ai dit, était fort mauvais, et que Nicolas Gonzalez était obligé de se faire porter dans son hamac, étant si faible que, d'après ce qu'il m'a avoué lui-même depuis, le jour du combat son épée lui servait de bâton d'appui et qu'un jeune garçon lui soutenait le bras, qu'il ne pouvait lever à cause du poids de son bouclier. Ils rencontrèrent plusieurs fois des Maures; mais, pour ne pas faire de bruit, ils avaient ordre de ne pas combattre, de sorte qu'ils ne tuèrent pendant la route que le *cuchiche* de Corralat, qu'ils trouvèrent caché dans un buisson. Ils s'arrêtèrent pendant la nuit et se retranchèrent dans un bois qui dominait la colline qu'occupait l'ennemi; et le lendemain matin, qui était celui du mercredi, veille de S. Joseph et fête du glorieux ange S. Gabriel, Nicolas Gonzalez harangua ses soldats et leur dit que toute retraite étant impossible, ils n'avaient de choix que la colline ou le ciel; sur quoi ils attaquèrent vaillamment l'ennemi, qui les attendait derrière un grand arbre placé en travers du chemin, où il n'avait fait ni palissade, ni fossé, ne croyant pas que nous pussions venir l'attaquer de ce côté. Les Maures ne résistèrent qu'un moment, car le capitaine Castelo, qui commandait l'avant-garde, ayant passé avec quelques soldats de l'autre côté de l'arbre, les obligea d'abandonner cette position, après quoi il les suivit avec ses troupes, sans aucun danger ou difficulté, par le derrière du retranchement et des forts, jusqu'à ce qu'il restât maître de deux d'entre eux, avec 4 pièces de canon et la maison du roi, fort dans lequel il gardait son trésor. Il périt dans cette occasion un grand nombre de Maures, tant par l'effet de nos balles que parce que, dans leur fuite rapide et confuse, ils se précipitèrent par une pente fort étroite qui se trouvait à la sortie de ce retranchement, et par où ils nous avaient attendus, tombant ainsi, par un juste jugement de Dieu, dans les mêmes embûches qu'ils avaient préparées pour nous. En même temps le capitaine Castelo, avec l'avant-garde, poursuivait d'autres Maures qui allaient rejoindre ceux qui formaient la garnison du troisième retranchement, c'est-à-dire de celui que nous avions attaqué la veille par notre avant-garde. Il mit avec la même facilité l'ennemi en fuite, restant maître du fort et de ses armes, qui consistaient en mousquets, en arquebuses, en campilanes, etc.

Les parents, les domestiques mâles et femelles de Corralat, ainsi que plusieurs autres personnes de sa maison que nous fîmes prisonniers ce jour-là, nous dirent que, la veille, il avait foulé aux pieds le verre d'un ostensoir qu'il avait volé, disant à tout le monde qu'il ne fallait plus rien craindre, parce qu'il tenait le Dieu des chrétiens sous ses pieds, et que, vu la force de la colline et de ses retranchements et l'abondance de ses munitions, on pouvait être parfaitement tranquille, à moins qu'il ne plût des hommes du ciel; mais le matin, quand on vint lui dire que les nôtres attaquaient par le derrière, il dit à sa femme : « Les Espagnols ont choisi un mauvais côté pour moi (car, ainsi qu'il a été dit, la colline n'était pas défendue par là); malgré cela, ne sois pas inquiète et attends-moi ici; je vais traiter ceux-ci comme j'ai traité les autres hier. » Il y alla, et sa femme, voyant que les nôtres étaient sur le point d'entrer, voulut persuader à ses suivantes de se jeter du haut du précipice avec elle pour ne pas tomber dans nos mains; mais celles-ci refusèrent, se montrant plus sages qu'elle, et devinrent ainsi nos esclaves; quant à la pauvre reine, elle se précipita avec son fils, qu'elle tenait dans ses bras, et resta suspendue dans un arbre. Tout le monde la regretta à cause de son bon cœur; et, en effet, le père recteur de Dapitan nous dit qu'il la connaissait pour être très-favorable à nos prisonniers chrétiens, leur envoyant en cachette des aliments, et particulièrement aux religieux; elle querellait son mari quand il les maltraitait et les tourmentait. La reine s'étant ainsi précipitée, Corralat, qui avait reçu une balle dans le bras, alla à sa recherche, et voyant qu'elle était morte, il prit la fuite par une des descentes, sans être reconnu, et se rendit dans un petit village à 4 lieues de la colline, où l'on dit qu'il se trouve maintenant, se faisant traiter pour sa blessure.

Aucun des nôtres, grâce à Dieu, ne périt; il y en eut seulement 7 à 8 de blessés, et ils vont déjà bien. Don Rodrigo, qui s'était mis en marche le matin, comme je l'ai dit, avec d'autres hommes, ayant appris en route la victoire, envoya ses soldats comme renforts à Nicolas Gonzalez, et retourna de sa personne au camp.

Que V. R. voie s'il nous eût été possible, comme on le disait, de prendre la hauteur par famine; il y avait des champs cultivés, des plantations, une rivière de très-bonne eau, et 6 ou 7,000 journaux de riz, ce qui formait un approvisionnement considérable. Nicolas Gonzalez se fortifia avec ses troupes dans deux postes; il mit dans la maison du roi, dont il s'était emparé au nom de Sa Majesté, le capitaine Bezerra avec 50 soldats, et il resta lui-même avec les autres dans le principal retranchement, où se trouvaient les pièces de canon, en attendant que l'on brûlât toutes les autres fortifications, les maisons, le riz et les semailles, et que l'on descendît les 4 pièces d'artillerie, ce qui se fit en deux jours, à l'admiration de tout le monde et des canonniers eux-mêmes, qui le regardaient comme impossible, et qui auraient encloué les pièces si sa seigneurie n'avait pas tenu ferme et ne leur avait fait dire qu'il ne fallait pas qu'ils descendissent sans elles; il ne voulait pas que Corralat pût dire que les Espagnols n'avaient pas pu emporter ce qu'ils avaient pris; or il lui avait fallu 6 mois et 2,000 Indiens pour faire ce que nous achevâmes en 2 jours avec 4.

Je ne saurais nier que la joie ne fût plus grande ce jour-là, quoique nous fussions très-affligés de la mort des deux pères récollets, que sa seigneurie désirait délivrer des mains des Maures. Ils avaient pris trois de ces pères aux Pintados, l'un desquels fut tué par les propres balles des soldats de Nicolas Gonzalez, le jour qu'il s'empara de la flotte ennemie au cap de S.-Sébastien, autrefois des Flèches; quant aux deux autres, l'un fut tué par les Maures le jour que nous prîmes le port du bas, alors que l'ennemi s'enfuit avec ses femmes et ses prisonniers vers la colline; or ce bon serviteur de Dieu ne pouvant marcher plus vite, car il avait été malade, on l'acheva à coups de bâton et l'on attacha son corps à un arbre, afin que nous pussions l'apercevoir du camp; mais comme il était loin, bien que nous le vissions, nous ne pûmes être sûrs que ce fût lui, d'autant plus qu'ils l'enlevèrent le lendemain, sans que nous ayons pu découvrir ce qu'ils en ont fait. Ils tuèrent l'autre père de rage, le jour que Nicolas Gonzalez s'empara de la colline; mais il ne mourut pourtant que le lendemain, dans la mosquée du bas, devant l'autel, et ce fut pour lui une grande consolation d'avoir dédié à Notre-Dame de Bon-Succès la maison que peu de temps auparavant il avait laissée consacrée à Mahomet. Nous accourûmes à sa mort, cinq pères que nous étions dans le camp, et, le lendemain matin, nous le jetâmes à la mer, pour ne pas laisser ce saint corps dans les mains des barbares. Quand je le lavai pour l'ensevelir, je demeurai stupéfait à la vue du grand nombre de blessures et de cruels coups de campilanes dont ils avaient lardé tout son corps, et j'admirai en même temps la patience exemplaire avec laquelle il avait souffert ce supplice. Les soldats admirèrent aussi le grand zèle de ce saint homme; car, lorsqu'ils le trouvèrent ainsi blessé dans un coin de la colline, il ne se plaignit point, mais il demanda sur-le-champ s'il n'y avait pas là quelque soldat blessé qu'il pût confesser; et comme on lui dit de ne point se fatiguer parce que nous avions pour remplir cet office un père de la compagnie, il s'en réjouit beaucoup et pria qu'on fît venir tout de suite ce père pour le confesser lui-même; et, en effet, le père Melchior de Vera s'empressa d'arriver.

Dans le temps qu'on le descendait au camp, j'étais auprès des malades à bord de la flotte, et l'on me dit le soir, quand je revins, que sa seigneurie avait donné des marques particulières de sa piété auprès du père, en aidant à le mettre au lit, en lui donnant de sa propre main des aliments, en lavant le sang de ses plaies et en le consolant par les discours les plus tendres et les plus pieux, surtout lorsque le chirurgien commença à le panser : car les vêtements étant collés aux blessures, et aucun pansement n'ayant été fait depuis un jour et demi, on ne put les en détacher qu'en causant de vives douleurs au patient; et quand il repoussait un peu le chirurgien, sa seigneurie s'empressait de lui rappeler la passion de N.-S. Jésus-Christ, ce qu'elle fit avec tant d'efficacité que, d'après ce qu'elle m'assura plus tard, il ne dit plus un seul mot ni ne fit le moindre acte qui n'indiquât la patience inaltérable d'un glorieux martyr. J'avouerai qu'après sa mort j'employai pour laver ses blessures plus de larmes que d'eau, tant j'éprouvais d'envie de la manière glorieuse dont il avait achevé son pèlerinage; aussi le priai-je avant sa mort d'obtenir pour moi de Dieu un trépas semblable au sien, ou plus douloureux encore, pour la défense de la loi divine; le saint homme me le promit, et j'espère en jouir par son intercession; non pas parce que je le mérite, mais comme le prix de la grâce qu'il ajouta à ses glorieuses blessures, par les quatre dernières absolutions que je lui donnai à ma grande consolation. Certes ces pères ont été bien heureux d'avoir pu, par leur sang, manifester au monde le zèle et l'amour divin qu'ils renfermaient dans leur poitrine.

La matinée des obsèques du père étant venue, c'était le vendredi 20 mars, deux jours après la victoire, nous montâmes avec sa seigneurie au haut de la colline; mais la puanteur que répandaient le grand nombre d'ennemis morts dans les précipices, quoiqu'il y en eût encore beaucoup de vivants, dont on entendait les cris et les gémissements, cette puanteur, dis-je, fut si grande, qu'à peine arrivés nous nous bornâmes à visiter la maison du roi, après quoi nous retournâmes sur-le-champ au camp, et le gouverneur ordonna qu'à l'exception des ornements d'église et des armes pour le roi, tout le reste fût partagé entre les soldats, sans qu'il se réservât même un cheval pour lui ni pour les siens, action qui fut à bon droit louée et admirée de tout le monde, car elle n'est guère d'usage chez les capitaines généraux, et je crois qu'elle a été la première de ce genre dans les îles Philippines; aussi confirma-t-elle la réputation de chevalier complétement désintéressé dont jouissait sa seigneurie. Les objets trouvés et répartis furent très-nombreux. On dit qu'il y avait plusieurs caisses très-pesantes, pleines d'objets précieux; il est certain que c'était là que se trouvait tout le trésor de Corralat, fruit de tant d'années de pillage. Il est inutile de dire à V. R. que les soldats revinrent bien contents et beaucoup plus riches, et grand bien leur en fasse, car vraiment tous le méritèrent, ayant tous vaillamment combattu. Quant aux ornements d'église, tels que vases sacrés, calices, verres d'ostensoirs, encensoirs, etc., qui ont déjà été remis avec une grande exactitude à leurs maîtres, il y en eut une grande caisse toute pleine; V. R. a pu en juger par les 4 brancards chargés de ces ornements qui ont été portés dans la procession solennelle que sa seigneurie fit faire à Manille le dimanche de la Trinité, en action de grâces à Dieu pour cette victoire. Je regrettai seulement que le jour que nous montâmes à la colline je n'eusse pas eu le temps de chercher un chapelet que j'avais perdu le jour de l'assaut, quand, pour apaiser la colère de Dieu, je déchirai avec beaucoup de promptitude ma soutane par le milieu ; mais Dieu daigna me consoler le jour suivant ; car, comme je retournais au camp après avoir visité les malades, sa seigneurie me rendit mon chapelet, l'ayant reconnu dans les mains d'un soldat qui l'avait trouvé en descendant la colline. Je donnai je ne sais combien de piastres à ce soldat, et certes ce chapelet les valait bien, car les grains en étaient faits avec le bois du pieu auquel avaient été attachés les martyrs brûlés au Japon, et ils avaient touché tout le corps de mon très-glorieux père, S. François-Xavier à Goa : c'est pour cela que j'y attache un si grand prix.

Six jours entiers se passèrent à répartir, à rassembler et à brûler tout ce qui se trouvait à Mindanao ; après quoi, le 25 mars, jour de la très-sainte Annonciation, nous nous remîmes en route pour Samboangan. Monseigneur le gouverneur ne voulut pourtant pas mettre à la voile avant d'avoir, sur le lieu même d'une si grande victoire, rendu grâce à la majesté divine ; en conséquence, il se fit une procession solennelle du très-saint sacrement, depuis la mosquée jusqu'au fort, dans laquelle on porta devant sa seigneurie l'image du Christ et de S. François-Xavier, patron de l'expédition, avec le manteau bleu de son ordre, dans lequel elle avait communié, les soldats faisant pendant ce temps huit saluts royaux de leurs mousquets et le fort de ses canons, le tout chargé à balles, ce qui eut le double avantage d'honorer la procession et de raser les deux tertres de l'embuscade que, sans que nous le sussions, quelques Maures avaient dressée pour entraver notre embarquement; on les découvrit plus tard par le grand nombre de morts qu'y trouva le capitaine Juan Nicolas, lorsqu'en revenant de la rivière de Bugayen il voulut voir le poste que nous avions enlevé à Corralat. La procession achevée, on mit le feu à la mosquée et au fort, et l'on commença à embarquer les troupes dans les petites champanes de la flotte; on envoya en même temps le sargente major Palomino avec 5 caracoves et 100 Espagnols pour accompagner le père Melchior de Vera, qui savait bien la langue, et qui était chargé d'aller trouver Monçay, roi de Bugayen, souverain légitime de l'île de Mindanao (cet autre Corralat, quoique son parent, n'étant qu'un usurpateur), pour traiter avec lui de la paix et pour l'engager à se reconnaître vassal de Sa Majesté et à lui payer un tribut. Comme nous allions mettre à la voile, un de nos prisonniers indiens se montra sur la plage, et la felouque l'ayant amené à bord de notre champane, il nous raconta qu'ayant pris la fuite des terres de l'ennemi, où il avait été retenu pendant quelques jours, et ayant passé par un des ravins de la colline, il y avait trouvé une grande quantité de Maures tués.

Deux ou trois heures après notre départ de Mindanao, nous rencontrâmes le capitaine Juan Nicolas et le père Pedro Guttierez, recteur de Dapilan, qui venaient au secours de notre flotte avec 40 embarcations, 1,200 aventuriers indiens et 50 Espagnols; sa seigneurie les envoya avec un nouvel ordre pour le major Palomino, par lequel il lui disait que, nonobstant ses premières instructions, il devait faire en sorte, avec les hommes qu'il lui envoyait, de prendre en tout cas Monçay, ou du moins de lui enlever ses armes; nous poursuivîmes après cela notre route, et le dimanche de la Passion nous arrivâmes à Samboangan. Le fort accueillit son capitaine général, qui revenait victorieux, avec un salut royal; les troupes étant rangées en bataille; le père Gregorio de Belin le reçut en chape, et le *Te Deum* fut chanté dans son église. Je l'accompagnai jusqu'aux maisons royales, après quoi j'allai disposer l'hôpital pour la réception des malades : car, quoique je les eusse assistés de mon mieux à Mindanao et pendant le voyage, avec tout ce que renfermait la pharmacie de sa seigneurie, néanmoins les incommodités qu'ils avaient souffertes à bord des champanes où ils avaient forcément été très-serrés, et le manque de volailles, les avaient fort affaiblis. J'allai tout de suite chercher des brancards pour les transporter; je rassemblai dans une chambre tout ce que je pus trouver de douceurs pour en réconforter les malades, et dans notre cour toutes les poules qui avaient été apportées d'Othon à Samboangan; les particuliers les avaient offertes à sa seigneurie, qui me les donna toutes pour l'usage des blessés. Avec ces provisions je me renfermai dans l'hôpital afin de pouvoir aller, de nuit comme de jour, au secours du corps et de l'âme des malades, que soulageaient, en outre, les fréquentes visites de sa seigneurie. Grâce à ces soins et à la communion générale qu'ils firent tous le dimanche des Rameaux, la plus grande partie d'entre eux se trouva, par la miséricorde de Dieu, en bonne santé le samedi saint, quand nous partîmes de Samboangan.

Et en vérité, quand on considère le nombre et la gravité de leurs blessures, on ne saurait nier que ce ne soit une chose miraculeuse que sur 80 blessés, à l'exception des trois qui succombèrent la nuit de l'assaut, il n'en mourut que deux, d'autant plus que toutes les plaies renfermaient du poison, et que beaucoup d'entre elles étaient, en outre, profondes et mortelles, ainsi que nous le vîmes par les effets que causèrent sur les malades les sompites et les balles, lesquelles étaient toutes mâchées, tandis que nous en trouvâmes encore beaucoup sur la colline qui trempaient dans un vase plein de poison. A la vérité, je me suis servi de quelques contre-poisons très-efficaces que l'on m'avait donnés à Manille ; mais ce qui leur communiqua bien plus de vertu encore, ce fut d'y mêler un peu des reliques de saint François-Xavier, qui, jointes à la foi des malades, opérèrent des merveilles. Le capitaine Maroto l'éprouva bien : il était déjà noir et à l'agonie quand il m'appela pour le confesser et lui donner les sacrements. L'enseigne Amesquita en ressentit encore mieux la vertu, ayant rendu par la bouche trois sompites, dont il avait eu trois jours auparavant la gorge traversée. Un sergent de la même compagnie était sur le point de recevoir l'extrême-onction ; une balle lui avait traversé l'estomac, de sorte que les aliments qu'il prenait lui sortaient par la plaie. Lui et beaucoup d'autres, grièvement blessés à Mindanao, parcourent maintenant les rues de Manille. Les enseignes Romero et Mucehaca seuls sont morts à Samboangan pour n'avoir pas voulu se laisser panser.

Cependant le gouverneur attendait le retour du sargento major Palomino et du capitaine Juan Nicolas, de Bugayen, et, au lieu de se reposer pendant ce temps, il alla en personne avec ses soldats travailler à un fossé qu'il avait ordonné d'ouvrir pour amener un ruisseau d'eau douce au fort, qui en manquait ; mais, grâce à Dieu, ils sont arrivés, d'après ce que l'on nous annonce de Samboangan. Pourtant, avant de s'occuper d'autres affaires, le gouverneur, dans sa haute piété, voulut encore une fois remercier Dieu de sa victoire, en célébrant une fête au Saint Sacrement; et, afin de montrer qu'il réunissait la valeur et la dévotion du grand capitaine Judas Machabée, il voulut que, le jour suivant, on rendît les honneurs funéraires à ses soldats défunts. Malheureusement pour l'éclat de ces fêtes, ce fut moi que l'on chargea de prêcher à l'une et à l'autre. Sa seigneurie publia aussi une longue liste de récompenses, de grades et de bénéfices qu'il accordait à ceux qui avaient été blessés dans cette expédition, et cette mesure acheva de lui attacher les troupes, au point qu'elles ne s'occupent et ne parlent que de leur capitaine général, et les marins eux-mêmes disent qu'ils ne veulent point profiter de la permission de passer à la Nouvelle-Espagne pour ne pas perdre l'occasion d'assister à l'expédition de l'année prochaine.

Ce fut ainsi que nous passâmes quelques jours jusqu'à l'arrivée de notre flotte de Bugayen, qui eut lieu le mercredi saint, et, le lendemain, le frère de ce roi vint avec trois caracoves, comme ambassadeur, pour traiter avec sa seigneurie de la confirmation des articles de paix convenus avec le major Palomino, attendu que les secondes instructions, dont Juan Nicolas était porteur, n'avaient pu être remplies, étant arrivées trop tard, et quand Monçay avait déjà consenti à toutes les conditions que nous pouvions désirer, au point de déclarer publiquement à ses sujets qu'il voulait être l'ami et le vassal du roi d'Espagne, et que ceux qui ne pensaient pas comme lui n'avaient qu'à quitter ses États. Conformément à cela, l'ambassadeur offrit au nom du roi son frère à monseigneur le gouverneur cinq choses, savoir : de rendre sur-le-champ tous les chrétiens captifs ; de payer un tribut à Sa Majesté; de recevoir les pères de la compagnie, afin qu'ils enseignassent publiquement à ses sujets la loi de Jésus-Christ; que, si le gouverneur désirait avoir dans ses États un fort avec une garnison espagnole, ses soldats seraient

traités comme des frères; enfin qu'il serait l'ami de nos
amis et l'ennemi de nos ennemis, et qu'en conséquence il
mettrait tout en œuvre pour s'emparer de Corralat, mort
ou vif, et de le livrer entre nos mains. Sa seigneurie reçut
l'ambassadeur avec grande pompe, sur un siége entouré
de tout ce qu'il y avait de plus brillant dans notre armée,
si belle et si vaillante; et celui-ci s'assit sur le tapis, plein
d'admiration de l'air majestueux de notre capitaine général et de ses soldats. Le gouverneur du fort reçut l'ordre
de le loger dans sa maison, et, en retour d'un présent
de quelques noix de cocos et de quelques poules, on lui
envoya une fort belle pièce de soie; quant à un sergent
prisonnier qu'il nous donna au nom du roi son frère, sa
seigneurie lui fit dire qu'il ne lui rendrait rien, attendu
que cet homme était sujet du roi d'Espagne. L'ambassadeur
fit des instances pour qu'il lui envoyât quelque chose, au
moins quelques-unes de ses armes. Sa seigneurie répondit
que, jusqu'à ce moment, Monçay avait été son ennemi,
et que, comme tel, il ne méritait rien; mais qu'il n'avait
qu'à commencer à donner des preuves de son amitié, en
renvoyant sur-le-champ tous ses captifs, etc., et qu'il ne
tarderait pas à recevoir des marques de sa générosité.
Quant à Corralat, il offrait 2,000 piastres s'il le lui
procurait mort, et 4,000 s'il le lui livrait vivant. Le
Maure reçut cette proposition avec une grande joie, car il
aimait beaucoup l'argent. Je pense, d'après cela, que dé-
sormais les jours de Corralat sont comptés. Le samedi saint,
sa seigneurie étant prête à s'embarquer, elle s'occupa de
renvoyer l'ambassadeur et de recevoir ses lettres et les
conditions de la paix, qui furent signées en sa présence;
et enfin, pendant que sa seigneurie pour lui faire honneur
l'embrassait au moment de partir, le Maure enchanté lui
dit qu'en moins de quatre lunes, c'est ainsi qu'ils distin-

guent les mois, il irait le voir à Manille, ce qui me réjouit beaucoup, par la facilité que cela donnera à V. R. d'envoyer par lui des ouvriers pour une si abondante moisson.

Aussitôt toute l'artillerie fit une décharge à laquelle la flotte répondit, et monseigneur le gouverneur s'étant embarqué, nous mîmes à la voile pour Manille et l'ambassadeur pour Bugayen. Le capitaine Juan Nicolas et le capitaine Juan de Léon, partirent avec une compagnie de 100 Espagnols et 1,000 Indiens; ils avaient ordre d'accompagner l'ambassadeur de Bugayen jusque chez lui, et puis d'aller en avant et de faire tout le tour de l'île de Mindanao jusqu'à Dapitan, détruisant et brûlant tous les villages qui refuseraient de se soumettre à nos armes; les aumôniers de la flotte étaient le père recteur de Dapitan et le frère augustin, qui étaient venus comme confesseurs des Pampangos.

Le même jour, le père Gregorio Belin partit pour l'île de Basilan avec le capitaine Sineros, pour le motif que je vais dire à V. R. Cette île, située en face de notre port et à deux lieues de distance, contient 3 à 4,000 habitants qui payent tribut au roi d'Iolo, quoiqu'ils aient toujours désiré de préférence être tributaires de S. M. Or il n'y a pas longtemps que les principaux de l'île vinrent rendre hommage à sa seigneurie, sur quoi il ordonna que le gouverneur du fort perçût un tribut, et défendit qu'on le payât au Iolo; toutefois, l'année suivante, ce roi vint les obliger, par la force des armes, à s'y soumettre. Cet arrangement ayant été publié, 200 des principaux Iolos vinrent avec toutes leurs familles dans une île voisine, afin de se rendre de là à Samboangan, de s'y établir et d'être nos sujets. Mais, comme ils désiraient savoir auparavant les intentions de sa seigneurie, ce fut pour cela que le susdit capitaine alla auprès d'eux avec le père Belin, afin de les tranquilliser et de les amener au fort, où j'espère en Dieu qu'ils seront bien instruits et disposés au saint baptême; et comme sa seigneurie n'avait point de pères qu'elle pût envoyer à Basilan, elle écrivit, en vertu des pouvoirs très-amples qu'elle avait reçus de V. R., au père Francisco Angel, pour qu'il passât sur-le-champ de l'île de Negros à Samboangan, où le gouverneur du fort lui donnerait des soldats pour la sûreté de sa personne et tout ce dont il aurait, en outre, besoin pour prêcher l'Évangile dans ladite île. Il y avait déjà été avec beaucoup de satisfaction, d'après ce que j'ai appris du père recteur d'Othon, la mission de Mindanao ayant été le principal motif pour lequel il était venu d'Espagne aux îles Philippines. Du reste, ce père ne pourra soigner seul l'île tout entière, d'autant plus qu'il ne reste à Samboangan que deux pères, le père Melchior de Vera, qui, vu ses indispositions continuelles, a bien assez à faire à s'occuper de tout ce qui regarde le fort, dont sa seigneurie l'a chargé, comme étant une personne particulièrement habile en ces matières, et le père Gregorio Belin, qui, lui aussi, a les mains pleines, par le soin de toute la garnison, dont il est l'aumônier; de sorte qu'il y a beaucoup de villages de Maures, situés à l'entour du fort, qui n'ont personne pour les enseigner. Pendant que nous étions à Mindanao, le roi de Sibugney, qui est une contrée beaucoup plus fertile et plus abondante que le Pampanga, était aussi venu en personne auprès du gouverneur de Samboangan pour solliciter notre alliance et des pères, et maintenant son fils est venu avec les galères de Ternate pour s'instruire à Manille. Nous verrons arriver ainsi tous les jours d'autres chefs, vu la chute funeste du principal roi de ces îles, Corralat, qui les retenait presque tous sous sa loi tyrannique, et les forçait à lui payer tribut. Le roi d'Iolo lui-même a envoyé Dato Achen, qui est son favori et son familier, et en même temps le capitaine le plus vaillant d'entre les Maures, avec des lettres adressées à sa seigneurie, pour lui confirmer les conditions de la paix que sa femme était venue, l'année dernière, signer avec notre gouverneur; il s'excusait de n'être pas venu en personne, parce qu'il attendait une flotte que le roi de Burney, allié des Camucans ses ennemis, devait envoyer pour lui faire la guerre.

Que V. R. réfléchisse par charité à l'abondante moisson qui se présente à Mindanao, et combien nous sommes pauvres en sujets et en navires : car, tandis qu'à mon avis 40 seraient à peine assez, il ne nous en reste plus que 2, et c'est certes une chose affligeante; car cette mission est une des plus glorieuses que l'on puisse désirer, puisque les grands fruits que l'on y recueille ne trompent pas les espérances des plus nobles martyrs; enfin il suffit que l'apôtre en ait été saint François-Xavier, qui fut le premier qui y prêcha le saint Évangile, ainsi qu'il apparaît de la bulle de sa canonisation. Je mets ma confiance dans la miséricorde divine et j'espère que la nouvelle de cette victoire si grande et si désirée et de la conquête de la grande île de Mindanao touchera le cœur de Sa Majesté et de son royal conseil des Indes, pour qu'ils envoient, cette année, beaucoup d'ouvriers à une si glorieuse récolte.

Voilà tout ce qui a rapport à notre expédition de Mindanao, à l'exception seulement du retour à Manille, lequel, par sa longueur et ses périls, nous a fait beaucoup souffrir; car nous étions obligés de faire le tour de toutes les îles que nous rencontrions, et de quelque côté que nous voulions aller, le vent nous devenait immédiatement contraire avec trois ou quatre *raguios* qui sont des tempêtes;

entre autres dans les îles des nègres du Mindoso et de Manisduque, au point que c'est un miracle de Dieu que, par la protection de saint François-Xavier, nous nous en soyons réchappés sains et saufs, surtout de celui que nous éprouvâmes près de l'île de Mindoso; il nous rompit le mât et une vague passa par-dessus notre poupe, si forte et si extraordinaire aux yeux du pilote et des marins, qu'en la voyant venir de loin sur les eaux ils m'appelèrent en toute hâte pour que je puisse l'exorciser, ce que je fis en effet; car certes elle ne pouvait être qu'une œuvre diabolique, le grand démon de Mindanao s'étant montré si incidemment l'auteur de tous nos maux, nos troubles et nos contrariétés, et cela parce que sa seigneurie l'avait si vaillamment chassé de sa résidence.

Mais si la main de l'ennemi fut visible dans nos périls, la protection de Dieu et de notre saint, dans ces mêmes périls, fut bien plus éclatante encore; c'est ainsi qu'elle nous délivra de quelques rochers à fleur d'eau, sur la côte de Manille, où nous aurions infailliblement échoué, et qu'elle nous fit quitter pour une autre une champane qui sombra le lendemain : je pourrais citer encore plusieurs autres cas, si je ne craignais d'ennuyer V. R. Deux fois sur la route nous prîmes des rafraîchissements pour soulager les blessés; la première fois à Yloylo, où nous fûmes reçus par nos pères, et la seconde à Panoy, où le capitaine alcade mayor, don Francisco de Frias, nous accueillit; enfin les vents restant toujours absolument contraires, et sa seigneurie ayant beaucoup souffert pendant le voyage, elle résolut de débarquer à Tabayas, avec le major don Pedro, son cousin, et le capitaine Lorenzo Ugalde, tous deux malades, et qui avaient besoin des secours du chirurgien; de là nous fîmes par terre deux journées de chemin jusqu'à la lagune, et puis nous allâmes par la rivière à Manille, où nous arrivâmes le 19 mai; je restai à San-Miguel, les blessés furent placés à Manille, et sa seigneurie se rendit la nuit même à Cavite, où elle voulait attendre sa flotte. Grâce au ciel, elle arriva tout entière dans l'espace de quatre jours, et ainsi le gouverneur fit son entrée le dimanche avec toute la pompe et l'éclat dont V. R. a été témoin. Mais je ne sais si beaucoup de personnes ont remarqué ce qui est arrivé ce jour-là : de toutes les champanes, il n'en manquait qu'une seule, celle du capitaine don Gabriel Niño de Tabna, qui portait quelques grosses pièces de canon sur l'ennemi; or, au même moment où sa seigneurie arrivait d'un côté de Cavite pour faire son entrée, don Gabriel Niño venait d'un autre côté de Mariviles, comme si Dieu avait voulu montrer par là sa protection toute particulière, en faisant revenir toute la flotte saine et sauve, sans qu'il manquât la moindre chose des dépouilles de l'ennemi. Béni soit donc et loué à jamais son très-saint nom, de ce que, par le moyen de la valeur, du zèle et de la piété chrétienne de ce bon chevalier, il a daigné en même temps accorder un utile secours aux élus et châtier l'orgueil de ces Maures. L'expérience a bien prouvé la vérité de la révélation que reçut cette sainte servante de Dieu, au sujet de la venue de ce gouverneur, qui devait être le remède à tous les maux et le salut de cette conquête : puisse le Seigneur lui conserver la santé, afin qu'il puisse continuer ce qu'il a commencé avec tant d'ardeur et de courage, pour la gloire de sa divine majesté.

C'est là ce qui s'est présenté à ma mémoire, afin que je l'écrivisse à V. R., au sujet de notre expédition de Mindanao, aussi glorieuse que miraculeuse. La seule chose qui nous manque, c'est que V. R. veuille envoyer tout de suite beaucoup d'ouvriers pour répandre la semence du saint Évangile, ainsi que pour faire la récolte en plusieurs parties de l'île, vu les grandes dispositions que j'y ai laissées à mon départ. Le seul regret que j'aie, c'est la grande pénurie de sujets dans cette province des Philippines, en comparaison du nombre de missions et d'établissements chrétiens dont ils sont chargés, et cette pénurie deviendra bien plus sensible encore, maintenant qu'il s'ouvre à nous une porte si grande que, très-certainement, si Dieu ne m'avait pas appelé dans un autre exercice, je me croirais trop heureux d'être employé par l'obédience à la conquête spirituelle du royaume de Mindanao; quoi qu'il en soit je me fie à l'intercession de mon très-glorieux saint François-Xavier, parce qu'ayant été le premier ouvrier de cette île, où il a été blessé, le protecteur et le patron de cette expédition ne manquera pas de continuer l'œuvre à laquelle, comme nous le savons, il s'est si fortement engagé, et qu'en conséquence il disposera les choses de manière à ce qu'il arrive beaucoup d'ouvriers d'Europe, d'ici à peu d'années, pour compléter ses travaux dans une si glorieuse mission. Et comme, ainsi que je le suppose, je ne serais pas digne d'être choisi, je supplie au moins V. R. de vouloir bien, par ses saints sacrifices et ses oraisons, solliciter pour moi, du même saint, qu'en récompense de la part que j'ai prise à la conquête de son île, il m'admette parmi les ouvriers de quelque autre de ses îles et conquêtes spirituelles, afin que travaillant tous dans des missions appartenant à ce grand apôtre de l'Orient, nous puissions jouir ensemble de sa protection particulière et de sa faveur dans cette vie, et être admis dans l'autre, que je prie Dieu de nous accorder, dans son infinie miséricorde, au nombre de ses dévoués et bien-aimés serviteurs.

Taytay, le 2 juin 1637.   De V. R. le très-humble
               et obéissant fils.

TRADUCTIONS.

COPIE

d'une lettre missive adressée à Sa Sainteté le pape, par le roi de Portugal, dans le cours de la présente année (1513), au sujet de la conquête de la ville de Malacca, et d'autres royaumes et seigneuries dans l'Inde ainsi que vers le Levant; imprimée dans l'origine à Rome, en latin, et traduite ensuite en allemand.

Au très-saint et bienheureux père en Dieu, le seigneur, monseigneur Léon X, évêque suprême, notre seigneur, le très-dévoué fils de Sa Sainteté, Emmanuel, par la grâce de Dieu, roi de Portugal et des Algarves, en deçà et au-delà des mers d'Afrique, seigneur de Guinée et de la navigation et du commerce de l'Ethiopie, de l'Arabie, de la Perse et des Indes, notre très-humble salut aux pieds bienheureux du très-saint père. Nous louons et bénissons le Dieu tout-puissant et toi, et nous nous félicitons de ce que d'après les avis que nous avons reçus de nos armées et flottes dans l'Inde, il appert suffisamment que, conformément aux ordres de toi, évêque suprême de l'église romaine et de toute la chrétienté, de merveilleux exploits ont été accordés et accomplis à la louange et à l'honneur de Dieu; ta louange et ta gloire n'ont pas été moins appréciées. En conséquence, nous avons jugé convenable de profiter de l'occasion de cette lettre missive, pour faire connaître succinctement à Sa Sainteté, chef de toute la chrétienté et la règle du clergé chrétien, toutes les grandes choses faites dans l'Inde par la valeur de nos troupes et avec l'aide de Dieu. Et les pays conquis devant être consacrés au Dieu tout-puissant, pour lesquels nous demandons son très-saint nom et sa louange, et nous espérons étendre facilement la doctrine chrétienne.

Du roi des Mores et de sa ville Malacca.

Après plusieurs opérations de guerre d'un succès douteux, l'Inde avait été par nous remise en paix et en repos, non sans de nombreux efforts et une grande effusion de sang; l'ordre y avait été établi au moyen de garnisons suffisantes; mais alors notre général en chef Alfonse d'Albicelur *(Albuquerque)* prit fortement à cœur le dommage et la honte que les nôtres avaient soufferts pendant tant d'années. Il se rendit donc avec nos vaisseaux à l'île d'Or, qui est entourée de tous côtés par la mer; les habitants et les voisins de cette île l'appellent Malacca; elle est située entre le grand Océan et la mer du Gange. Il s'y trouve une ville d'une grandeur merveilleuse, renfermant plus de 25,000 maisons. C'est aussi de là que proviennent les pierres précieuses que l'on a coutume de tenir de l'Inde; elle est, en outre, fort riche et est regardée comme la plus célèbre ville de commerce. Elle est l'entrepôt de la plupart, ou pour mieux dire, de toutes les espèces d'épiceries et de parfums, ainsi que de l'or, de l'argent, des perles et des pierres précieuses, qui y sont apportées en grande quantité. La ville de Malacca est gouvernée par un roi more; son pouvoir s'étend principalement sur ceux de la secte mahométane, mais au delà le pays est habité aussi par d'autres païens. Or le susdit Alfonse, s'étant préparé à la guerre, avait débarqué ses troupes dans l'intention de mettre le siège devant la ville; mais les Sarrasins, l'ayant appris, se disposèrent, de leur côté, à la défense, tant en élevant des fortifications que par d'autres moyens; mais le tout inutilement : car, bien qu'ils livrassent deux combats aux nôtres, par l'aide de Dieu la victoire demeura en définitive de notre côté. Après avoir tué un grand nombre d'ennemis et les avoir vigoureusement poursuivis, nous nous emparâmes de la ville de Malacca, que nous livrâmes aux flammes et au pillage. Le roi, qui combattait sur un éléphant, fut grièvement blessé; d'autres Mores cherchèrent leur salut dans la fuite. La perte de l'ennemi fut fort grande dans cette bataille et la nôtre peu considérable. On lui fit aussi beaucoup de prisonniers, et l'on s'empara d'un riche butin; entre autres de sept éléphants apprivoisés, avec leurs tours et leurs ornements richement brodés en or et en soie, selon l'usage du pays; d'un grand nombre d'armes de toute espèce et de 2,000 machines de guerre, faites avec beaucoup d'art et d'une façon fort ingénieuse.

Comment les chrétiens construisirent un château à Malacca et y mirent une garnison.

La ville de Malacca étant complètement conquise et l'ennemi assujetti, les nôtres, ayant soumis tout ce qui se trouvait sur la terre et sur la mer, songèrent, pour leur plus grande sûreté et afin de pouvoir mieux se défendre, à construire, sur le bord du fleuve qui traverse la ville et se jette dans la mer, un château fort dont les murs auraient 15 pieds d'épaisseur. Ils exécutèrent leur projet et se servirent, pour cela, des pierres qui avaient appartenu aux maisons démolies des Sarrasins; maisons que les Sarrasins appellent des mosquées. Il faut réellement admirer en ceci la providence divine, qui a mis fin à la puissance ennemie des mahométans, longtemps aimée et honorée, pendant que le nom de notre Sauveur était souvent attaqué et livré au mépris; ensuite que par le mystérieux décret de Dieu, sa louange et sa gloire ont été proclamées, et la destruction du malin esprit a été permise. C'est pour cela que nous avons travaillé avec tant d'ardeur et que nous avons versé notre sang, ayant de tout temps désiré l'extension de notre foi chrétienne ; et pour cette construction, ouvrage si indispensable aux chrétiens, nous avons obtenu le secours de la Divinité.

Quelles sont les nations étrangères qui, jusqu'à présent, ont fait le commerce à Malacca.

Dans ce temps-là, il y avait à Malacca des marchands de beaucoup de nations étrangères et différentes, tels que des Sumatriens, des Pégusiens, des Javanais, des Gorèses et des habitants des parties les plus éloignées de l'Orient. Des Chinois, dernier pays des Sinares, ainsi que plusieurs autres nations païennes, qui visitaient ladite ville, à cause des marchandises et denrées de prix, de l'or, de l'argent, des perles, des pierres précieuses, des épiceries et parfums de toute espèce que l'on y apportait. Tous sollicitèrent du susdit Alfonse amitié, union et alliance, et lui les accueillit favorablement et conclut avec eux un traité d'après lequel, afin qu'ils pussent continuer leur commerce avec plus de sûreté, il fut convenu qu'ils établiraient leur comptoir dans son château fort, où ils seraient protégés et défendus. Cet arrangement causa une grande joie; car, si la ville de Malacca a été jusqu'à présent fort estimée par son grand commerce, elle est destinée à devenir, avec l'aide de Dieu, bien plus célèbre encore à l'avenir. Les Chinois nous ont aussi envoyé une ambassade, dont nous donnerons les détails par occasion.

De la soumission faite au roi de Portugal par ceux de Malacca et les autres habitants.

Il fut donc convenu que les Chinois et tous les autres habitants de ladite ville obéiraient à nos coutumes, nos ordonnances et nos lois, et vivraient conformément à elles; qu'ils ne s'opposeraient point à nos fonctionnaires; qu'ils contribueraient au maintien de l'ordre et de la bonne administration et recevraient la justice du susdit Alfonse, en notre nom, reconnaissant notre gouvernement; qu'ils accepteraient et donneraient en payement, comme venant de leur roi et souverain légitime, la monnaie frappée par nous; savoir la monnaie d'or pour la valeur de 1,000, et la monnaie d'argent pour celle de 100 deniers chrétiens.

Du roi d'Ansiam (Siam).

Quand ces choses vinrent à la connaissance du roi d'Ansiam, le plus puissant de tous les rois de l'Orient, en terres et en sujets, et à qui Malacca, à ce que l'on assure, appartenait légitimement, mais avait été conquise par les Mores, il nous envoya une ambassade pour nous assurer de son obéissance et de sa soumission; et, afin de nous donner une marque de son amitié perpétuelle, il nous fit remettre une tête d'or ornée d'une précieuse escarboucle. Notre capitaine lui envoya, en retour, les assurances de sa haute estime et une épée d'or richement travaillée et ornée; chargeant un envoyé de reconnaître avec soin son pays, ce que nous regardons comme très-utile au service de Dieu et à l'extension de la foi chrétienne.

Comment le capitaine quitta Malacca et se rembarqua pour l'Inde, et de la ville de Goa.

Toutes choses ayant été convenablement réglées à Malacca, par des conventions avec les marchands, des traités et des alliances; le château ayant été garni d'artillerie et de munitions de guerre, et une garnison de 600 hommes y ayant été laissée pour la sûreté du château, de la ville et des mers environnantes, Alfonse retourna dans l'Inde avec le reste de ses troupes. Là il apprit que la ville de Goa, qu'il avait prise et où il avait fait construire, plusieurs années auparavant, avec un soin particulier, un château, au grand détriment des ennemis, avait été de nouveau cernée et assiégée par les Mores, qui avaient même élevé à leur tour un nouveau château tout auprès. Or, comme ces Turcs réunis aux Rumines, au nombre de 6,000 hommes, faisaient beaucoup de mal aux nôtres, il les attaqua et en tua un grand nombre, tandis que les autres, en gens désespérés, se crurent trop heureux d'en réchapper avec la vie sauve; tous leurs bagages furent pris avec leurs armes, leurs chevaux et bien d'autres choses qui n'étaient pas à dédaigner. Parmi les prisonniers, il se trouva quelques renégats chrétiens, qui furent condamnés à mort pour leur crime.

De la ville de Dabul, et comment il vint au capitaine un message du prêtre-Jean.

Il se rendit après cela à la ville de Dabul, située non loin de Goa. Là il reçut des envoyés du prêtre-Jean, le seigneur le plus puissant de la chrétienté, qui nous offrait, comme un chrétien parlant à d'autres chrétiens, tous les secours que nous pourrions désirer contre l'ennemi de la foi chrétienne, tels que troupes, armes et munitions, nous engageant à nous rendre dans la mer Rouge, qui était plus particulièrement soumise à son autorité. Il nous faisait passer en même temps un petit morceau de la vraie et adorable croix, nous priant de lui envoyer des gens habiles et expérimentés, à l'aide desquels il se flattait de pouvoir détourner les eaux du Nil des États du Soudan.

Du roi de Narsingue.

Notre capitaine reçut aussi des envoyés du roi païen de Narsingue, qui est si puissant qu'il possède 1,500 éléphants dressés à la guerre, et qu'il peut, en fort peu de temps, mettre sur pied 40,000 hommes de cavalerie et une infanterie innombrable. Ses États sont, à ce que l'on dit, si vastes, que l'on pourrait à peine, en six mois, les mesurer; il a pour vassaux un grand nombre de rois et de seigneurs, dont quelques-uns, ayant leurs terres sur les côtes de la mer, nous payent tribut.

Ambassades de quelques autres rois.

Des envoyés du roi de Camboge vinrent aussi trouver Alfonse; ce prince est encore un des plus puissants d'entre les Mores, sur terre et sur mer. Il en vint aussi de Zabayo, autrefois seigneur de Goa et du roi de Grosapa, ainsi que de plusieurs autres rois et seigneurs qui sollicitèrent de notre capitaine la paix et l'alliance, et lui offrirent plusieurs riches présents.

Du roi d'Armusie (Ormuz).

Par les derniers bâtiments, il nous est arrivé des envoyés

du roi d'Armusie, porteurs de beaucoup de pierres précieuses et autres objets de prix, comme gages de sa fidélité et de sa soumission. Le susdit Alfonse s'était emparé de la grande ville commerçante d'Armusie, et lui avait imposé un tribut annuel de 1,500 séraphins, qui sont des pièces d'or du même titre que les ducats.

Conclusion de la susdite lettre.

Voilà donc, très-saint Père, le bien qui a été accompli dans toute l'Inde, avec l'aide de Dieu, par la grâce et l'ardeur du Saint-Esprit. Une foule de païens viennent journellement, auprès de notre clergé, abjurer leurs erreurs et reconnaître le vrai Dieu, que nous devons bien remercier de ce qu'il a permis que, par notre zèle pour son service, nous ayons pu faire connaître la vraie foi dans des contrées si lointaines, où son saint nom n'avait jamais encore pénétré. Et il faut espérer que si, par la miséricorde de Dieu, notre susdit capitaine peut approcher de la mer Rouge et s'emparer de ses ports, les Sarrasins seront définitivement obligés de les abandonner. Après avoir laissé des garnisons suffisantes pour la défense de l'Inde, il ira joindre ses drapeaux à ceux du prêtre-Jean, afin de glorifier le Dieu très-haut et tout-puissant, d'humilier et d'abattre la secte mahométane et de faire en sorte que les pays reculés d'Orient, où la voix des apôtres s'est d'abord fait entendre, s'unissent avec le temps à notre Occident pour glorifier et aimer le vrai Dieu, pour rendre l'obéissance qui est due au saint-siège de Rome et à votre sainteté, qui êtes le meilleur pasteur du troupeau chrétien, et que nous prions le bon Dieu de nous conserver longtemps en bonheur et en prospérité.

Donnée dans notre ville de Lisbonne, le sixième jour

du mois de juin, de l'an de notre seigneur quinze cent treize.

Nous exhortons par la présente tous les États chrétiens de renoncer à leurs projets de guerre et d'effusion de sang contre eux-mêmes, pour les tourner contre les Turcs et autres infidèles, et empêcher leurs incursions à l'avenir ; car c'est pour eux un devoir sacré qu'ils ont à remplir pour le salut de leurs âmes, envers le Dieu tout-puissant, la chrétienté universelle et leurs propres personnes, etc.

RÉCIT

de l'expédition, attaque et conquête de l'île de Tercère et des autres îles Açores, faites par l'illustrissime seigneur don Alvar de Baçan, marquis de Santa-Cruz, capitaine général de Sa Majesté, ainsi que des ennemis qu'il avait dans cette île, des forts, de l'artillerie et de la flotte française et portugaise; du siége de la ville d'Angra, du châtiment que l'on y fit subir à quelques personnes, et d'autres événements remarquables qui se passèrent en cette conquête. 1583.

Le 23 juin 1583, veille de la Saint-Jean, le marquis partit de Lisbonne avec cinq galions, deux galéasses, douze galères, trente et un gros navires, douze pataches, quinze zabras, quatorze caravelles de Portugal et cinq grandes chattes; sur ces divers navires étaient embarqués 8,970 fantassins espagnols, allemands et italiens, des régiments du mestre de camp don Lope de Figueroa, don François de Bovadilla, et don Juan de Sandoval; plus le colonel des allemands, Jérôme de Lodun, une compagnie d'Italiens commandée par Lucio Pignatelo et une compagnie de Portugais sous les ordres de don Félix d'Arragon. Il y avait en outre, sur cette escadre, 3,820 marins, faisant en tout 12,800 hommes; plus 50 cavaliers volontaires et 86 soldés, sans compter les rameurs des galères et des galéasses, ce qui portait le total des hommes à 15,000, avec des vivres pour cinq mois. Au moment où la flotte passait la barre, le navire *Sancta Maria del Socorro* toucha certains rochers qui se trouvent sur la barre, et que l'on appelle les troncs d'arbres (*los cachopos*); la compagnie de don Miguel de Cardona était à bord de ce bâtiment, qui, par suite de cet événement, fut obligé de rentrer dans le port de Lisbonne. Le 26 du même mois, le marquis envoya les douze galères en avant, sous le commandement du capitaine Diego de Medino ; et, le 27, le gouvernail de la *Sancta Maria de la Costa* se décrocha pour n'avoir pas été bien ajusté ; en conséquence, l'équipage en fut tiré, mis à bord des pataches, et le bâtiment retourna au port. Toute la flotte continua ainsi son voyage avec un vent léger de bouline jusqu'au 3 juillet, qu'elle arriva en vue de l'île de S.-Miguel ; et, le 4, don George Manrique, inspecteur général de la flotte, alla en avant avec une felouque pour passer la revue du régiment du mestre de camp Augustin Iñiguez, qui était à S.-Miguel, et en disposa l'embarquement dans les douze galères qui étaient arrivées, le 5 du même mois, à la ville de Puntadelgada ; Michel de Aguirre, trésorier de la flotte, fut envoyé après lui dans une autre zabra, pour l'aider et pour préparer l'artillerie, ainsi que les mulets pour la traîner, et autres choses nécessaires au voyage. La flotte continuait cependant à courir des bordées avec des calmes et des vents de terre, de sorte qu'elle ne put jeter l'ancre que le 13, qu'elle mouilla à Villafranca et à Puntadelgada, les bâtiments étant en vue les uns des autres, à la distance de 4 lieues, dans la susdite île S.-Miguel. De là le marquis se rendit à Puntadelgada dans une galère, pour s'occuper des affaires de l'île ainsi que de l'embarquement de 2,000 hommes d'infanterie qui composaient l'effectif du régiment d'Augustin Yñiguez. Les vents étant contraires, il ne repartit que le 22, et, le 24 dudit mois de juillet, il arriva avec toute la flotte réunie, en rade du bourg appelé Saint-Sébastien, dans l'île de Tercère, tout près de l'artillerie du fort, qui tira beaucoup de coups de canon au galion que montait le marquis, ainsi qu'au reste de la flotte ; car il y avait tout autour de l'île un grand nombre de forts et de retranchements garnis d'artillerie avec une nombreuse garnison pour les défendre. Le marquis envoya aussitôt un officier de distinction, accompagné d'un trompette, chargé d'offrir aux habitants de l'île le pardon et la grâce que S. M. leur accordait. Le message, à cet effet, était de la teneur suivante :

« Don Alvar Baçan, marquis de Santa-Crux, com-
« mandeur-mayor de Léon, capitaine général de la flotte
« et de l'armée, etc. Le roi don Philippe, notre seigneur,
« à tous les habitants et personnes se trouvant dans l'île
« de Tercère et dans les îles voisines, tant natifs qu'é-
« trangers. Vous savez bien que S. M. a acquis par légitime
« succession les royaumes de Portugal et des Indes, ainsi
« que les îles et autres lieux appartenant à sa couronne,
« et qu'en conséquence il doit être obéi comme souverain
« monarque et seigneur naturel; néanmoins quelques-
« unes de ces îles, s'étant écartées de leur devoir et ayant
« admis chez elles des gens différents d'origine et de reli-
« gion, ont par là conspiré contre la majesté royale, en-
« couru le crime de lèse-majesté divine et humaine, et
« mérité une punition exemplaire. Toutefois, S. M. poussée
« par un sentiment très-chrétien et usant de sa clémence
« accoutumée, pour honorer notre divin maître et pour évi-
« ter l'effusion du sang; considérant d'ailleurs que l'opi-
« niâtreté augmente de jour en jour, ainsi que l'offense
« faite à Dieu, et que sa conscience royale l'oblige à y
« porter un prompt remède, afin d'ôter de devant nos
« yeux un exemple flagrant de désobéissance, après avoir
« cherché tous les moyens possibles de les faire cesser,
« s'est décidée aujourd'hui à mettre le comble à sa bonté ;
« en conséquence, S. M. fait grâce et accorde, à tous les
« habitants et personnes se trouvant dans cette île et dans
« les autres, une amnistie générale, leur accordant avec
« la vie la tranquille jouissance de leurs biens et proprié-

« tés; les assurant, en outre, qu'ils ne seront pillés en au-
« cune manière, mais qu'ils seront, au contraire, protégés
« dans leur commerce et dans leur repos ; pourvu que
« sans faire aucune résistance ils se soumettent à ses lois
« comme à leur roi et seigneur naturel, admettant et lais-
« sant débarquer toutes les troupes qui se trouvent à bord
« de cette flotte royale. Et, en outre, j'offre, au nom de
« S. M., à tous les Français et autres étrangers qui vou-
« dront partir librement avec leurs effets, leurs armes et
« leurs drapeaux, de leur fournir des bâtiments, s'ils con-
« sentent à remettre volontairement les forts qu'ils occu-
« pent et à quitter entièrement l'île. Et moi le susdit ca-
« pitaine général, au nom de S. M. et sur sa royale pa-
« role, je promets d'exécuter et de maintenir le présent
« édit public, en tout et pour tout; en protestant que, dans
« le cas où toutes les conditions qu'il impose ne seraient
« pas accomplies et où toute obéissance ne lui serait pas
« rendue, si les révoltés persévéraient dans une dure opi-
« niâtreté, moi, par le pouvoir que S. M. m'a donné
« dans cette occasion, à compter de ce moment je les dé-
« clare ennemis, rebelles, traîtres contre leur roi, et je dé-
« clare que tous les malheurs publics, les punitions, les
« morts et destructions qui adviendront à ceux qui ne
« rendront point obéissance à Sa Majesté, ne devront
« point tomber à la charge de la majesté royale ni à la
« mienne, mais à celle des rebelles susdits, et pour justi-
« fication d'iceux, comme pour la honte éternelle qui de-
« vra s'attacher à leur méfait, je leur transmets cet ordre.
« Fait à bord du galion capitan de cette flotte, le 23 juil-
« let 1583. »

Mais ceux de l'île ne voulurent point accepter ce pardon, et y répondirent, au contraire, par une nombreuse
décharge d'artillerie et de mousqueterie; cependant on

avait envoyé deux Portugais, de ceux que Manuel de Sylva avait fait passer dans l'île de S.-Miguel pour examiner la flotte et qui y avaient été pris ; ils étaient chargés de dépêches pour Manuel de Sylva ; ils les remirent, mais ne purent obtenir ni audience, ni réponse.

Sur ces entrefaites le marquis, accompagné de quelques ingénieurs, s'occupait de reconnaître l'île ; il y envoya ensuite des mestres de camp et des capitaines ; puis pendant la nuit on sonna l'alarme de différents côtés, sur les galères et les bateaux à rames, afin d'inquiéter l'ennemi. Enfin, après avoir pris l'avis des chefs, on résolut d'attaquer du côté d'une baie que l'on appelle la baie des Moulins, située à une lieue du bourg de la Playa. En conséquence, le 26 juillet, à trois heures du matin, le marquis partit avec les galères, remorquées par les barques, les pataches et les pinasses, attendu qu'à cause du grand nombre d'hommes qui se trouvaient à bord on ne pouvait pas se servir des rames. Elles renfermaient 4,500 fantassins des régiments de don Lope de Figueroa et de sa compagnie, et de celles du capitaine Augustin de Herrera, Lazaro de Ysla, et Pedro Rosaro, qui fut blessé d'un coup d'arquebuse, dont il mourut dans la ville d'Angra ; Michel Ferrer, Diego Coloma, don Juan de Cordoue, Michel de Benisa, don Bernardin de Cunéga, Sanche de Solis, don Juan de Biveto et son porte-étendard, Alonso de Xirca, qui fut un de ceux qui plantèrent le drapeau sur les forts et les retranchements, et Pedro de San-Estevan, qui reçut une arquebusade dans une de ses jambes. Là se trouvaient encore les chevaliers volontaires don Hugues de Mendoça, don Godefroi de Mendoça, don Pedro Enriquez, don Louis Vanegas, don Alvar de Benavides Baçan, don Juan de Grenade, Marcel Carachiolo, don Jerôme Çapata, don Bernardin de Mendoça et don Diego de Baçan ;

le mestre de camp don François de Bovadilla, avec le capitaine don Antoine de Paços, qui fut le premier qui monta dans les forts et dans les retranchements; le capitaine Castellani Juan de Texeda, qui faisait les fonctions de sargente-mayor pour tous; Diego de Cadenas Sotomayor, Bustamante de Herrera, Juan Fernandez de Luna, Diego d'Oviedo; et avec eux allaient les chevaliers don Philippe de Cordoue, avec le mestre de camp don François de Bovadilla des premiers, don Alonso de Rojas, don Gonçalo de Guevara, don François de Benavides, don Antoine de Solis, don François de Tolède, don François de Guzman, don Jerôme de Bride, don Juan de Buitron, don Juan de Pisa, don François d'Aranda, don Pedro Enriquez, le capitaine Melchior Desparça, le mestre de camp Augustin Yñiguez de Çarate, avec les capitaines Diego Xuares de Salazar, et don Christoval d'Acunha, don Juan del Castillo, don François de Bivanco, Antoine Flores, Pero Ximenez de Heredia, Christoval de Paz, François Calderon, Pero d'Angulo, Hernando Pacho et son porte-étendard Jaramillo, qui fut au nombre des premiers qui plantèrent le drapeau sur les retranchements; don Garcia de Flores et don Juan de Sandoval, qui avait sous son commandement les 15 compagnies de Portugal, avec les capitaines Jerôme Frances, Manuel de Birron qui reçut un coup d'arquebuse dans les retranchements; Antoine Serrano, qui reçut également un coup d'arquebuse et un coup de lance dans la gorge; Diego Baliente, don Juan de Mendoça, don Juan de Mediano, Sanche de Bullon, don Juan de la Nuça, don Sanche Descobar, don Estevan del Aguila, Juan Delarca, François de la Roche, le sargente mayor Çapena, et avec eux les chevaliers don Pero Ponce de Leon, don Juan Calalui, don François de Borja, et Bernegal, qui fut le premier tué, don Barthélemy de Maya et le comte Lodron, avec les capitaines comte Nicolo, Carlos et le sargente-mayor Curcio, et les aventuriers don François Perenot, et monsieur de la Motte, et Lucio Pinatelo, avec les Italiens, et le capitaine frère Biemcio de Aflito; ces deux derniers furent blessés par des coups d'arquebuse; et l'aventurier Michel Coxa, Napolitain, qui reçut un coup d'arquebuse, et don Felix d'Arragon, avec la compagnie d'aventuriers portugais, qui fut au nombre des premiers qui débarquèrent; il reçut deux coups d'arquebuse, son porte-étendard fut tué et le sergent blessé; enfin don Christoval Melo, qui reçut deux coups d'arquebuse.

A quatre heures du matin, le marquis alla avec la galère capitane, prenant avec lui don Pedre de Tolède, marquis de Villafranca, le duc de Fernandina, don Lope de Figueroa, don Pedre de Padilla, don George Manrique, inspecteur général, don Christoval de Erasso, don Juan Manrique, don Louis de Sandoval, don Alonso Idiaquiz, don Louis de Borja, don Pero Ponce de Léon, neveu du marquis, don Antoine Manrique et Diego de Miranda, Juan Martinez de Ricalde, le capitaine Juan de Urbina, le capitaine Michel de Oquendo, qui avait le commandement des navires de Guipuscoa, et don Antoine de Portugal; il entra dans le susdit port des Moulins pour investir par eux les forts et les retranchements au devant de toutes les galères et barques, et il se plaça à une longueur de galère des forts, où il reçut nombre de boulets de canon et d'arquebusades, qu'on lui tirait d'en haut. Et aussitôt la galère commença à battre l'artillerie de l'ennemi pour la démonter, et les autres galères tiraient à mesure qu'elles arrivaient; puis, protégées par le feu de la galère capitane et des autres, les barques s'approchèrent de terre et débarquèrent les troupes à côté des forts et en travers des retranchements, ce qui ne put se faire sans beaucoup de difficulté et d'embarras, tant par l'âpreté du terrain que par le feu de l'artillerie et de la mousqueterie de l'ennemi, qui tirait avec une grande fureur ; toutefois les soldats gravirent jusqu'en haut par des chemins très-escarpés, et toujours exposés aux coups d'arquebuse de l'ennemi, et ils parvinrent jusqu'aux forts et retranchements occupés par les Français sous les ordres du capitaine Bersino, personnage de grande estime parmi eux.

Aussitôt le marquis monta dans une petite barque, tandis que dans une autre allaient les chevaliers qui étaient dans sa galère ; et quand le débarquement fut achevé, et quand les montagnes et collines furent occupées de toutes parts, il ordonna au mestre de camp général don Lope de Figueroa de former des escadrons avec ses arquebusiers et mousquetaires, pendant que notre avant-garde se mesurerait avec les ennemis ; don Pedre de Tolède et don Pedre de Padilla, avec d'autres chevaliers et capitaines des régiments susdits, combattant dans les premiers rangs. Déjà les ennemis commençant à se réunir en grand nombre, les nôtres les attaquèrent si vaillamment qu'ils les repoussèrent jusqu'à trois quarts de lieue de la grève, où se tenait le gros de leur armée, combattant toujours, donnant des charges et les recevant, gagnant et perdant alternativement une éminence, en sorte que le marquis, qui était à la tête de ses escadrons, fut obligé de se mesurer deux fois avec l'ennemi pour animer le courage de ses arquebusiers. Sur ces entrefaites, l'infanterie du second débarquement arriva et tomba aussi avec force sur les ennemis. L'inspecteur général était allé pour hâter leur venue et pour se procurer les vivres, les munitions et l'eau nécessaire pour rafraîchir les combattants, car il n'y en avait point en cet endroit, et il fallait la tirer des navires. Le soin du débarquement avait été confié aux capitaines

Rodrigue de Bargas, Michel de Oquendo, Marolin et Barthélemy Carlos. Ainsi le front de nos escadrons se rafraîchissait toujours par de nouvelles troupes, ce qui était fort nécessaire, l'ennemi ayant huit pièces de canon avec lesquelles il tirait sur les nôtres, nous attaquant à différentes reprises avec des cris et une grande impétuosité, dans l'espoir de nous enfoncer.

Plus tard les ennemis rassemblèrent plus de six cents vaches et bœufs, croyant par leur moyen rompre nos rangs; mais le marquis envoya dire aux sargentes-mayors qu'ils donnassent ordre aux troupes de ne point tirer sur les vaches, mais de leur ouvrir une large route pour les laisser passer, et surtout d'éviter tout désordre dans cette manœuvre; puis, après cela, de serrer de nouveau les rangs comme auparavant. On continua ainsi à batailler pendant toute la journée et jusqu'à la nuit, sans cesser de part ou d'autre. Nous eûmes, tant dans ces combats que dans le débarquement, beaucoup de blessés, dont il en mourut environ soixante-dix.

Nous apprîmes d'un cavalier portugais qui passa dans notre armée que les ennemis avaient eu aussi un grand nombre de blessés et plus de deux cents morts; dans le nombre, il y avait un neveu de Manuel de Sylva, un de ses lieutenants et quelques capitaines français.

Ainsi les Portugais de même que les Français demeuraient opiniâtres dans leur révolte, avec ferme résolution de combattre, sans vouloir écouter le pardon et la grâce que le marquis leur offrait au nom de Sa Majesté. Ils étaient enhardis par l'arrivée de 1,500 Français sous les ordres du commandeur Monsieur de Châtre (*de la Châtre?*), cousin-germain du duc de *Chiosa* (Guise?), parent du roi de France, sans compter 1,000 hommes qui étaient déjà dans l'île, ce qui, avec les troupes du pays, faisait 9,000 hommes tous bien armés et équipés. Pendant cette nuit notre armée resta debout, après avoir renforcé les rangs de nos arquebusiers et mousquetaires, et il y eut à plusieurs reprises des alertes. Au point du jour, les escarmouches recommencèrent et l'artillerie ennemie tira de nouveau sur nous; cependant notre armée avançait toujours en combattant; elle débusqua les ennemis d'un poste où il y avait une source d'eau; aussitôt l'artillerie s'en empara, ainsi que du bourg de S.-Sébastien, et les ennemis se retirèrent sur les montagnes; les nôtres les en ayant encore chassés, ils se replièrent du côté de la ville d'Angra. Pendant ce temps, le marquis envoyait ordre aux galères d'attaquer les navires portugais et français qui se trouvaient dans le port d'Angra et qui étaient au nombre de trente. En même temps que le marquis s'était mis en marche avec l'armée, notre flotte avait commencé à canonner les vaisseaux ennemis et leur capitane, afin qu'ils amenassent leur pavillon; mais, comme ils ne le faisaient pas, le marquis envoya ordre d'aborder ces navires, dans lesquels il n'y avait personne, ayant été abandonnés par leurs équipages, de sorte qu'on les prit tous sans aucune résistance. On y trouva quelques marchandises, telles que du pastel, et quelques autres objets que le marquis ordonna de répartir entre les galères.

En même temps le marquis entrait avec l'armée dans la ville d'Angra, capitale de l'île, sans éprouver aucune résistance. Pendant la route, qui était de 3 lieues, la grande chaleur et le manque d'eau firent mourir de soif quelques soldats et entre autres deux Allemands, étouffés dans leurs armures. Le marquis accorda sur-le-champ le pillage pour trois jours; on ouvrit aussi les prisons, d'où l'on tira les personnes suivantes :

Juan Augustin de Avila qui avait été pris en venant comme agent à San-Miguel;

Domingo de Usaranga, qui venait des Indes occidentales par un aviso;

Juan Texeda, qui venait par le même bâtiment;

Diego Garcia, qu'ils avaient pris comme il venait donner des nouvelles à don Pedre de Baldos;

L'enseigne Carrion;

Le capitaine Juan de Aguirre, qui avait été pris dans une patache, après avoir été envoyé, l'année précédente, par le marquis pour reconnaître l'île de San-Miguel;

Le sergent Gutierrez et Juan Lopez;

Catalina Gutierrez et Elvira Gutierrez sa fille avec trois de ses fils venant de la Floride.

On délivra, en outre, de peine et de prison 30 Espagnols qu'ils forçaient de travailler continuellement aux forts et aux retranchements.

Outre ces personnes-là, on brisa aussi les fers de 21 Portugais, qui avaient été emprisonnés pour être restés fidèles à Sa Majesté.

Les navires qui furent pris étaient en tout au nombre de trente, parmi lesquels il y avait neuf bâtiments à voiles et trois galères à rames, construits en manière de pataches et armés en guerre; plus une hourque; les autres étaient des caravelles, des navires anglais et une galiote. Ils portaient 90 pièces de canon de bronze et de fer coulé.

On trouva, en outre, dans les divers forts les pièces et munitions suivantes :

Dans le château de Saint-Sébastien, un canon de siége et une coulevrine de 21 palmes, deux demi-coulevrines et deux quarts de coulevrines et 2 demi-canons, le tout en bronze, plus 6 canons de fer, le tout en bon état, avec beaucoup de poudre et des boulets de fer coulé et autres armes à feu.

Dans un autre fort proche de la ville d'Angra, appelé

San Binto, il y avait un grand pierrier de bronze et 5 autres pièces.

Dans le fort de St-Antoine, une demi-coulevrine de bronze, un grand pierrier, un quart de coulevrine octogone, 2 autres demi-quarts de coulevrine, et 4 autres pièces avec leurs munitions et leurs chaînes de fer.

Dans le fort de Cimbrero, il y avait 5 pièces.

Dans un autre appelé les Fornaux, 3 pièces très-bonnes.

Dans le fort de l'Alcayde un quart de coulevrine octogone et 2 canons.

Dans le fort de Pero Luys, 2 canons de fer coulé.

Dans le fort de la Huerta et dans le retranchement, 4 pièces de canon.

Dans le fort de la Trayna et dans son retranchement, 6 bonnes pièces.

Dans le fort de l'Azogue, 12 pièces de canon et quelques grenades.

Dans le fort San-Mateo, 2 fauconneaux de bronze et 5 pièces de canon et dans le retranchement attenant à ce fort 4 très-bonnes pièces.

Depuis la ville d'Angra jusqu'au bourg de la Playa, il y avait les forts suivants :

Un retranchement construit au devant des îlots, avec 2 bonnes pièces de canon.

Le fort St-Antoine, avec 5 pièces.

Le pic de Salvador Coelho, avec 2 pièces.

Le fort appelé El Porto de Casa Sargo, avec 7 pièces.

Le fort des Moulins, avec 6 très-bonnes pièces.

Le fort Puerto-Nuevo, avec 11 pièces de canon et beaucoup de munitions.

Un autre fort près du rivage avec 2 bonnes pièces.

Le fort de la Sperosa, avec une demi-coulevrine, un fauconneau et 2 pièces de canon.

La forteresse de Porto-Martin et ses retranchements, avec 11 pièces.

Le fort de Sainte-Catherine, avec une grande coulevrine et 6 pièces de canon.

Le fort de Pavo et celui de Medio-Faul, avec 7 pièces de canon.

Le fort de St-Antoine, avec 11 très-bonnes pièces.

Le bastion attenant à la plage, avec 3 pièces.

La forteresse appelée las Chagas, avec 8 pièces.

Le fort de Saint-François, avec 5 pièces.

Le fort de Saint-Pierre avec 6 pièces, et celui de Santa-Crux avec 7.

Le fort de la Conception et un retranchement, avec 10 pièces.

Un ravelin y attenant, où fut livré un assaut, 1 bonne pièce.

Il y avait plus avant deux autres forts, et entre tous ces forts il y avait des retranchements, allant de l'un à l'autre, avec des traverses qui les défendaient.

La plupart de ces pièces de canon étaient fort bonnes et très-bien disposées; quelques-unes étaient démontées. Il y avait une grande quantité de boulets de fer coulé, quelques-uns de fer et d'autres de plomb ramés, et beaucoup d'artifices et de grenades.

Dans la ville d'Angra, on trouva dans la grande église 23 quarteroles de poudre, et 22 quarteroles dans une autre église, ainsi que 34 pièces d'artifice couvertes avec leurs.

Une caisse remplie de barres de fer pour faire des boulets ramés.

Quelques boulets de plomb ramés, une caisse de chargeoirs de Milan et beaucoup de lances d'arrêt, de piques et d'arquebuses.

Quatre fauconneaux de bronze, quelques bassinets de

fer et une charrette couverte pour porter de la poudre aux forts.

On trouva dans l'arsenal d'Angra 4 grandes quarteroles de poudre et 4 demi-bottes de salpêtre provenant, à ce que l'on disait, de l'île de la Graciosa ; quelques tonneaux pleins de mèches et d'arquebuses, quelques barils de goudron, une grande quantité de poix et un peu de cordages, des voiles pour dix navires et beaucoup d'autres choses qu'il serait trop long d'énumérer ici.

Le nombre total des pièces d'artillerie trouvées dans les vaisseaux, forts et autres lieux susdits, s'est donc élevé à 283.

Et après s'être rendu maître de la ville, des forts, de l'artillerie et des navires des ennemis, et avoir accordé aux soldats le pillage pour trois jours, le marquis publia une proclamation d'après laquelle tous les habitants de l'île eussent à rentrer dans leurs maisons et à retourner à leurs travaux des champs et à leurs possessions diverses, quelques-uns d'entre eux, mais en petit nombre, commençant déjà à revenir.

Cependant les Français avaient pris poste à 3 lieues d'Angra, dans une position déjà forte par elle-même, mais qu'ils avaient, en outre, garnie de retranchements. De là, ils traitaient avec don Pedre de Padilla pour qu'il les laissât sortir ; drapeaux déployés, avec armes et bagages, et emmener avec eux les Portugais qui voudraient aller ; ils désiraient aussi remporter l'artillerie qu'ils avaient apportée de France, et qui se composait de plus de cent pièces de canon, ainsi que leurs navires et munitions, soutenant et prouvant qu'ils étaient munis de lettres patentes du roi de France et de sa mère. Mais le marquis ne voulant point entendre parler de ces conditions, il sortit avec ses troupes pour les chasser de leur position. Enfin, après bien des coups donnés de part et d'autre, le marquis, à la prière de don Pedre de Tolède, de don Lope de Figueroa, du comte de Lodun, de don Pedre de Padilla, de don George Manrique, de don François de Bovadilla, de don Juan de Sandoval, de don Christoval d'Erasso, de Juan d'Urbina et de Juan Martinez de Rualde, se décida à permettre que les Français, en déposant leurs armes et drapeaux et en laissant, pour être punis, plus de 200 hommes qui étaient à bord des galères, se retirassent en France sur des bâtiments que le marquis leur fournirait. En conséquence, le 3 août, don Pedre de Padilla et don George Manrique, par ordre du marquis, se rendirent à leur camp, qui était à une lieue du nôtre, où ils étaient venus, et les conduisirent à un fort, sur le rivage, non loin de la ville d'Angra, où ils réunirent dix-huit drapeaux des plus anciens de la France, des tambours et des fifres; on les désarma un à un de leurs arquebuses, mousquets, hallebardes et piques, et ils traversèrent en cet état notre escadron (2); on leur donna hors de la ville des logements et les objets dont ils avaient besoin. Le commandeur Monsieur de Châtre, et les mestres de camp, les capitaines et les sergents-majors français allèrent baiser les mains du marquis. Voici leurs noms :

Le général Monsieur de Châtre, commandeur de Saint-Jean;

Le mestre de camp Monsieur Caravaque;
Le sergent-major Baptiste Smiche, Italien;
Le capitaine Basoto;
Le capitaine Provinciano;
Le capitaine Luys, Italien;
Le capitaine Cabalac;
Le capitaine Capicio, Italien;
Le capitaine Lignerolles, Normand;
Le capitaine Bresito, Provençal;

Le capitaine Lasta ;
Le capitaine Compagnon ;
Le capitaine Campil ;
Le capitaine Labarre ;
Le capitaine Permitiel ;
Le capitaine Javin ;
Le capitaine Lagrao ;
Et d'autres personnes.

Dans ce nombre ne sont point compris les capitaines qui furent tués. Le total des Français tués s'éleva à 300 et celui des blessés et des prisonniers à 400. Le marquis embarqua la plupart d'entre eux à bord de quelques bâtiment biscaïens, et, de peur qu'ils ne s'emparassent des navires, il exigea que quelques-uns des principaux restassent en otage. De ce nombre fut le commandeur Monsieur de Châtre, qui vint à bord de notre flotte en attendant qu'on lui accordât la permission de retourner en France.

Le marquis se donnait beaucoup de peine pour s'emparer de la personne de Manuel de Sylva, se disant comte de Torres Vedras, gouverneur et commandant général de ces îles, qui avait été la première cause et l'origine des dommages, des morts, des trahisons et des vols qui avaient eu lieu à bord des navires naviguant dans ces parages, en quoi il avait été aidé par les Français et les Anglais ; et, afin de le prendre, il envoya dans toutes les parties de l'île des capitaines et des agents de police avec des sbirres pour le guetter ; de cette manière, le 4 août, un agent de campagne du mestre de camp don François de Bovadilla l'ayant découvert par le moyen d'une de ses esclaves qu'il avait prise, il l'arrêta, au moment où il se tenait sous un arbre, dans une montagne, déguisé en homme du peuple avec un grand manteau. On assure qu'une barque était préparée pour sa fuite sur un certain point de la côte ; mais les habitants de l'île ne négligèrent rien pour l'empêcher de s'échapper, vu qu'il avait été la cause de tant de maux. Après qu'il fut pris, il fut remis au capitaine Lazando Ysla, qui allait à sa recherche, et il fut conduit à la ville d'Angra, dans la galéasse capitane, par don Pedre de Padilla, qui le remit dans les mains de Juan Ruiz de Belasco, capitaine de ce navire; après avoir pris encore d'autres complices de cette rébellion, dont je décrirai plus bas la punition qui leur fut infligée, on s'empara aussi de quelques moines, en habit séculier, et, entre autres, d'un prédicateur qui déclara ce qui suit :

Il dit qu'il était allé en France pour demander à la reine mère du secours pour cette île, et que cette princesse, par l'intercession du duc de Chiesto, de l'abbé de Gaderia et d'autres, qui soutenaient la cause de don Antoine, envoya 1500 Français sous les ordres de Monsieur de Châtre, chevalier de St-Jean, gouverneur de Dieppe, cousin-germain du duc de Chiosa, parent du roi de France; que ces troupes étaient arrivées dans l'île le 22 juin de la présente année 1583, et que leur intention avait été de se rendre maîtresses de l'île, de la fortifier et d'y envoyer des vaisseaux pour entraver les communications et le commerce des Indes.

Il ajoute qu'il s'était rendu aussi en Angleterre accompagné d'Antonio de Vega, habitant de Lisbonne ; que la reine n'avait voulu leur accorder aucun secours, mais avait seulement consenti à ce qu'ils achetassent avec leur argent des navires, des munitions et de l'artillerie. Ils avaient pourtant été protégés par le comte d'Este, le secrétaire Zingler et Ruy Lopez, médecin juif, originaire du Portugal. Ayant parcouru ensuite les côtes d'Angleterre, ils avaient trouvé beaucoup de personnes qui désiraient vivement de retourner à la foi catholique.

Ce religieux dit encore que don Antoine était à Dieppe

le 20 mai, et qu'il avait coutume d'aller à Paris, déguisé, avec deux ou trois domestiques, et logeait dans la maison de l'abbé de Gaderia, favori de la reine mère; que, pour pouvoir nourrir ceux qui le suivaient, il avait fait des dettes dans les auberges, et qu'il devait beaucoup d'argent à quelques marchands;

Enfin qu'en ce moment il y avait avec don Antoine quinze Portugais dont les noms suivent :

Don Antonio de Meneses,
Juan Correa de Sosa,
Thomas Coucero de Lisbonne,
Rodriguez de Santarem,
Balthazar Limpo, doyen de Coïmbre,
Constantin de Brito,
Diego Botelho, de Lisbonne,
Manuel Fernandez, de Lisbonne,
Scipion Figueiredo del Trancozo,
Juan Rodriguez de Béja, d'Évora,
Manuel de Brito,
Jéronio de Sylva,
Diego Rodriguez, de Sétubal,
Gaspar Diaz, chanoine d'Évora,
Antonio de Brito Pimentel.

Quand le marquis se vit tranquillement établi dans la ville d'Angra, il envoya don Pedre de Tolède à l'île de Fayal qui est à trente lieues de celle de Tercère, avec 12 galères, 4 pataches, 16 pinasses et quelques barques ayant à bord 1500 fantassins tirés de divers régiments, avec le mestre de camp, Augustin Iñiguez de Çarate, et les capitaines Juan de Salazar, Michel Ferrer, don Christoval d'Acuña, don Estevan d'Aguila, Bustamante de Herrera, Michel de Benesa, Sanche de Solis, don Juan de la Nuça, Sanche de Bul'on, Louis de Guevara, Pero Paedo de

Aguiar, Martin de Herrera et le capitaine Carlos avec 150 Allemands, plus les aventuriers, comme don Hugues de Mendoça, don Juan Manrique, don Philippe de Cordoue, don Bernardin de Mendoça, don Pedre Enriquez, don Gonçale de Guevara, don Jérôme Çapata, don Pero Ponce de Léon, don Juan d'Acuña, don Antonio Enriquez, don Gonçale Ronquillo, Juan Fernandez Galindo et Diego de Miranda; la partie de la marine fut confiée aux capitaines Michel d'Oquendo, Rodrigue de Barges et Marolin, et à don Antonio de Mendoça, qui dans cette expédition eut le commandement des pataches et des pinasses. Don Pedre de Tolède arriva avec cette flotte le dernier jour de juillet, au sud de l'île de Fayal, où il y avait une garnison de 500 Français et de beaucoup d'hommes du pays. Il envoya sommer la ville de se rendre, et chargea de cette commission un chevalier portugais nommé Gonçalo Pereira, qu'il avait amené avec lui et dont la femme et la fille habitaient cette île. Celui-ci fut accueilli par des injures et des paroles grossières, et le capitaine de l'île, nommé Antoine Guedez de Sosa, lui donna un soufflet, mit l'épée à la main et le tua d'une manière fort cruelle. On s'occupa donc sur-le-champ de reconnaître l'endroit où il serait le plus convenable de débarquer, et, le 2 août, toutes les troupes furent mises à terre. Les Français et les Portugais vinrent au-devant d'elles pour les combattre, et il s'ensuivit une escarmouche dans laquelle il y eut quelques tués et quelques blessés; jusqu'à ce que don Pedro renforçant les siens par 200 mousquetaires, et y ajoutant cent lances, il les rompit avec une perte de cent Français; les autres se jetèrent dans le château où il y avait 19 pièces de grosse artillerie, indépendamment de quelques fauconneaux et de beaucoup de poudre et de munitions, ainsi que de quarante pièces de canon qui se trouvaient encore dans les autres forts des environs. Ces divers forts se rendirent; les Français obtinrent la vie sauve en remettant leurs armes et drapeaux; on y prit aussi quatre navires. Quelques Portugais furent envoyés aux galères pour leur rébellion, et Antonio Guedez de Sosa, Portugais, gouverneur de l'île, fut pendu comme un criminel pour la cruauté avec laquelle il avait mis à mort l'envoyé son compatriote. L'île fut saccagée et don Antoine de Portugal y resta en qualité de gouverneur pour S. M. avec 200 soldats.

Les îles de Saint-George, du Pic et de Graciosa s'étant aussi rendues, don Pedre réunit avec les galères les navires et les troupes qu'il conduisait, et arriva, le 8 août, à la ville d'Angra, où il fut reçu de toute la flotte avec de grands honneurs et de grandes réjouissances.

Aussitôt le marquis ordonna au licencié Mosquera de Figueroa, auditeur général de l'armée et de la flotte, de faire le procès aux personnes et aux biens des rebelles et des traîtres, attendu qu'ils n'avaient pas voulu accepter le pardon sans réserve de Sa Majesté. L'auditeur procéda donc contre lesdites îles et leurs habitants, et les déclara rebelles, les condamnant à la confiscation des biens, effets, grâces, privilèges et franchises qui leur avaient été accordés par les rois, prédécesseurs de S. M. au trône de Portugal. Antoine Soarez, précédemment agent du roi don Sebastien et alors juge de l'hôtel des monnaies de don Antoine, Balthazar Alvarèz Ramirez, *desembargador* (3), Domingo Piñero, Juan Gonçalez Correa, *desembargador*, et autres absens, furent condamnés, par contumace, dans le cas où on les trouverait, à être pendus, ensuite écartelés et leurs quartiers exposés sur les routes; leurs biens furent confisqués au profit du trésor de S. M., et leurs fils et petits-fils déclarés incapables d'occuper aucun office royal. Il fut ordonné, en outre, que la monnaie frappée par don Antoine serait brûlée publiquement et que nul ne pourrait s'en servir, sous peine de mort.

Les Allemands se rangèrent alors en bataille et occupèrent les issues des diverses rues, et don Juan de Sandoval, qui commandait les compagnies de Portugal, alla chercher Manuel de Sylva avec douze arquebusiers, et les exécutions suivantes furent faites sur lui et sur les autres.

Premièrement on brûla la monnaie de don Antoine à la vue du public.

Manuel de Sylva, se disant comte de Torresvedras, gouverneur et capitaine général des îles, fut décapité comme tyran, assassin, séditieux, voleur et protecteur d'hérétiques; sa tête fut exposée sur la place publique, au même endroit où il avait fait mettre la tête de Melchior Alfonso, Portugais, pour avoir dit que son souverain légitime était Sa Majesté le roi don Philippe notre seigneur.

Manuel Serrada, qui était en France et qui était venu, l'année précédente, dans la flotte de Philippe Estrozi, et qui sortit ensuite comme capitaine général d'une flotte pour s'emparer du cap Vert, fut décapité.

Amador Viora, qui était venu, se disant envoyé par S. M. et qui, feignant de lui être fidèle, découvrit tous les sujets fidèles qui se trouvaient dans l'île et les dénonça afin qu'on les traduisît en justice, eut la tête tranchée comme traître; ses biens furent confisqués et ses enfants furent déclarés infâmes.

Domingo Miguel, ci-devant juge ordinaire de ladite ville, s'étant publiquement déclaré contre Sa Majesté et ayant condamné plusieurs personnes qui avaient donné des marques de fidélité, notamment Juan de Betancor et Melchior Alfonso, fut pendu ; ses biens furent confisqués au profit du trésor de S. M. Ses fils furent déclarés incapables de tenir aucun office royal.

Pero Cato, capitaine de don Antoine, séditieux patent, qui avait commandé un retranchement, fut pendu et condamné à la confiscation des biens.

Bernardin de Tavora, capitaine d'infanterie, qui avait été chargé d'élever les retranchements, fut pendu dans ces mêmes retranchements.

Antoine Hernandez Barroso, séditieux, qui avait excité à prendre les armes contre S. M. et qui disait ne connaître d'autre roi que don Antoine, fut pendu.

Arias de Povas, capitaine d'une compagnie et qui avait été l'un des principaux séditieux, fut pendu.

Gonçalo de Pita, commandant de la forteresse de St-Sébastien, persécuteur public de ceux qui s'étaient déclarés pour S. M., fut pendu.

Martin Diaz Pilatos, qui s'efforçait à haute voix de persuader à tout le monde de suivre don Antoine, qui, lorsque don Pedre de Baldes vint dans l'île, entra dans la ville avec la tête d'un Espagnol, qui, au su du public, mangeait les foies des Espagnols, fut pendu, écartelé, et ses biens furent confisqués comme aux autres.

Balthazar Mulato, crieur public, qui faisait les proclamations et exécutait les arrêts rendus par Manuel de Silva, proférant, dans ses proclamations, des paroles fort injurieuses à S. M., fut pendu et écartelé.

Domingo de Tolède, commandant d'une forteresse, séditieux public, qui criait sans cesse : Vive le roi don Antoine, fut pendu.

Gaspard Alvarez, marin, qui, depuis que ces îles s'étaient révoltées, allait et venait entre elles et la France, avec les avisos de don Antoine, et qui transporta prisonniers en

France deux personnes qui venaient de Lisbonne avec des lettres pour engager le gouvernement à se rendre, fut pendu comme un grand et scandaleux séditieux.

Gaspard de Gamboa, corrégidor de la ville d'Angra, pour avoir condamné à mort, d'accord avec tous les autres, Melchior Alfonso, fut pendu, avec les mêmes peines que les autres.

D'autres personnes encore furent pendues pour la même trahison et rébellion ; et l'île demeura en paix, gouvernée par Juan de Urbino, mestre de camp général, avec 2,000 hommes de garnison. Et en ceci il a plu à Notre-Seigneur de donner à S. M. cette victoire et d'effacer l'iniquité, les insultes et le luthéranisme, causes de grands crimes et extorsions ; il est dû aussi de grandes actions de grâce à Dieu d'avoir accordé à tant de navires un voyage si heureux, sur une mer si large, si dangereuse et si fort livrée aux tempêtes ; ce qui est surtout remarquable par rapport aux galères, pour lesquelles les dangers sont plus grands encore et qui furent les vrais instruments du débarquement et de la victoire.

(1) La *Zabra* est une sorte de frégate ou de brigantin en usage dans la mer de Biscaye.

(2) Le mot d'*escadron* qui revient souvent dans ce récit exige une explication. Dans l'ancienne milice espagnole, l'*escadron* était un corps de troupes formé en rang suivant les règles de la tactique militaire, ou bien un corps d'infanterie et de cavalerie appartenant à une armée.

(3) Le *desembargador* est un des principaux magistrats en Portugal.

FIN.

RÉIMPRESSIONS.

DISCOVRS

av vray de la conuersion de la royne de Bandas par le moyen des peres religieux de l'ordre des Carmes. Auec la reception de son ambassade, par elle mandée à Rome, et le contenu de sa lettre, auec la responce de sa Saincteté du 17 nouembre 1608. Prins sur la copie imprimée à Rome, par Bernardin Forasella imprimeur de sa Saincteté. — A Paris, Iean Chiqvelle. M. DCIX.

C'est vne grande resiouyssance, peuples chrestiens, de voir de iour à autre les infideles estre inspirés du S. Esprit pour venir à la cognoissance de la vraye foy catholique, apostolique et romaine. Quelle consolation eurent iadis les apostres, et fideles catholiques, a qui Iésus-Christ auoit laissé sa chere espouse, l'Eglise, de voir, entre autres, les plus grands persecuteurs, et celuy qui auoit plus recherché les fideles, pour leur faire souffrir les supplices plus amers. Bien qu'il soit cheualier, ne redoutant ce luy semble rien au monde, le voila, en arrest, vne voix crie contre luy, pourquoy me persécutes-tu? Ses yeux sont esblouys, et demeure en telle obscurité, ayant veu ceste lumiere qu'il faut necessairement confesser, et cognoistre, que cecy opere par le sainct vouloir du Sainct-Esprit. Et ce cheualier celeste qui renuerse le Tersiẽ, ne le veut expugner, ains ne le fait à autre fin que pour l'attirer, et rendre cheualier celeste auec luy, à celle fin que toute l'hierarchie celeste s'en resiouysse, comme les saincts euangelistes nous tesmoignent.

Aussi depuis continuellement les saincts fidelles chefs, et conducteurs de l'Eglise ont mené resiouyssance de la conuersion des infidelles, payens, barbares et heretiques et lorsqu'ils sont venus à recognoistre leurs fautes, et se sont prosternez au sainct vicaire, demandant l'absolution sous promesse d'adjurer leur fausseté ayant bonne volonté d'estre à l'aduenir ferme et solide en la saincte foy, des aussi tost ont été receus, et l'Eglise, pour resiouissance chante auec les saincts anges le *Te Deum laudamus*.

Qui voudroit mettre icy despuis nostre temps, le nombre des mescroyans qui sont venus au giron de l'Eglise, et la recognoistre pour la vraye, non-seulement d'un seul royaume, mais generalement de toute la terre, ce seroit espuiser le céau. Pour tesmoignage, les isles des Pères, le royaume de la Chine, que tout cela est presque conuerty au christianisme, les terres neufues de l'Amerique, la conuersion du roy de Perse, et tant d'autres, desquels ie laisse la recherche aux curieux, n'estant mon proiet, que d'escrire la conuersion de ceste grand'princesse.

Le mois de may dernier plusieurs religieux devotieux et saincts personnages s'ĕbarquèrent à Venise auec quelques pelerins desireux d'aller en terre saincte visiter les saincts lieux, et là rendre leurs vœux et prieres. Entre autres sept religieux de l'ordre des Carmes tous sçavants personnages, estant du couuent et monastère de Capue conduyt par reuerand père Iullio Stafella natif dudit lieu de Capue, lesquels desireux de faire quelques fruicts pour la chrestienté, auaient esté au préalable audit voyage de la terre saincte, et parloient très bien la langue arabique, laquelle langue s'entend, par toute la Turquie, Arabie, iusques aux extremitez de l'Ytopie, et presque toute l'Afrique.

Ces bons peres religieux, ayant veu la Palestine, Hierusalem, et toute la terre saincte, rendue leur dévotion, et non pas sans grands fastigues, car deux de leur compagnie ne pouuant supporter les peines, trauaux du chemin, ennuys, et tourments, que donnent les barbares aux pauvres chrestiens, ils quitarent ce monde pour aller à vne plus grand beatitude, l'vn d'iceux, nommé Francesquo Ardasso, et l'autre Iacomo Frapoly, néantmoings apres les auoir rendus à terre, dit la messe, et prié pour eux, le S. religieux pere Iullio, acourage le reste, et se delibera aller du costé de Bandas, et faut dire, qu'en ce fait il fut poussé du Sainct-Esprit, veu les œuures dignes, et bons fruits qui s'en sont ensuyuis.

Le 13 septembre, ils arriuèrent dans la ville de Carnoffe, principale ville du royaume de Bandas, où residoit la royne, laquelle est demeurée vefue despuis quelque trois ans, que son mary mourust, allant à la chasse, courant après vn leopard, dans une forest tombãt de dessus son cheual, s'offença tellement qu'il en moureut, et ce royaume de Bandas vient en quenouille, comme le royaume d'Angleterre; aussi il est tout clos, des riuieres de la mer, tellement que nul potentat ne le cheuauche d'vn costé, le Nil le borne, de l'autre l'Euphrate, et la mer, par tous les autres enuirons. Dans ceste ville de Carnoffe, il fit recueillir le vray baume, qui est chose tres-precieuse. Ces bons peres estãs arriués aux lieux, la royne nõmée Arnoria les voyãt auec leurs habits, les appella à soy, et en langage arabique, leur demanda qu'ils étoient; le pere Iullio prenant la parolle, luy repliqua en la mesme langue : Tres magnanime princesse, nous sommes chrestiens et humbles religieux qui seruons Dieu tout puissant. Apres ce elle leur demanda quel liure il portait en la main, ils répondirent : Ce sont nos liures d'oraisons et prieres. Allors elle commanda audit pere Iullio d'ouurir le sien, ce qu'il fit, et par fortune au mesme endroit où il ouurit, se trouua le chapitre de la passion où estoit figuré Nostre Seigneur en la croix et d'vn costé la saincte, et sacrée mere, et de l'autre costé monsieur S. Iean. Elle demanda à pere Iullio que vouloit dire ceste image, il luy respondit, que c'estoit la figure du Fils de Dieu viuant, qui auoit esté incarné, par le vouloir du Sainct-Esprit, dans le ventre de la sacrée Vierge, puis conceu, et né et en l'aage de trente-trois ans crucifié, en l'arbre de la croix, et auoit espandu son precieux sang pour nous racheter ; ces paroles finies la royne commanda qu'on leur fournist d'vn logis, ce iour estait le quatorzieme septembre.

Ceste nuict Dieu permit par son S. Esprit que la royne vist en vision, l'image du sainct crucifix, avec splendeur, qui l'appelloit, et conuioit de venir à soy, et lui sembloit que le ciel estoit ouuert, et voyoit la sacrée Vierge Marie, aussi qui l'appelloit auec vn grãd nombre de sainctes vierges, habillées de blãc resplendissantes grandement, et comme elle s'esveilla, elle demeura tellement rauie d'aise dudict songe, que soudain elle manda querir ces saincts religieux, et conta à pere Iullio sa vision, quoy entendant, le sainct père, de ioye les larmes luy distilloient des yeux, et la prescha si bien, que ce iour quinziesme septembre, elle reçeut le sainct sacrement de baptesme, et plusieurs de sa cour, et vne infinité de ceux de la cité, pere Iullio, desirant que le sainct Pere et toute la chrestiëté fut auerty de ces nouuelles, tant pour enuoyer renfort des religieux, que pour s'en resiouyr, inuita ceste royne, à mander vne ambassade à Sa Saincteté, ce qu'elle fit, et pour c'est effect, enuoya son propre frere, nommé le grand Azaphot accompagné de quinze princes de nom auec vne lettre, dont la teneur s'ensuit.

Au grand Pontife, et vicaire de Dieu en terre.

Tres-grand Pontife, Vostre Saincteté à de sçavoir, que par la veüe du pere Jullio Staffella, estant arriué en nostre terre, et d'autres religieux auec luy, nous ayant monstré la figure du Sauueur du monde, dans son liure, et ayant operé en ce le Sainct Esprit, la nuict suyuante nous auons veu des visions tres-belles, entre autres la figure dudit sainct crucifix, laquelle nous monstroit la voye de paradis, ensemble auons veu plusieurs autres, et belles visions, qui nous ont conuiée à nous faire baptizer, cè que par la grace de Dieu nous auons faict, et incontinent vous auons mandé par ambassade nostre cher, et bien aymé, frere le grand Asaphot, lequel aussi à nostre sollicitation s'est fait baptizer, et tous les princes, qui le suyent, pourquoy il vous plaira nous enuoyer des religieux, et gens sçauans, pour instruire nos subiects, sur ceste confiance nous vous serons, bonne et loyalle

Arnoria royne de Bandas.

Ce 17 calende de octobre.

Sa Saincteté ayant receu laditte ambassade, auec plus riches ioyaux, et presents, entre autres du vray baume, il festoya les ambassadeurs, le treziesme nouembre dernier, puis les fit conuoyer iusques au port d'Ost, et a mandé en Bandas force religieux, et saincts personnages, escriuant à ladite royne, la resiouyssance, qu'a receue de ceste conuersion. Et aussi a déclaré pere Iullio Stafella, cardinal général du royaume de Bandas.

Ce royaume est tres opulent, riche, fort et presque imprenable, à cause qu'il est tout enuironné, d'vn costé de la mer, ou il y a par sur tous les ports, bonnes forteresses, de l'autre costé il est enuironné de fleuues, gros, impetueux, le pays est fort peuplé, et en moins de vingt-quatre heures ladicte royne peut faire mettre en bataille cent mille hommes, elle est très-bien obeye. Ce royaume de Bandas a de longueur trois cent cinquante lieues, et de largeur, deux cent et vingt; il est tres riche en pierreries, mines d'or et de cuyure, aussi force bonnes espiceries, quelques elephans, force chameaux, leopards, d'autruches, et plusieurs oyseaux exquis, et de tres-beau plumage. Ce qui est à admirer en ce lieu, c'est le vray baume qui croist en grande abondance, et ce qui est admirable, si quelqu'vn est blessé d'vn tranchant, bien que le nerf soit coupé, soudain qu'on en met sur la playe, tout incontinent elle est soudée, et guerie; en ce lieu ils gardent en grande admiration, les habits sacerdotaux du grand sacrificateur Aaron. Bref ceste conuersion, sera un grand appuy à la chrestienté. Et s'il plait à Dieu sera la ruyne totale des infidelles, faisant fin à ce present discours, attendant que nous ayons nouuelles plus amples pour contenter les curieux, et que le tout, soit à l'honneur, et louange de Dieu. Ainsi soit-il.

FIN.

RELATION

véritable de la prinse de la Baya de todos los Santos *, et de la ville de S.-Sauueur au Brésil, par la flotte hollandoise.* — M. DC. XXIV.

L'admiral Iacob Wilikens estant arriué à la hauteur du dix septiesme et un quart de degré de latitude du costé du nord, ayant auec luy neuf grands vaisseaux, et entre autres celuy de la prouince d'Hollande, commandé par Iean Vandorth, descouurit le vingt-uniesme ianuier les isles du sel et de S.-Anthoine, et la nuict suiuant comme il poursuiuoit son chemin, ledit Vandorth fut porté par la tempeste à c'est endroit de la coste d'Affrique, ou de *Sierra de Los Leones*. L'admiral fort en peine ne laissa pas de passer outre, et se trouua le vingt-huictiesme dudit mois à la Baya de Sainct-Vincent, auquel lieu il auoit donné rendez-vous à toute la flotte, ce qui l'obligea d'y sejourner pour l'attendre, et pour remonter les chalouppes que l'on portoit par pieces dans les vaisseaux iusques au vingt-sixiesme de mars, auquel temps il partit et fit ouuerture de ses intentions, suiuant la secrette instruction qu'il portoit, signee des Estats Generaux et du prince d'Orange, par laquelle ils auoient ordre d'attaquer la place de Baya de todos los Santos, comme la principale du Brezil, sejour ordinaire du viceroy et de l'archeuesque.

La Baya est une espece de golphe qui peut auoir six lieuës de circuit, enuironné presque de toutes parts de rochers precipiteux; au milieu de ceste plage est scituee la ville de S.-Saluador, contenant quatorze cents maisons, quatre couuents, sçavoir de iesuites, freres mineurs, benedictins et carmelites, et deux eglises parrochiales, desquelles la plus grande n'est pas encore acheuee; l'on n'y entre par deux portes du costé d'Orient et d'Occident; la partie de la cité qui regarde vers la mer est esleuee sur vne haute montagne, couuerte de buissons fort espais, dans laquelle on a tiré vn parapet en oualle de demie lieuë de long, taillee dans le roch à pointe de marteau : les magazins et munitions sont dans les cauernes du dessouz; et pour monter de la greue à la ville, il y a deux chemins estroicts faits en serpentant, qui peuuent estre longs de quelque cent cinquante pas. Aux enuirons de ceste ville sont bastis plusieurs chasteaux ; celuy de sainct Anthoine, du costé du Leuant, et ceux de sainct Philippe et de Tepezippo vers l'Occident, tous bien munis de canons de fonte verte; en tirant vers le midy, l'on trouue vn ruisseau qui faict mouldre cinquante moulins à sucre, qui en peuuent rendre quatre mil quaisses par an; et ceux du lieu les appèlent ingenios. Estant donc les Hollandois arriuez le huictiesme may à trois lieuës de là, ils ancrerent dans la mer, afin que n'estant pas apperceux en s'approchant dauantage, ils eussent loisir de donner ordre à leurs gens, qui pourroient estre en tout deux mil hommes de guerre et quinze cens mariniers : ils embarquerent tous les soldats souz la conduite de l'admiral dans les quatre plus grands vaisseaux, lesquels ils firent marcher à la teste des autres pour faire croire à l'enuemy que tout estoit remply. En cest ordre ils tirerent droit contre seize nauires portugais qui s'estoient rangez dans le port, en intention plutost de coupper chemin à leur fuitte que de les combattre; ce que les Espagnols ayant bien iugé, mirent le feu dedans et en consumerent quatre.

Après cet effect, l'admiral prit terre avec ses deux mil hommes, qui rendirent vn grand combat aux portes de la ville, où fut tué le lieutenant la Main et le capitaine du nauire de Groningue, nommé Andis Niuuerk, et firent si bien leur deuoir qu'ils renfermèrent les ennemis dans l'enclos de leurs murailles. Cependant le vice-admiral auec les quinze cents mariniers, assaillit vne batterie nouuellement faicte sur vn rocher qui s'auance dans le riuage, defendu de huict pieces de fonte et deux de fer. Mais estant descendus des navires de Gueldres, Groningen et Nassau, dans quatorze esquifs, ils attaquèrent viuement la muraille, haute de neuf pieds, sur laquelle le trompette du vice-admiral étant monté le premier et luy le second, ils se rendirent maistres de la place. De six cents fuyards, partie se sauvèrent dans la ville, partie furent tuez en chemin ; mais d'autant qu'il n'y auoit nul moyen de se mettre à couuert en ce lieu, et qu'il pleuuoit grand nombre de mousquetades sur eux, que les habitans leur tirerent de dessus la muraille, ils resolurent d'enclouer le canon et de descendre au pied du roch, où ils reposèrent toute la nuict. Le lendemain, à l'aube du iour, l'admiral faisant la ronde pour descouurir la contenance des ennemis, apperceut l'enseigne blanche sur le rempart et vn Portugais, qui l'assura que la ville estoit abandonnee, ce qui le fit resoudre, ayant quelques autres indices de ceste verité, à mener ses gens aux portes, qu'il trouua toutes ouuertes et les ruës entierement desertes. Il sauua les marchandises du pillage pour en tenir compte à la compagnie, et les maisons d'embrasement ; le reste fut saccagé, et dom Diego Mendosa de Fortado, gouuerneur, fut pris dans sa maison auec son fils et plusieurs autres oficiers, se plaignans de la mauuaise foy de leurs gens. Il s'est trouué tant dans la ville qu'aux autres places vingt-quatre pieces de canon de fonte verte et vingt-six de fer.

Apres ceste victoire arriua le collonel Vandorth, ayant couru de très-grandes fortunes. L'admiral remit entre ses mains le gouuernement et la puissance, et aussi tost on fit publier partout liberté et rétablissement en leurs biens pour tous ceux qui voudroyent rendre obeyssance aux Hollandois, tant Portugais que Indiens, lesquels sous cette asseurance reuiennent tous les iours en leurs maisons.

Plusieurs vaisseaux ont esté pris par trois nauires hollandois, qui auoyent esté deputez pour apporter ceste nouuelle, entre autres vn de Lisbonne de six vingts tonneaux, chargé d'huille et autres marchandises ; deux de *Rio de Genero* chargez de sucre, dans lesquels passoient le prouincial des iesuites, neuf des siens, deux frères mineurs et quatre benedictins ; le nauire du S.-Esprit chargé de sucre et de deux cents esclaves mores.

Outre plus vn capitaine françois, ayant commission de messieurs les Estats, et rodant la coste de Portugal, prit vn vaisseau à deux lieuës du port de Lisbonne, dans lequel il trouua sept cens quaisses de sucre et deux iesuites, l'vn nommé Gaspar de Silua, et l'autre Tal de Sotomaior, lesquels il a emmenez à la Haye et apporté les lettres interceptes qu'ils portoyent au roy d'Espagne, faisans mention de la prise de la Baya : ils sont icy logez chez le prince de Portugal et traictez assez humainement.

Ces deux peres, lorsque la ville de S.-Saulueur fut emportee, cheminerent vingt-deux iours pour se sauuer à Farnambuco, d'où le gouuerneur les auoit dépeschez vers leur roy.

Les Estats generaux preparent quantité de vaisseaux pour les enuoyer dans peu de temps se ioindre à leur grande flotte.

LETTRE

du pere Pacifiqve de Provin, predicateuvr capucin, estant de present à Constantinople, enuoyee au R. P. Ioseph Leclerc, prédicateur du mesme ordre, et deffiniteur de leur prouince de Tours, sur l'estrange mort du grand Turc, empereur de Constantinople. — A Paris, de l'imprimerie de François Hvby, rue S. Iacques, à la Bible d'or. — MDC.XXII. — Avec privilege dv roy.

> Nunquid pax potest esse Zambri, qui interfecit Dominū suum? 4 Reg. 9.
> La paix peut-elle estre à Zābri, qui met à mort sō maistre? 4 Roy. 9.

Mon reuerend pere, très-humble salut en l'amoureuse croix de Iesus, que vous cherissez si tendremēt. Ie ne doute pas que l'ouuerture de ces cayers ne vous estonne, et qu'elle ne vous fasse dire que c'est passer la longueur ordinaire des plus grandes lettres, ie l'aduoüe. Mais aussi me promettay-ie que quand vostre reuerence se sera donné la patience de lire tout, elle iugera que ie ne la pouuois rendre plus bresue, veu l'importance du faict dont elle veut informer vostre esprit, et l'excellente dignité de la personne qui en est le sujet passif. Le faict est vn massacre le plus ignominieux qui (veu la personne) ait esté comis depuis mille ans; le sujet passif d'iceluy, et sur qui il a esté exerce, est vn empereur qui, iusqu'à present, a esté la terreur de tous les autres, à sçauoir le grand Turc. Que sa reuerance me permette donc de lui declarer au long et simplement cette funeste et pitoyable tragedie, et qu'elle y apporte autant de créance qu'elle doit à vn homme de ma condition, et à vn tesmoing de cette verité : voici l'histoire.

Depuis trois mois qu'il y a que nous sommes arriuez en cette ville imperiale de Constantinople, nommée par les Turcs Stamboul, d'ou i'ay des-ja escrit a vostre reuerance. Le Grand Seigneur, nommé sultan Osman, âgé de 18 à 19 ans, a fait courir vn bruit partout qu'il vouloit aller en pelerinage à la Mecque, où est le sepulchre de son grand prophete Mahomet, et sur ce desseing, ainsi creu de tout le monde, il fit vn grand amas de richesses, qu'il tira tant de son thresor que de celuy de ses predecesseurs, ausquels il n'est permis de toucher que pour faire la guerre aux chrestiës. Il prend toutes ses vaisselles d'or, d'argent, et fait fondre tout en lingots, iusqu'à des pommes d'or qu'il voyait pendre au lambris des salles de son serrail. Il amasse toutes les pierreries qui estoient dans tous ses thresors, et en emplit iusqu'à quarante caisses de plus de deux pieds de longueur, chose qui sembleroit difficile à croire aux François, qui n'auroient iamais entendu parler des richesses de cet empire; enfin le tout estoit suffisant pour charger quatre galeres, auec ses munitions ordinaires ; et (ce qui fut trouué fort mauvais) est qu'il entra dans la sépulture de son pere sultan Achmet, où il prit sur le turban royal qui est sur le poisle cinq ou six plumes de heron auec de beaux diamants de grand valeur, et sur le poisle de son petit-fils, qui estoit mort depuis peu, vn gros carquant d'or et de pierreries, que i'y avois veu depuis peu de iours, et prenoit tout cela sous la créance qu'il faisoit donner au peuple, que c'estoit pour faire des presents au sepulchre de son sainct prophete, auquel il avoit fait vœu. Sur l'attente de son partemẽt, il met ordre que les avenuës de Constantinople par la mer Blanche ou Mediteranée, et par la mer

Noire, soient bien gardees, à ce qu'en son absence la ville ne peust estre surprise, comme elle est très-facile ; et pour ce faire ie vis partir 18 ou 20 galeres, assez mal equipees, qu'il enuoya sur la mer Noire, pour empescher la venuë des Roux et Poulonnais, leurs ennemis mortels, qui, auec de meschantes petites barques, leur viennent donner la fievre iusques dans leur port ; il dispose encore 20 galeres pour la mer Mediterrance pour se parer des Espagnols ; de sorte qu'il ne restoit plus que Sa Majesté à partir. Sur le delay qu'il en faisoit de iour à autre et de sepmaine en sepmaine, vn grand murmure se glisse par toute la ville, ne pouuant approuuer ce long voyage, qui ne pouuoit estre de moins que d'vn an et demy, et le transport qu'il faisoit des thresors de ses ancestres, les pauures gens ne sçauoient pas qu'il auoit vne intention bien plus preiudiciable pour eux que d'aller à la Mecque, et qu'il auoit intention de quitter Constantinople et transporter ailleurs le siege de son empire, car ils eussent bien murmuré d'une autre façon, comme ils firent apres qu'ils le sceurent, de la maniere suyuante. Sa Majesté ayant escrit vne lettre au bacha du grand Caire, qui portoit ce qui suit en substance.

Ie t'advise que, pour beaucoup de considerations, nous auons resolu de changer le siege de nostre empire de cette ville de Constantinople, où il n'est nullement asseuré, et le transporter en la ville du Caire, et, pour ce faire, auons trouvé bon de porter auec nous notre thresor, et le plus que nous pourrons de celuy de nostre pere ; c'est pourquoy nous t'en donnons aduis, à ce que la presente receuë tu viennes au deuant de nous, par terre et par mer, auec nos galeres et nos soldats et esclaues de ces quartiers-là, etc.

Ayant fait cette lettre, il appella deux ou trois de ses

fauoris qui sont pres de sa personne, à sçauoir : le queissilar aga, chef des eunuques qui gardent ses femmes, le silictar aga, celui qui porte l'espee de Sa Majesté, et le capi aga, chef des portiers de son serrail. Cette communication de dessein fut le coup de la mort de ce prince; car apres qu'ils luy eurent remõstre, à leur possible, le hasard auquel il exposoit sa ville, son peuple et son empire par ce changement, voyant qu'il s'estoit fermé sur cette resolutiõ, ils furent contraints de baisser la teste, soubmettant leur vouloir au sien. Mais que faict l'vn d'iceux qu'on m'a dit estre le silictar aga, il s'escoule doucement de la chambre et s'en va donner cet aduis à tous les chefs de la milice, comme qui diroit en France à tous les capitaines des gardes du roy, de ses Suisses et de ses archers, au boustangi bachi, chef des iardiniers, au ianissaire aga, capitaine des ianissaires, au chef des espahys, au chef des iamouglãs, enfans des tribuns, et aux cadis, qui sont les iuges; lesquels tous voyãt que le grand seigneur estoit sur son partement, que c'estoit à bon jeu bon argent, et que ce iour là mesme 18 may, à 9 heures du matin, le bacha de la mer auoit ameiné 13 ou 14 galéres à la pointe du serrail tout proche de derriere de ses escuries, par où on auoit jà chargé tous ses thresors et où Sa Majesté s'alloit embarquer. Que font-ils? Ils courent vistement par toute la ville ramasser leurs soldats, disant : Voila nostre empereur qui nous laisse et veut quitter son empire, nous laissant dans les mains des iaours infideles chrestiens, et à la mercy de nos ennemis, permettrons-nous cela? Allons, allons et l'en empeschons. A moins d'vne heure ou deux, plus de huict mille soldats tant ianissaires qu'espahis, se trouuerẽt assemblez à la grand'place de la Mosquat neusue, où tous ensemble ils se resolurent d'aller assieger le serrail pour prendre le Grand Seigneur, et parce quele ianissaire aga y alloit froidement, ils l'eschauffèrent promptement à beaux coups de baston. Sa Majesté entendant ce grand bruict (elle qui de longtemps craignoit cette reuolte) fit fermer les portes du serrail ou palais, et faisant sortir vn de ses boustangis pour s'enquerir d'eux ce qu'ils vouloient, ce pauvre serpent n'eut pas à peine ouuert la bouche, qu'il se rendit le premier obiect de leur fureur et le premier reposoir de leurs coutelas; car, se ruant sur luy, chacun voulut auoir l'honneur d'auoir quelque morceau de ses reliques : qui luy couppe le nez, qui les oreilles, qui les bras, qui les jambes, et enfin mis en mille pieces, et après luy trois ou quatre de ses compagnons qui en pensoient parler. Tout cela ne fut que des roses, au prix de ce qui s'ensuiuit après.

Le Grand Seigneur voyant que tout autant d'hommes qu'il y pourroit envoyer, ce seroit autant d'hommes perdus, il se resolut d'y aller en personne, mais un peu plus seurement et hors de leurs atteintes. Il monta en vn petit cabinet, qui est basty sur la muraille du serrail, et leur parlant au trauers d'une ialouzie qui est à la senestre, il s'enquist d'eux quel estoit le suiet de cette mutinerie, et qu'est-ce qu'ils attendoient de luy. Vn des chefs respondant à Sa Majesté, sans autre respect luy dist : Le suiet pour lequel tout ton peuple se souleue ainsi, et specialement ta milice, est parce qu'ils uoyent bien que tu t'en veux aller hors de cette ville tenir ton siége, et que pour cela tu emportes tous les thresors du serrail. Qui te meut à faire cela? Si tu veux seulement aller en pelerinage à la Mecque, à quoy bon porter tant de richesses? Quand tu eusses pris cinq cens mille zequins, voire vn million, voire deux, trois et quatre millions d'or, n'estoit-ce pas assez pour ton voyage et faire tes liberalitez? Et tu prends des thresors inombrables, tu emportes ce qui n'est pas à toy, mais à nous ; nous les auons amassez à tes ayeulx pour faire la guerre à nos ennemis et les tiens, à sçauoir les chiens de chrestiës. Si tu les emportes, de quoy serons-nous payez de nos gages, de nos peines et de nos seruices? Que si tu es si désireux de t'en aller, va-t'en à la malheure et laisse les thresors, nous ferons vn autre empereur. Mais qui te pousse de t'en aller, n'es-tu pas bien icy avec nous?

Le prince luy rompant son discours temeraire et outrecuidé, se reuestant d'vn courage royal et genereux, leur dit à tous : Allez, vous ne meritez pas de m'avoir auec vous, ny que je vous traicte plus courtoisement, puisque vous ne m'auez jamais seruy fidellemẽt ; lorsque ie vous ay voulu employer et me seruir de vous pour la deffence de mon empire, vous n'auez jamais voulu obtemperer à mes vouloirs qu'en rechignant. Quand cette annee passee ie vous ay voulu mener à la guerre de Pologne, quelle peine ay-je eu ! il vous a fallu traisner malgré vous : estant là, i'ay voulu voir si tous ceux qui sont à ma paye ordinaire m'auoient suiuy, et, pour le cognoistre, ie les ay voulu payer de mes propres mains à la monstre que ie fis faire, où, au lieu de quarante mille que ie croyois trouuer, ie n'en trouuay que huict mille. Ces iours passez i'ay voulu armer seulement 40 galeres pour enuoyer sur la mer Blãche et sur la mer Noire, pour vous garder en mon absence, et à peine ay-je peu trouuer des soldats ; vous sçavez qu'il a fallu que moy-mesme en personne, en habit déguizé, i'aye esté dans toutes les tauernes vous chercher et vous pousser par force dans mes galeres ; et encore estãt embarquez, dès le premier giste où vous avez touché terre, la moitié se sont eschappez. Que vous semble de tout cela, suis-je serui ? n'est-ce pas là donner beau jeu aux chrestiens ? Quand i'ay veu tout cela, et sçachant comme ie sçay que mes deux ennemis ordinaires, le roy de Perse et le roy de Pologne, ne dorment pas, i'ay cru que ie n'estois pas asseuré dãs cette ville, n'y estãt pas serui. Outre plus, c'est que ie suis asseuré par toutes mes propheties que Constantinople se doit bien tost perdre, mais que ie le dois reprendre vne autre fois. Le pauvre prince contoit sans son hoste. Toutes ces choses de moy cõsiderees m'ont faict resoudre de tirer ma personne d'icy et tout mon thresor pour me mettre en seureté et auoir de quoy vous faire la guerre pour reprendre ma ville ; et le lieu où ie voulois aller le plus asseuré estoit le grand Cayre. Aduisez si ie n'ay pas raison, et, s'il en est ainsi, pourquoy vous y opposez-vous ? Neantmoins, puisque ie voy que cela cause tant de rumeur, ie vous promet que ie desisteray de mon entreprise ; et, pour les mieux asseurer, il leur iette cette promesse par escrit dans un morceau de papier ; tout cela ne fist rien : ils persistent en leur fureur et luy respondent qu'ils ne se contentoient pas de cela et qu'ils demandoient bien d'autres choses ; mais que, pour le present, ils luy demandoient les testes du grand vezier, ou connestable, de son koja, c'est-à-dire son precepteur, du quessilar aga et du taftarda, c'est-à-dire secretaire d'estat, et quelqu'autre encore, et quãd il les leur auroit donnees, ils luy diroient le reste de leur volonté. Pourquoy, dit le prince, les voulez-vous tuer ? Parce, disent-ils, que ce sont eux qui t'ont donné conseil de faire ce que tu veux faire, ou du moins ne t'en ont pas empesché. Ie ne les vous puis pas donner, dict le prince, parce que ie ne les ay pres de moy. Ils estoient pourtant vne partie dans le serrail, mais il ne leur vouloit pas dire. O bien ! dit cette trouppe, nous te donnons 24 heures à les trouuer, au bout desquelles si nous ne les auons, sois asseuré que nous forcerons le serrail.

Là-dessus ceste populace se retire dans son quartier, et

s'amasse plus grand nombre que deuant et estoient plus de dix mille soldats; cependant, voilà le pauure icune prince biẽ empesché, pensant que quoy qu'il fist on luy iouëroit vn mauuais tour, sur ceste crainte et sur la resolution qu'il auoit de ne point donner les testes demandees. Le temps se passa que les soldats lui auaient donné pour terme, et les testes ne viennẽt point : ce que voyant ceste cohorte impatiente, elle s'encourt droit au serrail et l'escallade, montant par dessus vne petite maison qui est deuant la mosquette de S. Sophie, et touche la muraille dudict serrail; vne quantité de ianissaires estant descendus dedans avec leurs harquebuses, ils font testes aux boustangis qui les pensoient repousser du dedans, cependant que les autres descendent, et vont ouurir la porte à toute la gendarmerie, où en passant vous remarquerez la valeur de ses gens que l'on estime si valeureux, qu'il n'y en eut aucun de dedans qui osast tirer un coup, pour la deffense de leur roy, se laissant prendre comme poltron : aduisez si le plus poltron des Français n'aurait pas faict autre chose.

Si tost qu'ils furent entrez, vne partie s'encourt vistement vers la chambre où s'estoit enfermé le Grand Seigneur auec ses favoris susdits, criant à sa porte que les testes jà demandees leur soient donnees, ce qu'entendant Sa Majesté, voyant qu'elle ne pouuoit destourner cet orage de dessus les siens, elle tascha au moins de le destourner de dessus sa teste, et pour ce elle ouvrit la porte de sa chambre, et leur exposa les testes demandees, à son très-grand regret, ne pouvant faire autrement. A peine ces messieurs eurent vn pied hors de la porte, qu'ils furent hachez en pièces, auecque mille ignominies exercees contre leurs membres morts, comme vous verrez cy apres, sans faire aucun tort au prince, pour lors, ains le laisserent là.

Tandis que ceux-cy faisoient ces beaux jeux, les autres couroient par le serrail, cherchant la prison où estoit le sultan Mustapha, oncle du petit prince, lequel auoit esté tousiours en prison depuis qu'il fut déposé de l'Empire, il y a quatre ans et demy, et ne pouuant trouuer les clefs de la prison pour ouurir la porte, ils monterent dessus; elle est faicte comme vn petit dosme, couuerte de plomb, si que levant le plomb, et rompant la vouste ils entrèrent dedans, et tirèrent ce pauvre homme dehors auec des chordes, qui occasionna plusieurs mal informez de l'affaire, de croire qu'on l'auoit trouué dans vn puits d'où on l'auoit tiré; mais asseurement ce fut de ceste prison qu'il fut tiré, plus mort que vif, tant pourcequ'il n'auoit beu ny mãgé que trois iours, que pour l'apprehension qu'il auoit qu'on le prenoit ainsi pour le faire mourir, chose assez aisée à croire à luy, voyant tant de soldats en furie ; on luy apporte incontinent vn verre de cherbet, qui est de l'eauë emmiellée et sucrée, pour luy faire reunir le cœur; mais voyant ceste liqueur trouble et espoisse, croyant que ce fust du poison qu'on luy voulust donner (comme jà autrefois on luy en auoit donné), pour crainte qu'on eut qu'il se voulust se faire roy à l'absence de son nepueu, il leur dit d'une voix tremblante : Ah! que voulez-vous me faire, n'estes-vous pas contents de m'auoir desia voulu autrefois empoisonner, de m'auoir osté la couronne de dessus la teste, et de m'auoir tenu quasi toute ma vie en prison, sãs me vouloir oster la vie à mon pauure deruich (c'est-à-dire religieux, et disoit cela, parce qu'en effet il est religieux des leurs).

Alors les soldats luy respondirent: Non, non, ne crains point, ce n'est pas pour te faire mourir que nous t'auons tiré de prison, mais pour te faire empereur à la place de ton nepueu. Luy croyant qu'ils se mocquoient, il leur dit :

Hé! de grace, laissez moy la vie, ie renonce librement à la couronne. Chose admirable, ce prince ayme mieux estre asseuré de la vie dans la condition la plus misérable du monde, qu'estre au hazard de la perdre, et de la voir abbreger dans la condition la plus releuee du monde, comme est celle d'empereur, où ce void clairement comme la vie nous est chère. Il ne voulut donc iamais boire ce cherbet, mais de l'eau toute claire qu'il demãda, ce qui luy fist reuenir vn peu les esprits, et passer son apprehension. A l'heure mesme, une partie de ces soldats le prirent sur leurs espaules, et le portant partout le serrail, ils le proclamerent empereur, criant tout haut: sultan Mustapha roy, sultan Mustapha empereur, et tous les autres respondoient: Amen, amen, qu'il viue à iamais, qu'il viue à iamais. Ie vous laisse à penser quelles vifues attaintes ces voix et ces clameurs d'allegresses donnoient au cœur du petit prince sultan Osman, qui de sa chambre entendoit publier vn autre empereur, et par consequent se voyant à la veille de se trouuer dans la prison d'où auoit esté tiré son oncle, ou entre les mains d'vn bourreau, comme il se trouua le lendemain.

Or pour reuenir à sultan Mustapha nouuellement esleu il faut que vous sçachiez qu'il se trouua si fort agité de deux passions contraires, de l'apprehension grãde qu'il auoit euë de la mort, et la grand'ioye subite de se voir proclamé empereur (comme il l'auoit ia esté trois mois), qu'il s'asuanoüit, et eut-on peine de le faire reuenir. Mais enfin, estant reuenu à soy, il dist qu'il auoit faist vœu de deliurer tous les prisonniers qui estoient dans toutes les prisons, tant de Constantinople que de Galatta, ce que ie vis estre fait aussitost, et peu après on enuoye les crieurs par la ville qui au lieu de trompette vont, publiant sultan

Mustapha Empereur de Turquie, et tenoient en leur main vne grand'feuille de papier où ils lisoient les suiets de la deposition de leur sultan Osmã, disant que c'estoit parce qu'il estoit iaour, c'est à dire infidelle, et qu'il vouloit mettre son empire es mains des chiens de chrétiens, et ils disoient cela pour le rendre plus odieux au peuple, et à ce que leur action fust mieux receuë du public.

Sultan Mustapha estant donc publié Empereur il fut tiré du grand serrail neuf et porté dans l'Esqui serrail, c'est à dire le vieil serrail qui est au milieu de la ville, où il fut toute la nuict iusques au lendemain vingtiesme de may. Cependant le jeune prince Osman, bien affligé, abandonné de tout le monde, aucun n'estant si ozé que de l'aller voir, ny le plaindre, s'il ne vouloit estre assommé, il passa vne partie de la nuict dans sa chambre avec les sanglots que chacun peust s'imaginer, luy qui s'estant veu deux iours auparavant la terreur de tous les Roys du monde, se voyant delaissé, et moqué de ses propres esclaves, dõt la condition estoit pour lors beaucoup meilleure. Le lendemain 20 may, auant le iour, il s'encourt desguisé, couuert d'une cuirasse blanche, dans la maison du ianissaire aga son intime, et y fait venir vn sien autre fidelle nõmé Vssin bacha qu'il fit grand vezier, selon l'authorité qu'il en auoit, quoy que non le pouuoir de le maintenir cõme vous l'allez voir.

Assemblez qu'ils sont ils tiennent conseil, et cherchent quelque expedient pour appaiser ce peuple, et euiter vn plus grand malheur dont il se voyoit menacer de fort près, et l'expedient que le petit prince iugea plus efficace pour luy, fut que le vezier Vssin bacha, et le ianissaire aga allassent trouuer cette trouppe, et apres leur auoir doucement remonstré l'obligation qu'ils auoient à leur prince légitime, sultan Osman, leur offrir de sa part à chacun 60 zéquins, qui sont plus de soixante escus, et de rehausser à chascun la paye de deux aspres par iour, c'est un sol. Ce commandement fut aussitost exécuté par lesdits sieurs, mais mal leur en prist, car sitost qu'ils eurent acheué les propositions qu'ils leur offroient de la part de leur maistre, les soldats redoublèrent leur furie, et leur dirent : Cõment, vous en voulés encor parler, et croyés que nostre iuste courroux peut être appaisé pour de l'argent? Non, non; et aussitost ils se ruerent sur eux, d'un coup de coutelas fendirent la teste au vezier, puis luy arrachèrent toute la grand'barbe qu'il auoit, et luy hachèrent tous les membres, autant en firent-ils au ianissaire aga.

Eschauffez qu'ils s'estoient au carnage, ils courent en la maison où estoit sultan Osman, et s'en saisissẽt sans obseruer aucun respect à l'abord de sa personne, et l'ayant pris, ils enuoyent demander à sultan Mustapha, nouvel empereur, ce qu'il vouloit qu'on en fist, et s'il ne vouloit pas qu'on luy menast pour luy faire baiser les mains. Cette demande attendrit le cœur de Mustapha, voyant ainsi son nepueu à la mercy des soldats, et dist qu'il ne le pouuoit pas voir, et qu'õ l'esloignast de luy, et qu'ils le missent où ils voudroient. Les soldats ayans receu cesle response, font monter sultan Osman sur vn meschant cheual d'vn chaoux, et le menèrent au camp de la milice, qui est vne grãde maison où couchent les ianissaires. Si iamais il s'est veu au monde vn obiect excitant à la compassion, c'estoit de voir ce pauure petit prince monté sur ce cheual, auec sa cuirasse blanche, on luy auoit osté son turban royal, et estoit tout teste nuë, la teste raze comme sont les Turcs, et auoit seulement vne meschante petite calotte sur la teste, les larmes grosses comme des perles qui luy couloient le long des iouës, et mille souspirs que son cœur affligé lançoit dans le ciel ; ce qui donnoit de la surcharge à sa douleur, estoit les paroles et actions impudentes que quelques soldats enragez luy disoiēt et faisoient par despit; l'un grinçoit les dents l'appellant iaour, l'autre crachoit contre terre et frappoit du pied, et un entre les autres luy monstrant vne chorde, luy dist : O larron ! tu meriterois d'estre estranglé auec ceste chorde, comme vn larron qui a voulu desrober nos thrésors. Et pour cōble de toutes les ignominies que se peuuent faire à vn prince si grand, est qu'on portoit deuant luy, au bout d'vne lance, la teste du vezier son fauory, qui estoit toute fēdue ; l'autre portoit le bras d'vn autre, et ainsi chacun portoit quelque pièce de tous ses seruiteurs qu'ō auoit tués, aduisez quelle tragedie. Non, si ie n'estois moy-mesme sur le lieu, et que ie sceusse cela comme ie le sçay, ie ne le pourrois pas croire, mais ie ne vous dis rien qui ne soit véritable, ayant esté informé des plus particulieres circonstances, par un ianissaire et vn espahy, et par vn gentil-homme françois, renegat, qui ont esté présents à toute la tragedie, portant les armes auec la meslée.

Le petit prince estant arriué au camp de la milice, monté sur ce cheual, il fut mis dedās vn meschant chariot, tenant vne portiere et le sour-bachi l'autre : ce sour-bachi est comme vn maistre bourreau, iugez l'esperance que ceste belle compagnie pouuoit donner au ieune prince, et ainsi fut conduict aux sept tours, sur le bord de la mer Blanche. En allant là, ce pauure petit prince sortant parfois la moitié de son corps hors la portière, il tiroit vn grand mouchoir qu'il auoit à sa ceinture, et se le liant autour du col, il le tendoit aux soldats qui estoient à l'entour de luy, et auec de grosses larmes il leur crioit d'vne voix entre couppée de sanglots : Hé ! mes amis, hé ! mes frères, hé ! que quelqu'vn de vous me fasse ce plaisir que de m'estrangler; tenez, tirez ce mouchoir, ne craignez point, que i'aye plus tost l'honneur de mourir de la main d'vn soldat que le deshonneur d'estre estranglé dans vne prison, par la main d'vn bourreau; mais il parloit en vain. Vn seul se trouva, qui respondant plus à la voix de son cœur, qui apprehendoit la mort, qu'à la voix de sa bouche qui l'alloit mendiant, lui dist : Prince, ne te desespere point, encore qu'on te meine dans la prison ; peut-être que ta fortune sera meilleure que tu ne penses, prenez courage bon gré mal gré. Il fallut bien qu'il le prist. On le meine donc aux sept tours, et le faict-on entrer dans vne prison qui estoit basse, où il falloit passer vn guichet fort bas et estroict.

Peu apres qu'il fut arriué là dedans, voicy venir le grand vezier, nouvellement faist par le nouuel empereur, sultan Mustapha, et qui est beau frère d'iceluy, lequel luy prononça la sentence de mort de la part de Mustapha, luy disant : Prince très excellent, ie viens icy à mon tres-grand regret, mais envoyé de l'empereur sultan Mustapha ton oncle maintenant couronné à ta place pour te prononcer le triste arrest de mort, il faut que tu meures tout à cette heure. Ha! s'escria ce petit prince, moy que ie meure, moy que ie meure; il faut que tu meures! Qu'ay je fait qui mérite la mort? quoy, faut-il que ie patisse pour les autres, que l'innocent meure pour les coulpables? Ie n'ay rien faict que par le conseil de mon grand vezier de mon koja et des autres qui estoient pres de moy, si eux seuls estoient coupables et vous les auez fait mourir, n'estes-vous pas contents? et si ie vous promets que ie desisteray de toutes mes entreprises, cela ne suffit-il pas pour me rendre pardonnable, pour quoy donc me veut-on faire mourir? Prince, dist le vezier, il faut que tu meures. Ah! que ie meure, me faut-il mourir? permettez-moy donc que ie fasse ma prière auant que de mourir ; ce qui luy fut permis, et la fit auec les larmes et les souspirs que vous pouuez penser. Puis se leuant d'vne grande vistesse, dit : Hé! n'y a-t-il personne icy qui me veuille prester un poignard, pour me donner le moyen de venger ma mort, et me deffendre contre mes bourreaux ; mais en vain faisoit il ces demandes, c'estoit la ieunesse et le sang royal, qui boüillant dans ses veines, ne luy pouuoient permettre d'enuisager la mort sur ces contrastes de la vie et de la mort. Voila cinq ou six estafiers qui l'abordēt pour le saisir, contre lesquels il se rua si courageusement, que de ses poings seulement il en jetta trois par terre. Tout cela n'estoit que prolonger sa mort et non l'euiter, car vn de ces hommes qui estoient là espia si bien son temps, qu'il luy iesta une corde de soye au col, et l'accrocha. Le pauvre petit prince se sentant ainsi serré, et aux dernieres agonies, se demena si courageusement des pieds et des mains, qu'ils auoient peine à l'estrangler, ce que voyant vn de ces bourreaux, il luy lascha deux coups d'vne petite hache, l'un sur l'espaule, l'autre sur le col, seulement pour l'estourdir, et luy debilita si bien les forces, que ne se pouuant plus reuancher, ils l'estranglèrent à leur aise. Voila donc nostre petit prince mort, et son corps tombé par terre, rendant vne grande quantité de sang par le nez et par la bouche. La cruauté et l'ignominie ne sont point encore cessées, ainçois elles vont commēcer sur le corps du deffunt ; car sitost qu'il fut mort, le grand vezier présent luy couppa vne aureille qu'il mist dans son mouchoir, et l'apporta à sultan Mustapha pour l'asseurer que son nepueu Osman estoit mort. O cruauté plus que barbaresque! ô spectacle cruel! voyla bien maintenant accomply le songe qu'il auoit eu il y a enuiron trois sepmaines. Il songea vne nuict qu'il estoit en chemin de son voyage prétendu de la Mecque, monté sur vn grand chameau, et que sur le chemin son chameau s'escoulant de dessous luy, s'enuola au ciel, et ne luy demeura rien que la bride en la main ; luy bien empesché à l'interpretatiõ de ce songe, consulte son koja ce qu'il luy en semblait, mais il luy respondit que ce songe estant mystérieux, il n'osoit entreprẽdre de luy en dire sõ aduis, et qu'il estoit d'aduis seulement qu'il allast voir son oncle Mustapha en sa prison, et que luy qui parloit ordinairement auec les anges, luy en pourroit donner l'explication. Il se résolut de suyure cest aduis, et de fait, ie le vis de grand matin sortir de l'esqui-serrail ou il auoit couché deux ou trois nuits, et venir dãs son cayque par eauë dans le grand serrail pour trouuer son oncle Mustapha, auquel ayant exposé son songe, il luy respondit : Sçache que ce grand chameau sur lequel tu songeois estre monté, est ton empire qui t'a esté suiet et obéissant iusqu'a présent; ce qu'il te sembloit qu'il s'est escoulé de dessous toy veut dire que bientost il se rebellera contre toy et t'eschappera des mains; tu le perdras, et la seule bride qui t'est restée à la main veut dire que de ton viuant mesme sera vn autre empereur à ta place, et ne te restera que le nom et la marque d'empereur. Voyla pas vne interpretation aussi admirable que le songe estoit mystérieux ? N'estoit que ie l'ai sceu le iour mesme qu'il eut ce songe, avec l'interpretation susdicte, trois sepmaines auant toute ceste rumeur, et auant l'accomplissement d'iceluy songe, i'aurois creu qu'il auroit esté faict à plaisir, apres la tragedie ioüee. Mais comme ie vous dis ie l'auois sceu et notté plus de trois sepmaines deuant, et vis moy-mesme le petit prince desfunct aller au lieu où estoit son oncle des le grand matin, et me dit-on que c'estoit pour le consulter sur ce songe, songe que vous auez veu accomplir de poinct en poinct, puis que sultan Osman vit de ses yeux vn autre empereur à sa place et son empire luy eschapper, la seule bride luy estant restee aux mains, d'où elle tomba encore lorsque son corps mort tomba par terre, comme nous auons dict cy-dessus.

Le lendemain qu'il fut estranglé, vingtiesme may, le corps mort du petit prince fut apporté de la prison au grand serrail, pour le faire voir à sultan Mustapha, à ce qu'il ne doutast point de sa mort ; et tout d'vn pas, vers les huict heures du matin, fut porté enterrer dans la sepulture de son père, sultan Acmet, et pres de son petit fils. Cet enterrement fut si triste, et auec si peu de pompe ny compagnie, que personne n'y osoit assister de peur d'estre soupçonné auoir esté de son party, seulement y auoit-il des femmes qui par leurs larmes et paroles, appelloient tout haut le ciel à tesmoin de cet outrage commis en la personne de ce ieune prince : voyla que c'est que d'vn royaume où il n'y a point de princes legitimes pour soustenir le party de son roy contre vne canaille de populace, vn seul eust mis tout cela en piece. Par ces mal-heurs de nos voisins, voyōs-nous encor à quoy sert ceste supresme cour de parlement qui s'est toujours rendue si vifuement protectrice de nos Roys et s'est si rigoureusement opposee à tous ceux qui, par escrit ou de parolles, en ont voulu heurter l'authorité. Je prie nostre Seigneur qu'il conserue aux vns et aux autres le zèle de la foy chrestienne, et la fidelité qu'ils doibuent et ont toujours portée à leur et nostre prince, le nom et la memoire duquel ie porte indelebleinent escrite dedans mon cœur, le presentant à Dieu en toutes les froides oraisons que sa diuine maiesté me donne la grace de faire.

Parce que ie ne puis pas mander ceste nouuelle à tāt de gens, y ayant trop à escrire, ie supplie V. R. d'en faire faire quelques copies, pour en faire part à tous nos bons

Pères : cela leur rafraischira encore la mémoire de mes be-
soings pour les presenter à nostre Seigneur, et les asseurera
du souuenir que ie ne puis perdre d'eux. Ie ne doubte pas
que desia cecy ne soit imprimé dans Paris, et que chacun
ne sache desia ceste histoire tragicque. Mais parce que ie
me suis doubté qu'on n'y fist aussi passer beaucoup de
mensonges, cõme c'est l'ordinaire de ceux qui gaignent leur
vie à ce mestier, l'ay voulu vous mander au long toutes
les circonstances, et pour cela ay je voulu attendre que
toutes les rumeurs fussent passées. Monsieur de Cecy, ambassadeur pour le roy en cette ville, l'a encor escrit à Sa
Maiesté, non autrement que ce que ie vous mande. C'est
vn braue seigneur et grandement zelé au maintien de
l'honneur du Roy et des François, n'espargnant à cet effect,
ny son propre bien, ny son sang qu'il expose tous les
iours, ne pouuant souffrir estre fait la moindre chose du
monde contre l'honneur du Roy ny des François, qu'il
n'aille chez les plus grands, le poignard à la main, leur faire
mille reproches et brauades : chose qui nous fait appre-
hender tous les iours, et dont il ne se soucie, pourveu
qu'il en serue et maintienne l'honneur de son maistre. Ie
prie Dieu qu'il le conserue luy mesme, nous luy auons de
l'obligation pour la bonne reception qu'il nous a faicte et
faict encores. Ie le recommande à vos sainctes prières et à
celles de tous nos bons pères, vous suppliant aussi ne m'y
pas oublier, puisque ie suis et veux estre touiours, mon
reuerend père, de Vostre Reuerence, tres-affectionné F....
et seruiteur en nostre Seigneur.

F. Pacifiqve de Provins,
capucin indigne.

De Pera les Constantinople, le 30 may 1622.

RÉCIT

veritable de ce qvi s'est passe entre les Hollandois et les Portu;ais, au delà de la ligne Equinoxiale, auec la copie de la gargaison des nauires chargez aux Indes, pour venir en Hollande et Zelande, l'an mil six cent seize. — A Amsterdam, par Nicolas Bisque, 1616.

Le treisiesme de semptembre 1616, il est arriué vn nauire en Hollande, à la ville d'Amsterdã, venant des indes orientales, nommé le *Daulfin*, du port d'enuiron trois cens tonneaux, lequel estoit party de Bantam, ville capitale de l'isle de Iaua, le deuxiesme d'auril dernier. Ce nauire arriua à la rade de l'isle de Saincte Helene, lequel y a trouué deux autres nauires, l'vn nommé *Maurice*, l'autre *Rotterdam*, qui estoient aussi partis dudit Bantam, le quinziesme iour de ianvier de ceste presente année. Ceste rencontre les resiouyt fort, et se resolurent de prendre par-ensemble mesme route, et estant arriuez a deux degrez et trois quarts de la ligne Equinoxiale, du costé de midy; les deux nauires *Maurice* et *Rotterdam* pour être fort vieux et foibles, se sont séparez du *Daulfin*, nauire tout neuf, craignants de ne le pouuoir suiure ny faire pareille diligence que luy, sans s'affoiblir dauantage, estant du port de neuf cents tonneaux chacun, et fort richement chargees.

Le nauire nommé l'*Ours blanc*, est aussi arriué dans la ville de Mildebourg, venant de l'Isle Maurice, qui est chargé de mesme les autres trois, comme il se vera par les dénombremens faits desdites marchandises et de leurs valeurs à la dernière page, lequel se monte à deux millions d'or.

Il faut noter que le capitaine de la nauire du *Daulfin* s'est trouvé à la desfaite de quatre gallions de Portugais, par la flotte des Hollandois, qui est conduitte par le general Verbaghen, à la poincte de Premontoire de Malaca; ces quatres grands vaisseaux estoyent chargez de soldats, munitions de guerre, de viures et autres commoditez à eux nécessaires, qui estoyent destinez pour aller ioindre Dom-Iuan de Silua, vice-roy des Isles Philipiques, qui s'aprestoit pour aller faire leuer le siege de Ternate, place de très grande importance, assiegee depuis deux ans et demy par les Hollãdois; ce qui n'eust osé entreprendre sans ce secours qu'il attendoit auec deuotion et impatience, ayant esté aduerty que ladite place estoit fort pressee et en grand danger de se perdre. Il y a apparence que bientost après elle aura esté rendue ausdits Hollandois, puis que ledit general et sa flotte ont mis en fond vn gallion d'abord, après auoir tiré quelques volees de canon, et vn autre qui estoit pres dudit enfoncé s'est rendu à mercy, auquel a esté pris tout le canon, qui estoit au nõbre de six vingts pieces, et toutes choses à eux nécessaires, puis l'ont laissé flotter à la mercy des vẽts; et les deux autres ont esté tellemẽt poursuiuis par lesdits Hollandois qu'ils ont esté cõtraints s'eschoüer sur la coste où ils ont esté bruslez et reduits en cendre, et la pluspart de soldats tuez et blessez. Le general incontinent après cette victoire obtenüe, partit pour aller trouuer ledit vice-roy qu'il esperoit aussi desfaire, mais l'on n'en peut auoir nouuelles plustost que l'annee prochaine. Ceste place de Ternate estant rendue, les Hollandois seront maistres et possesseurs de toutes les Molucques, et pourront seuls disposer de la grande richesse qui prouient de ces isles cõsistant en noix muscades, fleur de muscades et clous de girofle, qui ne croissent en autre lieu du monde que là. Et est ceste victoire, de la defaicte de ces quatre gallions, d'autant plus notables et vtiles pour les Hollandois, qu'outre la grande perte et incommodité que les Portugais en reçoiuent.

Copie de la gargaison des trois nauires chargees aux Indes pour venir en Hollande et Zelande, l'an 1616.

Le nauire nommé *Maurice* :

Pacquets d'indigo.	354
Caisses de soyes crues.	40
Pieces de pourcelaines.	23023
Sacs de poiure de Bantam.	1600
Pots de gingembre confit.	60
Catty musque.	32 et vn quart.
Clous de girofle.	79361 liures.
Besaille de diamants.	1
Pierres Besuar.	16
Besaille de diamants.	1

Le nauire nommé *Rotterdam* :

Pacquets d'indigo.	330
Coffres de benjuin.	17
Pièces de porcelaines.	836
Pots et barils de gingembre confit.	104
Caisses de soyes crues.	15
Pacquets de fil de cotton.	51
Caisses de cinuage de lacque.	16
Pots de gingembre confit.	54
Caisses de soyes poil.	8
Caisses de soyes crues	35

RÉIMPRESSIONS.   477

Pieces porcelaines. 27997
Sacs de poiure de Bantam. 6255
Catty nois de muscade. 43848
Sucquels fleurs de muscade. 563
Clous de giroffle. . . . . 109023 liures.

Le nauire nommé le *Daulfin :*

Caisses de soyes crues. 6
Catty clous de giroffle. 1592
Catty fleur de muscade. 264
Pieces de porcelaines. 7679
Sacs poiure de Bantam. 2100
Sacqs de poiure gros priamants. 310
Pots de gingembre confit. 5
Besaille de diamants et quatre pierres Besuar. . 1
Catty poiure de Iappam. 84064

FIN.

TABLE DES MATIÈRES

CONTENUES

DANS LA DEUXIÈME LIVRAISON

DES

ARCHIVES DES VOYAGES.

RELATIONS INÉDITES.

Voyage aux Indes orientales et occidentales, dans lequel on raconte le voyage que les Espagnols qui résident aux îles Philippines du Ponant firent au royaume de Camboge, et ce qui leur arriva dans ce pays ainsi que dans la Cochinchine, avec une description des forteresses que les Portugais possèdent dans l'Inde, la Perse, l'Arabie et l'Éthiopie inférieure, et de tous les établissements espagnols dans les Indes occidentales ; par Christoval de Jaque de los Rios de Mancaned, natif de Ciudad Rodrigo, écrit en 1606. 241

TRADUCTIONS.

Récit des événements de Mindanao, dans les îles Philippines avant l'année 1734. 351

Lettre du père Marcelo Francisco Mastrili au père Juan de Zalazar, provincial de la compagnie de Jésus dans

les îles Philippines, dans laquelle il rend compte de la
conquête de Mindanao. 360
Kopie d'une lettre missive adressée à sa sainteté le Pape
par le roi de Portugal, dans le cours de la présente année (1513), au sujet de la conquête de la ville de Malaca, et d'autres royaumes et seigneuries dans l'Inde
ainsi que vers le levant; imprimée dans l'origine à
Rome, en latin, et traduit ensuite en allemand. . . 414
Récit de l'expédition, attaque et conquête de l'île de Tercère et des autres îles Açores, faites par l'illustrissime
seigneur don Alvar de Baçan, marquis de Santa-Cruz,
capitaine général de Sa Majesté, ainsi que des ennemis qu'il avait dans cette île, des forts, de l'artillerie
et de la flotte française et portugaise; du siége de la
ville d'Angra, du châtiment que l'on y fit subir à quelques personnes, et d'autres événements remarquables
qui se passèrent en cette conquête. 1583. 423

RÉIMPRESSIONS.

Discovrs au vray de la convuersion de la royne de Bandas par le moyen des peres religieux de l'ordre des
Carmes. Auec la réception de son ambassade, par elle
mandée à Rome, et le contenu de sa lettre, auec la responce de sa Saincteté du 17 nouembre 1608. Prins
sur la copie imprimée à Rome, par Bernardin Forasella imprimeur de sa Saincteté. — A Paris, Iean
Chiqvelle. M.DCIX. 446
Relation véritable de la prinse de la Baya de *todos los*

— iij —

Santos, et de la ville de S.-Sauueur au Brésil, par la flotte hollandoise. — M.DD.XXIV. 452

Lettre du pere Pacifiqve de Provin, predicatevr capucin, estant de present à Konstantinople, enuoyee au R. P. Ioseph Leclerc, prédicateur du mesme ordre et deffiniteur de leur prouince de Tours, sur l'estrange mort du grand Turc, empereur de Konstantinople. — A Paris, de l'imprimerie de François Hvby, rue S. Iacques, à la Bible d'or. — MDC.XXII. — Avec privilege dv roy. 456

FIN DE LA TABLE.

www.ingramcontent.com/pod-product-compliance
Lightning Source LLC
Chambersburg PA
CBHW060220230426
43664CB00011B/1489